Information, Intelligence & Logic(3)

信息、智能与逻辑

（第三卷）

Selected Papers on the Basic Research of Information Science

信息科学基础研究专辑

何华灿　欧阳康　主编

西北工业大学出版社

【内容简介】本书是在中国人工智能学会第 13 届年会、第 4 届国际信息科学基础研讨会和第 4 届信息、智能与逻辑高级学术论坛的基础上，收集有关信息科学基础研究的重要论文而成的专辑。本书主要讨论建立信息科学理论体系的各方面问题，涉及信息科学和智能科学及逻辑学的关系、信息科学的结构和组成、理论信息学、信息哲学、社会信息学、领域信息学等方面的内容，还包括有界壳理论、宇称云计算和关于数学基础的评论。这些成果虽是初步的，但有重要的启迪作用，有的可能成为一个新学科的起点，值得一读。

凡具有大专以上文化水平、对信息科学感兴趣的读者均可阅读本书。本书可供研究信息科学、智能科学、数学、哲学和人文社会科学的专家学者和研究生参考。

图书在版编目(CIP)数据

信息、智能与逻辑：信息科学基础研究专辑 / 何华灿，欧阳康主编.—西安：西北工业大学出版社，2010.8

ISBN 978-7-5612-2842-5

Ⅰ. ①信… Ⅱ. ①何… ②欧… Ⅲ. ①信息技术—文集 Ⅳ. ①G202-53

中国版本图书馆 CIP 数据核字(2010)第 145078 号

出版发行：西北工业大学出版社
通信地址：西安市友谊西路 127 号　邮编：710072
电　　话：(029) 88493844　88491757
网　　址：www.nwpup.com
印 刷 者：陕西向阳印务有限公司
开　　本：850 mm×1 168 mm　1/32
印　　张：13.375
字　　数：352 千字
版　　次：2010 年 8 月第 1 版　2010 年 8 月第 1 次印刷
定　　价：45.00 元

前　言

本书是在中国人工智能学会第 13 届年会（CAAI—13）、第 4 届国际信息科学基础研讨会（FIS 2010）和第 4 届信息、智能与逻辑高级学术论坛($I^2L'10$)的基础上，收集有关信息科学基础研究的重要论文编辑而成的专辑。本书主要讨论建立信息科学理论体系的各方面问题，内容涉及信息科学和智能科学及逻辑学的关系、信息科学的内部结构和组成、理论信息学、信息哲学、社会信息学、领域信息学、人文信息学、信息文化和信息伦理学、虚拟社区和虚拟实践、网络传播理论和舆论演化模型、语言信息和形式语义分析等，书中还包括有界壳理论、宇称云计算和关于连续统假设及数学基础的评论。这些研究成果虽然许多还是初步的，但对以后的研究具有重要的启迪作用，有的可能是一个学科的起点，值得一读。

长期以来人类关注的是物质世界，首先得到充分认识和利用的是物质世界的材料属性，人类制造了各式各样的机械工具。几百年前人类开始深入认识和重点利用物质世界的能量属性，制造了各式各样的能动工具。在这个过程中物质科学获得了充分的发展机会，形成了一个庞大的物质科学理论体系，我们现在的世界观和哲学思想都是建立在这个物质科学理论体系基础上的。例如：客观世界是物质的，物质世界有客观实在性和能动性 2 个基本属性；客观的物质世界是第一性的，它不以人的主观意识为转移；主观的精神世界是第二性的，它是对客观物质世界的反映；主观精神世界的认识可以反作用于客观物质世界；等等。至于人类早已知道和利用的信息，则被排斥在客观世界的基本属性之外，在很大程度上被人们忽视了。

最近几十年人类开始深入认识和利用信息，制造了各种信息处理工具，推动了信息时代的到来。人们用信息的观念去重新认识周围的一切，发现了信息对于世界的多样性构成和人类认识与实践活动的特殊意义，于是出现了物质世界基本属性的三元论（物质、能量和信息）。后来人们又发现信息世界既依存于物质世界，又有一定的相对独立性；既是精神世界的信息之源，也是人们相互沟通交流的前提和基础。尤其是在现代复杂性科学的视野中，世界的复杂性在一定程度上根源于信息的复杂性，世界的统一性也离不开世界的信息统一性，不管这些复杂性和统一性是来自先天的遗传还是后天的生成。因此，对于世界的复杂性的把握，离不开对于信息复杂性的解读；对于世界的统一性的探讨，也离不开对于信息统一性的透析。只有借助于对信息的深度研究和活性把握，才能真正把握复杂的历史之谜、文化之谜和时代之谜。于是又出现了客观世界的两分法和基本属性的四元论（物质世界和信息世界；物质、能量、信息、智能）。

现代信息科学理论的迅速发展，信息技术的广泛运用，已经并正在促进人类生产和社会生活的巨大变化，深刻地改变着世界的面貌。这些巨大的变化说明，我们时代的发展方式已经发生了根本的改变，信息世界将会成为人类需要持续关注和研究的重心，信息工具和信息科学将是推动整个信息时代持续发展的原动力和主力军。物质科学经过几百年甚至几千年的研究积累，已经形成了一个庞大的理论体系，造就了一大批科学巨人和发明家，他们是人类的骄傲。信息科学的理论体系建设刚刚提上人类的议事日程，许多概念、原理和方法正等待人们去归纳和发现，一个前所未有的理论创新高潮正在到来。随着信息科学的理论体系的逐步建立，我们的世界观和哲学思想也会跟着发生变化。

这是一个即将重新造就大批科学巨人和发明家的伟大时代，生活在这个时代是当代人的骄傲、机遇和责任，我们应该好好地把握这个机会，为信息科学的理论体系建设出力。

感谢马盈仓博士和李梅博士等为本书的编辑所做的许多工作，感谢西北工业大学出版社的领导和编辑，没有他们的辛勤工作，本书不可能在这样短的时间内高质量的出版。

编　者

2010 年 7 月 6 日

目　录

信息科学中的两个基本理论问题[①]

何华灿
西北工业大学计算机学院

摘　要：整个信息科学（包括计算机科学和人工智能）都建立在图灵机的基础之上。图灵机由逻辑自动机、无穷长磁带、读写头和符号表 4 部分组成。可见“逻辑”和“无穷”是图灵机中的 2 个基本要素，这里的“逻辑”是指二值逻辑（刚性逻辑），“无穷”是指可数无穷。尽管理论上已证明图灵机的计算能力无限，它可计算一切可计算的问题。但现实应用已经表明，由于实际计算机能力的局限性和实际问题中无法避免的各种不确定性和变化，仅有二值逻辑是远远不够的，在信息描述和信息处理中都需要各种柔性逻辑；另外，由于现行无穷观的局限性，图灵机只能精确地解决可数无穷问题，对不可数无穷问题只能近似地求解。本文就柔性逻辑和不可数无穷 2 个基本问题展开讨论，概要地介绍了作者的最新发现和研究成果，这些发现和成果对信息科学（包括计算机科学和智能科学）的基础理论建设可能有所帮助。

关键词：图灵机；不确定性；连续值逻辑代数；实无穷概念；数的理想模型

① 本研究得到国家自然科学基金（60273087，60575034）和西北工业大学基础研究基金（W018101）的资助。

一、引言

众所周知，1936 年图灵（A.Turing）在观察人脑计算过程的基础上抽象出的理想计算机模型即图灵机模型(见图 1)，已成为计算机科学和人工智能的重要理论基础，在整个信息科学中不可或缺。

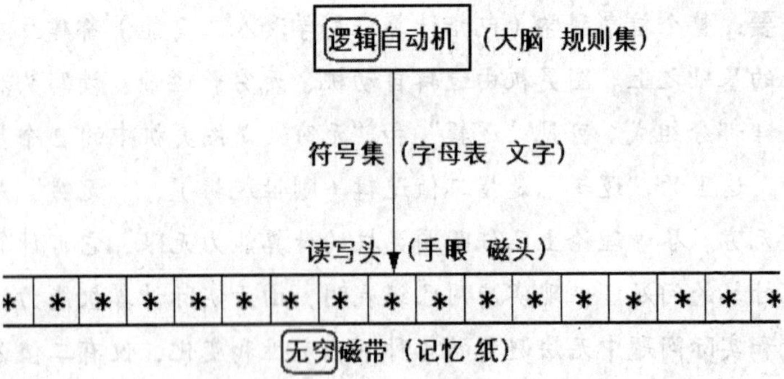

图 1　图灵机模型

图灵机模型由以下 4 大部分组成：

（1）起控制作用的逻辑自动机，它是控制计算（或信息处理）过程的规则集，相当于大脑中的解题原则和步骤，是有限状态机。

（2）无穷长的磁带，其每个单元最多可写一个符号，它相当于人脑的记忆功能或纸张，用于记录数据和结果。

（3）连接逻辑自动机和无穷长磁带的磁头，它负责在逻辑自动机的控制下，在磁带上左右移动或读写数据，它相当于人的手和眼睛。

（4）在模型内部使用的符号集，它相当于表示信息的字母表或文字。

可见“逻辑”和“无穷”是图灵机模型中的 2 个基本问题，因而也是计算机科学、人工智能和信息处理中的 2 个基本问题。它们的任何变化将会直接影响到整个学科；学科发展中的重大瓶颈问题，往往都可以从这 2 个基本问题中找到解决办法。本文扼要地介绍了我们在这 2 个基本问题方面的研究发现和初步成果。

二、关于柔性逻辑

为了研究连续值的柔性逻辑，我们已经建立了一个完整的连续值逻辑代数[1]。

（一）为什么要研究柔性逻辑

信息化初期的任务是解决传统信息处理的问题，它面对的是一类确定性任务，其信息是二值的、完全已知的和恒定不变的，信息处理机的任务主要是解决“算得快、连得上、发得出、收得到”等基本信息功能。在“信息灾难和知识饥渴”矛盾日益突出的今天，信息处理的对象便成为一类不确定性问题，它可能是非二值的、不完全已知的和不断发展变化的信息，解决这类问题需要各种智能信息处理机，智能化是信息化高级发展阶段的主要标志。

尽管标准逻辑的理论体系已经发展成熟，但它不能在信息世界中广泛使用。因为标准逻辑是建立在“封闭全信息的确定性世界假设”的基础之上的，它把信息世界简化成了一个封闭的、全部信息已知的、确定不变的、非此即彼的二值世界。图灵机是在标准逻辑基础上建立的，它只能在理想信息世界里有效。而现实世界中普遍存在着辩证矛盾和不确定性及其演化，当代逻辑学应该在标准逻辑的基础上逐步放宽各种约束，以包容和处理各种辩证矛盾、不确定性和演化，建立柔性逻辑（即数理辩证逻辑）[2]，以提高图灵机解决现实问题的能力。

如何建立柔性逻辑？纵观现有的各种非标准逻辑，它们为了处理各种不确定性正在从以下 3 个不同的方向突破标准逻辑的限制[3-5]。

（1）多值性方向。命题的真值从二值到多值再到连续值变化。

（2）多维性方向。真值空间维数从一维到二维再到多维变化。

（3）缺损性方向。推理需要的信息从完全已知到不完全知道、从固定不变到不断变化，推理过程从封闭到开放、从线性到非线性、从协调到次协调和超协调变化。

遗憾的是现在的非标准逻辑都是从局部的个别需求出发来建立的，没有从多种不确定性同时并存的全局来思考问题，更没有把事物的外在不确定性和事物的内在矛盾性紧密地联系起来研究，因而无法形成综合处理各种辩证矛盾、不确定性和演化的统一的柔性逻辑理论框架[6]。

（二）柔性逻辑的基本任务

柔性逻辑的基本任务是，通过逻辑的信息本质来把握逻辑学的一般规律，充分利用人工智能、计算机科学和非标准逻辑研究中方方面面的经验和成果，把事物外在的不确定性和演化与事物内在的辩证矛盾紧密联系起来统一研究，用全局的观念进行整体规划，用务实的态度进行每一步具体探索，分层次、分阶段地逐步建立起数理辩证逻辑的理论体系。

柔性逻辑应该能够在排斥逻辑矛盾的同时，不同程度地包容某些辩证矛盾和不确定性。与标准逻辑只能有一个等价的系统不同，柔性逻辑将有无穷多个不等价的系统，不同的柔性逻辑包容的辩证矛盾和不确定性不同，其研究纲要包括 4 个方面：

（1）1 个核心目标。任何一个柔性逻辑都应该在排斥逻辑矛盾的同时，不同程度地包容某些辩证矛盾和不确定性。

（2）2 条基本路线。首先，通过时空定位把逻辑的适应范围缩小到能够正好包容这个辩证矛盾和不确定性的子空间；其次，在逻辑运算模型中引入连续可变的柔性参数和调整函数，以表示该辩证矛盾和不确定性带来的全部影响。

（3）3 个突破方向。相对于标准逻辑的各种约束来说，各种柔性逻辑的约束条件有 3 个不同的突破方向：命题真值的数量、真值空间的维数、推理所需信息的完全性。

（4）4 大逻辑要素。一个逻辑系统含有 4 大逻辑要素：论域、命题连接词、量词和推理模式。

柔性逻辑一般需要建立在连续值逻辑代数的基础上，布尔代数和二值柔性逻辑是它的特例。我们已发现影响连续值命题运算的全部 4 个不确定性因素，据此建立了连续值逻辑代数，其中包括在命题演算中可能出现的 7 个命题连接词的运算模型簇。

（三）影响命题运算的 4 个不确定性因素

形成连续值命题的情况比较复杂，它可能是对分明概念进行的模糊（概率）性判断，也可能是对模糊概念进行的确定性判断，还可能是对模糊概念进行的模糊（概率）性判断。但表现在命题真度上都可看成是论域 U 中某元素 u 属于模糊集合 A 的程度 x，它由特征空间 E 中与 u 对应的分明集合 X 的模糊测度 $x=m(X)$决定，并满足：

$$m(E)=1,\quad m(\varnothing)=0,\quad m(X)\in[0,1]$$

由于在特征空间 E 中，集合 X，Y 之间的相对位置是可以变化的，所以逻辑运算模型会随相对位置及其他因素的变化而变化。这是研究连续值逻辑代数的关键所在。在特征空间 E 中影响集合 X 的大小，X、Y 之间的相对位置和模糊测度性质的因素如下。

1. 命题真度的不确定性

命题真度的不确定性取决于特征空间 E 中使命题为真的因素和使命题为假的因素之间的矛盾，真度的不确定性用柔性参数 $x\in[0,1]$ 表示：$x=1$ 是完全真，$x=0.75$ 是偏真，$x=0.5$ 是半真半假，$x=0.25$ 是偏假，$x=0$ 是完全假。

x 对逻辑运算的影响反映在基模型中：

非运算 $N(x)=1-x$

与运算 $T(x, y)=\max(0, x+y-1)$

或运算 $S(x, y)=\min(1, x+y)$

蕴涵运算 $I(x, y)=\min(1, 1-x+y)$

等价运算 $Q(x, y)=1-|x-y|$

平均运算 $M(x, y)=(x+y)/2$

组合运算 $C^e(x, y)=\min(1, \max(0, x+y-e))$

其中，$e\in[0, 1]$是表示弃权的幺元，$\mathrm{ite}\{y|x; z\}$是条件表达式，意思是“如果 x，则 y；否则 z”。

2. 两命题之间广义相关关系的不确定性

两命题之间广义相关关系的不确定性取决于特征空间 E 中使双方友好的因素和使双方敌对的因素之间的矛盾，两命题间广义相关关系的不确定性用广义相关系数 $h\in[0, 1]$来刻画：$h=1$ 是完全友好状态；$h=0.75$ 是偏友好状态；$h=0.5$ 是不敌不友状态；$h=0.25$ 是偏敌对状态；$h=0$ 是完全敌对状态。

h 对基模型的影响反映在 T 性生成元完整簇

$$F(x, h)=x^m,\quad m\in(-\infty, \infty)$$

上，其中

$$m=(3-4h)/(4h(1-h))$$

$F(x, h)$对 6 种二元运算基模型 $L(x, y)$的影响是

$$L(x, y, h)=F^{-1}(L(F(x, h), F(y, h)), h)$$

3．命题真度误差的不确定性

命题真度误差的不确定性取决于特征空间 E 中使测度出现正误差和使测度出现负误差的因素之间的矛盾，误差的不确定性用误差系数 $k\in[0, 1]$来刻画：$k=1$ 是最大正误差，$k=0.5$ 是无误差，$k=0$ 是最大负误差。

k 对基模型的影响反映在如下的 N 性生成元完整簇上：

$$\Phi(x, k)=x^n,\quad n\in(0, \infty)$$

其中

$$n=-1/\mathrm{lb}k$$

$\Phi(x, k)$ 对一元基模型的作用方式是

$$N(x, k)=\Phi^{-1}(N(\Phi(x, k)), k)$$

对二元基模型 $L(x, y)$的作用方式是

$$L(x, y, k)=\Phi^{-1}(L(\Phi(x, k), \Phi(y, k)), k)$$

4．命题相对权重的不确定性

命题相对权重的不确定性取决于特征空间E中使命题权重相对增加和使命题权重相对减少的因素之间的矛盾，权重的不确定性用偏袒系数$\beta\in[0, 1]$来刻画：$\beta=1$是最大偏左，$\beta=0.5$是无偏袒，$\beta=0$是最小偏左。

β 对基模型的影响反映在二元运算模型上[10]，当$\beta=1$时y失去作用；当$\beta=0.5$时权重不起作用；当$\beta=0$时x失去作用。β对二元基模型$L(x, y)$的作用方式是

$$L(x, y, \beta)=L(2\beta x, 2(1-\beta)y)$$ [7]

k, h, β三者对二元运算模型 $L(x, y)$共同的影响方式是

$$L(x, y, k, h, \beta)=\Phi^{-1}(F^{-1}(L(2\beta F(\Phi(x, k), h), 2(1-\beta) F(\Phi(y, k), h), h), k)$$

目前我们尚未发现第 5 种影响连续值命题逻辑运算模型的不确定性因素，已知的其他不确定性因素都应该在谓词逻辑层面去解决。

（四）连续值逻辑代数

根据上述连续值命题逻辑运算模型的不确定性因素的分析，搞清楚了有关辩证矛盾是如何决定不确定性的最大影响范围和影响方式，得到了它的调整函数，可以依据三角范数原理和逻辑运算公理，得到连续值逻辑代数中的各种运算模型如下。

1．非运算模型

非运算模型只受误差系数k的影响，它是一个N范数完整簇$N(x, k)$，由生成基$N(x)=1-x$和N性生成元完整簇$\Phi(x, k)=x^n$, $k=2^{-1/n}$, $n=-1/\mathrm{lb}k$相互作用而生成，即

$$N(x, k)=\Phi^{-1}(1-\Phi(x, k), k)=(1-x^n)^{1/n}$$

2．与运算模型

与运算模型受 k, h, β的联合影响，是一个运算模型完整簇，即

$$T(x, y, k, h, \beta)=(\max(0, 2\beta x^{nm}+2(1-\beta)y^{nm}-1))^{1/mn}$$

$\beta=0.5$ 时偏袒性的影响消失，即

$$T(x, y, k, h)=(\max(0, x^{nm}+y^{nm}-1))^{1/mn}$$

$k=0.5$ 时误差的影响消失，即

$$T(x, y, h)=(\max(0, x^{m}+y^{m}-1))^{1/m}$$

3．或运算模型

或运算模型受 k, h, β 的联合影响，是一个运算模型完整簇，即

$$S(x, y, k, h, \beta)=(1-(\max(0, 2\beta(1-x^{n})^{m}+2(1-\beta)(1-y^{n})^{m}-1))^{1/m})^{1/n}$$

$\beta=0.5$ 时偏袒性的影响消失，即

$$S(x, y, k, h)=(1-(\max(0, (1-x^{n})^{m}+(1-y^{n})^{m}-1))^{1/m})^{1/n}$$

$k=0.5$ 时误差的影响消失，即

$$S(x, y, h)=(1-(\max(0, (1-x)^{m}+(1-y)^{m}-1))^{1/m}$$

对偶律：

$$N(S(x, y, k, h), k)=T(N(x, k), N(y, k), k, h)$$

$$N(T(x, y, k, h), k)=S(N(x, k), N(y, k), k, h)$$

$h\in[0.5, 1]$时满足相容律：

$$S(x, y, h)+T(x, y, h)=x+y$$

4．蕴涵运算模型

蕴涵运算模型受 k, h, β 的联合影响，是一个运算模型完整簇，即

$$I(x, y, k, h, \beta)=(\min(1, 1-2\beta x^{nm}+2(1-\beta)y^{nm}))^{1/mn}$$

$\beta=0.5$ 时偏袒性的影响消失，即

$$I(x, y, k, h)=(\min(1, 1-x^{nm}+y^{nm}))^{1/mn}$$

$k=0.5$ 时误差的影响消失，即

$$I(x, y, h)=(\min(1, 1-x^{m}+y^{m}))^{1/m}$$

5．等价运算模型

等价运算模型受 k, h, β 的联合影响，是一个运算模型完整簇，即

$$Q(x, y, k, h, \beta)=\text{ite}\{(1+|2\beta x^{nm}-2(1-\beta)y^{nm}|)^{1/mn}|m\le 0;$$
$$(1-|2\beta x^{nm}-2(1-\beta)y^{nm}|)^{1/mn}\}$$

$\beta=0.5$ 时偏袒性的影响消失，即

$$Q(x, y, k, h)=\text{ite}\{(1+|x^{nm}-y^{nm}|)^{1/mn}|m\le 0; (1-|x^{nm}-y^{nm}|)^{1/mn}\}$$

$k=0.5$ 时误差的影响消失，即

$$Q(x,y,h)=\text{ite}\{(1+|x^m-y^m|)^{1/m}|m\le 0;(1-|x^m-y^m|)^{1/m}\}$$

6．平均运算模型

平均运算模型受 k,h,β 的联合影响，是一个运算模型完整簇，即

$$M(x,y,k,h,\beta)=(1-(\beta(1-x^n)^m+(1-\beta)(1-y^n)^m)^{1/m})^{1/n}$$

$\beta=0.5$ 时偏袒性的影响消失，即

$$M(x,y,k,h)=(1-((1-x^n)^m+(1-y^n)^m)^{1/m})^{1/n}$$

$k=0.5$ 时误差的影响消失，即

$$M(x,y,h)=1-((1-x)^m+(1-y)^m)^{1/m}$$

其中包含有各种常见的平均算子。

7．组合运算模型

组合运算模型受 k,h,β 的联合影响，是一个运算模型完整簇，即

$$\begin{aligned}C^e(x,y,k,h,\beta)=\text{ite}\{&\min(e,(\max(0,2\beta x^{nm}+\\&2(1-\beta)y^{nm}-e^{nm}))^{1/mn}|2\beta x+2(1-\beta)y<2e;\\&(1-(\min(1-e^n,(\max(0,2\beta(1-x^n)^m+\\&2(1-\beta)(1-y^n)^m-(1-e^n)^m))^{1/m}))^{1/n})|2\beta x+\\&2(1-\beta)y>2e;e\}\end{aligned}$$

$\beta=0.5$ 时偏袒性的影响消失，即

$$\begin{aligned}C^e(x,y,k,h)=\text{ite}\{&\min(e,(\max(0,x^{nm}+y^{nm}-e^{nm}))^{1/mn}|x+y<2e;\\&(1-(\min(1-e^n,(\max(0,(1-x^n)^m+(1-y^n)^m-\\&(1-e^n)^m))^{1/m}))^{1/n})|x+y>2e;e\}\end{aligned}$$

$k=0.5$ 时误差的影响消失，即

$$\begin{aligned}C^e(x,y,h)=\text{ite}\{&\min(e,(\max(0,x^m+y^m-e^m))^{1/m}|x+y<2e;\\&(1-(\min(1-e,(\max(0,(1-x)^m+(1-y)^m-\\&(1-e)^m))^{1/m})|x+y>2e;e\}\end{aligned}$$

（五）讨论

（1）应严格区分两类不同的矛盾。逻辑矛盾指的是应在理论系统中排除的理论缺陷，如果容忍它的存在，这个理论系统会面临崩溃的危险，形成理论危机。而辩证矛盾不同，它通常是现实问题中

不可忽略的重要因素，是事物发展变化的内在原因和动力。因为标准逻辑不允许一切形式的矛盾和不确定性存在，所以它只在确定的真/假分明的理想世界中有效。现实世界中普遍存在着辩证矛盾和不确定性，不妥善解决好这个问题，逻辑学就无法面对现实问题。

（2）不确定性可能由于多种原因引起，如随机性、模糊性、二重性、已知信息不完全、事物本身的发展变化、干扰和虚假信息等。但要全面把握一种不确定性的影响范围和变化规律，必须分析蕴涵在其中的辩证矛盾。人们一般只注意到事物外在的不确定性，而忽视引起和制约事物不确定性的内在矛盾。其实不确定性只是事物本身具有的辩证矛盾的外在表现，辩证矛盾才是引起事物不确定性的内在原因。只有注意把这两者紧密结合起来统一研究，才能取得这些有用的成果。

（3）本文成功地在连续值逻辑代数中包容了 4 种辩证矛盾，它们是影响连续值命题逻辑运算模型的最基本的不确定性因素，目前尚未发现第 5 种这样的因素。已知的其他不确定性因素，如论域特性的不均匀性、信息的不完整性和动态性，应该在命题逻辑运算模型之外寻求解决方法。

（4）不确定因素的引入，使由一组逻辑算子组成一个逻辑系统的传统概念发生了改变，一个逻辑系统可由无穷多组逻辑算子组成，形成一个逻辑谱，在不同的条件下应该使用谱中不同的逻辑算子组。在逻辑谱的基础上，向上可以利用升维规则得到 n 维连续值逻辑。向下可以利用降值规则得到多值逻辑和二值逻辑。

（5）由 h 型逻辑谱可以形成一个健全的逻辑系统，它能够全部满足逻辑的 6 个基本性质：

L1　$S(x, x, 1)=x$（因为命题和它自己最大相吸）

L2　$T(x, x, 1)=x$（因为命题和它自己最大相吸）

L3　$T(x, N(x), 0.5)=0$（因为命题和非命题最大相斥）

L4　$S(x, N(x), 0.5)=1$（因为命题和非命题最大相斥）

L5　$N(N(x))=x$（因为命题的否定之否定是原命题）

L6　$T(x, I(x, y, h), h) \leqslant y$（MP 规则对所有的 h 都成立）

在连续值逻辑系统中，有了这 6 个基本性质，就可以保证在推理过程中，信息不会发生畸变。例如，有了 L1 和 L2 可以保证同一个命题经过反复调用其真度不变；有了 L3 和 L4 可以保证同一个命题和它的非命题之间既没有重叠，也没有间隙；有了 L5 可保证对合律；有了 L6 可保证“与”和“蕴涵”的互补对关系。因此我们称具有 L1~L6 性质的逻辑系统为健全的系统，它不同于逻辑系统的可靠性或完备性。

（6）建立数理辩证逻辑有 2 个主要的途径：一个途径是在二值逻辑的基础上，借用次协调逻辑[8]的思想研究和建立可以包容和处理多对二值矛盾命题A/~A; B/~B; C/~C;……的超协调逻辑；另一个途径是在连续值逻辑代数的基础上建立可以包容和处理各种辩证命题的连续值逻辑，所以连续值逻辑代数是建立数理辩证逻辑的重要基础之一。

（7）还有一个基本的认识问题需要明确，既然理论上已经证明基于二值逻辑的图灵机能力最强，可以计算一切可计算的问题，为什么还要研究其他逻辑？那是因为一个是在理想世界中，只考虑本质问题；一个是在现实世界中，需要考虑效率、效果和方便程度等现实问题。笔者曾经参加过早期的计算机硬件和软件设计，那是直接在二进制门电路和机器指令（0，1 符号串）基础上的设计。随着机器的日益庞大和程序的日益复杂，设计不得不提高到在功能部件和汇编语言上抽象地进行。以后在硬件设计上又出现了抽象层次更高的基于芯片的系统设计和基于单机的网络设计；在软件设计上又出现了抽象层次更高的基于各种高级语言的程序设计、面向对象的程序设计和基于多 Agent 的程序设计。尽管从本质上看它仍然是由二进制门电路组成的硬件和由 0，1 符号串组成的软件，但在设计效率、效果和方便程度等方面已经是今非昔比。设想要用最初的直接方法来完成今天的复杂任务，那几乎是完全不可行的了。在图形图像中也有类似情况，理论上，用黑白二值的点可以描述世间一切可以描述的东西，早年单色报纸上的图像就是这样印刷的。后来还是逐步被黑白灰度图、套色图和彩色灰度图所取代。当然，理论上讲，它们仍然可以看成是由“黑”“白”二值的点组成的，这里的“黑”表示有某种颜色，“白”表示没有任何颜色。

三、关于实无穷概念

图灵机中的无穷长磁带是可数无穷的，按照现行的无穷观，它只能近似地解决不可数无穷的问题，这是面对连续问题时图灵机无法逾越的理论障碍。我们在图灵机基础上用完全编码算法发现了无穷编码的不变性（ICI）：∞位计数器生成的全部编码数仍然是∞，即 $2^{\infty}=\infty$。笔者已用多种方法验证了ICI原理的正确性，它直接否定了连续统假设的存在前提 $2^{\infty}>\infty$，推翻了现行的层次无穷观，确立了真正的实无穷观。我们还根据ICI原理建立了数的理想模型，定义了各种有关实无穷的基本概念，为解决更多的数学难题提供了新的研究平台，也为用机器精确地处理连续问题奠定了理论基础。

（一）三种无穷观

在历史上曾经出现过两种完全不同的无穷观：一是潜无穷观，它认为无穷仅是一个永不终止的、无任何限制的增长过程，它不是数，不能参与运算；二是实无穷观，认为无穷是一个特殊的数，它不仅比任何有限数都大，且不存在比无穷更大的数[9]。

为用数学方法研究无穷概念，康托尔定义正整数集$\mathbf{N}_+=\{1, 2, 3, 4, \cdots\}$的势为可数无穷$\aleph_0$。然后他用一一对应法证明自然数、奇数、偶数、整数、$\mathbf{N}_+\times\mathbf{N}_+$、有理数和代数数的势都是$\aleph_0$，并对于任意$n\in \mathbf{N}_+$，$n+\aleph_0=n\times\aleph_0=\aleph_0^n=\aleph_0$成立。是否存在比$\aleph_0$更大的无穷呢？康托尔用对角线法证明了实数不可数，$2^{\aleph_0}=\aleph_1>\aleph_0$成立。基于$\aleph_1>\aleph_0$，康托尔提出了连续统假设CH：在不可数无穷$\aleph_1$和可数无穷$\aleph_0$之间没有其他的无穷存在。在连续统假设基础上他提出了有别于实无穷观和潜无穷观的层次无穷观，认为无穷概念本身有许多不同的层次: $\aleph_0$, $\aleph_1, \aleph_2$, …($\aleph_{i+1}=2^{\aleph_i}$, i=0, 1, 2, 3, …)。把连续统假设推广到任意$\aleph_{i+1}$和$\aleph_i$之间，叫做广义连续统假设GCH。由于连续统假设涉及数学、逻辑和哲学中的许多基本问题, 1900 年希尔伯特把它作为 20 世纪需要重点解决的 23 个数学问题之首提了出来。1938 年哥德尔证明ZF公理集合论与GCH相容。1963 年柯亨证明ZF系统与¬GCH相容。所以用目前的数学公理方法不能解决GCH问题[10-11]。

（二）ICI 原理的发现

为了检验 $2^\infty>\infty$结论的正确性，笔者在图灵机的基础上设计了一个完全编码算法，它由完全计数器CC和原始存储器PM两部分组成: CC的功能是按照二进制进行连续地计数，生成所有∞位二进制编码: 从∞位全 0(用$\underline{0\cdots0}0$表示)开始，不断地加 1，直到∞位全 1(用$\underline{1}\cdots\underline{11}$表示)结束，共生成 2^∞个不同的编码；PM的功能是顺序存放CC生成的所有编码，它有 2^∞个存储单元，按照 0, 1, 2, 3, 4, …, ($2^\infty-1$)顺序编号。

图 2 是PM的存储状态图，其中$a_1, a_2, a_3, \cdots, a_\infty$表示计数器的∞位，$d_0, d_1, d_2, d_3, d_4, d_5, d_6, d_7, \cdots, d_{4'}, d_{3'}, d_{2'}, d_{1'}$ 表示存储器的地址号。子图(a)是 2 位计数的状态，它共有 2^2=4 种不同的编码: 00, 01, 10，11，子图(b)是 3 位计数的状态，它共有 2^3=8 种不同的编码: 000, 001, 010, 011, 100, 101, 110, 111；子图(c)是∞位计数的状态，它共有 2^∞个不同的编码: $\underline{0\cdots0}0$, $\underline{0\cdots0}1$, $\underline{0\cdots0}10$, $\underline{0\cdots0}11$, $\underline{0\cdots0}100$, …, $\underline{1\cdots11}$, 将这些编码译成十进制整数是 0, 1, 2, 3, 4, …, (d_1)，它就是自然数，其势也是∞，即存在如下一一对应关系（见表 1）。

表 1

自然数	$\underline{0\cdots0}0$	$\underline{0\cdots0}1$	$\underline{0\cdots0}10$	$\underline{0\cdots0}11$	$\underline{0\cdots0}100$	…	$\underline{1\cdots11}$
自然数	0	1	2	3	4	…	∞
计数位数	a_1	a_2	a_3	a_4	a_5	…	a_∞

这表明有限位编码和无穷位编码有本质的不同：有限位满足 $2^n>$

n；无穷位满足 $2^{\infty}=\infty$。

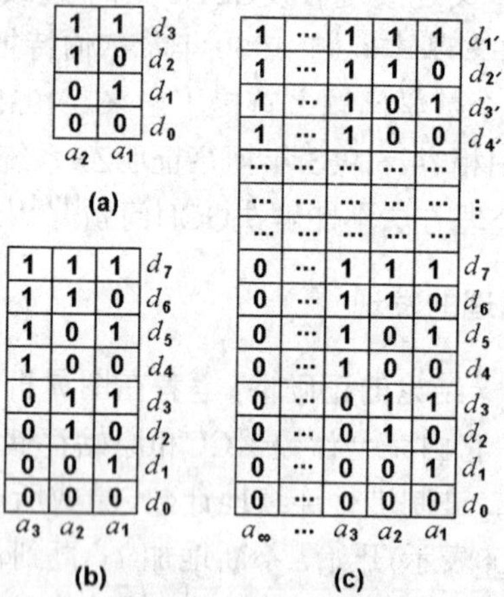

图 2　PM 的存储状态图

为了把这个现象刻画得更严谨，我们引入下述定义、公理和定理[12]。

定义 1　设有两个整数m, $n\in$ **N**, $m=n+1$, 则m叫做n的后者n^{+}; n叫做m的前者m^{-}。

公理 1（自然数公理）　自然数集 **N** 具有如下性质：

（1）**N** 是无穷集合；

（2）0 是 **N** 中唯一没有前者的元素；

（3）∞是 **N** 中唯一没有后者的元素；

（4）除此之外任何元素$n\in$ **N**都有唯一的前者n^{-}和唯一的后者n^{+}。

定理 1　原始码集P={0…00, 0…01, 0…010, …, 1…11}的数值解释是自然数集。

ICI 原理表明层次无穷观是错误的，实无穷观是正确的，而且在实无穷观中已经包含了潜无穷的思想。即如果计数器的位是一个永不终止的、无任何限制的增长过程，则它的计数过程也是一个永不终止的、无任何限制的增长过程，这两个过程都可用同一个特殊数∞来表示。ICI 原理是信息世界的基本属性之一，对人类正确认识和理解与无穷有关的各种自然规律有重要意义。

（三）ICI 原理的验证

我们还发现有许多方法可证明 $2^{\infty}=\infty$成立，ICI原理正确无误。例如：

（1）用单位区间实数集$\mathbf{R}_1$证明 $2^{\infty}=\infty$成立。由于完全计数器CC的编码状态与小数点的有无毫无关系，显然存在如下的一一对应关系（见表 2）。

表　2

自然数	0…00	0…01	0…010	0…011	0…0100	…	1…11
单位区间实数	0.0…00	0.0…01	0.0…010	0.0…011	0.0…0100	…	0.1…11

（2）用正整数的幂集$\rho(\mathbf{N}_+)$证明 $2^{\infty}=\infty$成立。只须将PM中的 0, 1 代码作下列变换：将全部 0 变换成ϕ, 将a_i (i=1, 2, 3, 4, …, ∞) 位中的 1 全部变换成i，然后把每个∞位编码串内的所有符号取并集，就可发现存在如下的一一对应关系（见表 3）。

表　3

自然数	0…00	0…01	0…010	0…011	0…0100	…	1…11
正整数的幂集	ϕ	{1}	{2}	{2,1}	{3}	…	{∞,…,4,3,2,1}

（3）用$\infty+1=\infty$和数学归纳法证明 $2^{\infty}=\infty$成立。康托尔已经证明无穷具有基本运算性质$\infty+1=\infty$，直接利用这个性质和数学归纳法，同样可证明 $2^{\infty}=\infty$成立。

由$\infty+1=\infty$知，$(\infty+1)+1=\infty+2=\infty$，…，$\infty+\infty=\infty$，即 $2\infty=\infty$成立；由$\infty+\infty=2\infty=\infty$知，$2\infty+\infty=3\infty=\infty$，…，$\infty\infty=\infty$，即$\infty^2=\infty$成立；由$\infty\infty=\infty^2=\infty$

知，$\infty^2\infty=\infty^3=\infty$，…，$\infty^\infty=\infty$成立。根据子集的势不大于全集的势知 $2^\infty\geqslant\infty$，又由$\infty^\infty=\infty$知 $2^\infty\leqslant\infty^\infty=\infty$，所以 $2^\infty=\infty$成立。

（4）在图灵机的基础上，我们设计了一个完全译码算法，它可以把自然数集变换成各种无穷数集或其他无穷集。变换的方法是通过不同的完全译码算法在原始码集中规定：小数点在符号串上的位置；将符号串中的某些 0 或 1 符号变换成辅助符号x或y (如−或+，r或i，$\langle a_0, a_1, a_2, \cdots, a_n\rangle$ 中的a_i等)。这种变换方法可以保证变换过程是“变形不变势”，所以各种无穷集与自然数之间都存在一一对应的变换关系，它们都等势。

（5）康托尔之所以产生 $2^\infty>\infty$的错误，其根源是由于他在对角线法中将正整数集{1, 2, 3, …}保持在几何点的形式，而把实数集$\{x_1, x_2, x_3, \cdots\}$展开成了无穷位的符号串$x_i=0.a_{i1}a_{i2}\,a_{i3}\cdots a_{i\infty}$，并将几何形式的点和符号串形式中的位去进行比较，已经表示整数和实数的比较，因而结论是无效的。

（四）ICI 原理的意义

基于ICI原理我们已经建立了数的理想模型、数壳概念和数谱等概念；通过数壳我们已经严格地定义了合法数、非法数、有理数、无理数、代数数和超越数等概念；通过正实数谱严格地定义了 0，单位无穷小UIS，接近无穷小NIS，有限小数FSN，1，有限大数FLN，接近无穷大NIN，满无穷大FIN和∞等概念[13]，分类研究了它们的运算性质和相互关系；发现了有理数、无理数、代数数和超越数在数谱上的分布规律等，为进一步解决更多的数学难题提供了新的研究平台，并为用机器精确地解决连续问题奠定了理论基础。这些成果还表明，用计算机科学中的原理和方法可以有效地解决数学和逻辑中的许多难题。

四、结束语

如果在一个领域中频频出现现有理论无法解决的重大问题，我们首先要从该领域的核心基础理论寻找原因。只有这样才有可能发现新的自然规律，提出新的基础理论。

连续值逻辑代数的提出和 ICI 原理的发现仅是我们建立柔性逻辑和进行实无穷理论研究的开始，在信息科学的核心基础理论建设方面，还有许多艰巨的工作需要做。

参考文献

[1] 何华灿,马盈仓. 信息、智能与逻辑（第一卷）[M]. 西安：西北工业大学出版社,2008: 4-10.

[2] He Huacan, He Zhitao, Ma Yingcang, Ai Lirong, et al. Philosophical Significance of Universal Logic—On Second Revolution of Mathematical Logicl[J]. Logical Universalis, 2007,1(1):83-100.

[3] Gabbay Dov M, Guenthner F. Handbook of Philosophical Logic[M]. 2nd ed. Dordrecht: Springer, 2001.

[4] 陆钟万. 面向计算机科学的数理逻辑[M]. 北京:科学出版社, 1998.

[5] 王元元. 计算机科学中的逻辑[M]. 北京：科学出版社, 1989.

[6] 何华灿, 王华, 刘永怀,等. 泛逻辑学原理[M]. 北京：科学出版社, 2001.

[7] 贾澎涛. 基于柔性逻辑的时间序列数据挖掘研究[D].西安:西北工业大学，2008.

[8] 桂起权，陈自立，朱福喜.次协调逻辑与人工智能[M]. 武汉：武汉大学出版社，2002.

[9] 彭漪涟，马钦荣. 逻辑学大词典[M]. 上海：上海辞书出版社，2004：481.

[10] Faticoni T G. The Mathematics of Infinity: A Guide to Great Ideas[M]. Hoboken, New Jersey USA: John Wiley & Sons, Inc., 2006: 103-162.

[11] Joseph Breuer. Introduction of The Theory of Sets[M]. Howard F Fehr,

translate. Prentice-Hall, Inc. 1958.

[12] Fraenkel A A, Bar-Hillel Y, Levy A. Foundations of Set Theory[M]. 2nd ed. Amsterdam: North-Holland Publishing Company, 1973.

[13] 欧阳耿. 数学中三种新的数量形式[J]. 喀什师范学院学报，2003,24(3)：31-37.

Two Primary Theoretical Issues in Information Science

He Huacan

School of Computer Science, Northwestern Polytechnical University

Abstract: The whole information science, including computer science and artificial intelligence, is established on the basis of Turing Machine, which consists of logical automata, infinite-length type, read/write head and symbol table. So, “logic” and “infinity” are two primary elements in Turing Machine, in which “logic” is 2-valued logic (rigid logic) and “infinity” is countable infinity. Though in theory Turing Machine's computing capability is boundless, which can solve all countable problems. But in practice, due to the limitation to computer's computing capability and various inevitable uncertainties and variances, flexible logic is required in information describing and information processing rather than 2-valued logic. And also, due to the limitation of concurrent infinity view, Turing Machine can only precisely resolve countable infinity issues and approximately resolve uncountable infinity issues. On the two primary issues, flexible logic and uncountable infinity, the paper summarily introduces the author's latest research results which may help to promote the progress of information science (including computer science and intelligence science).

Key words: turing machine; uncertainty; continuous-valued logical algebra; actual infinity; ideal model of number

关于信息科学的内涵

——为什么需要一个扩展的信息科学知识体系？

佩德罗·迈里尤恩

西班牙萨拉戈萨大学

摘　要：本文是信息科学家及信息科学基础理论的共同创始人、西班牙萨拉戈萨大学的佩德罗教授为李宗荣教授的《理论信息学概论》一书特别写的序言，内容包括什么是“信息现象”的根本特征？信息科学能弥合历史上“硬”“软”科学的分裂吗？扩展的信息科学与其他基本学科的关系是什么？很有启发性，经过作者同意，特收录在本书中。

关键词：信息现象；信息科学；基础理论；硬科学；软科学

我非常感谢李宗荣教授的邀请，为他的《理论信息学概论》准备一个介绍性的评注。这是一个很好的机会，我可以向进入这个新的特殊学科的中国学生说点什么。我希望与同学们分享某些经历和概念性的思考，谈谈大家所挑选的这个学科，即信息科学（或者“理论信息学”），它的由来和基础。

信息几乎不是一个新的术语。在第二次世界大战以后的 10 年间，“每一个人都在谈论信息”。从科学的视角看，信息时代的真正起点是随着信息的多样化发展而开始的，其中包括克劳德·香农、罗伯特·维纳、约翰·冯·诺伊曼、阿兰·图灵、詹姆斯·沃森与弗朗西斯·克利克、格雷戈里·贝特森等人的推动。有些学者主张一种幼稚的思想，即认为，在一些新的领域（例如信息论、控制论、计算理论）中几乎能够自动地产生的，不仅有新技术，而且有新观点；这种综合性的新观点，能够帮助我们更深入地、逻辑连贯地理解自然和社会。

仅仅在一代人之后，这种幼稚的思想不能承受随后产生的人工智能、人工生命、复杂性科学等相关领域的挑战，人们对它的不满情绪日渐增长。许多深邃的思想家，以及杰出的科学家与工程师，如罗伯特·罗森、迈克尔·康拉德、戈登·斯卡罗特、奥托·罗斯勒、松野一郎、汤姆·斯托尼尔等，不约而同地认识到信息论等学科结构的不足，认识到必须发展一种新的思想以涵盖各种不同层次的需要；这种思想能够沿着一个系列性的形式的与非形式的信息过程行进，而这些信息过程又在不同的自然领域和人造的环境中受到人们高度的重视。关于信息、适应性、复杂性和智能的新思想的探索，就成为绝对的必须。迈克尔·康拉德就是支持 1994 年在马德里召开首届信息科学基础大会的科学界的领导者[1-3]。

为什么从信息论向新领域（如控制论）的简单扩展，是不够的呢？为什么我们还需要继续努力，研究信息科学基础理论，成立新的信息科学研究所呢？或者说，为什么我们需要一本新的教材，如读者手中的《理论信息学概论》呢？这不是一个容易回答的问题，因为它涉及信息的最基本主题的讨论。在我看来，答案至少可以分解为对以下三个问题进行的阐述。

（一）什么是“信息现象”的根本特征？

因为香农通信具有数值分析的最显著特征，就认为信息仅仅只出现在“工程通信”之中吗？并不真的是这样。在关于信息现象的任何自然主义的解释中，例如，在活细胞之间、整个生物体或人类个体之间的通信中，我们都能发现一个复杂的信息过程的相互缠绕：如涉及一个生命周期的现象，自我复制的“需要”或“缺乏”，内部检测，信息表达（和编码），通信传输，信息接收（和解码），意义建构，代码解释，适应性（智能）反馈，等等。有趣的是，在不同机体组织的王国，我们都可以指出处理整个信息现象特征的精细信息子系统的进化过程，例如细胞的信号系统和中枢神经系统（并且，在我们的人类社会中，存在广泛的信息的交流和知识系统的涌现）。

归结到一点，就是那些专门信息子系统占领了细胞基因组和代谢预算的很大的一部分（我们自身新陈代谢中约20%用于大脑）。显然，我们能仅仅在通信过程中寻找信息吗？或者，只是因为编码/解码过程中信息更容易被度量，我们就不到其他过程中寻找信息了吗？让我们在信息问题上接受进化论的智慧；让我们超越通信过程，在信息的完整性上、在信息与整个生活结构的无缝连接中，全面而科学地考察信息现象。

（二）信息科学能弥合历史上“硬”“软”科学的分裂吗？

近半个世纪以来，C.P.斯诺的一个奇特演讲和论文，引发了相当长时期内的激烈争论。他的论文的题目是《两种文化与科学革命》[4]，主要讨论自然科学和人文学科的断裂。斯诺的观点实际上已经被两个著名的欧洲哲学家A.N.怀特海和J.O.加塞特提出来过。这种科学与人文的断裂，是严格的专门化教育制度必然导致的困境；日益狭隘、片面的知识分布到越来越小的学科领域，造成知识体系的内部、自然科学以及社会科学和人文学科之间、两个庞大阵营的从业人员之间，紧张关系不断地增长。最近学术界“科学论战”的冲突正是源自于这种分裂[5]。有趣的是，从信息的角度来看，我们可以在完全的字面意义上使用“硬”与“软”的分界。实际上，我们所讨论的，正是两种非常不同的存在方式。在一方面，硬的、刚性的、无生命的东西赋予了固定和永久的、自给自足的结构；另一方面，生命的、自适应的东西则总是在决策、自我复制和改变自身结构，其中存在着一个与载体相伴的信息和能量的连续变换。而这就是我们这个时代的重大悖论。“软”的对象，因为考虑到它的极端内部复杂性不可以用状态变量和公式形式来表达，也不可以用香农理论或玻尔兹曼理论的指标来描述，所以在科学传统上习惯地被“硬”的科学家们所忽视，但是今天它却已经成为宏大的科学革命的课题，比如基因组学、蛋白质组学、生物信息学、系统生物学等新的领域。我们戏剧性经历了的故事是，只是由于这种软的与硬的观点的相互融合，在理解和探索生物信息现象的过程中，我们才能获得现代的伟大进步。这项技术的进步，很可能将扩展到目前神经信息科学和系统神经科学的发展，也可能扩展到对社会信息和社会网络的信息的研究。因此，为什么我们不能设想，在所有这些新的领域中，存在关于信息过程的统一的理论思考？在这个意义上说，发展信息科学的新的努力，并没有从根本上无视传统“信息科学”的专业实践（这好像很奇怪。一方面它以“硬”的信息论为中心，另一方面它以“软”的知识论为中心）。反之，扩展的信息科学所需要的是联合，要在已被人为分割的科学传统之间建立一座桥梁。而这本《理论信息学概论》的多学科的内容，正是有关这座桥梁的鲜活的例子。

（三）扩展的信息科学与其他基本学科的关系是什么？

如果我们认为，宇宙信息和量子信息处理位于信息相关探索中最活跃的地区；此外还有其他重要的信息领域，如分子识别、生物信息、系统神经科学、社会信息等，一个以信息为中心的还原论的观点看起来几乎是不可避免的。信息科学好像是最基础的学科，甚至超过了精确的物理学。但是，不应该是这样。信息科学不仅促进了主要学科之间建立非等级式的联系，也凸显出这些学科之间的相互作用，并且推动多学科知识系统在社会现象中的使用。从范式上看，知识的社会性创造是一种信息过程。不同的学科“处理”它们的特殊信息过程，创造出新的知识，并把它保存在文献记录中；与此同时，这些知识又被广泛地传播，以便它能被实际应用，并且与所有其他学科的要素结合而实现知识重组……在那里，一切似乎都可以做信息分析。我们的确看到一个“集合的神经系统”的行动。从这个角度来看，现有科学方法本身的特点似乎是，一个问题解决者团体，为了满足该问题的分解在逻辑条件上的一致，他们的工作必须在时间上和空间上是分离的。然而，学科并不是孤立的领域，为了它们需要解决的问题，会不断地融合并重新编排其中的知识内容，产生一代又一代的内生学科（比如信息物理学、物理化学、生物物理学、生物化学、生物能学、生物工程、社会物理学、社会生物学、心理社会学、神经精神病学、社会信息学等）。然而，在传统的科学哲学中，知识的重组几乎被忽视，尽管这种知识重组在当代科学技术的社会中大量地存在着。据估计，在过去的30年中科学领域的数量增加了一倍：从20世纪70年代的3 000个左右的学科和分学科，到现在的差不多7 000个学科。事实上，科学已经成为一个庞大的系统，我们迫切需要新的思想、新的理论，来说明社会如何创立、使用并重组这样一个庞大的知识领域。信息科学应当有责任推进这些新的研究，这对于真正可持续的、基于知识的社会成就，很可能将是至关重要的……

事情就是这样。这本《理论信息学概论》本身就是一个理论概念化和社会实践的多学科融合的光辉榜样，它的中心正是围绕着我们所提倡和讨论的信息科学的主题。中国学生很幸运，能够运用这些新的思想，以自己特有的方式开展工作。进一步说，他们将不得不比传统的学科工作付出更多的努力，但是却能够得到知识创新和智力训练的机会，这是理所当然的。我对大家的良好祝愿是，毫无疑问，你们中的有些人，将会在明天成为今天我们迫切需要的信息科学家！

佩德罗·迈里尤恩

信息科学家及信息科学基础理论的共同创始人

萨拉戈萨（西班牙）

2010年6月

附原文：

The meaning of Information Science:

Why is an enlarged Science of Information necessary?

Pedro C. Marijuán

I much thank the invitation of Professor Zong-rong Li to prepare some introductory comments on the new edition of his textbook. It is a nice opportunity to address myself to Chinese students who venture into a very new and unusual discipline. I would like to share with them some stories and conceptual considerations about the origins and fundamentals of the disciplinary choice they have made: information science (“theoretical informatics”).

Information is hardly a newcomer. In the decade following the Second World War “everyone was talking about information.” Scientifically, it was the very beginning of the information era, with the multifarious developments of Claude Shannon, Robert Wiener, John von Neumann, Alan Turing, James Watson & Francis Crick, Gregory Bateson, etc. The naive view held by some thinkers was that, almost automatically, out from the new fields (e.g., information theory, cybernetics, computing) would emerge not only completely new technologies but also new synthetic views capable of providing more coherence to our comprehension of nature and society. Barely a generation later and not withstanding the appearance of further related fields such as artificial intelligence, artificial life, complexity science, and so on, dissatisfaction was growing. Deep thinkers and brilliant scientists and engineers such as Robert Rosen, Michel Conrad, Gordon Scarrott, Otto Rössler, Koichiro Matsuno, Tom Stonier, and several others were coinciding in the insufficiency of those disciplinary constructs, and in the need of developing a new “vertical perspective” capable of following the concatenation of formal and non-formal informational processes as appreciated in the different scales of nature and in artificial settings. New views on information, adaptability, complexity, and intelligence were implied. Michael Conrad himself was the scientific leader behind the convocation of the first FIS Conference on Foundations of Information Science, in Madrid 1994 (Conrad, 1996; Marijuán, 1996; Scarrott, 1998).

Why the simple extension of information theory to new fields (or of cybernetics) is not enough? Why continued efforts such as FIS, or new ones such as ScII (Science of Information Institute), or why a new textbook such as the present one? It is not an easy question to answer, as it involves the discussion of really basic informational themes. In my opinion, the response decomposes in the opening of at least another three questions.

First, what are the fundamental aspects of "informational phenomena"? Should the term information apply only to "communication", just because it is the most salient aspect susceptible of numerical analysis? Not really; in any naturalistic account of the information phenomenon, for instance in the communication between living cells, whole organisms, or human individuals, we find a complex intertwining of processes: subjects involved in a life cycle, self-production "needs" or "voids", inner detection, expression (and encoding), communication-transmission, reception (and decoding), meaning construction, interpretation, adaptive (intelligent) response... Intriguingly, in the different organization realms, we can point to the evolutionary appearance of sophisticate subsystems handling the entire complexion of informational phenomena, for instance cellular signaling systems and central nervous systems (and in our own societies, the emergence of widespread communication and knowledge systems). Up to the point that those specialized subsystems are occupying a considerable portion of the cellular genome and of the metabolic budget (around 20 % of our own metabolism is devoted to the brain). Thus, should we look for information only in the communication-channel characteristics, or in the coding/encoding processes, just because they are more easily measurable? Let us take the evolutionary wisdom seriously: let us scientifically contemplate the information phenomenon in its integrity, in its seamless interconnection with the whole fabric of life.

Second, how does information science relate with the historical divide between the "hard" and the "soft" inside the sciences themselves? In the late 50's a curious lecture and subsequent essay by C.P. Snow sparked a furious reaction for quite long a period. It was entitled "The Two Cultures and the Scientific Revolution" (Snow, 1959), and was basically addressing the breach between the natural sciences and the humanities. Snow's views had already been advanced by two notable European philosophers: Alfred North Whitehead and José Ortega y Gasset. It is the dilemma of following strictly specialized education; the progressive narrowness of knowledge deployed upon smaller and smaller disciplinary fields, and with it the increasing tension between practitioners of the two great camps in the system of knowledge, natural sciences vs. social sciences and humanities. Recent conflicting episodes such as the "Science Wars" stem out from this very divide (Ashman & Baringer, 2001). It is interesting that from an informational perspective, we can take the *hard* versus the *soft* divide in the most literal sense. Actually what we discuss is about two very different modes of existence. On the one side, the hard, rigid, inanimate things endowed with a fixed and permanent, self-sufficient structure; on the other, animate, adaptive things that are always in the making, self-producing and changing their structures themselves amidst a continuous exchange of information and energy with the medium. And herein lies the great paradox of our times. The *soft*, traditionally disregarded by the scientists of the *hard* given its extreme inner complexity not amenable to description either by state variables and formal laws, or by Shannonian or Boltzmannian metrics, has become today the subject of a magnificent scientific revolution with all the new fields of genomics, proteomics, bioinformatics, systems biology, etc. We have dramatically experienced that only the *practical intermix* of the soft and the hard perspectives has allowed the great contemporary advancement in our comprehension and exploitation of bioinformational phenomena. This advancement, quite probably, will be extended to ongoing neuroinformatic and systems neuroscience developments, and also to the new studies on social information and social networks. Thus, why shouldn't we envision a unitary theoretical contemplation of the informational processes in all these new territories? In this sense, the new proposal of information science –or of the science of information– does not divide or radically separate from the rather specialized practices of classical "information science" (which very curiously, on the one side becomes centered on "hard" info theory, and on the other on "soft" knowledge management). Conversely, what the enlarged information science wants is to unite, to build bridges between scientific traditions that have been artificially separated. And the multidisciplinary contents of this textbook are a vivid example about that.

Third, what is the relationship between an enlarged information science and the other basic disciplines of the scientific system? If we consider that cosmological information and quantum information processing are among the most active areas of information-related exploration; together with other important informational areas such as molecular recognition, bioinformation, systems neuroscience, social information, and so on, the idea of an information-centered reductionism looks almost inescapable. Information science would appear as the most fundamental discipline, even above than mathematical physics. But that should not be the casc. Information science not only promotes a non-hierarchical relationship between the major disciplines, it also highlights their mutual interactions, and educates on the social use of the multidisciplinary system of knowledge. The social creation of knowledge is paradigmatically an informational process. The way different disciplines "process" their specific information, create new knowledge, and keep it in record while at the same time this knowledge is widely disseminated so that it can be put into action, and combined and recombined with elements of all the other disciplines... everything seems susceptible of informational analysis there. We really see a "collective nervous system" in action. The scientific method itself appears from this perspective as the conditions to be met for a coherent decomposition of problems by communities of problem solvers whose workings are separated in time and space. Disciplines, rather than being isolated fields, are continuously mixing and rearranging their contents, for the sake of the problems they have to solve, giving birth to successive generations of inter-disciplines (e.g., information-physics, physical chemistry, biophysics, biochemistry, bioenergetics, bioengineering, socio-physics, sociobiology, psycho-sociology, neuro-psychiatry, socio-information, etc.). However, the *recombination of knowledge* has passed almost unnoticed in traditional philosophy of science, in spite of its massive presence in contemporary scientific-technological societies. It has been estimated that the number of scientific fields has doubled during the last 30 years: from around 3000 disciplines and sub-disciplines in the 70's, to almost 7000 nowadays. Indeed, science has become a gigantic system, and we badly need fresh theoretical new views on how societies create, use, and recombine such an enormous amount of fields of knowledge. Information science should take full responsibility in advancing these new studies, which quite probably will be essential to the achievement of really sustainable, knowledge-based societies...

And that was it. This book is itself a brilliant example of the multidisciplinary mixing of theoretical conceptualization and social practice around the very information themes that we have been advocating and discussing here. Chinese students are fortunate having to work their own way through these new ideas—definitely, they will have to work harder than in any conventional discipline, but the opportunities of fulfillment and intellectual excitement are granted. My best wishes to them, as no doubt that some will become the information scientists of tomorrow that we badly need today!

Pedro C. Marijuán

Information Scientist & FIS co-founder

Zaragoza (Spain), June 2010.

Bibliographic References

[1] Conrad M. Cross-scale information processing in evolution, development and intelligence. BioSystems,1996(38): 97-109.

[2] Marijuán P C. First conference on foundations of information science: From computers and quantum physics, to cells, nervous systems, and societies. BioSystems,1996(38):87-96.

[3] Scarrott G C. The Formulation of a Science of Information: An Engineering Perspective on the Natural Properties of Information. Cybernetics And Human Knowing,1998,5(4):7-17.

[4] Snow C P. The Two Cultures and the Scientific Revolution. Cambridge: Cambridge University Press, 1998.

[5] Ashman K M, Baringer P S. After the Science Wars. New York: Routledge, 2001.

关于信息科学理论体系建设的思考[①]

何华灿
西北工业大学计算机学院

摘　要：客观世界由物质世界和信息世界组成，每个世界中都有存在性和能动性两大基本属性，于是客观世界就有了物质、能量、信息和智能这 4 个基本属性。物质科学是研究物质世界的科学，它是一个大的学科门类，现在已经非常丰富和完整。信息科学是研究信息世界的科学，它也是一个大的学科门类，不过它的理论体系建设才刚刚起步，还有许多规律需要探索。在这个时候，认真回顾物质科学理论体系的建立过程，从中一定可以得到许多关于如何建立信息科学理论体系的重要启示。
关键词：物质世界；信息世界；物质科学；信息科学；理论体系

本文先提出了科学假设：认为整个客观世界一分为二，有物质世界与信息世界的差别，每个世界都有存在性和能动性两大基本属性，于是客观世界就有了 4 个基本属性：物质、能量、信息和智能。作为一个大的科学门类，研究物质世界的物质科学理论体系已经非常丰富和完整；而另一个大的科学门类，研究信息世界的信息科学理论体系建设却刚刚开始。本文探讨的目标是，通过回顾物质科学理论体系的建立过程，希望得到关于建立信息科学理论体系的若干启示。

一、两个世界的四大要素

在近代科学史中，人类对客观世界的认识大致经历了以下过程：

---

① 本研究得到西北工业大学基础研究基金重点项目(W018101)的支持。

（1）近代科学是在研究物质科学（material science）的基础上发展起来的，它的基本思想是认为客观世界是物质的，物质（matter）是不依赖于意识而又能为人的意识所反映的客观实在。

（2）辩证唯物主义认为，物质是第一性的，意识是第二性的，存在决定意识，意识可以反作用于物质。[1]

（3）物质科学认为物质世界具有存在性和能动性两大基本属性。人类最早发现和利用的是物质的存在性（材料属性），在此基础上出现了机械工具和材料科学；直到近代才发现和利用了物质的能动性（能量属性），在此基础上出现了能源工具和能源科学。虽然信息属性早已被人类发现和利用，但它一直被禁锢在主观的精神世界和意识层面中，不属于客观世界。自然界中客观存在的信息和信息过程被长期忽视，智能则被认为是只有人类才可拥有的特权。

（4）经过最近几十年来研制计算机等信息工具和智能工具的实践，人们发现人脑的思维过程和智能活动原来都可以用信息处理机和人工智能机来实现，尽管任何信息都需要一个物质载体来表示和传播，任何一个信息处理过程和智能活动过程都必然借助一个物质运动过程来实现，但是，信息和它的物质载体、信息处理过程和智能活动过程与它的物质运动过程是同时存在而又彼此独立的，是一个事物的两个不同方面。利用从人工系统中得到的这些规律来重新观察神经网络活动、生命活动甚至自然界的各种发展演化过程，会发现它们都满足这个规律。任何物质中都包含有信息，任何一个物质运动的过程都伴随有一个信息处理过程。这些发现使人类开始重新认识和定位信息、信息处理和智能，把它们从主观的精神世界和意识层面中解放出来，成为客观世界中独立于物质世界的信息世界。[2]

（5）信息世界同样也具有存在性（信息属性）和能动性（智能属性），人类利用这些属性已经制造了许多信息工具和智能工具，研究信息和智能的各种学科也因此而诞生。

（6）我们并列讨论物质科学和信息科学的认识前提是：客观世

界一分为二，物质世界和信息世界是相互依存、不可分离的。在每个世界中，都有存在性和能动性两种不同的基本属性。于是就形成了客观世界的四大基本要素：物质、能量、信息和智能。这四大要素同样是相互依存、不可分离的。[3]

二、物质科学的理论体系

（一）物质科学研究的历史回顾

在物质世界中，人类是如何认识并利用物质和能量、逐步建立起整个物质科学理论体系的呢？这个过程对我们今天研究信息世界的存在性和能动性，认识并利用信息和智能、逐步建立起整个信息科学理论体系有十分重要的借鉴意义。

人类从原始人类进化到现代人类的几百万年历史，是一部工具和知识的发展史。由于社会生产力的不断发展，人的各种自然能力的局限性不断暴露出来，我们不得不借助各种工具的力量来突破这种局限性，增强人类认识自然和改造自然的能力。工具的发展带动了技术、产业和理论的发展，推动了经济和社会的转型。按照工具的基本特征，人类社会的发展史大致可分为三个时代，目前已经历了两个时代，正在向第三个时代过渡[2]。

第一个时代是材料时代，主要是机械工具的出现和持续不断地大发展，如石器、陶器、铜器和铁器等。机械工具的功能是部分地代替人类的肢体，以便在强度、硬度、切削能力和精度等方面有所突破，克服人类手、脚、牙等自然器官能力的局限性，更有效、更精确地去完成各种工作任务。但这一时期的工具仍然要靠人、畜、风和水等自然动力来驱动，完全靠人的自然智力来控制。

第二个时代是能源时代，主要是动力工具的出现和持续不断地大发展。动力工具在机械工具的基础上增加了动力装置，如蒸汽机、内燃机、电动机和核动力机等，其功能是部分地代替人的体力来驱动机械装置完成各种工作任务，以便突破人、畜、风和水等自然能源的局限性，但整个工具系统仍然要靠人的智力来控制。

第三个时代是信息时代，主要是信息工具和智能工具（简称为信智工具）的出现和持续不断地大发展。信智工具在动力工具的基础上增加了信息处理装置，如控制器、计算机和智能机等，其功能是部分地代替人来直接控制机械装置和动力装置，以便突破人的自然智力的局限性。信息处理装置能够接受人的指示，根据外部环境的状态和变化，按照预先规定的策略和程序，协调整个工具系统内部各部分的活动，联合完成规定的工作任务，有的甚至还具有自学习功能。信智工具相对于人的独立性大大增强，可以自主或半自主地完成许多低层次的规律性较强的工作，人类可以把精力集中到更高层次的规律性较差的创造性工作中去。

（二）材料时代的基本科学问题和核心基础理论

由于物质都具有位置、体积和质量等特性，不少物质还有固态和液态及颜色等有形的存在状态，所以物质是最早被人类认识和利用的要素。工业革命前，人类主要是利用物质中的各种天然或人工材料制造各种机械工具，可统称为材料时代，历时数百万年。这期间的人类发展史，常以使用的主要材料为标志来划分：如 100 万年前，原始人以石头为工具，称为旧石器时代；1 万年以前，人类对石器进行加工制成精致的工具，从而开始进入新石器时代；后期出现了烧制的陶器，称为陶器时代；公元前 5000 年，人类掌握了冶铜技术，开始进入铜器时代；公元前 1200 年，人类开始使用铸铁，从而进入铁器时代，后期出现的炼钢技术为工业革命奠定了重要的物质基础。

在整个材料时代，人类主要利用的是客观世界的物质要素，研究的主要科学问题有：自然界为什么会有如此众多种类的不同物质；不同物质为什么会有不同的性质；众多的物质是否由少数更基本的元素组成；能否将一种物质转变成另外一种物质；等等。可见材料时代的基本科学问题可归结为宏观物质的组成成分和化学变化。在探讨这些基本科学问题的过程中，发展起来一门公共的基础性学科——化学，它一般性地回答了组成物质的化学元素和化学成分，物质的化学结构和化学性质以及物质之间的化学变化规律等问题。后来在化学的基础上形成了整个材料科学体系，所以化学是材料时代和材料科学的核心基础理论。以后又出现了高分子材料和有机材料，它的核心基础理论仍然是高分子化学和有机化学。

（三）能源时代的基本科学问题和核心基础理论

在整个能源时代，人类主要认识和利用的是能量，但开始时人们对力、功和能的有关概念还没有深入认识。如当时曾想到用杠杆和各种储能器来提供大功率的能源，但都失败了，因为它们只能放大“力”，而不能放大“功”和“能”。总的来说，能源时代关心的主要科学问题有：物体为什么会运动；影响物体运动的因素有哪些，它们是什么关系；物体运动的内在本质和外在表现是什么；能量的储存、释放和转换规律；等等。能源时代的基本科学问题可归结为物体的运动和能量转换规律。在探讨这个基本科学问题的过程中，发展起来一门公共的基础性学科——物理，它首先由英国的科学家牛顿在 1687 年建立，叫经典物理学，其核心部分是经典力学，后来又发展了热力学、电动力学和核子物理学及量子力学。物理学一般性地回答了物质的质量、力、运动和能量及其相互之间的转换规律等问题，是整个能源时代和能源科学的核心基础理论（见表 1）。

表 1　物质科学中的基本科学问题和核心基础理论

时代 特点	材料时代	能源时代
工具水平	机械工具	动力工具
基本物性	材　料	能　量
基本科学问题	物质的组成和化学变化	物体的运动和能量转换
核心基础理论	化　学	物　理
经济类型	自然经济	工业经济

现代物理学进一步研究表明，物质和能量是不可分割的统一体。在物质的结构中蕴涵有能量，改变物质的结构必然会伴随着能量的变化：或者需要吸收一定数量的能量，或者是释放一定数量的能量，物质和能量之间还可以相互转换。

（四）物质科学的理论体系概述

物质科学是研究物质世界的存在性和能动性的科学，它是一个大的门类，包括天文学、空间科学、地球科学、海洋学和生物学等基础性科学，还有材料科学、地质科学、能源科学、医学、农林牧渔等应用性科学。物理和化学是整个物质科学的核心基础理论。物质科学的前沿研究课题有宇宙的起源与演化、物质的本质与基本结构、生命的本质和起源等。[4]

物质科学的基本研究内容包括物质的结构、物质的变化、力和场、物体的运动、能量转换规律等。物质科学的基本研究方向是将物质不断地还原为更微观层次的元素及其相互之间的作用力，希望将物质现象归结为一些不可再分的基本粒子和基本力。目前的认识如下。[5]

1. 物质世界的4种基本力

物质的运动规律由物质之间的4种基本力决定，它们是引力、弱核力、电磁力和强核力。

引力（gravitational force）是所有具有质量的物体之间的吸引力，在4种自然力中强度最弱，作用距离和时间无限，但强度与距离的平方成反比。引力在微观世界中几乎不起作用，但在天体运动中起决定作用。

弱核力（weak nuclear force）是仅在基本粒子之间起作用的自然力，其强度排第三，作用距离很小，作用时间仅为10^{-8}～10^{-6}s。

电磁力（electromagnetic force）是带电粒子与电磁场之间的相互作用力及带电粒子之间通过电磁场传递的相互作用力。它的强度排第二，其作用范围、时间和强度变化规律与引力相同。

强核力（strong nuclear force）是作用于强子之间的自然力，它的强度最强（是弱核力的10^{12}倍），作用距离最短（约10^{-15}～10^{-10} m）。

2．物质世界有五大层次

人类从自己所在的宏观世界开始，向上已扩展到宇观世界，向下已深入到微观世界。有迹象表明，还有可能存在更大的胀观世界和更小的渺观世界，共有5个层次（见表2）。

表2　物质世界的5个层次

	最大尺度	典型尺度	最小尺度	代表性理论
渺观世界			3×10^{-27} m以下	有待发现
微观世界	3×10^{-7} m	3×10^{-17} m	3×10^{-27} m	量子力学
宏观世界	3×10^{12} m	3×10^{2} m	3×10^{-7} m	牛顿力学
宇观世界	3×10^{31} m	3×10^{21} m	3×10^{12} m	相对论
胀观世界	3×10^{31} m以上			有待发现

宇观世界是目前已知的最大物质世界，它包含了人类所能观测到的全部宇宙空间，是引力起主导作用的领域，它服从狭义相对论和广义相对论。宏观世界是从物体表面到太阳系周围的世界，是引力起主导作用的领域，服从牛顿力学。宏观的电磁效应服从麦克斯韦方程组。微观世界又分为若干层，最上层由分子及原子组成，原子又由原子核和核外电子构成。原子很小，直径约10^{-8} cm，原子核大约是10^{-13} cm，电子则更小，大约是10^{-21} cm。原子核以下有质子和中子，比质子和中子更小、更基本的粒子有介子、中微子、反粒子以及组成质子、中子的夸克等，达几百种之多。微观世界的粒子可分为强子、轻子和传播子3类：强子是指参与强核力作用的那些粒子，包括质子、中子、π介子等。强子又由夸克组成，夸克有上、下、奇、粲、底、顶6类，每类有3种，共18种。轻子与强核力作用无关，只参与弱核力、电磁力和引力的相互作用，如电子、中微子、μ子、τ子等。微观世界是量子力学起主导作用的领

域，微观的电磁效应服从量子电动力学。

根据量子场论的观点，粒子是场的激发态，各类基本力对应着特定的规范场，因此物质被进一步统一为实物粒子场、规范玻色子场等量子场。

自然力的传递是由传播子完成的，传递强核力的是胶子，传播电磁力的是光子，传播弱核力的是中间玻色子W^+，W^+和Z^0，传播引力的是引力子(Graviton)。

3．暗物质和暗能量

暗物质存在于人类已知的物质之外，目前我们知道它的存在，但不知道它是什么，它的构成也和已知物质完全不同。根据现有观测数据计算，宇宙总能量中的73%是暗能量。暗物质和暗能量的研究有可能革命性地改变我们现有的世界观，进一步认识清楚物质和信息的内在关系。

由上述物质科学理论体系的概括性描述，我们可以得到一些有意义的启示：

（1）在对物质世界的认识中，首先要建立一个物质的存在空间，它是展现物质存在性和能动性的舞台。宏观地看，物质空间由三维距离空间和一维时间组成，是一个四维空间，物质空间中的每一维都是无限的。物质空间的性质与物体运动的速度有关，在低速运动情况下物质空间是线性的，当接近光速时物质空间呈现出非线性。还有理论认为，基本粒子的存在空间是十维空间，除了已知的四维空间外，其他六维人类目前还不清楚。

（2）物质的存在性首先表现为物质的占位性，一个物质必然在物质空间中占有一定范围的位置（体积）。在占位性的基础上它还具有一定的惯性（质量）、物质结构的多样性（不同的金属、非金属、无机物、有机物、分子和原子及各种基本粒子）、存在形态的多样性（固态、液态、气态和等离子态及各种场）。正是物质结构和形态的多样性，造成了物质种类及其性质的多样性。

（3）物质的能动性取决于物质空间中的4种基本力（引力、弱核力、电磁力和强核力），而基本力只存在于对应的场（引力场、弱力场、电磁场和强力场）中，并只对特定距离中的特定物质产生作用，形成特定的物质运动形式和物质结构。

（4）物质的存在性和能动性不能截然分开，不但物体的运动与能量变化有关，而且在物质的结构中也蕴涵有能量，物质结构的变化必然伴随能量的变化。

（5）在整个物质科学研究中，基本上都是从定性的被动观察自然现象和积累经验资料开始的，在积累的资料相当丰富后，必然会转入定量的理论研究阶段。在理论研究阶段，由于建立了各种因素之间的数量关系模型，可以由一些已知的参数，计算出未知的结果。因此可以主动地设计一些实验来验证自然规律，预言某些自然现象将会发生。定性的观察积累和定量的理论建模是建立整个物质科学理论体系不可或缺的2个重要阶段。[6]

（6）物质世界是一个庞大的、开放的、正在不断演化的系统，可以从不同的层次、不同的侧面和不同的时间阶段进行研究和利用。物质科学是一个庞大的理论体系，是一个永远都在不断地扩大和不断地深化的开放的理论体系。

（7）客观世界的统一性和差异性是一对辩证矛盾，目前正在研究4种基本力的统一，将来物质和能量有可能走向统一，物质世界和信息世界也有可能走向统一。但是，这些统一的基础是首先必须充分地研究清楚各种差异性。

三、信息科学中的一些基础性问题

（一）信息科学是一个大的科学门类

关于信息科学的著作和讨论已经不少，它们共同的特点是都把“信息科学”定位在一门（或者一类）具体的学科上，如同天文学或者生物学的地位那样。

我们认为，如果说信息世界是一个与物质世界并列的世界，它们具有相同的复杂度和丰富度。那么我们就不应该把“信息科学”设想为一门（或者一类）具体的学科，而应该是一个可以和“物质科学体系”相提并论的大学科门类。当然，人们当初对物质科学理论体系的认识也是从具体的天文学、物理学、化学、地质学、生物学和材料科学等一步一步逐渐扩大和深入的。但是，现在我们已经有了建立物质科学理论体系的成功经验，可以把建立信息科学理论体系的路走得更自觉、更笔直和更快捷些。

参考建立物质科学理论体系的经验我们可以这样设想，信息科学是研究信息世界的存在性和能动性的科学，它是一个大的学科门类，其中包括有类似于信息论、控制论、系统论、协同学、耗散结构理论和突变论这样的基础性学科类，类似于通信工程、计算机科学和自动控制这样的应用性学科类，还有类似于逻辑学这样的核心基础理论。有人主张第一层是理论信息学；第二层是应用信息学，它包括领域信息学和工具信息学；第三层是各种具体的某某信息学。我们的眼光可能需要再放宽些。信息科学的基本研究内容应该包括信息空间、信息结构、信息变化、信息场和智力、信息体的运动、广义智能的转换规律等。

关于信息科学理论体系的研究，目前主要停留在定性的被动观察和积累经验资料的阶段，各种研究信息学的部门都在忙于整理各个具体领域内的信息表现形式和特点，定性地把它们描述出来。然而，开展定量的理论研究是建立信息科学理论体系的必不可少的先决条件，笔者反对把信息科学局限在定性的描述之中。当对信息世界进行定量的理论研究时，逻辑学和数学一起，将发挥不可替代的作用。[7]

（二）信智工具正在催生新的科学理论

人类的历史表明，机械工具的出现和大量使用催生了化学和材料科学的诞生。能源工具的出现和大量使用催生了物理和能源科学的诞生。在强大应用需求的牵引下，最后形成了庞大的物质科学理论体系。现在，信智工具已经出现并大量使用，它必然会催生一批新的科学理论的诞生，最后形成一个庞大的信息科学理论体系。

1946 年美国的第一台计算机 ENIAC 的问世，标志着人类已进入信息时代。信息时代的主要特征是出现并大量使用了信智工具。机械工具需要人力的驱动和控制；动力工具带有动力装置，可自行驱动，只需人的智力进行必要的控制；信智工具则自己带有动力和信息处理装置，可以在一定程度上脱离人的控制而自主运行。信智工具的出现和持续不断地大发展意味着过去那种以人的智力作为信息处理唯一“原动力”的状况已经改变，人类已经从简单、烦琐的那一部分脑力劳动中解放出来，可以把智慧集中到那些更富于创造性的工作中去，并使那些单靠人的自然智能无法进行或带危险性的工作得以完成。

既然我们已经进入一个不同于过去的信息时代，那么，这个时代必然有不同于过去的基本科学问题和独特的核心基础理论。我们认为信息时代的基本科学问题应归结为信息的结构和运动规律，其中包括传统信息处理和智能信息处理。过去认为逻辑是研究思维规律的科学，这太片面了，现在的科学实践已经表明，逻辑学是研究信息结构和信息处理规律的科学。所以，我们认为，信息时代的核心基础理论是逻辑学。当然现有的逻辑还无法承担这个重要任务，它需要进一步的充实提高。未来的逻辑学至少需要包括能描述各种信息形态和信息结构的理论、规范各种信息处理和信息转换过程的理论、处理确定和各种不确定信息的推理理论等，我们称这套理论体系为泛逻辑学[8-10]。我们还注意到在过去几十年中发展的重点是数字化，信息装置的主要任务是对简单系统中的确定性问题进行传统信息处理，而未来几十年的发展方向主要是智能化，信息装置的主要任务是对复杂系统中的非确定性问题进行智能信息处理。所以，信息时代有明显的两个不同时期，数字化时期和智能化时期，它们的发展侧重点不同。数字化时期的主要任务是利用信息的存在性建立信息的收集、传播、存储、确定性处理和应用等方面的基础设施和技术，数理形式逻辑发挥了核心基础理论的作用。智能化时期的主要任务是在数字化的基础上，利用信息的能动性在物质生产、社会生活和科学研究的各个领域中全面使用智能工具，自动处理各种不完全确定的问题。例如，利用机器进行外层空间和深海探索、知识发现、智能决策、智能控制和智能服务等（见表3），它需要的核心基础理论是数理辩证逻辑。

表3　信息时代的基本科学问题和核心基础理论

时期 特点	数字化时期	智能化时期
工具水平	信息工具	智能工具
利用的主要属性	信息的存在性	信息的能动性
基本科学问题	信息的结构和变化	信息的运动和智能转换
核心基础理论	数理形式逻辑	数理辩证逻辑
经济类型	信息经济	知识经济

（三）需要深入研究的基础性问题

（1）信息空间是可能性空间，它是信息的存在性和能动性的表现舞台，信息场和智力也存在于其中。信息空间是个多维的无限空间。

（2）信息的存在性首先表现在它在可能性空间中的占位性，即信息的出现就是把空间中的某些可能性变成了现实性。

（3）信息的度量不仅与可能性有关，还与许多其他因素有关[11]。

（4）信息具有内部结构，是无限可分的。如何描述和分解信息的内部结构？数理形式逻辑在描述信息结构中的作用是什么？

（5）信息的度量具有相对的意义，其大小与参考点的位置有关。

（6）信息场的本质是什么，信息之间的作用力（智力）是什么，它与信息的内部结构和信息体的运动是什么关系？

（7）智能是描述信息能动性的量，它是信息体在智力的驱动下，在信息场中发生位移所做的智功。数理辩证逻辑在描述智能中的作用是什么？根据信息科学定量研究需要建立和发展数理辩证逻辑。

（8）要严格区别智力、智能（智功）和智功率这 3 个不同的概念，明确它们之间的关系。智力是使信息体在信息场中发生位移的作用力，智能是智力使信息体位移所做的功，智功率是系统在单位时间内产生的智能。[12]

参考文献

[1] 彭漪涟，马钦荣. 逻辑学大词典[M].上海:上海辞书出版社，2004: 431, 481.

[2] 何华灿，马盈仓. 信息、智能与逻辑(第一卷)[M].西安: 西北工业大学出版社, 2008: 1-54.

[3] 李宗荣，金新政. 理论信息学导论[M].北京: 中国教育文化出版社, 2006.

[4] 马宏佳，陈娴. 物质科学精要[M]. 北京: 高等教育出版社, 2003.

[5] 钱学森. 基础科学研究应该接受马克思主义哲学的指导[OL]. 中国青年网[2009-11-17], http://www.youth.cn.

[6] 吴大猷. 物理学的历史和哲学[M].金吾伦，胡新和,译.北京:中国大百科全书出版社, 1997.

[7] 王元元. 计算机科学中的现代逻辑学[M]. 北京: 科学出版社,2001: 1,6.

[8] 何华灿，王华，刘永怀,等. 泛逻辑学原理[M].北京：科学出版社, 2001.

[9] 何华灿，艾丽蓉，王华. 辩证逻辑的数学化趋势[J]. 河池学院学报，2007，27(1):6-11.

[10] He Huacan, He Zhitao, Ma Yingcang, et al. Philosophical Significance of Universal Logic—On Second Revolution of Mathematical Logic[J]. Logical Universalis, 2007,1(1):83-100.

[11] 钟义信. 机器知行学原理:信息、知识、智能的转换与统一理论[M].北京: 科学出版社,2007.

[12] 何华灿. 智能论——关于人脑和其他各种系统中信息处理规律的科学[J]. 人工智能学报,1982(3)：1-18.

On the Building of Theoretic System of Information Science

He Huacan

School of Computer Science, Northwestern Polytechnical University

Abstract: The objective world consists of material world and information world, each world has two basic attributes—existence and activity, then the objective world has four basic attributes—material, energy; information and intelligence. The material science is the study of material world, which is a great discipline and now is very considerably rich and complete. Information science is the study of information world, which is also a major discipline, but the development of its theoretical system just started, in which there are many rules needed to be explored. In this paper, the process of building material scientific system will be reviewed carefully, from which we are able to get some important enlightenments for the development of theoretical system of information science.

Key words: material world; information world; material science; information science; theoretical system

信息科学理论与信息转换定律①

钟义信

北京邮电大学

摘　要：本文在阐述信息科学基本概念和基本原理的基础上，提出并论述了一个新的科学定律——“信息转换定律”——的内涵和意义，指出信息转换定律是信息科学的核心规律，是打开“感知—意识—情感—认知—智能”统一理论大门的钥匙，很可能是比物理学的“质量转换”和“能量转换”更为重要的科学规律。同时，文中也简要论述了信息科学理论与数学-逻辑学之间的关系。

关键词：信息转换定律；意识；情感；智能；统一理论

一、引言

任何一个时代，都会孕育反映当代人类对世界最新认识成果的表征性学科[1]。信息科学，便是表征信息时代人类对于世界最新认识成果的一门新学科。

时至今日，人们对于“信息科学”这个术语早已不感陌生。不过，从严格的科学意义上说，究竟什么是信息科学？信息科学的基本概念是什么？信息科学的基本原理是什么？信息科学对于人类认识世界和优化世界究竟能够提供怎样的帮助？信息科学对于改善人类的生存发展条件究竟能够做出什么贡献？人们的认识却可能千差万别，甚至可能相悖。

本文的目的就是试图在已有认识的基础上，进一步理清信息科

① 本文的研究得到国家自然科学基金项目(60873001)的资助。

学的基本概念和基本原理，在此基础上提出和论述信息科学的核心规律——信息转换定律，探讨这一规律的内涵和影响，同时论及信息科学与数学-逻辑学之间的关系。

二、信息科学的基本概念

（一）信息

信息是一个复杂的研究对象，犹如一个多棱镜，从不同的角度观察可能会得到不同的认识。正因为如此，人们对信息概念的理解至今仍然众说纷纭，争论不止，各持己见。这种现象不仅与信息本身的复杂性有关，同时也可能与方法论的问题有关：不同的研究者，站在不同的角度、运用不同的方法，就可能导致不同的理解。

对于这种复杂的研究对象，不宜运用“笼而统之”的方法来研究，而应当采用更科学的方法对信息进行更深入、更细致的研究，才能解决问题。

研究表明，一个比较有效的研究方法是层次分析方法。它的基本思想是：为了从各种不同层次来把握一个复杂对象，首先需要通过设定恰当的条件来定义研究的层次（不同的条件形成不同的研究层次），由不同的研究层次出发可以得到不同的研究结果，而这些不同的研究结果也具有各不相同的适用范围。所设定的条件的增减相应地会造成研究层次的升降和适用范围的大小变化，比如，取消一些条件，相应的层次就会上升；增加一些条件，层次就会下降；等等。这样，综合考察各个层次的结果，就可以形成一个系统的而且是内恰的认识。

这种层次分析方法也可以称为粒度分析方法。层次分析方法所设定的条件越少，它所对应的层次就越高，而相应的“粒度”则越大（越宏观）；反之，所设定条件越多，层次就越低，对应的粒度就越小（越具体）。所以，在这种意义上，两种方法具有几乎同样的功效。

表1是对这种层次分析方法的一个说明。

表1　层次分析方法的说明

所选定的研究条件	条件所定义的概念层次	相应概念所适用的范围
没有任何限制条件	最高层次	最广范围
设定一个最基本的条件	次高层次	次广范围
……	……	……
设定的条件更多	层次更低	适用范围更小
……	……	……
设定的条件最多	层次最低	适用范围最小

利用层次分析方法来研究信息的定义，可以得到以下的结果。

如果在研究信息定义的时候没有设定任何限制条件，那就导致无条件的、最高层次的、纯粹客观的信息定义，称为本体论层次的信息定义；正是由于没有任何限制条件，本体论层次的信息概念的适用范围就无处不在（最广）。

如果对信息定义的研究设定一个基本条件——必须存在认识主体并站在认识主体的立场来研究信息，这就导致次高的定义层次，即认识论层次的信息定义；由于有了这个限制性条件，认识论层次的信息概念就必须满足存在主体这样的应用条件，因此，它的适用范围就比本体论层次的信息概念的适用范围小。因为，后者毋须考虑这样的条件。

如果增加更多的限制条件，这时的信息定义层次就会变得更低，适用的范围就更小。比如，假设对认识主体限制为“人类”，那么，这样得到的信息定义就比认识论层次的信息定义更低。这是因为认识论层次的信息定义只要求存在认识主体，它可以是人类、生物或者人造的机器；现在的条件限定“必须存在人类主体”，这就比一般的认识主体这个条件更苛刻了。

再如，假设要求认识主体必须是“人类主体”，而且“这些主体必须从事通信活动”，同时“通信活动必须满足统计学公理”，在这些要求的限制下，就会得到更低的信息定义层次——香农(Shannon)信息论的信息定义，如此等等。这些情形可以用表 2 来概括。

表 2　信息定义的层次分析

所选定的研究条件	条件所定义的概念层次	相应概念所适用的范围
没有任何限制条件	本体论层次	最广范围
设定最基本条件：存在主体	认识论层次	次广范围
……	……	……
设定的条件更多	层次更低	适用范围更小
……	……	……
设定的条件最多	层次最低	适用范围最小

由表 2 可以看出，本体论层次（最高层次）是最基本的信息定义层次。本体论层次的信息是其他一切层次信息的总源泉，其他各种层次的信息定义都可以由本体论层次的信息定义通过增加相应的条件而导出。

同样由表 2 可以看出，认识论层次（次高层次）是最有意义的信息定义层次，因为，认识论层次的信息定义不仅考虑了信息的本体，同时还考虑了信息的认识主体，统一考虑了信息本体和认识主体的因素。而人类研究信息的目的，不仅仅是为了认识信息，更重要的是为了利用信息科学的规律为人类的生存发展服务，因此，同时考虑信息本体和认识主体两方面的因素是十分必要的。

这样，只要把本体论信息和认识论信息这两个层次的性质和规律研究清楚了，对整个信息体系的认识就有了必要的基础。

根据以上的讨论，可以分别给出本体论信息和认识论信息的定义如下[1]。

1. 本体论信息定义

任何事物的本体论信息是“该事物的运动状态及其变化方式”的自我表述。

2．认识论信息定义

事物的认识论信息是主体关于“该事物的运动状态及其变化方式”的形式、含义和价值的表述，并分别称之为语法信息、语义信息和语用信息，而这三者的整体，则称为“全信息”。

需要说明，这里所说的“事物”，既可以是物质客体，也可以是精神活动。这里所说的“运动”泛指一切意义上的变化。因此，本体论信息是一类极其普遍的存在：哪里有事物（物质客体和精神活动），哪里就有本体论信息的存在。

还要说明，由于主体（特别是人类主体）具有感知能力，因此，能够感知事物运动状态及其变化方式的形式；由于主体具有理解能力，因此，能够理解事物运动状态及其变化方式的含义；由于主体具有目的性，因此，能够判断事物运动状态及其变化方式的价值（对于实现主体目标而言的效用）。感知能力、理解能力和目的性是主体能力的三位一体，因此，认识论信息必然也是语法信息、语义信息和语用信息的统一。

需要强调指出，对于信息的研究来说，如实地区分“本论信息”的概念和“认识论信息”的概念至为重要。实际上，很多“争论”的根源都是因为没有注意到这两个概念的联系与区别，都是因为主观上把信息作为一个笼统的概念而事实上存在不同层次的信息概念所引起的。比如，若问“人类出现之前地球上有没有信息”？有人回答“有”，有人回答“没有”。究竟哪个答案正确？其实，两个答案都正确：从“本体论信息”的概念上说，答案应当是“有”；而从“认识论信息”的概念上说，答案就应当是“没有”。可见，站在不同的层次上考虑问题，答案可能完全不同。但是，只要把不同层次的条件互相沟通，表面上矛盾的答案便不再矛盾。如果不区分“本体论信息”和“认识论信息”的概念，许多类似的矛盾就无法解释。

3．信息与物质的关系

信息科学的研究对象（信息）和物质科学的研究对象（物质）既有密切的联系，又有原则的区别。它们之间的联系表现在：一切物质的运动都产生信息，而一切信息都可以在一定的层次上反映相应物质的状态和性质。它们的区别表现在：物质是客观的存在；本体论信息是客观存在着的物质的运动状态及其变化方式的自我表述，而不是物质本身；认识论信息则是站在认识主体的立场上对物质的运动状态及其变化方式的形式、含义和价值的表述，更不是物质本身。

可见，一方面，本体论信息与物质同在、同根、同源；物质为里，信息为表。另一方面，认识论信息却同时与认识主体和客体同在，是联系主体与客体的纽带。

4. 物质研究与信息研究的区别

传统自然科学对物质对象的研究是纯客观的研究，不考虑（甚至要千方百计地排除）认识主体主观因素的影响。因此，这种研究所获得的结果是普遍一致的，不会因为主体的不同而有所不同，是放之四海而皆准的。

但是信息科学的研究却不同：认识主体（这里主要指人类）凭借“本体论信息”来观察物质对象本身，同时又根据“认识论信息”来确定主体对物质对象的利用和处置方式。正常的主体具有大致相同的感知能力，因此语法信息具有普遍的共同性；但是不同主体群的理解能力之间存在差异，因此语义信息具有因主体而异的特点，至于语用信息，更因人们的目标不同而各不相同。

可见，信息的研究比物质的研究更为复杂。对物质的研究是一种纯客观的研究；对信息的研究却不仅有客观的一面，而且有主体的主观一面。信息研究的这种复杂性是实际的需要，是不应当拒绝和回避的。不但不应当回避，而且正是信息研究的“人性化和个性化”的意义所在，比物质研究更加贴近人类、更加符合人类生存发展的需要。“统一考虑认识主体和信息本体两方面的因素，不再排除认识主体的因素”，这是科学研究的历史性进步。

5. 信息可以度量吗?

由于信息的复杂性，信息的定量研究显得更困难和更复杂。一般而言，语法信息的度量相对比较容易，语义信息和语用信息的度量则比较复杂，需要综合利用数学方法、逻辑学方法、算法以及自然语言描述等多种方法。但是，这丝毫也不意味着，信息是不可度量的研究对象。即使目前的数学和逻辑学方法还不足以满意地处理语义和语用信息的度量问题，随着数学和逻辑学理论的发展，语义信息和语用信息定量研究的问题一定可以不断取得进展，虽然到那时新的更为复杂的信息度量问题又会呈现在人们面前。总的来说，人们可以利用"定性与定量相结合"的方法来认识和把握信息。这里所说的"定量"，包括绝对的度量（量化），也包括相对的度量（序化）。

（二）知识

知识是与信息密切联系的重要概念。信息与知识是一回事吗？信息与知识是什么关系？

如果说信息是一类资源，那么，知识就是由信息资源加工出来的高级产物。如果说信息描述了万事万物的运动状态及其变化的方式，属于现象范畴，那么，知识就是由信息现象归纳抽象出来的反映该类事物存在和运动规律的共同本质。因此，任何知识都具备信息的性质（知识是高级的信息），但并非所有信息都能满足知识的要求（信息只是知识的毛坯）。可见，知识与信息既相通，又有区别。

1．知识的定义

知识是认识主体关于事物运动状态及其变化规律的形式、含义和价值的表述，分别称为形态性知识、内容性知识和效用性知识。由信息生成知识的整个过程称为"认知"。

可以看出，知识的定义和认识论信息的定义直接相通，两者的主要区别在于，认识论信息只关注事物的运动状态及其变化方式，知识则关注事物运动状态及其变化规律；而"变化规律"通常是可以从相应的大量"变化方式"中归纳提炼出来的。

2．知识的生态学结构

知识研究的一个重要概念是"知识的生态系统"，如图 1 所示。

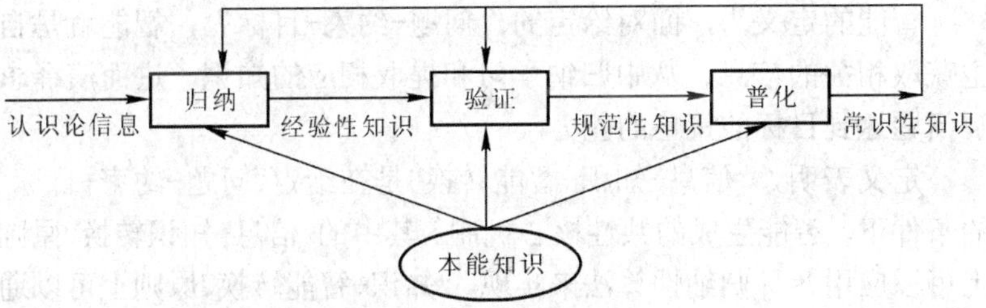

图 1　知识的生态系统

由知识的定义和知识生态系统都可以看出，知识来源于信息：在本能知识支持下由认识论信息通过归纳可以生成“经验型知识”，后者通过科学验证（如果为真）就生长成为“规范型知识”，而经验性知识和规范性知识的一部分可能沉淀成为“常识型知识”。这些常识型知识又可以反过来支持新的经验型知识和规范型知识的生成。可以看出，这是一个由“欠成熟”的经验型知识向“成熟的”规范型知识再向“过成熟”的常识型知识生长的知识生态过程。

（三）智能

智能策略是与信息密切联系的另一个重要概念，它是关于求解给定问题和达到预定目标的方法步骤的表述。显然，智能策略之所以能够生成，前提是要拥有关于问题、约束和目标的知识。这样才能在目标的引导下和在条件的制约下，把问题由初始状态演绎到目标状态，实现问题求解。智能策略集中体现了问题求解的智能，因此常常就直呼其为“智能”。在不引起误解的情况下，本文也把“策略”视为“智能”的同义语。

信息表述的是现象，知识表述的是本质，智能表述的则是求解问题的规律。智能策略是由知识演绎出来的，而知识又是由信息归纳出来的。因此，如果说知识是由信息提炼而成的高级产物，那么作为由知识演绎出来的智能，则可以认为是由信息归纳和演绎出来的更高级产物。

智能的定义为，面对给定的“问题-约束-目标”，智能就是自主获取相关的信息、从中归纳学习和提取相应的知识，进而演绎求解问题达到目标的策略的能力。

定义表明，“信息-知识-智能转换”是在给定“问题-约束-目标”的条件下，智能生成的共性核心机制。其中的“信息-知识转换”原则上可以应用各种归纳性算法来实现，“知识-智能转换”原则上可以通过各种演绎算法来实现，在比较规范的场合，现有的数学方法可以直接发挥作用。

根据前面关于知识问题的讨论，对于同样的“问题-约束-目标”（意味着对于同样的信息），依据可用的知识的类型的不同，所生成的智能策略也会有经验型智能策略、规范型智能策略和常识型智能策略 3 种不同类型。智能的高超性往往表现为“当问题、约束、目标、干扰等存在不确定性情形下通过学习来获得问题求解”。

（四）信息过程

信息不是一种静止的研究对象。相反，信息运动川流不息，汹涌澎湃，有着自己的运动过程和运动规律。在各种实际问题的场合，信息的运动过程千姿百态，丰富多彩。但是，在多姿多彩的信息运动过程之中，存在一种典型的（在一定意义上也可以说是标准的）运动过程。认识这个典型的信息运动过程，对于揭示信息运动的规律和建立信息科学理论具有十分重要的意义。

这个典型的信息运动过程就是“人类的认知信息过程”，它的简化模型如图 2 所示。

人类时时处处在从事着千般万种的具体活动，所有这些活动的典型概括就是“人类认识世界和改造世界的过程”。它是一个物质和信息相伴的复杂运动过程，而贯穿这个过程的“灵魂”，则是图 2 所示的典型的信息过程。模型中显示了本体论信息、语法信息、语用信息和全信息的转换关系，也显示了信息、知识、情感、策略（智能）、行为（智能）之间的转换关系。本文后面将简要地论及这些转换的思想，更细致的原理须参看文献[2]。

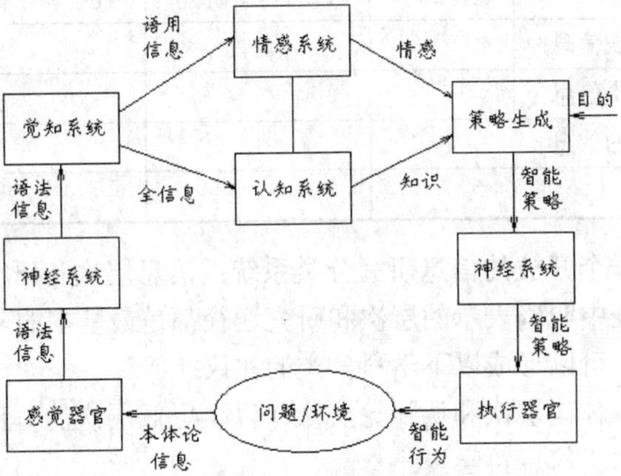

图 2　认知信息过程简化模型

三、信息科学的基本原理

有了以上这些基本的概念，我们就可以开始讨论“信息科学”的定义和它的基本原理。

（一）信息研究的分类学

如同任何复杂的研究一样，目前信息科学也有各种不同的理解。为了求得比较合理的理解，这里首先讨论“信息研究的分类学”问题。

一方面，由于信息概念本身存在许多不同的层次（其中最基本的层次是本体论层次和认识论层次），另一方面，由于存在许多不同的研究途径（其中最基本的途径包括哲学研究途径、自然科学研究途径、社会科学研究途径），于是，可以得出如表 3 所示的“信息研究的分类学框架”。

表 3　信息研究的分类框架

	哲学研究	自然科学研究	社会科学研究	……
本体论层次信息				
认识论层次信息				
更低层次的信息				
……				

这是一个开放的信息研究分类系统：信息层次和研究途径都是开放的，表中明确表示的层次和研究途径都是最基本的。

因此，可以形成以下学科分类的建议：

面向本体论层次和认识论层次（以至更低层次的）信息的哲学研究，称为“信息哲学”；

面向本体论层次和认识论层次信息的自然科学研究，称为“自然信息科学”；

面向本体论层次和认识论层次信息的社会科学研究，称为“社会信息科学”；

面向本体论层次和认识论层次信息的哲学-自然科学-社会科学综合研究，称为“通用信息科学”；

面向更低层次信息的哲学研究，称为“领域信息哲学”；

面向更低层次信息的自然科学研究，称为“领域信息科学”；

面向更低层次信息的社会科学研究，称为“领域社会信息科学”；如此等等。

几点说明：

（1）按照历史通用的惯例，“自然信息科学”通常就简称为“信息科学”。本文就是按照这样的理解来界定和研究信息科学的。

（2）由于“社会科学研究”和“哲学研究”存在十分密切的关联，因此，“社会信息科学”与“信息哲学”之间会有比较丰富的相互交叉。

（3）在学科分类的研究中，“学科交叉”的现象是客观存在的，是天然合理的，“河水不犯井水”的学科界限是不存在的。

（4）学科分类也是一个复杂的问题，不同的分类准则可以导致不同的分类结果。这里提出的分类准则和结果只是一个可供研究的建议。

（二）信息科学的定义

如上所说，本文所研究的信息科学定位于"分类体系"中的"自然信息科学"，通常简称为"信息科学"。虽然学科交叉的现象不可能绝对避免，但原则上不涉及因而也不属于信息哲学、社会信息科学、通用信息科学和领域信息科学。

定义一门学科是一件复杂的事情，尤其是定义"发展中的学科"更是如此。这里试图通过"学科的四要素（学科的研究对象、学科的研究内容、学科的研究观念和方法、学科的研究目标）"来界定学科的基本轮廓。按照这个思路，可以为"信息科学"给出如下的定义。信息科学是以"信息"为研究对象，以"信息过程的基本规律"为研究内容，以"信息科学观和方法论"为研究指南，以"扩展人类信息功能（它的整体就是智力功能，简称为智能）"为研究目标的学科。

上面已经讨论了"信息""信息过程""智能"等基本定义，也涉及了"信息-知识-智能"转换的基本思想。因此，信息科学定义中需要解释的主要问题就是"信息过程的基本原理和规律"以及"信息科学观和方法论"。

（三）信息科学的基本原理

对照图 2 所示的信息过程基本模型可以看出，信息科学基本原理的内容非常丰富，包括信息的产生、信息的获取、信息的传递、信息的处理、信息与意识、信息与情感、信息与认知、信息与智能（策略）、智能（策略）的执行、信息与系统等，详细的内容不可能在这里叙述。有兴趣的读者可以参阅文献[1]。

（四）信息研究的科学观和方法论

由于信息科学内容的基础性和深刻性，信息的研究不仅出现了新的具体研究内容，而且必然形成新的科学观念和新的科学研究方法论。

1. 信息观念

信息观念的含义在于强调：人们在研究问题（特别是在研究以信息现象为主导因素的复杂问题）的时候，要着重研究问题的信息现象和信息过程；为此，可以暂时撇开问题的物质方面和能量方面的因素，着力探讨其中的信息运动规律，建立能够反映信息运动规律和工作机制的信息模型，从而把握问题的实质和求解的方法。

可以看出，信息观和系统观相互呼应，因为完整的信息过程和反映信息运动规律和工作机制的信息模型通常都能构成信息系统。

2. 信息科学方法论

信息科学方法论包含 3 个基本方法：

（1）信息系统分析方法：为了认识复杂的信息系统，要在信息观念的指导下，通过信息分析的方法建立反应系统工作机理的信息模型，从而把握复杂信息系统的本质。

（2）信息系统综合方法：为了实现用户提出的复杂信息系统，要在信息观念的指导下，通过信息综合的方法来设计能够满足用户需求的信息模型，并在实现模型的时候优选恰当的物质和能量形式。

（3）信息系统进化方法：为了改善和优化现有的复杂信息系统，要在信息观念的指导下，通过优选和设计能够满足新的信息功能的信息模型，在此基础上实现信息系统的进化。

四、信息转换定律

科学技术的作用说到底，是帮助人类认识世界和优化世界；认识世界的主要内容之一就是认识人类可以利用的各种资源的性质和运动规律；优化世界的主要内容则是在认识各种资源的性质与运动规律的基础上，把资源转换成为人类可以用来优化生存与发展条件所需要的产品。因此，资源的转换（包括物质资源的转换、能量资源的转换、信息资源的转换）是科学技术的核心任务之一。

通过上述信息科学基本概念、基本原理和基本方法的简要讨论，并对照图 2 所示的典型信息过程模型，不难发现，在信息科学丰富多彩的研究内容之中，确实存在一个非常突出、非常重要而且处处都在发挥作用的科学命题，这就是“信息转换”：

——感知：由本体论信息到认识论信息的语法信息分量的转换。

这就说明，在感知的环节，还没有产生语义信息和语用信息，只能依据语法信息判断是否有本体论信息所反映的某种外部刺激存在。

——传递：由语法信息到语法信息的保真转换。

因此，信息的传递和存储系统不产生新的信息，也不应当丢失信息。

——处理：由语法信息到语法信息特征的转换。

因此，处理系统提取的特征应当反映所制定的语法信息的性质。

——觉知：在先天的本能知识和后天的常识型知识的支持下，由语法信息到全信息的转换。

因此，觉知系统（称为“基础意识”系统）能够根据语法信息、语义信息和语用信息对本体论信息所反映的外部刺激做出基础反应。

——情感：在本能知识、常识型知识和经验型知识的支持下，由全信息到新的经验型知识的转换。

因此，情感系统能够通过“类比和匹配型算法”对本体论信息所反映的外部刺激做出情感反应。

——认知：在原有知识的支持下，由信息到与原有规范型知识相容的新的规范型知识的转换。

因此，认知系统能够对本体论信息所反映的外部刺激建立本质性的认识。

——决策：在知识的支持下，在目标的引导下，由知识到信息策略的转换。

因此，决策系统（准确地说是“策略生成系统”）能够对本体论信息所反映的外部刺激生成具有智能水平的应对策略。

——控制：由智能策略到智能行为的转换。

因此，控制系统生成的智能行为应当与智能策略存在良好的对应关系。

、非常明显，所有这些“转换”的最终源头都是“信息”，因此，都是不同类型的“信息转换”。

这一系列的转换关系表明，“信息转换”是信息科学的核心理论和核心规律，也是信息科学核心价值的体现。作为人类生存和发展所依赖的资源，信息无疑是极为重要的；但它的重要性不仅仅表现在信息本身，更多的是因为这种资源可以转换成为意识（觉知）能力，转换成为情感能力，转换成为知识（认识能力），以及转换成为智能（智力能力），而“意识”“情感”“知识”“智能”对于人类生存和发展的意义，是怎么估计都不为过的。因此，“信息转换”的理论不仅可以和质量转换以及能量转换的理论相媲美，而且可能比它们更为重要。

当然，信息的这些转换不是自发的，信息不会自发转换成为意识、情感、知识和智能，实现这些转换的主体是人类自己，只有人类主体和信息资源的共同作用（人类是主导者）才能完成这些转换。正是因为这个缘故，信息科学的研究不能、也不应该排除主体的作用，相反，必须使主体在其中扮演主导的角色。这也是为什么人们要在信息科学的研究中特别定义和研究“认识论信息”的原因。

由于篇幅的原因，本文很难详细讨论“信息转换理论”的具体内容。笔者除了建议有兴趣的读者从文献[2]中获得一些阶段性的成果之外，也愿意与读者一起在未来的岁月对“信息转换定律”展开更加深入的研究。笔者相信，这是一个具有无限潜力和无限价值的研究。

还有必要指出，对于“信息转换规律”的研究，同样必须采用“定性研究与定量研究相结合”的方法，只有在定性与定量两个方面都解释清楚了，才算真正把握了这些“信息转换”规律。由于信息及其转换规律的高度复杂性，它所需要的数学方法必定是多样化的方法：经典数学的方法，现代数学的方法，统计数学的方法，模糊数学的方法，逻辑理论的方法，基于各种人工语言和自然语言的算法描述方法，等等。而且，随着“信息与信息转换规律”研究的需要（当然还有其他学科的需要），一定还会有新的数学方法不断被创造出来。

在“全信息”的表述与研究方面，语法信息和语用信息有可能采用常规数学方法来解决问题，而对于语义信息的表述和演绎，逻辑学的方法会发挥关键性的作用。因此，信息科学的研究热切地期待着逻辑学研究的进展。在这方面，“泛逻辑学”的研究[3]尤其值得期待。

参考文献

[1] 钟义信.信息科学原理[M].3 版.北京：北京邮电大学出版社，2002.

[2] 钟义信.机器知行学原理[M].北京：科学出版社，2007.

[3] 何华灿,等. 泛逻辑学原理[M].北京：科学出版社，2001.

Theory of Information Science and Law of Information Conversion

Zhong Yixin

University of Posts and Telecommunications, Beijing

Abstract: Having carefully reviewed the fundamental concepts and major principles related to information science, a new concept, termed the Law of Information Conversion, is proposed and explicated in the paper. It has pointed out that the Law of Information Conversion is the radical law in information science, the key to the unified theory of perception-consciousness-emotion- cognition-intelligence, and is an important law in modern science with greater significance than the Law of Mass Conversion and the Law of Energy Conversion in physics. The paper also discussed the relationship between information science and math-logic theory.

Key words: law of information conversion; consciousness; emotion; intelligence; unified theory

社会信息科学与社会信息哲学[①]

欧阳康

华中科技大学社会信息科学研究中心

摘　要：本文探讨社会信息问题,研究其可能具有的学术意义、社会意义、学科意义、学校意义和学者意义，论述社会信息科学的研究思路与方法，主张在思想观念、研究思路、研究方法和队伍整合方面积极创新，并从哲学研究所具有的致极性和超越性视角，提出社会信息科学研究的问题意识和问题群。

关键词：社会信息；社会信息科学；社会信息哲学

社会信息科学问题研究从提出到现在取得了一些初步的成果，但要真正把活动全面开展起来，把研究引向深入，还有很多工作要做。这里谈几点想法，与大家交流。

一、要重视社会信息科学研究的可能前景和意义

社会信息科学研究是不是一定就有非常光明的成果，就能产生非常巨大的社会影响，现在还不敢说，但是，它是有可能的。为什么说是有可能的呢？笔者认为，可以从以下几个方面来分析说明。

1. 要重视社会信息科学研究可能具有的学术意义

从学术的角度来看，开展社会信息研究有可能给我们的学术研究提供一个突破口或者一个新的增长点。近年来有些学术问题一直困扰着我们，我们却没有找到一个很好的解决途径。比如说，要整

---

① 本文由作者根据其于2007年2月4日在华中科技大学社会信息科学研究中心第一次全体会议上的发言整理修改而成。

合人文社会科学，到底该怎么整合？文史哲不分家，到底是在什么意义上的不分家？整合人文社会科学，可能会有很多途径，然而开展社会信息科学研究可能是一个很好的途径，也许它会牵引我们走入一个新的学术领域，开辟出许多新的学术方向。“社会信息”这个概念并不是一个很陌生的概念，人们在实际生活中处处都会遇到它，但是，学术上对它的研究并不多。从这种情形上看，对它进行研究是很有学术意义的。这一点，我们每一个人从自己的学科和学术领域的研究中都可以感受到。

2．要重视社会信息科学研究可能具有的社会意义

重视科研上的跨学科交叉，已经成为当今社会发展的迫切要求，因为现在的几乎所有社会问题都是综合性的。某些单独产生的特殊的社会问题也存在，但很少。即便是单独产生的某一个特殊社会现象，对它的解决可能都要求采用综合性的手段。教育部下达了关于提升哲学社会科学的研究质量的文件，并一直在倡导一件事情，就是跨学科交叉。当今社会发展的要求和特点，已经引起了有关主管部门的重视。最近，教育部社科司新增加的一些研究项目基本上都是在学科交叉研究方面的。这些都说明了学术上跨学科发展的趋势，也应当成为当今学科建设的重点。学科建设要在交叉发展上找到自己的特殊的价值，找到自己的用武之地。而社会信息科学正是高度交叉的学术问题。

3．要重视社会信息科学研究可能具有的学科意义

当前我们确实面临这样一个问题，就是社会信息科学研究或者社会信息问题研究，能不能够提供新的东西。如果说，你提出的问题其他学科都已经完成了、解决了，你只是给它换了一个概念或说法，那必要性真是不太大的。如果说，我们在这样的研究中能够找到自己的特殊的研究对象，而这种对象是许多学科可能都旁及过但是都没有专注过的，那么，它也可能成为我们学术的一个新的增长点。它可能会有自己独特的研究对象，有需要我们探讨的问题，有自己的生存和发展空间。这个方面的前景取决于我们的探索和创造。

没有一个学科是现成地摆在那里的，也没有一个学科是从产生的那一天起就被人们一致看好的，都被认为是有价值和有意义的。学科的价值和社会价值一样都是创造出来的，探索出来的，都是人们去设计规划出来的。设计的好坏，关键在于有没有一个恰当的定位。我们千万不要把社会信息科学定位到要解决所有问题。那样，我们就背上了一个沉重的十字架——那会是我们完成不了的任务。笔者认为，我们应该而且一定能够找到能够解决某一些社会问题的思路、途径、方法，有自己的研究对象和独特的用武之地。如果是这样的话，我们也许会在现有的学科体系中创造出一门有自己独特意义的学科。

4．要重视社会信息科学研究可能具有的学校意义

我们学校的文科发展这么多年了，一直在倡导“入主流、倡交叉、创特色”。倡导了十几年了，正式提出这个口号也快十年了。“交叉见长”是我们过去一直讲的，但是我们在这个方面做得真是还非常有限，有的地方可能已经做起来，但是有的地方很难说就真正做起来了。学校现在确实也在探索。比如，在“985 工程”Ⅱ期中所设立的“科技进步与人文精神”课题和国家哲学社会科学创新基地，就是目前我们获得的最大的一个支持。再比如说，大学生文化素质教育基地建设，也是在力图寻找新的交叉点和生长点。从学校来说，支持社会信息科学研究，既有明确的学术目标，也是学校本身发展的需求。借助于社会信息科学研究，我们文科教师可以更加自觉和主动地去寻找与理科、工科、医科的结合部，寻找交叉创新的增长点。

5．要重视社会信息科学研究可能具有的学者意义

做学问有很多不同的做法，有的人在做学问上善于刨坑，刨得很深，专注于经营自己的一亩三分地，别的地方长草还是长苗我都不管它。这种做法有它的好处，非常专注，可能在某个领域里成为专家。但是它的作用是有限的，它可能开发出来的东西也是有限的。刨坑的道理是，洞口越大你刨得越深，洞口小了你很难刨得深。为什么我们提醒学者在学术研究中要不断地扩展自己的领域？因为一

扩展你就会有新发现。笔者是不大赞成只是把眼睛紧紧盯在一个很小的问题上的。这不是否认做学问要专注，这点必须坚持。既要沉得下去，又还要能不断地扩展。笔者认为，在扩展视野和领域方面，现在的学术新发展对我们学者个人提出了很高的要求。社会信息科学的研究也是如此。在某种意义上，社会信息学科能不能够搞下去，取决于我们能否超越自我。我们过去都是从自己的学科视野出发来思考问题，只研究自己以前领域里的很小的一块，但是，现在要求我们都要打通。搞哲学的要进入到历史学，要进入到文学、新闻学、传播学，甚至进入到信息科学、信息技术等，其他各学科学者也要进入到哲学，要进入到历史学，等等，这种情况对我们是一个挑战。笔者认为，只耕耘自己的一亩三分地，对于学者个人来说知识结构比较容易完整地建立起来，对于一个小课题来说知识结构比较容易完整地建立起来；要从事一些跨学科的研究，就对我们的知识结构和研究能力提出了挑战，要求你自觉地去扩展。而且，谁能够尽快地转移，谁能够更加主动积极地来做一些扩展的工作，谁就受益，谁的发展就会更大、更快、更好。社会信息科学这个领域是需要大家共同来创造的，做出来的成果既属于大家，也属于研究者个人。希望大家能够积极地参与和转变。

谈了上述 5 点，总之是希望大家重视这方面的工作。学术的可持续发展，取决于能否不断地和适时地提出一些新的研究任务、目标，开拓一些新的领域。这也决定着一个人的学术生命能够延续多久。当然，这个延续也不是说很随意的。笔者从事研究社会认识论工作已经 20 多年了，并不是一开始就想到要做到今天这个样子的，也是一步一步地探索，这中间有几次的转移、扩展、提升和跃迁。做学问就是一种开拓，越是在处女地里去开拓，前景就越好，当然，也会越困难，需要大家的共同努力。总之，希望大家充分重视这一项研究的可能前景和意义。

二、要明确社会信息科学研究的方向和合理途径

我们不仅关注社会信息科学研究的必要性，还需要注意把握研究的方向和途径。如果我们把学术研究方向定位得好一些，我们研究就会进行得比较顺利；如果我们一开始就没有搞好，那也可能走弯路，浪费大家的时间和精力。所以，要特别注意搞好学术和学科的研究规划。在这方面有 4 点值得注意。

1. 要在理念上创新

专门就社会信息问题进行研究，尤其是将其作为一个学科来研究，在国内好像还没有人做过。在学术期刊网上，你可能查到大量论述“社会信息化”的文章，但是，基本上查不到专门论述“社会信息”的文章——特别是关于我们今天用的这个“社会信息”概念的文章。相关的文章也就是两三篇，其中有一篇是北京大学闫学杉博士发表在 2006 年的《华中科技大学学报（社会科学版）》上的文章。他写这篇文章也是与我们所进行的会议有联系的。因为要成立社会信息研究中心，要参加这个会议，他写了这篇论文。然后另外一个讲得比较多的就是西安的邬焜教授，他在他的《信息哲学》里面专门讲了社会信息。他把信息分成自在信息、自为信息、再生信息和社会信息，认为社会信息是自在信息、自为信息和再生信息的整合。总的来看，对于社会信息的实际问题研究还很不够。什么是社会信息，什么是社会信息科学，它们如何界定，这些确实需要我们超越我们原有的眼界。

2. 要在研究的思路上创新

“研究思路”说起来有点虚。但是，如果我们确定了一个研究目标，确定了一个研究对象，确定了一个学科的大致边界，接下来重要的就是我们如何去开展研究，以什么样的进路去开展研究。这方面是很重要的。我们肯定是在科学与人文之间、理论与实践之间，个体与社会之间、自觉性与客观性之间等，来找到我们的定位的。

因为这个课题是一个新的东西，我们也要把研究思路好好地整理一下。我们肯定不能简单地演绎，比如说，把信息哲学的东西拿来演绎一下就变成了社会信息哲学，或者把信息科学的思路演绎一下就变成了社会信息科学的思路，那样肯定是不行的。笔者认为，更重要的是要提升，是要去概括。这里面，可能又要涉及科学研究中的分析与综合这两种方法到底谁能产生新意。我们恐怕要将多种方法综合运用。在这里确实要整理一下研究思路。

3．*要在研究方法上创新*

笔者特别希望大家能够琢磨一下，如果要给我们一个机会去设计和建设社会信息实验室。我们怎么办？我们怎么样通过评审，我们怎么样去参与竞争？现在也许有一些机会，我们办了这个社会信息科学中心，也许是生逢其时，也许是擦肩而过；也许是满载而归，也许是空手而回——这些都取决于我们自己。所以，我们要认真思考和谋划。没有好的课题是申请不到项目的，我们要认真琢磨，怎么把社会信息和现代科学技术结合起来？这方面需要更多的人参与。仅靠我们在座的专家是不够的，还要请其他的专家，比如搞现代信息技术的专家来参与。我们是否有必要进行一次全校性的招标，吸引学校内搞理、工、医等各方面的专家来参与，来研究如何把现代高科技运用到我们的社会信息科学的研究上？在研究方法上，这里仅仅沿袭我们以前的做法——在书斋里进行研究——是不行的，一定要走进社会，走进现代技术。怎样找到与工科、理科、医科、生命科学、心理科学等的结合部？怎样运用现代技术支持我们的研究，让它成为我们的研究手段和研究方法？我们应当积极地，当然也要实际有效地运用现代技术，展开我们的研究。比如，公管学院搞这个电子政务，就要把电子技术与政治结合起来，既要懂政府，又要懂电子。那么，进行社会信息研究的人也必须既懂电子信息技术又懂社会信息。从研究方法、技术的需要来看，我们要做好下一步的工作，恐怕还得办点培训班，让现代化的设备成为我们的研究者的助手。在做这方面努力的人可能不少，就看谁能够率先突破，谁先突破，谁就占领先机。在这方面我们还比较薄弱。希望大家能在这方面多下些工夫。

4. 要在整合队伍方面创新

社会信息科学研究靠单兵作战大概是不会管用的。即使你仍然是单兵在工作，你也应该是超越了原来的自我的单兵——必须是在知识结构上有所变革的人。我们这个队伍不能够在现代高科技上落后了，一定要有高水平的人。我们要吸引一些有高科技水平的人来参与我们的研究。

三、加强对社会信息科学研究的组织与协调

这方面，我们要抓好三个“机”。

1. 要建立一个好的机构

我们成立了社会信息科学研究中心。这个中心依托着学校许多的院系，依托“科技进步与人文精神”国家哲学社会科学创新基地，下面要设一些专门的机构，形成一个组织化的体系。

2. 要建立一个好的机制

好的机制是指我们内部运行的政策要灵活高效。在某种意义上，机构是相对稳定的，而机制是要比较灵活的。通过灵活的机制，通过政策的推动与调节，让我们的机构能够活起来，让各部门的研究人员能够各司其职。机制很重要。在某种意义上，它成为我们今天能否形成团队以及我们所从事的事业能否成功的关键。笔者在《人文社会科学哲学》里研究了人文社会科学共同体，笔者知道这里面有很多学问可以做。在某种意义上，我们今天所做的这一项探索，既是一项学术探索，又是一项学术组织的探索。这里，学术组织的方式要发生变化，既要有单兵的卓越与突破，又要有团队的协同与合作攻关。

3．要有机会

要抓住一切机会发展我们的社会信息科学研究。目前，从学术活动上来看，我们要开一些全国性的会议、世界性的会议。我们可以将为会议提交论文，组织发表和出版论文、专著作为一个契机。同时，我们还要抓住机会，抓住社会资源，比如，其他各种课题申报，包括教育部重大课题的申报、国家社会重大项目的申报等，积极创建人文社会信息实验室。机会很重要，我们现在要集中力量去抓这些机会。只要能抓住机会，就能出些成果，把我们的事业做大、做强。

四、对大家提几点希望

1．欢迎并感谢大家的积极参与

仅仅靠我们这一批人还是不够的，希望我们这一批人就是“种子”，在各个院系里传布、扩散，动员更多的人，动员更多有学术研究能力、创新能力的人来参与这项事业。我们的队伍基本上以我们的活动来组织，参与的人就是我们研究中心的成员。以后需要聘书、证书的都可以办。证书只是个形式，实质是参与。

2．要大胆创新

我们的事业特别需要大家勇于创新，希望大家多交流碰撞。我们的几次大的合作都是这样的，大家在一块摩擦碰撞，就会产生出新的东西。当我们的研究陷入困境，我们觉得无路可走了，头脑一片混沌时，大家在一起碰撞就会找出新的路子。有时候也可以分组来讨论，大家在一起谋划，换个角度看问题，也许就会出新意。

3．要加强合作

哲学社会科学研究，个性很突出，但这不是排斥合作，希望大家加强合作。这里的“合作”，是要求大家既要保持自我，又要超越自我。一方面，要保持自我的个性，保持自我对学术某领域的执着；另一方面，又要勇于放弃，有时研究新的东西需要我们放弃旧有的理念、方法。旧的东西不放弃，新的东西基本上很难产生。当然，合作中间也会有一些社会人际交往方面的问题，笔者相信大家会以事业为重的。

4. 要重视细节，扎实工作

我们不是只研究一个笼统的东西，更多地是希望大家深入地研究问题，一定要去发现在我们这个领域里的真正的问题所在。我们应当分类别、分层次、分到小的群体里去开展工作，重在抓问题，把问题找出来，列上几十个问题，一个一个地去研究。把这些问题都研究出来了，这个学科大家也就承认了。你要是没有真正地研究问题，没有形成一定的成果，即使说得天花乱坠，也还是不能得到社会的承认。

五、关于社会信息哲学的问题

社会信息科学研究需要社会信息哲学的理论支撑。社会信息哲学应研究什么，怎么进行研究？笔者就此谈几点初步的看法。

什么是哲学？笔者认为哲学有两个最根本的规定，一个叫"致极性"，一个叫"超越性"。《中国社会科学》2006 年第 6 期上发表过笔者的一篇文章《哲学问题的实质与当前哲学研究的问题链》。这篇文章介绍了笔者在这方面的一些想法。哲学的"致极性"源于这么一种理解。有人讲我们面对着两大世界，一个是有限世界，一个是无限世界。罗素就曾经讲过，科学在有限世界里面活动，神学在无限的世界里活动，而在科学与神学之间，还有一片无人地带。这片地带应该就是哲学活动的地带。这段话该怎么理解？笔者认为，科学追求确证、精确、严格，它在有限世界里面通过证明来把握真理。而神学靠信仰，它追求的是一个大全的无限的世界、全能全智的上帝。人呢？实际上是生活在有限世界里。对于无限世界，现实的人是不能进去的，但它是人努力追求的目标。所以，人只能达到一种境地，就是"极限"。每一代人在自己的有限的生命中都力图去超越有限，进入无限——但是真正的无限是不可能进入的，有限世界的人的理性是不可能进入的。人的理性尽管被认为是有无限的能力，但是生命是有限的。所以，这时就会产生一个极限。人最大的本事就是去不断地扩展这个极限。这个极限就是有限与无限的边界。这就好比一个气球，吹得越大，边界就越宽，它接触到的无限的面就越大。它只要接触到了，它就把无限的世界变成了有限的世界。哲学就是把人类理性这样一种追求极限的倾向加以强化，变成一个学科，变成一种思维方式，变成一种生活习惯。哲学不是从来就有的，它是在人类理性发生、发展的过程中产生的，是人类理性发展到一定阶段才出现的。到哲学产生的时候，人类理性就完成了它的成长期。那时，人类文化进入到了古希腊文化和哲学时期，也即从神话进入到后来的理性思维，由海洋之神进入到了一个重要的命题曰“水是万物的本原”。

致极性是哲学最重要的一个特点，也是衡量哲学家学术水平的一个重要标志。一个哲学家是否能够为人类创造出什么，就要看它在人类思维超越极限的过程中留下了什么。所以，整个哲学史就变成了哲学家们不断超越的历史，用黑格尔的话来说，哲学史就是一片坟场，是后起的哲学家不断地打倒先前的哲学家，而自己又不断地被打倒的过程。先在的哲学家以为自己已经达到了无限，但是，后来的人们发现他只不过是树立了一个的极限，而这个极限又是被不断突破的。人类对极限的不断突破就产生了超越性。这种超越通过如下两种方式进行。一种是哲学家的自我超越，比如，一个哲学家可能在不同的时期思想不一样，如维特根斯坦就有前期和后期思想的巨大区别。许多优秀的哲学家可能一生会有一次革命性的变革，其思想会产生一次革命性的转化。笔者把哲学家比喻成蚕。蚕用毕生的精力去吃桑叶，造就了自己的思想，达到了某一种极限，然后去织茧，也即形成了他的哲学体系。而往往哲学家就被自己的体系所桎梏——这是它思想生命的结束。优秀的哲学家则可能会有所突破。然而，所有的哲学家都会被后来的哲学家所超越。所以，哲学超越有两种途径，一种是个体的自我超越，另一种是个体对他人的超越，或叫历史性的超越。笔者认为，哲学的特性主要是这两种。这两种特性就把诸如抽象性、思辨性、批判性、反思性等，都概括进去了。因为上述这些特性都是在“致极”与“超越”的过程中形成的。从致极到超越，也就是从寻求极限，建立自己的哲学理念，然后去寻找一系列的方法来加以论证，到最后被别人超越或者被自己超越。这是哲学的特点，也是学术发展的特点。我们希望大家一定要超越自我，共同超越。

上述的致极性和超越性都要具体化到各种哲学的问题上去。从古到今的哲学，都是在哪些问题上去寻找极限呢？这里可能有无穷多的问题，但是，笔者认为大体上可归纳为三大问题。第一个是世界的终极存在的问题，比如，是水为万物的本源，还是火为万物的本源？是物质为万物的本源，还是精神为万物的本原？等等。唯物主义与唯心主义争论的就是终极存在，即什么是第一性的，什么是第二性的问题。第二个是终极价值问题，比如，这个世界到底有什么意义，人类有什么意义，社会有什么意义？第三个方面是终极解释的问题。有了存在与价值，还有对它们的认知、评价、理解与解释的问题。这就把我们过去所讲的认识论和解释学等都包含进去了。哲学对这个世界不仅要讲它是怎么存在的，讲它有什么意义，还要讲我们怎样看待它，怎样去理解它，怎样进行沟通，怎样去改变它等。在这个基础上可能还会衍生出很多问题。所以，我们要谈社会信息哲学，首先必须弄清楚什么是哲学。在这个基础上，笔者认为，有以下问题是我们研究社会信息哲学要关注的。

1. 对社会信息概念的哲学反思

如果社会信息是一个新概念，那就要从词源学上，从历史的角度，从不同学理的角度，从不同学科的角度来对它加以解释，然后提升到哲学上，给社会信息以恰当的哲学界说。如果界说不好，不能够找到它与信息和其他各种信息之间的相关性，就很难有效研究。研究要有参照系。

2．社会信息哲学的理论定位问题

对社会信息哲学既需要借助于其他各种哲学来定位，也需要借助于其他各种科学来定位。从科学的角度，要研究对社会信息的哲学研究如何区别于对社会信息的科学研究；从哲学的角度，要研究社会信息哲学与其他哲学，诸如本体论、认识论、社会哲学、历史哲学、科学哲学等的联系与区别。如果定位不好，在哲学体系中找不到自己的位置，既找不到自己的科学依托，又找不到自己的实践基础，那就糟糕了。讲定位的时候要讲三个层面的参照系：一个是实践的参照，一个是科学学科的参照，一个是哲学自身的参照。需要从这三个层面来考虑定位。因为没有比哲学更最高的学科了，它就不好找到更高的参照，只能在几个层次的关系中来考量。

3．社会信息思想史的历史与逻辑的梳理

我们很难说历史上有过社会信息哲学，但是，过去对社会信息的各种看法，对我们的社会信息哲学研究或者社会信息科学研究都具有非常重要的意义。例如，什么时候人们提出了“社会信息”，（不一定用社会信息这个词汇），什么时候人们最早用了这个概念，在不同的语种中其含义如何？当然，不光是词源学层面，还有一个是在学术思想史层面，在社会发展史层面，它是怎么繁衍过来的？

4．社会信息的发生学考察

发生学方法最早是由皮亚杰先生引入到认识论研究的。后来，这个方法已经成为一种非常普遍适用的方法。社会信息是一个每时每刻都在发生的现象。其发生过程，实际上是与我们人类的文明、社会的进步联系在一起的。它既有一个在人类历史上的原始发生的问题，又有一个在每一个社会场景中的个体发生的问题。推荐大家看一本书——人民出版社出版的《认识发生论》，这是笔者在中国人民大学攻读博士学位期间，笔者的导师夏甄陶教授主编的，60多万字。该书对人类认识的原始发生做了考察。我们要学习借用发生学方法来考察社会信息。哲学之所以能找到一个极限，就是因为它有一个思维的取向：寻根究底，追根溯源。对社会信息科学，你必须追寻它的源头，这就变成了一种哲学理论的前提，也是找寻历史的前提。

5．社会信息本身的特殊性分析

这可以借助很多层面。这方面笔者曾经在《社会信息的复杂性》一文中谈了10点。当然，所谈也是不够全面的，需要大家深入研究。

6．社会信息与人类本性的关系

这是个很重要的问题。人们为什么创造社会，为什么会有社会信息？它实际上是人的本性的一种表现，是人要寻求社会性存在方式、交往方式等所需要的。很多问题也只有和人的本性联系在一起，才能真正挖到根子。

7．社会信息与社会组织、社会活动的关系

社会信息就是通过社会组织在社会活动中起作用的。社会活动是非常广泛的，包括我们的交往等。社会信息不是一个空洞的存在，我们就是在各种社会关系中存在的，我们建立了一定的组织形式，它巩固和发展着我们的社会关系，等等。

8．社会信息的过程性研究

诸如社会信息的产生、传播、接收、处理、作用等，这些可能是一个较为技术化的过程，但也是高度社会化、人性化的过程。这个过程肯定区别于自然过程。

9．社会信息与人的主体性行为的关系

社会信息区别于自然信息的最大特点之一，就是它是通过人的主体性行为来创造的。这就和我们过去哲学上的主体性研究等联系起来了。其实，过去我们在对人的主体性、社会认识论的研究上，都包含着对社会信息的反思。比如，哈贝马斯提出的“主体间性”“交往行为理论”等，都关联到这个问题。

10．社会信息的当代特点及其未来走势

今天的社会将会影响到未来的社会，社会信息问题也许会前所未有地被人们所关注。

当然，还会有许多问题。社会信息哲学到底要研究什么？从根本上来说就是要对社会信息进行前提性的反思。这些问题也可能会和社会信息科学理论、应用技术等联系起来。笔者曾提到社会信息学的 4 个层次：哲学层次、理论层次、应用层次、技术层次。这样划分并不是说哲学就高高在上了，而是说要从不同角度对不同层次的问题进行研究。社会信息哲学是有待开发的，对这方面的研究，我们可以更多地去借鉴他人的研究。然而，这里要特别强调的是，笔者确实不主张只是简单地演绎，比如，把信息哲学的思路拿来套在社会信息哲学上。我们应当归纳、概括、总结、提升，去发现和解决问题。有哪些问题是过去各学科都分别有所研究但仅仅靠这些学科分别研究又难以深入的？我们要去发现这样的问题。如果我们能够多发现这样一些问题，我们的研究就不会只是简单地演绎了。我们必须强化问题意识，学会发现问题，以问题带动我们的研究。希望大家都去发现我们各自学科中的一些问题，然后把这些问题与其他学科、与现代信息技术，也包括与哲学理论联系起来。这样，我们就会有一些新的思想，就有可能推动理论创新，就有可能产生一些有价值和有意义的成果。

参考文献

[1] 欧阳康. 社会信息科学的学科定位与研究思路[J]. 华中科技大学学报:社会科学版,2007(1):72-77.

[2] 欧阳康. 简论社会信息的复杂性[J]. 哲学动态, 2008(9):29-32.

Social Information Science and Social Information Philosophy

Ouyang Kang

Social Information Science Institute,
Huazhong University of Science and Technology

Abstract: This paper probes the academic, social, discipline, university and scholar meaning of social information studies, analyzing the esearch outline and methods, encouraging the innovation from the viewpoints, research angle, methodology and research team, based on the extremity and transcendental characters of philosophical thinking, author rises the problem consciousness and problem systems in the social information studies.

Key words: social information; social information science; social information philosophy

关于理论信息学与人工智能学科的合作与双赢

李宗荣[1]　王京山[2]　孙东健[3]

1. 华中科技大学社会信息科学研究中心

2. 北京印刷学院出版传播与管理学院

3. 北京印刷学院研究生部

摘　要：理论信息学的发展天然地需要智能科学，特别是人工智能学科的支持和帮助；而在基础理论研究的深入过程中，有了信息科学的配合，人工智能学科将得到加速发展，实现合作双赢。理论信息学的一个核心概念是“信息能”；对于人类社会，它的具体形式是“智能”。人工智能学者天然地是宇宙构成要素“四元论”（物质、能量、信息、智能）的支持者，因为如果我们有承认三元论的前提，那么智能的分类显然不能划归到“物质”“能量”和“信息”之中，而应当是宇宙的第四个基本构成要素。基于四元论，我们就可以像物理学中通过能量把握物质的运动那样，通过智能把握信息的演变，也就容易通过探讨信息-智能作用机制，把握“知识创新”的动力学法则。

关键词：理论信息学；人工智能；信息演变；知识创新；信息与智能的转换与互动

一、引言

在一定意义上，我们大家的潜意识中都具有智能科学的情结。在我们的同学、朋友和同事中，一个学生在校的成绩优秀往往并不代表他在毕业后的优秀；一个学者的学问深，并不等于他善于为人处世，更不等于他家庭幸福、事业成功。知识和智能，一般地说，即信息与智能，它们是两回事，不是一回事。我们每一个人的知识范围都是有限的，那么怎样才能在现有的知识条件下，或者如何充分利用现有的信息，提高我们分析问题和解决问题的能力呢？反之，为了适应环境、发展自己的目标，我们又如何去刻意地扩充与追求那些迫切需要的知识呢？换言之，实现信息与智能之间的转换与互动，应当是每一个人都需要面对的问题。

钟义信教授提出“信息、知识、智能的转换理论”，认为这个理论是“可以与物理学的能量转换定律相媲美的信息定律”[1]。固然，其他学者可以提出另外一种或几种信息与智能关系的理论，但是这一类理论就是信息学的定律，其重要性甚至可以与物理学能量转换定律相媲美，这样的一个认识，大家可能不会有不同的意见。本文就是围绕信息与智能的转换与互动，说明在客观上需要实现理论信息学和人工智能学科的合作与双赢。

二、什么是理论信息学

理论信息学是一个与应用信息学（实用信息学）相对应的概念。就像数学分为理论（基础）数学和应用数学，物理分为理论物理和应用物理，化学分为理论化学和应用化学一样，信息科学的知识体系也包含着 2 个大的分支：理论信息学与应用信息学。应用信息学又可以分为 2 个门类：信息处理的工具和信息工具的应用，可以分别称之为工具信息学和领域信息学。笔者认为，信息工具大致上可以是通信设备、计算机、控制器、机器人，它们被应用到任何一个信息领域，都可以产生一门领域信息学，比如生物信息学、医学信息学等。这样，我们可以把信息学科分为 3 个层次：

领域信息学⟷工具信息学⟷理论信息学

一个学科的基础理论和它的实际应用，就像科学与技术的关系，两者相互依赖而又相互推动。从发生学的观点看，有时科学在先，有时技术在先；有时先有基础理论后有实际应用，有时先有实用知识后有理论归纳。从总体上看，在信息科学的范围之内，实用的信息工具、技术、产品、市场走在前面，而信息理论的归纳和提炼是非常滞后的事情。所以出现这种情况，是由于理论信息学具有世界观的特征，它要求有与物质哲学相对立的信息哲学的支持，处于强势地位的物质世界观与方法论必然阻碍着信息知识的理论归纳。

长期以来，学术界存在着“只有信息技术，没有信息科学”的说法。在严格的意义上说，由于香农信息理论并不涉及信息载体的含义，信息通信工程可以不管消息的含义，它的任务只是传递消息的物质载体而已，所以香农信息论可以用数学-物理方法来研究和描述，是传统科学范式所能够接受的。所以，有专家说，在众多的信息学科中，只有香农通信理论称得上是“科学”，道理就在这里。既然没有含义和意义，那么香农理论的对象就只是物质。按照香农信息学的思想路线，发展广义信息论，甚至信息科学，都是物质科学世界观和方法论所能够接受的。所以，它们并不是真正的信息科学，可以称之为“传统信息学”。“新的信息学”（A New Science of Information）的建立是从研究信息的统一理论开始的。1994 年，在西班牙的马德里召开的第一次国际信息科学基础理论研讨会，可以看成是这种理论综合的时间上的起点；而 2004 年第一个理论信息学知识体系的提出，则是信息现象的“共性”知识的学科建立的起点[2]；2010 年在中国北京召开第 4 届国际信息科学基础理论研讨会（FIS 2010），《理论信息学概论》出版[3]，提供了一个可供参考的理论信息学新版本，对新信息科学具有基础建设的作用。

宇宙构成要素四元论还可以用一种理论性更强一些的表述：物质、物理学能量、信息、信息学能量。它的合理性在于，狭义的观念认为智能只是进化的宇宙中产生人类之后才具有的现象，智能被看成是宇宙万物信息处理能力进化链条的最高级阶段。如果我们另外提出一个“信息能”的概念，它完全与“物质能”对应，是宇宙万物信息处理能力进化之动力，就可以避免这个概念上的冲突。因此，我们可以把“信息能”看成是在宇宙中广泛存在的“广义智能”。从理论信息学的观点看，宇宙万物都是物质与信息的统一，同时具有物质能和信息能。在进化过程中，这4种元素相互依赖、互相促进。物质是一种具体、实物性的存在，信息是抽象的、逻辑的存在。它们的运动和演变由2种不同的能量所推动。如果像有的物理学家所说的，物理学归根到底是关于能量的科学，能量揭示物质运动的奥秘；那么，我们可以说，信息科学归根到底是关于智能的科学，智能揭示信息生成和不断增长的机制。

三、理论信息学需要人工智能学科的帮助

理论信息学的“信息能”概念，在一部分数学家、物理学家、化学家、生物学家看来，简直是匪夷所思。能量是物理学的概念，是事物做功的原因。而信息则看不见、摸不着，它如何做功？把信息和能量扯到一起，完全是胡说。这是在用物质世界中的机械观点设想信息世界的问题，当然不会有正确的结果。何华灿教授对信息和信息能提出过一个解释：信息世界是一个可能性世界，信息的存在性表现为它在可能性空间中的占位性。任何一个具体的信息在可能性空间中的位置是不能随意改变的，它们都存在不同程度的“惯性”。只有在信息能的作用下，一个信息才能在可能性空间中发生位移，成为另外一个信息。本文不打算深入讨论信息能的问题，而是要讨论智能科学和信息科学的关系。

中国人工智能学会基础理论专业委员会主任、西北工业大学何华灿教授，多年来一直致力于人工智能与信息科学的交叉与结合。正是在何华灿、钟义信等人工智能学会主要领导的支持下，第4届国际信息科学基础理论研讨会得以筹备和顺利召开。在倡议和筹备的过程中，华中科技大学社会信息科学研究中心李宗荣教授起到了重要的作用。他之所以从封闭式的局限性的信息科学研究，走上与

人工智能学者相结合的道路，主要是由于他认识到，这是一种学科理论发展上的需要。

从某种程度上说，现有领域信息学的专家大多侧重于实际应用，对理论归纳兴趣不大；而工具信息学方面的专家即使有理论兴趣，也大多在本学科（比如计算机科学）的基础理论上下工夫，对于一般的横跨所有信息学科的信息共性问题的讨论也是兴趣不大。何华灿教授和钟义信教授是例外的、为数不多的几位专家。通常，现有的对一般信息问题感兴趣的专家，倒是有不少人来自于数学、力学、化学、生物学、天文学、哲学等学科领域。他们长期从事物质科学的教学与科研，对于物质哲学思想、数学公式方法深信不疑。所以，尽管他们在研究信息的本质，但是却可能采用了物质科学的方法，因而断然否定"信息能"这一概念的合理性，宣称所谓的信息能绝不存在。到哪里去获得支持和帮助呢？经过分析，李宗荣教授选择了人工智能领域的学者。

首先，目前的学术界已经把维纳的"物质、能量、信息"三元论作为一种科学共识在使用，以此为基础，承认"智能"不是物质、不是信息，并不难。因为在计算机和机器人中，数据与程序的分离，本质上就是信息与智能的分离。人类智能体现在算法和程序当中，用程序来处理数据，就是信息处理的能力。那么，智能是物理学的能量吗？表面上看，好像是的，比如计算机掉电，显然不能工作。但是，只是通电，计算机就能处理数据了吗？不！必须运行程序，即启动搜索引擎、推理引擎，才能实现信息处理。这就是说，智能是物质、能量、信息以外的第四者。宇宙构成要素四元论呼之欲出。

其次，从教学、科研和人工智能技术与工程的实际经验出发，人工智能学者工作在信息与智能的转换与互动的过程之中，信息与智能是 2 个最为重要的关键字。其实，是否明确地、公开地像何华灿教授那样主张"四元论"，并不一定。关键是，四元论已经被落实到实际行动之中了，只是理论上自觉的时刻可能要迟到半拍。智能概念是否一定要上升到宇宙智能谱或者信息能的层次上呢？也不一定。除了纯粹的理论工作者或者哲学家，其他人大都没有必要以非科学的哲学方式来进行思维。

四、信息基础理论对于智能学科的作用

如前所述，钟义信教授所倡导的信息-知识-智能转换定律研究，是一个备受关注的人工智能学科发展的热点问题。这里，我们想用一个实际的例子说明，信息基础理论对于人工智能研究热点的支持和推动作用。在最近20多天的时间里，本文的3位作者之间的交流与合作，产生了完全意想不到的结果。

2010年4月30日，应王京山的邀请，李宗荣到北京印刷学院参加为筹备FIS 2010而举行的一个小型研讨会。会上，负责向撰写大会投稿论文的老师和研究生报告了他们的论文题目与摘要、论文框架结构、存在的疑点和难点等。研究生部的孙东健同学汇报了他关于“碎拼”概念的思索，认为这种来自建筑工艺的术语，借用到出版行业，可能成为数字出版时代的一个新观念。听到孙东健的发言后，李宗荣在会议上谈到他在武汉市凌家山北路游历“Free 格调小区”的一段感受。他说，那是一条约100 m长的小区道路，由不同颜色、不同形状的花岗岩石板铺成，走在上面，感到一种艺术的享受，与规则形状的花岗石所铺成的路面完全不同。如果信息服务可以移植“碎拼”概念，可能产生意想不到的结果。

在小型研讨会之后的闲聊中，在共进午餐的过程中，在电话和电子邮件的交流中，在相约北京西客站的长谈中，在网上浏览与搜索中，在同外籍教师的讨论中，在查找建筑工艺的文献中，李宗荣组织并联合王京山与孙东健，密切配合，一起把信息科学的“碎拼”概念发展和完善起来。首先，我们区别了“碎拼”和“拼碎”。我们看到缝纫工人把不同颜色、不同形状的小“布头”缝纫、拼接成一个手提袋之类的产品，给人艺术品的感受。这是拼接碎片，也是英文单

词 mosaic（马赛克，镶嵌工艺，拼成的东西）的基本含义。而我们中国学者把 Mosaic 翻译成“碎拼”，实际上加入了它原来所没有或者基本上没有的含义。

所谓的碎拼，完全是另外一回事了，它表示：先把整体打碎，然后拼接。对于装修公司，很难设想它们会把标准的整块花岗石打碎，然后再费时、费力地去拼接。通常，都是把装修过程中产生的边角余料加以废物利用，通过选形、切边、拼缝、平整等阶段，实施碎拼花岗石工艺，但是很可能地坪粗糙、黏接不紧、质量低下。为此国家还颁布了《大理石、花岗石与碎拼大理石地面施工工艺标准》。即使拼出艺术品来，也可能具有某种艺术价值，但这与装修公司追求经济价值的目标是背道而驰的。它们的首要目标是降低成本，提高利润。既然很难找到这种建筑工艺的大量实践，所以，相对于“碎拼”的英文单词很可能就没有，就像在英语中没有相当于我们的“包饺子”的单词一样。于是，我们联合设计了一个新的英文单词：Break + Mosaic = Breamosaic。

不仅如此，我们强化在“碎拼”中的信息和智能概念，“打碎”整块的知识（如一本书），从看到的整幅图景中发现目标，经过“拼接”，产生新的知识系统，成为一个人的思想体系，或者解决某个问题的思路与程序。我们知道，知识的打碎是可以不计成本的，而且并不破坏原来的产品，知识的生成却具有极大的增值效应，所以信息的产生是积累式的。信息能不守恒，信息能“与时俱增”，道理正在于此。其中既有信息与智能之间的转换，也有两者之间的互动。比如，为了排出犯罪嫌疑人的某个疑点，已有的调查材料不够，需要补充侦查；我们为了适应环境、发展自己，需要活到老学到老；等等。同样，在信息泛滥的情况下，如何提取有用信息，弃置垃圾信息，倒是一种严峻的挑战，需要我们提升智能，轻松应对。当然，本文的目的不是专门讨论“碎拼”，而是把它作为信息与智能交叉与结合的例子，来说明一个实现合作与双赢的发展战略。关于碎拼，拟另文展开论述。

五、结束语

如《2009—2010 智能科学与技术学科发展报告》[4]的“前言”所说：“智能是运用信息、提炼知识、生成策略、认识问题和解决问题的能力。因此，智能科学与技术是信息科学技术的核心、前沿和制高点。”“智能又是生命体的能力标志，是人类生存发展能力的最高体现。因此，智能科学与技术是生命科学技术的高等篇章，是信息和生命两大带头学科最精彩的交叉领域。”“近年来，我国智能科学与技术研究异军突起，获得了一大批国际领先的原创成果。”

我们相信，理论信息科学与人工智能科学的交叉与结合，不仅可以使信息科学基础研究获得更加实用的应用前景，而且可以使人工智能学科的发展具有坚实的基础。这种合作与双赢，将使得智能科学与技术引领人类生产活动的“智能化”发展方向，对于经济和社会的发展产生不可估量的作用。

参考文献

[1] 钟义信. 从信息-知识-智能统一理论看信息科学[M]//马蔼乃. 信息科学交叉研究. 杭州：浙江教育出版社，2007:123-132.

[2] 李宗荣. 理论信息学：概念、原理与方法[J]. 医学信息,2004,17(12):773-785.

[3] 李宗荣,等. 理论信息学概论[M]. 北京：中国科学技术出版社，2010.

[4] 中国人工智能学会. 2009—2010 智能科学与技术学科发展报告[M]. 北京：中国科学技术出版社，2010.

On the Co-operation and Win-win of Theoretical Informatics and Artificial Intelligence

Li Zongrong [1] Wang Jingshan[2] Sun Dongjian[3]

1. Social Information Science Institute, Huazhong University of Science and Technology
2. School of Communication Studies, Beijing Institute of Graphical Communication
3. School of Graduate Students, Beijing Institute of Graphical Communication

Abstract: The development of theoretical informatics is in need of intelligence science, especially of support and help of artificial intelligence; on the other hand, because of the cooperation of information science, with the deep research on its basic theory, the discipline of artificial intelligence will be to accelerate development and achieve win-win cooperation. A core concept in theoretical informatics is "information energy", which specific form in human society is intelligence. Artificial intelligence scholars are naturally supporters to the quartism of universal elements (matter, energy; information, intelligence) because they certainly believe that intelligence is the fourth element in the universe and does not belong to the categories of triplism (matter, energy, and information). Like the material motion is easy to master by energy in physics, based on the quartism, we can explore the transformation of information and grasp the dynamic rule of knowledge creation through the mechanism of interactivity between information and intelligence.

Key words: theoretical informatics; artificial intelligence; evolution of information; knowledge creation; transformation and interactivity between information and intelligence

信息载体研究

苗东升

中国人民大学哲学系

摘　要:本文论述有关信息载体的 3 个问题:①不存在与载体无关的“裸信息”，信息的进化与信息载体的进化分不开，经历了从非编码信息到编码信息、从物质码到自然语言这种符号码的进化，都是自然界自组织的结果。②文字的出现意味着从此开始了信息载体的他组织进化，新的信息载体只能是人的自觉创造物，贯穿信息载体进化历史演变主方向的是信息运作对物质能量的依赖越来越少，信息运作的效率越来越高。③信息载体有层次的不同，这是载体的物质性强弱不同造成的，载体的层次划分同时意味着信息的层次划分，信息的层次区别可以归结为载体的层次区别，物质性强的载体可以载荷物质性弱的载体，反之不行。

关键词:信息；裸信息；信息载体；符号

学术界的信息研究迄今很少涉及信息的载体。针对这种情况，杨伟国曾提出“对信息的把握是否可以先从它与载体之间的关系来探讨”的意见，很有价值。我们把客观存在的各种信息活动，包括信息的采集、表示、记录、编码、解码、传送、加工、增殖、创新、存储、提取、转录、翻译、控制、利用、消除等，统称为信息运作（或信息作业）。其中每一项都是针对信息载体进行的，采集信息所采集到的是携带信息的载体，传送信息所传送的是携带信息的载体，处理信息所处理的是携带信息的载体，等等。不存在与载体无关的“裸信息”（bare-information），也不存在与载体无关的“裸信息运作”。由此规定了考察信息载体的重要性。

一、信息和信息载体的进化

物质世界在不断演化，总的趋势是由简单到复杂、由低级到高级的进化。作为物质运动的重要属性，信息运动也经历了从简单到复杂、从低级到高级、从完全依附于物质到对物质具有相对独立性的进化。信息运动的进化离不开信息载体的进化，在一定程度上说，信息进化和信息载体进化原本是一回事，信息的进化需要通过载体的进化表现出来，人们只能根据载体的进化来了解信息的进化。

在物理化学层次上，信息运动完全是物质、能量运动的附属者，不同物质系统通过直接相互作用把自身的信息加载于对方。相互作用的事物既互为信源，又互为信息载体，且互为信宿（信宿可看成是特殊的信息载体，信息载体亦可看成是特殊的信宿）。在物质世界的这一层次上，A 作用于 B 导致 B 的变化记录了 A 的信息，B 作用于 A 导致 A 的变化记录了 B 的信息，亦即 A 与 B 实现了信息交换，信息运作仅此而已，不存在对信息进行编码表示、加工处理、转录等操作。就是说，这里只有非编码信息，不存在编码信息，没有基于编码的通信，故属于信息运动的最低级形态。

信息和信息载体进化的一个重要方向是信源和信息载体需要分离，如果 B 记录了 A 的信息却很少引起 A 的改变，就可以把 A 只看成是信源，把 B 只看成是信息载体。信源和信息载体在进化中实现分离的可能性存在于客观世界本身。互为信息载体的两个事物在改变对方的能力上一般并不对称，直接相互作用而完全不被他物改变的事物原则上不存在，但被改变的方式和程度原则上不一样，作为对方信息载体的效能也不同，有时差别很大。作为相互作用的双方，A 引起 B 的变化多而 B 引起 A 的变化少，B 携带 A 的信息多而 A 携带 B 的信息少，这种情形是常态。这种不对称性正是信息和信源、信源和载体能够分离的客观根据。宇宙的进化需要产生一种物质形式，它的功能主要甚至完全是充当信息载体。信息和信源、信源和载体的分离产生了专门从事表示、记录、携带信息的物质形式，有了“专职”信息载体，允许信源和信宿通过信息载体这个中介而间接交换信息，避免直接碰撞，将极大地提高信息运作的水平和效率。如果 A 改变了 B 而完全未被 B 改变，信源 A 与载体 B 完全分离，载体携带了信源的信息而完全不影响信源本身，这种情形是最理想的。

在自然界信息运动的进化史上，第一次重大飞跃是生命的诞生，创造出一种特殊的信息载体 DNA。DNA 载带的已是一种编码信息，它的出现意味着自然界第一次可能产生一种系统，它有能力以精确有序的方式编码表达自身的微观信息，并把它录制于载体 DNA 上，通过复制 DNA 而使自然进化中创造和积累的生命信息得以保存，系统得以复制。精卵结合形成承载着子代基因信息的载体 DNA，且不会影响父母的身体，是理想的信息载体。无生命世界的信息作业基于非编码信息来进行，生命世界的信息作业基于编码信息来进行，这可能是生命与非生命的基本区别之一。从只有非编码信息到出现编码信息，在自然界的演化史上具有极为重要的意义。

对信息进行编码表达的信码又分为物质码（非符号码）和符号码 2 种。构成 DNA 的 4 种核苷酸 A，T，C，G 都是物质形式，故 DNA 本质上仍然是物质实体码，不是符号码，DNA 的出现远不是信息载体进化的终点。不过，大量不同的 DNA 完全靠 A，T，C，G 的排列顺序来区别，表明四者也具有一定的符号功能，DNA 也具备符号码的某些特征，或许可以称其为准符号码。有了这种信码可以产生生命体，携带着生命信息，却不足以产生和携带神经信息，更谈不上产生和携带意识信息，生物信息仍然完全依附于物质实体。

自然界信息和信息载体进化的下一个重大步骤是出现神经系统这种信息载体，能够把外部世界物质运动的信息转化为由神经信号携带的信息，即神经信息，最终进化出脑神经系统。神经信息的出现代表着信源和载体相分离达到新的水平，动物通过神经系统接受和携带外部世界的信息而不改变外部世界，却能够对这种信息进行加工处理。动物脑，特别是作为其最高形态的人脑，是大自然进化出来的独一无二的物质形式，它唯一的功用是进行信息运作（包括信息运作的一切可能形式）。脑神经系统之所以能够从事各种信息运作，首先在于脑本身是一种能够承载信息的特殊物质形式，一种极为奇异独特的信息载体，只有在这种物质形式上才能产生、表示、记录、加工、存取和消除意识（精神）这种最高形态的信息，涌现出对于物质运动具有相对独立性的意识运动，进行最复杂、最丰富多彩的信息作业。可见，有必要把脑作为一种信息载体来考察，而忽视这种研究可能是目前脑科学研究的一个缺陷。

作为特殊信息载体的脑神经系统，是一种复杂的非线性动态网络，它的信息运作依靠脑内生理运动的状态或神经信号对意识信息进行某种编码表达，从事各种信息运作。这种信码本身也是一种物质码，还不是符号码，但天然具有转化为符号码的可能性（不同于DNA），以便使脑内的意识信息外化，其神奇之处我们还很少了解。脑能够也只能够接受、传送、处理、存取由神经信号载荷的信息，这既是它的神奇之处，又造成对脑内信息运作的严重束缚，尤其是对通信和信息加工处理的限制。脑神经网络作为信息载体的最大缺点是脆弱性，极易损坏，不能通过与其他事物直接相互作用而交换信息，不得不被坚硬的脑壳体封闭起来，以神经系统为中介与外部世界交换信息。外界信息须转变为神经信息才能传入脑内变为意识信息进行各种运作，脑内的意识信息通过神经系统传到感官却极难被外在事物（信宿）所接受。人脑在进行意识活动时必定向外发送电磁波，但极其微弱，携带的意识信息量极其微小，原则上不可能被其他脑接收到。自然界的信息运动进化到这一步，一方面，出现了意识这种最高形态的信息，产生了与其他个体交流信息的自觉要求；另一方面，意识活动被封闭在个别脑壳内，极难和其他个体交流，这就构成一对尖锐的矛盾。解决这一矛盾的唯一途径是创造一种特殊的信息载体，它是一种外在于人脑的特殊物质形式，利用它能够编码表达和携带脑内意识信息而离开脑神经系统，使意识外化，又具有可感知性（可视、可听、可触），能够被其他个体接收和解读，从而相互交流信息。这就是符号载体。

最初创造出来的是一种半符号载体，即利用人体自身器官编码表达意识信息的肌体语言，包括表情、眼色、肌体动作、简单的鸣叫等。高等动物已经具备这种能力。依靠机体语言能够编码表达的意识信息极其有限，极难规范，耗费能量却很大，信息运作的效率极低，远不是解决上述矛盾的有效途径。所幸的是，人类脑和发声器官、听觉器官的进步提供了另一种解决方案。自然界进化到这一步，正如恩格斯所说的："这些在形成中的人已经到了彼此间有什么东西非说不可的地步了"，作为信息载体的人类自然语言终于"从劳动当中并和劳动一起产生出来"[1]。

用自身器官引起空气振动来编码表达意识信息，脑系统作为信源无须与外部世界发生直接的物理作用，这表明了信息载体性能的极大提高。人类自然语言是高性能、高效率的符号载体，从此才有了严格意义上的信息处理、存取和通信。不过，这也是自然界信息载体进化的最后一步。

二、人工符号载体

自然语言并非信息载体进化的最后一步，紧接着的一步是产生了人工符号载体。用这种符号记录、传送、加工、存取信息，才使信源和信息载体发生最大限度的分离，从而给各种信息运作、特别是信息加工处理提供了最有效的手段。

脑内的意识信息之必须通过符号载体而外化，仅仅从人际交流信息（通信）的角度阐释是远远不够的。在脑内进行的各项信息运作中，最重要的是信息的加工处理，只有通过这项信息运作才可能有信息的增殖和创新，此乃人类进化最深层的机制。自然语言作为符号载体，凭借它进行信息运作所依据的主要是听觉信息，意识信息外化后能够参与思维运作的人体器官主要是言语器官和听觉器官。人脑能够获取、加工、利用的视觉信息远多于听觉信息，但人体很难凭借肌体语言表达、发送、存储视觉信息（靠眼神、表情、手势等表达和发送视觉信息太有限），由于不能给视觉信息以系统的编码表达，大大限制了人脑信息运作特别是信息加工处理（即思维）的广度和深度。在早期人类的思维活动中，视觉器官处于次要地位，而手这个行为器官更是基本上置身于思维活动之外。这样的思维活动几乎不具备实践的品格，致使思维的水平和效率极为低下，其关键正在于缺乏一种能够使视觉信息外化的符号载体以及能够发挥手的作用的符号载体。

冲破这一限制而导致信息载体的另一重大进步，是视觉信息的符号编码表达，即人工语言这种信息载体的创造。这里的关键是从物质世界中抽取一切能够用形（形状、形体、形态、形象等）来表达的信息，抽象出形的概念，并拟定事物形状的符号表达方式，把人体由神经信号记录并传送给大脑的关于外部事物的形态、形体、形状、形象、空间分布和空间关系的信息用人工符号表示出来。最初的创造物可能是岩画之类的东西，成熟的产物则是各民族的文字。文字的出现使人脑的各项信息作业都发生了质的提升。以思维运动为例，由于眼、耳、口、手共同参与其间，把脑内的思考用口说出来（言语实践），用文字等符号表达记录下来（写、画实践），转化为脑外信息作业；借助言语文字处理过的信息又通过眼、耳等转译为神经信息，反馈给大脑，重新激发思维运动，然后通过眼、耳、口、手再次参与而再次外化，再次进行加工、修正、补充、提高，形成头脑运思、口手编码表达、眼耳反馈信息这种循环往复的非线性运动。这就赋予思维活动以鲜明的实践品格，大大提高了思维的广度、深度和效率。

人工符号作为信息载体有以下特点。第一，除了能够携带信息（包括借符号形态携带的美感信息，如书法）之外，它再没有物质实体的任何其他功能。第二，除了保留物质实体的某些可感知性（可视、可听、可触摸），它舍弃了同一切信息运作无关的物质属性，连质量这个最基本的物质属性也变得没有任何意义，人们从事信息运作从来都不计较符号的质量。信息载体保留的物质属性越少，作为载体的性能越高，信息运作的效率越高，表示载体的形态越高级。第三，用人工符号把意识信息固定在人体之外的载体上，属于对载体改变最少的信息加载方式，表示信源和载体的分离比有声语言更进一步，信息运作效率更高。由于这些特点，符号载体才具备编码表达大脑中那些抽象或形象信息的特有功能，获得信息运作的最高效率。不借助人脑的自然界不可能进化出如此高效率的信息运作。

所谓文字等人工符号语言比有声语言和肢体语言更有效的说法，不可作绝对化的理解。用语言特别是文字表达意识信息的能力是有限的，有声语言的语气、语调等能够表达的意识信息无法用文字编码表达；意识信息中还有许多是只可意会、不可言表的，更无法用文字编码表达。所以，古语有云：当言语文字不足以抒情达意时，人可以“喉歌之，手舞之，足蹈之”。这是人文信息复杂性的重要表现。

从非编码信息到编码信息，从出现 DNA 到出现脑神经系统，从物质码到人类创造自然语言这种符号码，信息载体的进化都是自组织的结果。而文字的出现意味着从此开始了信息载体的他组织进化，新的信息载体只能是人的自觉创造物。其核心是各种人工语言的创造，如数学语言（符号）、音乐语言（符号）、工程设计语言（符号）和计算机语言 0，1 符号串。贯穿信息载体进化历史主方向的，是信息运作对物质能量的依赖越来越少，而信息运作的效率越来越高。有声语言对物质的依赖少于肢体语言，人工符号对物质的依赖少于有声语言，而相应的信息运作效率却大大提高。就数量信息的载体看，结绳记事（绳是实物载体，结是符号，打结是信息编码）最初级，它以物质实体为符号；阿拉伯数字最高级，除 1 之外，其余数字都是没有任何形象成分的抽象符号；相比之下，中文数字符号保留的物质属性较多，计算效率也较低。就各种自然语言看，拼音文字作为信息载体的物质属性更少，更有利于抽象思维这种信息加工；汉字保留了大量形象这种物质属性，更利于形象思维这种信息加工，两者各有所长。

然而，只要是信息载体，就或多或少保留着某些物质属性。物质载体自不必说，作为高级信息载体的符号，如语音、文字、数字等，仍然是物质的东西，需要借助一定的物质实体或物质波动状态才能表示和固定，以便承载和传送信息。言语声色依赖于发声器官和体态的变化，文字或数字须借助某种有色颜料来涂抹、撒播或刻画在实物载体上，都属于某种物质形式。对物质依赖性最小的信息载体要数 0，1 符号串这种电脑语言，人工符号进化到这一步，载体的物质属性似乎已减少到极点，不大可能创造出比它物质性更少的符号了。信息载体的重大进化或者到此为止，或者需要开辟我们现在还无法预测的新方向。

三、信息载体的层次性

杨伟国还提出一个独特别致的观点，认为一个信息可以是另一信息的载体。笔者对此说法持保留态度，不过杨氏命题固然存在对信息和载体的误解，却也包含合理内核，它提出信息载体的层次问题，也是杨氏所谓的信息的层次问题。

有各种各样的信息载体，有些载体需要并且可以携带于别的载体上。纸张、磁带、文字、语音都是信息载体，但文字可以固定在纸上，语音可以固定在磁带上，一种载体携带另一种载体，前者也就承载了后者携带的信息，而不是一种信息载荷另一种信息。纸张和磁带完全是物质的，文字和语音虽然是符号载体，但还保留、也仅仅保留了可视可听这种物质性，显示出载体之间有层次的不同。就脑系统而言，物理运动是生理运动的基础，生理运动是心理运动的基础，物理信号携带生理（神经）信号，生理（神经）信号携带心理信号，信息载体的层次也很清楚。显然，信息载体的层次是按照它们具有的物质属性强弱多寡来划分的，强者携带弱者，多者携带少者，反之则不可能。

进入意识（思维、心理）活动领域后，层次问题就变得复杂了。通常在谈论意识或思维或心理活动时，只把它们当成信息活动，不考虑它们对载体的依赖性，造成许多认识混乱。当涉及意识、思维、心理问题时，尤其要强调世界上不存在裸信息，只要讲到信息，总会涉及具有某些物质性的载体，总是物质性多的信息载体携带物质性少的信息载体。载体的层次划分同时意味着信息的层次划分，信息的层次区别可以归结为载体的层次区别，二者实质是一回事。一篇小说的故事情节、主题、文采等都是信息，老师读了故事后要学生概述其主题，因为故事情节可以看成是主题、文采、作者风格等信息的载体。但故事情节能够发挥载体的功能，在于和主题比较，它对物质性的依赖更多，离物质世界更近，归根结底还是借助于物质性来携带主题信息。科学理论知识推带哲学思想这种信息，诗的内容携带诗的神韵和境界这种信息，等等，也是这个道理。中国文论讲究言外之意和言内之意的区别，既然是意，不论言内的还是言外的，都属于信息而非物质；但二者对物质的依赖性有区别，言内之意直接联系着文字符号，离物质世界更近，故可以充当言外之意的载体，直接阅读那些文字以把握言内之意，再通过细心品味言内之意就可以领悟到某些言外之意[2]。所以，所谓言外之意归根结底仍然隐藏在言内之意的载体中。

在大脑的意识活动或思维活动中，潜意识信息的载体是脑神经系统的生理运动状态（神经信号），属于非编码信息；显意识信息主要是能够用符号载体编码表达和携带的信息。所以，思维过程就是用语言文字对潜意识信息进行编码表达使它转变为显意识的过程。有时候，我们意识到头脑中有了某种念头或想法，甚至思潮汹涌，却觉得想不清、说不清。这种情况意味着潜意识信息已积累得足够多，到达向显意识转化的临界点，但只有运用语言文字对潜意识信息进行编码表达，才能够完成向显意识信息的转化。潜意识信息不可能编码表达，显意识中只可意会、不可言传的信息也是非编码信息，即老子所谓不可道之道、不可名之名。明知不可道却想道，明知不可名却想名，表示它们已经不是潜意识，本质上应算得上是显意识。可见显意识信息由两部分组成，一部分是可以用语言文字编码表达的信息，一部分是从潜意识层次升华出来、自我能够感觉到、但不能编码表达的信息。中国人常讲言不尽意，或言有尽而意无穷。所谓言不尽意者，乃是潜意识信息中那些开始向显意识转化（可以意会）、但还不能用语言文字编码表达（不可言传）的东西。所谓言有尽而意无穷，指能用语言文字表达的显意识信息是有限的，而存在可以意会却不能言表的意识信息令人感到潜意识信息无边无际，深不可测，故有“脑海”之说。

中国传统文化对信息和信息载体的层次性有很深的认识。粗略地说，文学作品特别是诗词所涉及的信息主要有两类，一是情的信息，二是景的信息。文论和诗论都主张寓情于景，而不讲寓景于情，其间就涉及层次关系的非对称性。“寓”就是加载信息。用杨伟国的话讲，可以把情的信息加载于景的信息上，而不能把景的信息加载于情的信息上。究其原因，在于景的信息距离物质实践过程较近，情的信息距离物质实践过程较远。

现在回头去看香农的信息度量方法，高明之处就在于避开对质量、动量、能量之类物理量的度量，转而考量编码所用符号的多少以及选用符号的随机性，通过直接度量载体而获得对信息的间接度量。只要把载体的物质属性减低到符号水平，并把编码表达规范化，对所用符号载体多少的度量就在相当程度上代表了对信息的度量。质量这种物理性质对于用来编码表达信息的符号已无意义，但编码表达用了多少符号及其相关性质是有意义的，需要加以度量。用同一种规范化的符号表达可以言表的意识信息，只要没有冗余，所用符号越多，所携带的信息也越多。对所用符号多少及相关性质的度量仍然是对物质的某种度量，却与传统度量概念具有完全不同的性质。

既然不存在裸信息，就不应奢望完全撇开物质去度量信息，只能通过度量载体来度量信息。所以，语义、语用信息如果能够度量，也应是对载体物质属性的某种度量，但和语法信息相比，必定更加新颖独特，更加微妙。香农的信息度量方法有明显的局限性，它包含这样一个推论：所用编码符号少，携带的信息也必定少。如果推广应用于语义信息，这意味着可以断言：一首五律的信息必定少于一首七律；同一份联合国文件，从中文翻译成英文必定增加信息，因为中文文本比英文文本薄。这当然是荒谬的。于是我们又一次回归本文的论点：不可把信息与信息载体混为一谈，对信息载体的度量毕竟不等同于对信息的度量。

参考文献

[1] 恩格斯. 自然辩证法[M].北京：人民出版社，1959: 137.

[2] 苗东升. “言意之辨”新辨[J].贵州大学学报，2003,21(5): 20-26.

Exploring Information Carrier

Miao Dongsheng

Department of Philosophy, Renmin University of China

Abstract: This article discusses three issues related to information carrier. 1. “Bare information” does not exist, which has nothing to do with the carriers. The evolution of information is inseparable from the evolution of information carrier. The evolution of this symbol code developed from non-coded information to coded information and from the material code to the natural language is the result of natural self-organization. 2.The emergence of words means starting other-organization evolution of information carrier, and the new information carrier can only be a human conscious creation. The main direction throughout the evolutionary history of information carrier is: the more that the operation of information depends on material energy reduce, the more the efficiency of information operation improves. 3. The information carrier has different levels caused by different strength of material carriers. The division of carrier level also means the division of information level, that is, the difference of information levels can be attributed to difference of carrier levels. The carrier with strong materiality can load the carrier with weak materiality, not vice versa.

Key words: information; bare information; information carrier; symbol

"1+4+3"：新信息科学知识框架的立体结构①

李宗荣[1]　游　俊[2]　田爱景[3]

1.华中科技大学社会信息科学研究中心

2.湖北大学《湖北大学学报》编辑部

3.湖北大学数学与计算机科学学院

摘　要：沃尔夫冈·霍夫基尔希纳提出的"建立新的信息科学"成为"第四届国际信息科学基础理论研讨会"（FIS 2010）的会议主题之一，也是全球信息科学家的一个新的奋斗目标。本文描述了传统信息科学的特征，提出了新信息科学知识框架的一个立体结构，即"1+4+3"。其中，"1"代表理论信息学，"4"代表通信理论、控制论、计算机科学和机器人学，"3"代表自然信息学、社会信息学和人文信息学。"1""4""3"分别处在信息科学的3个不同的基本层次：理论信息学、工具信息学、领域信息学。

关键词：信息；信息科学；新信息科学；信息科学知识框架

① 我们由衷地感谢FIS 2010的3位总主席——欧阳康教授、沃尔夫冈·霍夫基尔希纳教授和佩德罗·迈里尤恩教授。是欧阳教授，引导一批中国学者走上理论信息学道路，并且把自己的工作提升到探索"信息统一性"的理论高度；是霍夫基尔希纳教授，引导我们运用"新信息科学"的概念，学习与传统信息科学划清界限；是迈里尤恩教授，批准本次会议纳入FIS会议系列，向中国学者提出了他的殷切期望。这些，指引我们在准备FIS 2010的过程中，不断地思索新信息科学的框架结构，才产生了这篇论文。

我们还要感谢中国人工智能学会（CAAI）副理事长、人工智能基础专业委员会主任何华灿教授，是他的远见卓识和坚持不懈，使FIS 2010成为可能；是他，站在理论信息学与人工智能学科的交叉点上，制定了一条合作与双赢的发展战略，并付诸实施。

2010 年 1 月 12 日，我们收到沃尔夫冈·霍夫基尔希纳教授的一份重要的电子邮件。他说："我的一个强烈的愿望是，在北京会议上为一个新的信息科学奠基，使北京会议开成关于这个主题的第一次国际大会。"后来，在佩德罗·迈里尤恩教授的支持下，我们把"建立新的信息科学"作为会议主题之一，写进了"第四届国际信息科学基础理论研讨会"（FIS 2010）的《征文通知》。

我们认为，1994 年在马德里召开的首届信息科学基础理论研讨会，是新信息科学的起点。在相同的发展方向上，2004 年理论信息学的早期版本发表，是另一个重要的里程碑。新信息科学的任务是探索信息概念的公共基础、一种新的科学的观点、不同的信息相关学科之间的联系以及交叉信息科学研究的新的框架。

本文的目的是，在理论信息科学研究结论的基础上，描述新信息科学的特征，提出它的知识体系的框架。我们把这个框架称为"1+4+3"。下面，我们将给出一些解释。

一、传统信息科学的主要特征

从一定意义上说，1994 年的马德里会议标志着时间轴上的一个点：在它以前的信息科学是传统的，在它以后一个新的信息科学在逐步地发展、走向成熟。

人们通常认为，信息科学应当包含 3 个分支：理论信息学、工具信息学和领域信息学。传统信息科学与新信息科学之间的主要区别在于：它是否具有自己的理论基础即理论信息学（或者一般信息学）？

从 20 世纪 40 年代以来，香农关于通信的数学理论、维纳的控制论、图灵和冯·诺依曼的计算机模型以及人工智能（机器人学）都逐步地建立起来了。这 4 门学科可以称为"工具信息学"，因为它们就像中国的"珠算"那样，是人们用来配合人脑处理信息的工具。随着"微型计算机"的不断升级换代，上述 4 种信息工具逐步地进入到生物、医学等信息处理领域，于是另一种信息科学学科不断涌现，比如生物信息学、医学信息学等，我们称之为“领域信息学”。

在 1994 年马德里会议之前的“信息科学”，就是由工具信息学和领域信息学这 2 类信息学科所组成的。如果说领域信息学是工具信息学的应用，而工具信息学是微电子学和计算数学的应用，那么信息科学就没有自己特有的、不能被物理学和数学拿走的知识体系。在这种情况下，人们说“只有信息技术，没有信息科学”是很有道理的。马德里会议的目的，就是要“寻根”：全部信息技术的根基在哪里？有物质科学拿不走的信息科学特有的知识体系存在吗？整个信息科学知识体系的框架结构是怎样的呢？信息科学与技术的哲学基础是什么？马德里会议正是人们尝试建立一种真正的信息科学（或者叫做“新信息科学”）的起点。这样，以前的信息科学就顺理成章地可以被称为“传统信息科学”了。

传统信息科学的主要特征是：

（1）它服从自然科学的科学范式。它的研究对象是物质的，它的研究方法是物理学的和数学的，它的表达是数量化的、公式化的，它的过程是决定性的。

（2）它的基础是物理学的世界观。世界上除了物质和物质的运动，什么都没有了；所谓的人类精神现象能够被还原为物质的运动，并且可以由物理学的法则给以充分的解释。

（3）在传统的信息科学中，香农信息论被认为是唯一的科学知识系统。但是，它属于数学或数学的应用，由此才产生人们的一个说法：只有信息技术，没有信息科学。

笔者认为，香农理论只是关于通信的数学理论。作为通信工程，它研究的对象只是信息载体（消息），并不包含信息载体的“含义”或“意义”，即不包含“纯粹信息”。所以，严格地讲，香农理论并不属于信息科学理论的主体与核心。这也就是为什么说，传统信息科学必须由新信息科学来超越的道理。

二、理论信息学的主要特征

理论信息学主要是实践信息学（或应用信息学）的综合与提炼。它的概念、原理与方法（这些不是本文所要阐述的内容）应当在所有实践信息学中是普遍适用的。它是信息科学与信息哲学之间的桥梁。所以，它的 2 个基本的内容是：与信息现象相关的知识体系的科学基础和哲学基础。[1]

理论信息学的主要特征是：

1. 以信息世界观为基础

在理论信息学诞生之前，物质世界观统治着整个科学的王国。但是，现在宇宙万物都具有物质-信息"二重性"，信息现象只能由信息法则来解释，而物理学法则的有效性仅仅局限在信息载体的范围以内。

2. 利用信息方法学和信息涌现论

因为物理系统的结构是牛顿力学的空间，所以物理学的能量驱动着具体实物的运动。但是，信息系统的结构是在智能空间之中，所以信息涌现的机制在于逻辑和程序，它们的运行轨迹都不可以用数量化和公式化表达。

3. 服从信息科学的范式

理论信息学主张，科学有 2 种：物质科学与信息科学；它们有各自不同的研究对象、研究方法，有各自的原理和模型；两者既相互对立，又相互补充，就像在计算机系统和机器人中的硬件和软件那样。新的信息科学的范式将逐渐地被科学界和社会公众所接受。

三、"1+4+3"：新信息科学的知识框架

（一）为什么新信息科学需要一个理论框架？

在一个知识系统中，它的框架是一种分类。这个分类把知识的

不同部分放在适当的位置或层次上，使得它们构成一个有机的体系。一般地说，分类是概念的外延式定义，扮演着补充概念的内涵式定义的角色。

比如，我们可以不断地使用“两分法”（把整体分为两个部分：*A* 和非 *A*）来处理整个信息科学学科群中的所有学科。首先，它被分为理论信息学与应用信息学；然后，应用信息学被分为工具信息学与工具信息学的应用（应用信息学）；第三，应用信息学被分为自然信息学与非自然信息学；第四，非自然信息学被分为社会信息学与非社会信息学（人文信息学）；等等。然后，信息相关学科就容易自行定位、对号入座了，学科之间的界限、分工与相互联系也就一目了然了。

（二）信息科学框架演变的历史过程

信息科学的框架可以有 2 种：平面结构与立体结构。一个早期的平面结构是中国学者钟义信于 1988 年在他的著作《信息科学原理》中提出来的。他说，信息科学的主要理论包含 6 个方面的内容：信息获取、信息传输、信息处理、知识提取、策略生成和策略执行。[2]

1997 年闫学杉提出另一个平面模型。他说，信息科学的学科群由 6 个分支组成：通信信息学、计算机信息学、光信息学、生物信息学、动物信息学和人类信息学。[3]

2001 年，俄罗斯学者科林提出又一个平面结构。他说，信息科学的结构可分为 6 个部分：理论信息学、技术信息学、社会信息学、生物信息学、非生命信息学和能量信息学。[4]

2004 年，李宗荣在他的博士学位论文《理论信息学：概念、原理与方法》中提出了一个立体结构：理论信息学与应用信息学。为了表达上的明确与简洁，套用闫学杉的说法，这个立体结构可以称为“1+1”。

2007 年，闫学杉提出另一个立体结构，“1+3”。其含义是，信息科学由 1 门理论信息学和 3 门应用信息学（即工程信息学或工具信息学、自然信息学、社会信息学）组成。[5]这里的“3”依然是一个平面的分类，没有立体化，事实上这 3 门信息学的方法论处在不同的层次：工具信息学的方法论比领域信息学的方法论要普遍化得多，因为领域信息学的方法是工具信息学的一般方法在某个特定领域中的应用、“本地化”或“特化”。当然，更一般的方法是理论信息学方法，最一般的方法是信息哲学的方法。

基于对 20 多年来关于信息科学框架研究成果的梳理和分析，我们在本文中提出第 3 个立体模型，“1+4+3”。其中，“1”是 1 门理论信息学；“4”是 4 门工具信息学，即通信理论、控制论、计算机科学与机器人学；“3”是 3 门领域信息学，即自然信息学、社会信息学与人文信息学。这里的“1” “4” “3”分别处在 3 个不同层次上：理论信息学、工具信息学和领域信息学（见图 1）。

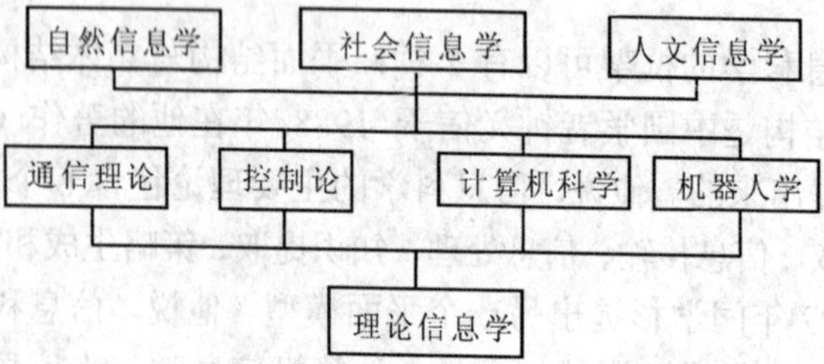

图 1　信息科学学科体系的“1+4+3”结构

（三）机器人学与计算机科学的关系

在某些学者看来，机器人学是计算机科学的组成部分；而另一些学者却认为，计算机程序是被决定性的算法所规定的，而机器人的程序却可以同时包含决定性和非决定性的算法，所以，计算机只是机器人的特例。

在我们看来，计算机和机器人都是人们的信息处理工具，只是分别用在不同的场合，所以，它们都属于工具信息学的范围。通信设备、控制器、计算机、机器人这 4 种信息处理工具，在相互学习与借鉴的过程中，已经相互融合，难分彼此了。我们认同一种大致的相对意义上的划分是必要的，但是给以人为的高低贵贱之分，并没有多少理论和实际的意义。

（四）为什么把人文信息学从社会信息学中分离出来？

在宇宙中，大致有 3 种法则。第一种是自然法则，它完全处于人类意志和愿望之外，是铁的法则，不可以修改，人、动物、生物、非生物都不能例外。第二种是社会法则，它由社会上的人们按照少数服从多数的机制制定出来，在不同级别与范围的组织中具有约束力量，但是可以因地域、文化、种族的不同而不同，修改起来相当困难。第三种是个人法则，它由个人在爱和信念的基础上制定出来，在处理与熟人、朋友、亲戚、配偶或家庭成员的关系中加以实施，它可以随时改变，通常因人而异。

在使用社会法则来处理感情和信仰问题时，常常不是很奏效的。比如，父母与子女，由于代沟，为了同一目的，却采取不同的处理方法。我们很难说，这一种选择是正确的或者好的，而那一种选择是错误的或者坏的。还有，不同人的宗教信仰可以差别很大，甚至完全相反。我们不可以设计出一般的社会学法则，来判断是非、评价好坏。古今中外，凡是使用强制的措施来解决感情和信仰的问题，都很难获得成功。

人文信息学的概念是俄罗斯学者提出来的。在俄罗斯，他们的社会信息学处于国际领先的水平。他们率先认识到，人文信息现象是社会信息现象中的特例，不可以用社会法则来处理感情与信念等问题。当然，他们在这方面的研究也才起步不久，还没有提出系统性的研究成果。

四、中国学者建立统一信息理论的努力

（一）基于信息-智能转换理论的方案

钟义信教授1988年出版了专著《信息科学原理》，该书在1996，2002，2005年三次修订再版。他认为，信息科学的核心是从信息经过知识到智能的转换。[2]

他说，从信息到知识的转换，属于认知科学的范围，是整个信息处理过程的中心环节。该转换的质量取决于2个方面的因素，其一是所获得的综合信息的质量和数量，其二是在转换中所使用的方法的恰当性。这就能够解释，为什么从信息中提取知识的任务只有人类或人工信息系统才能够完成。

（二）基于理论信息学和“1+4+3”的方案

李宗荣教授在2004年发表了他的博士学位论文《理论信息学：概念原理与方法》，2006年出版了一本教材《理论信息学导论》，2008年发表了他的博士后研究工作报告《论信息科学世界观》。[6]他的教材新中文版和英文版将在2010年8月第四届国际信息科学基础理论研讨会（FIS 2010）前出版。

在本文中，李宗荣与他的合作者共同提出了整个信息科学知识体系的新方案：“1+4+3”。他们正在依据这个新方案建立新的信息科学体系。

（三）基于泛逻辑学的方案

何华灿教授已经在计算机科学和人工智能领域工作和研究半个多世纪了。他综合自己理论和实践2个方面的成果，提出了一个泛逻辑学的知识体系，2001年出版了《泛逻辑学原理》[7]。

在他看来，逻辑是所有信息结构和进化的基本法则，包含人类

思维、机器信息处理和人工智能。他说，利用泛逻辑学的工具，一个新的信息科学能够被建立起来，其中包含各种信息形式和结构的理论、信息处理和传输的理论以及决定性信息和非决定性信息的推理理论。

五、国际学术界的期望与“中国学派”的历史使命

（一）理论信息学：中国学者集体劳动的产物

如闫学杉所说，1996 年在维也纳召开的第二次国际信息科学基础大会（FIS 1996），会议的主题就是“探索在新的科学背景下建立一门统一信息理论的可能性”。当时会议的气氛给人的印象是：“这朵蓓蕾不久就会盛开。”但是，2005 年在巴黎召开第三次大会（FIS 2005）的时候，“急于建立统一信息理论的呼声不再像以前那么高涨了。”按照奥地利维也纳大学霍夫基尔希纳教授的说法，对于建立统一信息理论的可行性持否定态度的学者人数反而上升到与会学者的 50%。这说明，9 年之后，形势没有更好，反而向后倒退了。

1999 年，李宗荣、田爱景等在湖北大学组织翻译霍夫基尔希纳所著的《探索信息的统一理论》，《湖北日报》报道了此事，2001 年 1 月 29 日编印的《生命信息学通讯》第 16 期（内部研究刊物）刊登了其中的部分译稿。在欧美学者的研究进入低潮的时候，中国学者却在 FIS 1996 精神的鼓舞下，大步前进。2002 年 9 月，李宗荣考入华中科技大学，师从张勇传院士，攻读系统科学理论的博士学位。2004 年 10 月，李宗荣通过论文答辩，提出了第一个理论信息学的知识体系。尽管李宗荣完成了他独到的工作，但是，如果没有中国学者研究成果的积累以及多方面的支持、帮助和配合，他很难达到那样的高度。在这个意义上说，理论信息学是中国学者集体劳动的产物。

首先，北京邮电大学冯秉诠、周炯槃、蔡长年、钟义信等从20世纪80年代开始，致力于探讨“通信工程与信息科学”，大力宣传信息科学研究的意义，发表论文，出版专著，在中国学术界形成一个关于信息科学发展的良好氛围。钟义信的《信息科学原理》事实上成为建立“统一信息理论”的有益的尝试。他在与北京大学哲学系冯国瑞教授的合作研究中，在信息科学研究中贯穿了哲学的世界观、方法论，在信息哲学方向上进行了有益的探索，为后来者提供了良好的参照。

其次，北京大学马霭乃、冯国瑞、闫学杉等，在中国人民大学苗东升、北京师范大学姜璐等的参与下，组织了跨学科、跨单位的“交叉信息科学研讨班”，于2000—2005年间组织了16期专题报告，印发报告内容或摘要。参与研讨班报告的有北京大学化学系院士徐光宪、物理系主任赵凯华，北京师范大学田松，中国社会科学院闵家赢，湖北大学李宗荣，香港学者杨伟国，台湾学者谢清俊等。由研讨班组织，2005 年在北京师范大学召开了“信息科学交叉研究研讨会”，对于组织和联络中国学者开展信息科学交叉研究，起到了十分重要的作用。

第三，华中科技大学系统科学研究所张勇传院士、周建中教授、王乘教授，以及中国科学院武汉分院范文涛教授等组成的博士生指导组，对李宗荣的研究给予了充分的支持和指导。张院士曾明确地对他说，大凡研究工作到了国内外学术前沿的时候，原来的概念和知识不够用了，就必须到哲学上去寻求新的观念和方法。他支持李宗荣举办“交叉信息科学论坛”，邀请了20多位教授报告，编印论坛《简讯》14期。华中科技大学控制系教授，国际一般系统论研究会执行主席陈绵云，在李宗荣选题期间给予了最有影响的指导意见。《科学哲学导论》的作者、哲学系殷正坤教授仔细地阅读了李宗荣学位论文的初稿，解答了疑惑，提出了建议。作为该学位论文的审稿专家和论文答辩委员会主席，欧阳康教授高度评价了理论信息学的研究成果，并且将其提升到探索“信息统一性”的高度，与已经得到科学界广泛共识的“物质统一性”并列，于是实际地构成了“物质-信息二重性”理论的逻辑前提。

第四，武汉大学医学院向近敏教授、欧阳静萍教授、李宗清教授、林玉霖教授、李宗山教授等，支持开展关于“生命信息科学”的跨学科研究，参加定期的学术报告会议，在医学、生物学、病毒学等方面给了李宗荣许多基础知识。在李宗荣学位论文正式答辩之前，他到武汉大学医学院欧阳静萍办公室进行了一次模拟的论文答辩，请到会的教授们提出意见和建议、为学位论文中的生物学与医学内容把关。在论文评审专家欧阳静萍教授的指导下，李柯和肖玲两位博士仔细地阅读了论文的全文，提出了具体的修改意见，重新设计了相关的图表。李柯参加了论文答辩会，参加了《理论信息学导论》的修改与定稿。

此外，还有湖北大学、武汉理工大学、华中师范大学等方面的学者的关心、支持和帮助。综上所述，理论信息学的成果绝不是李宗荣一人所能为之，它是中国学者集体智慧的结晶。

（二）国际学术界对中国学者的殷切期望

从我们目前掌握的情况看，中国学者在信息科学基础理论等方面的研究，已经走在欧洲、北美与俄罗斯学者的前面。国外权威学者，如欧洲的 Marijuan、加拿大的 Bunge，美国的 Hofkirchner、俄罗斯的 Kolin 等，不仅在口头上，而且都对此以书面的方式表达出来明确的认同。

2001 年，俄罗斯科学院院士科林教授在第 6 期俄罗斯《科技信息杂志》上发表题为《信息革命与基础信息学》的专论（中文见《国外社会科学》2002 年第 2 期）。他提出了一个建立信息科学知识体系、信息科学世界观、信息科学方法论的发展纲领。他说：“今天的学术界对于研究信息的基本属性和信息相互作用原理的必要性已经有了一定的认识。”“在未来几十年内，可以预期具有普遍科学意义的新的重大成果出现，而这些成果很可能允许形成新的完整的世界科学图景、新的科学世界观以及科学研究的新方法。”在他的预言中，理论信息学就是“研究信息最一般属性和信息相互作用过程在自然界和社会中的规律的科学”，而“信息学的哲学原理和信息的一般理论是理论信息学的基本组成部分。”2009 年，华中科技大学年轻教师陈欢云赴会莫斯科，当他把李宗荣《理论信息学导论》直接送到科林教授手中的时候，科林教授非常高兴。本次 FIS 2010 筹备中，科林投稿两篇，并写了一封英文长信给李宗荣，表示支持并参与北京会议，拥护成立新的国际学术组织，提议下一次 FIS 会议在莫斯科召开。

2007 年 3 月，李宗荣访问加拿大麦吉尔大学时，皇家学会会员、接近九十高龄的哲学系邦格教授，破例地主动接受李宗荣为博士后研究人员，作为自己的关门弟子。当李宗荣把《理论信息学导论》的提要和目录的英文版提交给邦格教授时，邦格教授立即建议把该教材的英文版送英国一家出版社纳入“涌现与汇聚”系列丛书出版。

2009 年 9 月，李宗荣再访加拿大时，收到沃尔夫冈·霍夫基尔希纳教授为《理论信息学导论》英文版所写的序言。他在序言中说：“这本书不仅对信息学的理论基础作出了杰出的贡献，而且，更为重要的是，它将成为在世界范围内信息科学发展的一个里程碑。”“我希望，这本书能够广泛地传播。”“尽管‘统一论者’仍然不是主流，但是在世界范围内，他们在从事相当数量的创造性的研究，可以这么说，他们正等待着被串联和组织起来。而且，在这个前进方向上，中国武汉华中科技大学社会信息科学研究中心，肯定地属于已经获得最多成果的单位之列。现在摆在读者面前的这本书，提供了该方向上研究主题的一个引导性的概论，甚至成为了中国大学的一门教学课程。”正是在霍夫基尔希纳的启发下，李宗荣与中国人工智能学会副理事长、基础理论专业委员会主任何华灿教授联络，筹备召开第四届国际信息科学基础理论研讨会（FIS 2010）。

2010 年 5 月，在筹备 FIS 2010 的过程中，西班牙萨拉戈萨大学佩德罗·迈里尤恩教授看到李宗荣的《理论信息学导论》英文版摘要、目录和第一章，在电子邮件中说：“我在直觉中预感到，信息科学的发展在新世纪里可能是以中国为中心的，就像力学的成就在历史上以英国人和撒克逊人为中心那样。（My hunch is that information science could be a Chinese-centered development in this new Century, as mechanics historically was an anglo-saxon centered achivemenmt.）”这里表达出欧洲学者对中国学者的殷切期望。

（三）信息科学“中国学派”的历史使命

作为一个中国学者，当然不能辜负国际学术界的期望，我们要把迈里尤恩的预言变成现实。为此，我们必须首先要明确，什么是我们的历史使命，然后研究如何完成这个历史使命。

简而言之，中国学者的历史使命就是率先建立和发展新信息科学。我们认为，必须要解决的问题主要有三个。第一，提出关于信息现象的不同于物理现象的概念、原理和方法；第二，研究信息现象与物质现象的关系，提出物质与信息的关系模型和相互作用的机理；第三，为信息科学建立特殊的哲学基础，发展信息哲学的本体论、认识论和价值论。

完成中国学者的历史使命，要在中国大地上建立和普及新信息科学，靠少数人是不能完成任务的。我们要有明确的团队意识，积极地培育“中国学派”。为此，首先要组织起来，集思广益，共同研究我们的行动纲领和计划。显然，设计和筹备在 2011 年召开“首届全国信息科学基础理论研讨会”（China—FIS 2011），是必要的、适时的。如果说，中国学者实现“科林预言”花了 4 年时间（2001—2004），那么实现“迈里尤恩预言”估计不会超过 10 年（2010—2020）。

六、结束语

信息科学的“1+4+3”结构只是整个知识系统的一个大致框架。

“1”“4”“3”分别处于 3 个不同的理论层次上：理论信息学、工具信息学、领域信息学。每一个层次和组成部分的发展各有特色，互补而不同。

在它的应用科学层次上，迄今为止，并没有出现统一的“自然信息学”学科；社会信息学在俄罗斯、日本、美国和中国获得较大的发展；人文信息学为俄罗斯专家提出，部分中国学者兴趣很大，但是很少有人知道它到底是什么。工具信息学十分发达，特别是通信和计算工具，都已经成熟了。建立在实用信息学基础之上的理论信息学，是晚近才建立和发展起来的。其中的科学内容，主要是它的概念、原理与方法；其中的哲学内容，主要是信息科学世界观，即宇宙万物的二重性以及物质-信息的一般关系模型，需要尽快地向科学界和全社会普及。

我们相信，一个关于新信息科学的知识框架的假说，有利于我们详细地设计它的发展过程。这就像在复杂的计算机硬件工程和软件工程中所经常要做的那样：根据用户的需要所完成的“初步设计”，常常是全部设计和开发的基础与出发点。

参考文献

[1] 李宗荣，等. 理论信息学导论[M].香港：中国教育文化出版社，2006.

[2] 钟义信. 信息科学原理[M].北京：北京邮电大学出版社，2002.

[3] 闫学杉. 人类信息学的基本问题[J].国外社会科学，1997（6）: 31-37.

[4] 科林. 信息革命与基础信息学[J].国外社会科学，2001（2）: 99-115.

[5] 闫学杉. 信息科学：它的过去、现在和未来[M] // 马蔼乃，等. 信息科学交叉研究.杭州：浙江教育出版社，2007: 2-23.

[6] 李宗荣. 论信息科学世界观[J].医学信息，2008,13（4）: 469-482.

[7] 何华灿,等. 泛逻辑学原理[M].北京：科学出版社，2001.

"1+4+3": A Framework of New Science of Information

Li Zongrong [1] You Jun[2] Tian Aijing[3]

1. Social Information Science Institute, Huazhong University of Science and Technology

2. Editorial Department of the Journal of Hubei University, Hubei University

3. School of Mathematics and Computer Science, Hubei University

Abstract: "Towards a new science of information", put forward by Wolfgang Hofkirchner, is the theme of Fourth International Conference on the Foundations of Information Science in Beijing (FIS 2010), which is a new aim for global information scientists. This paper describes main features of traditional information science and advances a framework of new information science: "1+4+3", in which "1" means theoretical informatics, "4" stands for communication theory, cybernetics, computer science, and robotics, and "3" indicates natural informatics, social informatics, and humanities informatics. The "1", "4", and "3" locate at three levels respectively: theoretical informatics, tool informatics, and domain informatics.

Key words: information; science of information; framework of information science

浅析理论信息学研究的目标、方法与课题

刘　静　金新政
华中科技大学同济医学院医药信息系

摘　要：为了建立和完善理论信息学，本文讨论了理论信息学研究中的目标和 2 种特殊方法，即跨学科和跨层次的研究方法，并对 2 种特殊方法的由来和发展给予理论上的说明，最后列出有待进一步讨论的若干课题。

关键词：理论信息学；目标；方法；课题

一、理论信息学的目标和应答域

（一）科学问题及其分类

科学问题是指一定时代的科学认识主体在当时的知识背景下提出的关于科学认识和科学实践中需要解决而又未解决的矛盾，它包含着一定的求解目标和应答域，但尚无确定的答案。由于科学问题总是在一定的科学技术背景知识上产生的，据此可以把科学问题分为 2 类：经验问题和概念问题[1]。

经验问题是关于实在世界本身的问题，比如苹果落到地上，子女像父母，等等。这种在实在世界中发生的使我们惊异的事件作用于我们的感官和神经系统，需要说明、没有被说明、而利用已有的科学技术背景知识可以说明的，就构成经验问题。根据经验事实与理论框架之间的相容性，可以把经验问题分为 2 种：常规问题和反常问题。如果科学问题是能被某个范式所规定，可以利用范式所提供的观念工具和实验工具来求解，并且肯定有解的问题，则称之为

常规问题。相反，反常问题则违反了由范式引起并支配着的常规科学的预期，仅仅利用当时的科学背景知识无力加以解决，单靠调整和发展现有的科学知识背景也不能解决，而要靠建立新的科学范式才能解决。常规问题的目标状态明确，只需要发展和完善当前科学知识背景就能解决。至于反常问题，连目标状态都需要科学家充分发挥自己的创造能力来明确，并须调整变更现有科学知识背景，创立新的科学理论，更加需要科学家具有勇于打破旧范式束缚、努力开拓新领域的创造性思维能力，才有可能加以解决。若经验问题是把现象纳入某个概念或理论框架的问题，那么概念问题则是关于当前的概念框架或理论是否合适、是否可靠的问题。如果经验问题是一级问题，概念问题就是二级问题，是比经验问题层次更高的问题。[2]

概念问题分为内部概念和外部概念 2 种。内部概念问题是指一个理论内部没有逻辑自治性，或者理论内部具有逻辑矛盾。外部概念问题是指一个理论与其他理论不相容，包括科学理论之间逻辑上的不相容，以及哲学思想（本体论）和方法论、文化传统等不相容。

（二）理论信息学问题的目标和应答域

建立信息科学学科的问题，即构造由信息概念、信息原理和信息理论组成的学科体系的问题，信息科学的目标是要建立关于宇宙间信息现象的知识体系，它的应答域在物理学和物质科学之外。如果把信息科学问题看成是对信息现象的解释，它构成一个反常的科学问题，它的求解必然造成居于统治地位的物理学范式的危机，引起科学革命，建立新的信息科学的范式。如果把信息科学问题看成是信息概念问题的升华，是高一个层次的问题，那么正处于萌芽状态的信息科学理论在内部与香农通信数学理论构成内部概念矛盾，在外部与整个物质科学体系相冲突，不但表现为概念、原理和理论的不相容，而且表现为一般科学方法论和哲学本体论的不相容。在原则上，物理科学方法不适合信息科学。因此，信息科学要发展，必须建立它自己所要的本体论和方法论。

（三）理论信息学面临3个瓶颈问题

在当代信息科学研究中，存在3个认识上的误区。这3个问题上的错误认识，一直是信息科学发展中的瓶颈问题。这3个瓶颈问题是：

（1）完全从概念出发建立演绎体系研究思路，以及在信息定义、度量问题上的纠缠不休。

（2）在构建各领域信息学及理论信息学理论时，对香农通信数学模式的照搬，以为不量化、不数学模型化就没有信息科学。

（3）在信息科学哲学上对有可能陷入唯心主义和不可知论泥坑的恐惧心理，以为只有把信息解释成物质的属性在理论上才安全。[3]

笔者认为，上述问题存在的根源在于科学家们受数学、物理学学科模式的局限，受到还原论思维方法的束缚，加上在物质科学哲学体系中没有信息的地位。信息学是与物理学范式不同的学科，它研究事物间的关系及抽象的逻辑特征，其任务是揭示与物理学不同甚至相互抵触的规律。因此，不能沿用传统的方法、范式和哲学观念来研究信息科学，具体表现为：

1. 不能把信息的定义作为信息科学研究的唯一出发点

至今关于信息的定义有好几十种，但没有一种得到学术界的公认。信息科学界的同行把没有公认的定义作为深入研究的障碍而无法逾越。生物信息学家已经提供全球范围的基因信息服务，信息业的各类产品层出不穷，版本不断更新。10年来，我们绕开"信息"概念上的纠缠，把关于生命信息学的研究不断地引向深入。在科学史上，物理学的发展并不是先把力、能量、功这些概念定义得十分科学、准确，然后才提出物理学的基本理论、方法和知识体系的。关于能量的概念，从16世纪提出到19世纪，花了200多年时间，直到把各种不同形式能量的转换关系弄清楚，才正式确立为一个科学概念。[4]

因此，从事实上看，问题的根源不在于信息定义难以把握与刻画，而在于研究者从定义出发的研究模式在思想观念上造成的束缚。所以，完全可以把信息概念作为不必加以定义的基本概念予以采纳，然后推进信息处理过程的研究和信息规律的探索，不断加深对信息的认识，迟早有信息概念科学化的瓜熟蒂落之时。当然，这并不排斥部分研究人员在不同层次、不同方面对信息概念进行不断讨论，但却不再是大多数信息科学研究者开展工作的先决条件。

2. 不能把物理学范式和数学形式化方法套用到信息科学研究领域

香农把他提出的信息论叫做"关于通信的数学理论"[5]。香农信息理论在本质上是关于信息载体的物理学描述。与此相反，自然科学范畴的信息学主要研究信息的动静态语义，社会科学范畴的信息学更偏重研究信息的动态语义[6]，它们都具有非物质的研究对象，其任务是揭示与物理学不同的、甚至相互抵触的客观规律。因此，试图用香农信息学的模式来规范关于信息处理的理论是不可能行得通的，不能把物理学范式和数学形式化方法套用到信息科学研究领域。

3. 不能在传统物质哲学的框架下寻求对信息本体论、信息认识论和信息价值论的解答

关于信息的存在、信息的价值以及信息规律的科学地位，都不可能在传统唯物主义（我们称之为理化唯物论或物质唯物论）哲学观，即物质哲学的框架中求得解决。信息科学呼唤关于信息的哲学。人类社会进入到信息社会后，信息的价值是容易被接受的。知识产品表现出比物质产品更高的价值，作为先进生产力代表的科技工作者的作用已得到社会的普遍承认。反映到方法论和本体论哲学层次上，关于信息的认识论（信息学的思维方式是什么），关于信息的本体论（信息与物质的关系是什么），对整个信息科学的研究具有不可忽视的指导意义。这些问题经过哲学家与信息科学家共同探讨、交流与合作，就能顺应时代的要求，推动辩证唯物主义向前发展。

二、理论信息学的研究方法

（一）理论信息学研究需要方法创新

为了解决理论信息学面临的特殊矛盾，必须开辟信息科学自己的思想资源，提出自己的科学合理性标准。而新的范式的提出和论述，又依赖于对信息现象特殊性的深入研究。这种研究必须有新的适合信息现象特点的方法论。“科学创造首先需要创造方法”，创造信息学的方法是建立信息科学本身的前提条件。一般地说，科学研究方法分为 3 个层次：哲学认识方法、一般科学方法、具体学科方法。[7]由于信息现象的特殊性，我们不能沿用物质科学的方法论体系，必须在哲学本体论、一般科学方法论和信息学科具体方法等 3 个层次上同时突破。为了解决与物理学范式“不相容”的问题，要提出新的本体论、尝试新的方法论，建立以信息和智能概念为基础、以基本信息定律为出发点的信息学理论结构。这样，就必须采用“跨层次综合法”。而信息现象涉及宇宙进化全程，所以必须采用“跨学科综合法”，实现对宇宙进化全程中众多领域信息的概括，实现信息进化纵向和现有信息类学科横向上大跨度的综合。

（二）综合方法概述

所谓综合方法，就是在分析的基础上，通过科学的概括和总结，在思维中把研究对象的各个组成部分或各种要素，再组合成有机统一整体，从总体上揭示和把握事物性质和根本规律的一种科学的思维方法和研究方法。在理论信息学的研究方面，要从整体上、从信息现象内部的有机联系方面，去研究和把握信息，化零为整，变局部为整体，变简单为复杂，揭示和把握信息现象的根本性质和基本规律，创建理论信息学，建立完整的信息科学，为建立包容物质和信息科学的统一科学奠定基础。[8]

（三）跨学科综合法

所谓跨学科综合法，就是“宇宙信息进化全程的跨学科综合法”，在时间和空间上最大跨度地对领域信息学进行交叉科学综合。在时间上的跨度指的是，宇宙进化史纵向上跨历史阶段的综合研究，从宇宙大爆炸到生命形成、人类的出现，再到今天的数字地球村。在空间上的跨度指的是，宇宙进化的现阶段上跨学科领域的综合研究。

因为大跨度、全景式观察的角度不同，所以很容易发现单一学科或小跨度研究中难以看到的规律性。最大跨度的研究结论容易具有最大范围的“普适性”。比如，把在人类认识过程中讨论的存在和意识的关系问题，放到整个生命世界中观察，则是活着的物质和活着的信息之间的关系问题；而把自然界中无生命信息过程和计算机等人工信息过程加进来统一考虑，则该问题又成为最一般的物质和信息的关系问题。所以，思维和存在、物质和精神关系的一般表达，应当是物质和信息的关系。

（四）跨层次综合法

所谓跨层次中的层次指应用信息学、理论信息学、哲学信息学等 3 个层次。所谓跨层次综合法就是“应用、理论和哲学的跨层次综合法”，指同时在上述 3 个层次上积累思想资源，以研究方法的创新带动研究内容的创新，让它们交互作用、相互印证、互为依托。其中，在第一个层次上是应用信息学领域中具体学科的特殊方法，在第二个层次上是各门信息学公共的一般方法，在第三个层次上是最具有普遍意义的哲学认识方法。相关研究实践证实，以信息哲学为基本观念，以一般信息学为理论指导，以领域信息学技术和产品为实践环节，在三个层次上研究的结果，的确可以互为依托、相互印证、连接成网，构成一个开放的、不断生长着的新的知识体系。

三、有待进一步探讨的若干问题

尽管国内外学者围绕信息科学的基础理论展开了许多研究工作，但是从总体上看仍然不够深入，学科的建设处于发展的初级阶段。关于理论信息学或者信息科学通论，目前尚未解决的问题还有很多，现将相关课题列举如下：

（1）个人工作、学习与生活中的信息理论问题；

（2）单位、行业与国家信息化中的信息理论问题；

（3）物质科学中的信息问题；

（4）人文学科中的信息问题；

（5）社会科学中的信息问题；

（6）计算机软件科学的理论基础[9]；

（7）信息能及生命信息进化论；

（8）理论信息学和整个信息科学知识的体系结构；

（9）信息科学与系统科学、控制理论；

（10）传统唯物主义哲学面临的挑战与对策。

参考文献

[1] 殷正坤，邱仁宗．科学哲学引论[M]．武汉：华中理工大学出版社，1996：145-155.

[2] 刘国志.系统科学[M]．上海：上海科技教育出版社，2001.

[3] 田爱景，金蓉，王伟，等．当代信息科学研究中的“瓶颈”问题[J]．中国卫生信息，2002（1）：33-37.

[4] Stonier T．Information and Meaning[M]．UK：Springer，1997: 8-9.

[5] Shannon G E．The Mathematical Theory of Communication[J]．BSTJ，1948（27）：379-423.

[6] 田爱景．论信息社会特有的思想观念和思维方式[J]．医学信息，1999,12(9): 26-27.

[7] 田爱景．新自然观的诞生与传统哲学观念的终结[J]．电子工程师，1999（增刊）：39-42.
[8] 李建珊．科学方法概览[M]．北京：科学出版社，2002：2.
[9] 李宗荣，田爱景．关于信息科学基础研究中的几个问题：兼评《关于21世纪信息科学发展的一些见解》[J]．科技导报，2002（4）：3-6.

The Study on the Goal, Methods and Programs of Theoretical Informatics

Liu Jing　Jin Xinzheng
Medical information department, Tongji Medical College,
Huazhong University of Science and Technology

Abstract: In order to establish and improve theoretical informatics, this paper discusses the goal and special methods of the researches on theoretical informatics include interdisciplinary synthesis and step levels synthesis. Then we discuss the origin and development of these methods. Finally we make a list of several programs for further discussion.
Key words: theoretical informatics; goal; methods; programs

信息科学研究范式的构建

金新政　刘　静

华中科技大学同济医学院医药信息系

摘　要:本文分别介绍了主要用于传统物质科学的“还原论”的方法和主要用于信息科学的“涌现论”的方法。通过分析“还原论”的应用范围和局限性，讨论“涌现论”如何改进信息科学的发展，并且建议改进基于物质科学的“还原论”为基于信息科学的“涌现论”，以促进信息科学的健康发展。

关键词：信息科学；科学范式；涌现论；还原论

一、信息科学的界定

1959年，美国宾夕法尼亚大学莫尔电子工程学院首先应用了“信息科学”的概念，这一概念既包括了信息理论又包括了信息技术。“信息科学”提出后，世界上有3种自称为“信息科学”的体系存在，它们是以计算机为代表的“计算机信息科学”、以文献处理自动化为代表的“图书馆信息科学”和以香农通信信号计量理论为核心的“全信息信息科学”。三者的共同特征：仅研究特定领域中的某些信息，对其他领域中的信息不予充分的关注与考虑。这样，虽然提出了信息科学的概念，但并未形成一体化的信息科学。目前学者的观点倾向于把所有与信息处理相关的学科组织起来，把其中涉及信息的部分，包括理论与技术都结合起来，形成一门多学科相互渗透的大学科。本文参阅《中国大百科全书·自动控制与系统工程卷》中蒋新松的定义：信息科学是以信息为主要研究对象，以信息的运动规律和应用方法为主要研究内容，以计算机等技术为主要研究工具，以扩展人类的信息功能为主要目标的一门新兴的综合性学科。信息科学由信息论、控制论、计算机科学、仿生学、系统工程与人工智能等学科互相渗透、互相结合而形成，信息和控制是信息科学的基础和核心[1]。

20 世纪中叶以来爆发了一场新的科学革命，可以将其称为第三次科学革命，这场科学革命涉及一系列学科领域的先后变革，并表现为一个持续推进和发展的过程。标志这一过程的是一批可以用信息系统科学、复杂性理论研究的名称来指谓的新兴学科群的崛起，直到现在我们仍然未能看到这次科学革命终结的迹象。这次科学革命无论在涉及学科领域的范围和规模上，还是在科学思想的创新力度上都远远超过了以前的科学革命。根据上述蒋新松对信息科学的定义，笔者认为可以将第三次科学革命中发展起来的命名各异的各种新兴科学当做是信息科学的发展。

二、构建信息科学范式的重要意义

（一）范式的概述

范式（Paradigm）一词来自拉丁文，原意指语法上词尾变化的规则，美国科学哲学家库恩借用它表示“范例”“模型”“模式”。具体地说，“范式”一词是指科学家集团认识中的 3 种根本成分：

（1）集团所采用的符号概括；

（2）为集团提供类比和给人们以启发的模型；

（3）作为具体题解的范例。

对于科学共同体的成员来说，范式既是他们在心理上所共有的信念，又是他们在理论和方法上所共有的模型或框架。[2]

（二）信息科学的涌现论

对于信息科学而言，其研究对象和研究内容揭示了一个有别于传统科学与哲学所集中阐释的物质（包括质量、能量）世界的一个全新的存在领域——信息世界领域，相对于传统的物质世界，其最突出的特点是“涌现性”。涌现是用以描述复杂系统层级结构间整体宏观动态现象的概念。涌现性是指那些高层次具有而还原到低层次就不复存在的属性、特征、行为和功能。也就是说，涌现是在复杂系统中的行为主体，根据各自行为规则进行相互作用所产生的、没有事先计划但实际却发生了的一种行为模式，即整体行为模式不能根据其个体行为规则进行预测，或整体模式不能还原为其个体行为。涌现带来的不是物质、能量的增减，而是信息的创生与消除。其实，涌现现象和信息运动就是同一问题的 2 个不同方面，事物凭借信息运动来决定如何通过整合或组织它的部分以产生涌现，涌现的结果总是产生新质的信息，改变事物的信息结构，增加世界的信息总量。涌现现象的存在是客观的、普遍的，从自然界到人类社会，从天然事物到人工事物，从实体到符号，从物质领域到精神领域，从科学概念体系到文艺形象体系等。一艘飞船是由一个螺钉、一根导线等一堆毫无飞船特征的零部件组成的，组装完成的飞船能够遨游苍穹、收集情报、服务科学等令人惊异的特性和功能都是其零部件总和不具备的整体涌现性。一首诗是由文字编排组织而构成的文学艺术作品，诗歌作为系统，诗意、神韵、境界就是它的整体涌现性。苏轼在《题西林壁》中所说的“庐山真面目”就是庐山这个自然系统的整体涌现性，仅仅横、侧、远、近、高、低地分别考察只能是“不识庐山真面目”。[3]

（三）用还原论解释信息现象的局限性

传统物质世界领域的科学范式是基于“还原论”思想的。还原论的奠基者笛卡儿强调，为了认识整体，必须认识部分，换言之，只有把部分弄清楚，才可能真正把握整体。在这个意义上，还原论方法也是一种把握整体的方法，即所谓分析-重构方法，但居主导地位的是分析、分解和还原，首先把系统分解为部分，用部分说明整体。在这种思维方法论的指导下，400年来创造的一整套可操作的方法取得了巨大的成功。对于比较简单的物质系统，这样处理一般还是有效的，但现在面临的是大量复杂系统问题，尤其是信息系统起着重要作用的系统问题，仅把部分的认识累加起来的方法，已不适宜去发现系统的整体涌现性。“涌现性”在信息世界领域，特别是生命、社会、思维领域中的普遍存在，使得基于“还原论”的传统物理科学范式遇到了困境。用“还原论”的观点来解释生命现象，将生命简单地分解还原成碳原子、氢原子、氧原子、硫原子、氮原子的组合，其荒谬程度就如同把贝多芬的交响乐曲说成不过是音符的集合而已，或把狄更斯的某本小说说成不过是词语的集合而已。生命的特性、一首乐曲的主题、一部小说的情节，就是所谓的“涌现性”，其性质只有在整体的结构层面上才能显现出来，而在部分层面上则是无意义的。因而生命的奥秘不在一个个原子里，而在原子的缔合模式里，也就是说，生命的奥秘在于简单原子缔合而成的DNA和RNA之类的分子结构所包含的信息之中。再如，水平抛掷一块石头与一只活麻雀：抛掷一块石头，我们可以运用经典物理学中的平抛运动来精确地计算并描述出石头的运动轨迹。但对于水平抛掷的活麻雀，我们该怎么来描述其运动轨迹呢？显然传统的计算方法在此已不适用，因为麻雀是有生命的，麻雀的生命系统（信息系统）更大程度地决定了它的运动轨迹。二者的差别就在于：前者是一个纯物质的系统，而后者则是物质系统与信息系统相结合的复杂系统，且信息系统占据了主导地位，麻雀这么一个复杂系统的涌现性表现得更为突出[4]。

信息世界领域普遍的“涌现性”，传统物质世界“还原论”应用的局限性、面临的种种困境以及对复杂系统的诸多不可解释性，都要求我们应该适应科学的发展、事物的规律，构建出适应信息科学发展规律的基于“涌现论”的科学范式。

三、信息科学范式的整体架构

信息科学揭示了一个区别于传统科学与哲学所集中阐释的物质（包括质量、能量）世界的一个全新的存在领域——信息世界的领域，信息世界存在领域的“涌现性”要求对物理世界的基于“还原论”的范式进行修正，并进一步构建符合信息时代特征的基于“涌现论”的信息科学范式。那么何谓“信息科学范式”？简言之，整个信息科学所共有的关于信息结构和信息能工作的模型的基本概念、原理和方法就称为信息科学范式。

1948 年，香农发表《通信的数学理论》，标志着通信模型和通信信息论的诞生。同年，维纳出版《控制论》，提出了信息控制模型，系统地阐述了控制理论。在 20 世纪 30 年代，关于计算模型的研究就取得了突破性进展。哥德尔、丘奇、图灵、波斯特等人提出了一批计算模型，如递归函数、λ-演算等，其中图灵机从计算的一般化过程来研究计算，更接近普通人计算的思想方法。1946 年，冯·诺依曼等人针对第一台电子数字计算机 ENIAC 提出研究报告《电子计算机装置逻辑结构初探》，确定了现代存储程序式电子数字计算机的基本结构和工作原理。香农关于通信的模型、维纳关于控制的模型，以及图灵和冯·诺依曼关于“计算”的模型分别代表了 3 类信息现象（传输、利用和生成）的基本过程。在通信工程、自动控制和计算领域内，信息科学共同体共同持有的基本观点、基本理论和基本方法由这 3 个模型给出了简明的概括，它们构成信息科学的“范式”的基础与核心。在信息科学发展的今天，信息科学范式的整体架构具体有以下几方面。

（一）整体涌现论研究范式

20 世纪以前的科学崇尚“还原论”的科学研究范式，主张从构成事物的微观构件的性质探讨中便可以透析出事物的本质。信息科学研究领域则强调了与“还原论”相悖的另一种“涌现论”的科学研究范式，这一范式强调了事物整体性质具有超越其组成部分性质的全新意义和价值。按照系统科学研究的开创者贝塔朗菲的说法，他所创立的“一般系统理论是关于‘整体性’的一般科学”“整体化是系统的一般理论的核心”，而“整体大于它的各部分的总和”则是“基本的系统问题的一种表述”[5]。

（二）自组织理论研究范式

自组织现象是指自然界中自发形成的宏观有序现象，在自然界中这种现象是大量存在的。耗散结构论、协同学、突变论、超循环理论以及广义进化理论等力图沟通物理学与生物学甚至社会科学，对信息本质问题等的研究有突破性进展，在相当程度上说明了生物及社会领域的有序现象，强调了一种有序生成、维持和增长的自组织科学研究范式。

（三）计算主义研究范式

当代科学的若干技术突破都是围绕着一个主题展开的，这个主题就是“信息的计算”。人类基因组工程、纳米技术、DNA计算、生物计算机等技术则是运用“到处都是计算”观点的实实在在的突破。李建会著的《走向计算主义——数字时代人工创造生命的哲学》一书提到“人类基因组工程”是把计算和信息看做是生命的本质的一个实例；而DNA计算的发明者正是在用“计算”这个更本质的想法去理解DNA的复制反应过程的时候，才突发奇想得到了DNA反应过程等价于“通用计算”，并且创造性地应用“软件”来完成复杂计算问题的求解；运用纳米技术，人们已经能够控制原子的重新排列而创造出新型材料。而这一切的发展都依赖于人们对“计算”这个概念的更深刻的理解。2002 年美国科学家Wolfram写的一本科学畅销书《一种新科学》所提到的，来自基础物理学的种种迹象都表明，如果我们用信息处理和计算的视角来看待物理过程，则所有物理学的难题都会得到异常简单的解释[6]。

（四）复杂性理论研究范式

分形几何学、混沌理论、虚拟现实科学、纳米科学以及复杂系统研究理论等领域培植起了一种全新的复杂性理论研究范式，这一范式试图在一个更为综合的层面上将上述诸多科学研究范式有机统一起来，以便能够说明我们所面对的这个复杂世界中的复杂事物。

（五）信息哲学研究范式

自从 20 世纪的最后 25 年以来，信息的地位日益凸显。在新世纪伊始，信息哲学提出了信息转向。信息哲学强调“信息转向”无疑使其成为“引导性哲学”，而非“认知性哲学”。“认知性哲学”更关注“什么”，主要将哲学作为一种追求建立知识体系的活动。而“引导性哲学”却是对“如何”的探讨，也就是说，它不仅将人们的兴趣引导到一个特殊的领域或方向上，而且更加关注如何利用信息改变这个世界。

四、结束语

分别作为传统物质世界与信息世界领域研究范式的理论基础的还原论与涌现论，都是关于整体与部分的关系的理论，从信息观点看，它们代表关于部分信息和整体信息之关系的不同理论。还原论认定整体信息是局部信息之和。而涌现论则揭示了整体信息与局部信息的辩证关系：整体信息不等于局部信息之和，而是在整合局部信息的基础上涌现出具有新质的信息，消除那些不合时宜的旧信息；同时，整体的新信息一经涌现出来，就会在每个局部中有所反映，使得处于整体中的局部不同于游离于整体之外的局部。所以局部必定包含整体的信息，了解局部有助于了解整体。应当看到，系统在整体上涌现出新性质是需要付出代价的。部分在独立状态下呈现的许多特征，它们整合进系统以后就被屏蔽起来，在系统整体中是看不见的，只有解构系统，把它还原为部分，才能释放出来，组分的还原释放性受到屏蔽就是产生涌现性付出的代价，有所屏蔽，才能有所涌现。因而，把涌现论和还原论视为一对矛盾范畴，是不准确的，将涌现论和还原论并举才是更科学的说法，二者在其自身的层面上（还原论是在各组分的低层面上，涌现论是在整体的高层面上）都是正确的。所以研究信息科学范式并不能抛弃物质科学范式，信息科学范式的研究更需要发展"涌现论"，但也离不开"还原论"，二者互相补充，各有所发展，在不同层面发挥各自的作用。[7]

参考文献

[1] 李宗荣，金新政．理论信息学导论[M]．北京：中国教育文化出版社，2006：1.

[2] 李宗荣．理论信息学：概念、原理与方法[J]．医学信息，2005（12）：773-784.

[3] 苗东升．论系统思维(六)：重在把握系统的整体涌现性[J]．系统科学学报，2006,14(1)：1-6.

[4] 郭垒．还原论、自组织理论和计算主义[J]．自然辩证法研究，2003（12）：83-87.

[5] 董立河．试论还原论与整体论的互补与共存[J]．太原师范学院学报:人文科学版，2002（1）：42-45.

[6] 李建会．走向计算主义[M]．北京：中国书籍出版社，2004.

[7] 李建会．还原论、突现论与世界的统一性[J]．科学技术与辩证法，1995（10）：5-8.

Methodology of Information Science

Jin Xinzheng　Liu Jing

Medical information department, Tongji Medical College,
Huazhong University of Science and Technology

Abstract: In this paper, the authors introduce separately the "Reduction" methodology, which is mainly applied in the traditional Material Science, and the “Emergence” methodology, which is mainly applied in the Information Science. With analyzing the application scope of “Reductionism” and its restriction, we discuss how “Emergencism” is apt to improving the development of information science, and suggest a conversion from reductionism based on paradigm of material science into emergencism based on paradigm of information science to promote the healthy development of information science.

Key words： information science; methodology; reductionism; mergencism

理论信息学的发展现状

段占祺　金新政　高　红
华中科技大学同济医学院医药信息系

摘　要：目前，信息技术高速发展，众多的传统学科纷纷信息化，领域信息学孕育而生。领域信息学需要公共的理论基础，“国家信息化”需要理论信息学，工业社会向信息社会转型需要理论信息学。这种种需要，呼唤着理论信息学的出现。本文阐述了理论信息学产生的背景、现状和存在的局限性。
关键词：理论信息学；领域信息学；香农通信理论；统一信息理论

一、引言

（一）信息科学需要基础理论

在科学发展史上，学科前进道路上的基础理论危机是一种司空见惯的现象。在数学蓬勃发展的过程中，出现了3次基础理论危机[1]。现在，在信息科学发展的道路上，我们正在经历着一场人类文明和科学发展史上最为严重的基础理论危机。这不仅仅是科学危机，科学范式的危机，而且是哲学的危机，是世界观、方法论的危机。作为整个信息科学的基础理论，理论信息学的建立和完善是信息科学知识体系发展和成熟的主要标志。由于信息社会至今没有建立起一个完整的信息科学知识体系；现有的领域信息学由于研究对象特殊、思想方法局限，又受到物理学范式的束缚，不可能揭示各类信息现象中的一般规律；所以，对理论信息学的研究是科学发展和社会进步的迫切需要。[2]那么什么是理论信息学？理论信息学是怎样产生的？目前理论信息学的发展现状如何？这些都是本文所要阐述的问题。

（二）理论信息学概述

理论信息学又叫“一般信息学”（General Informatics）。理论信息学是对一切信息现象、对每一门信息学科都适用的公共理论，它通常用于解决每一个具体领域的信息理论问题，是整个信息科学的基础和核心。理论信息学的研究对象是一般意义上的信息和信息能，它的研究内容是在宇宙间一切信息现象中起作用的规律，它的研究方法是在各类信息过程中通用的程序和规则，它的研究目标是为领域信息学确立公共的理论基础，为整个信息科学大厦奠基，也为信息哲学提供科学依据。[3]

二、理论信息学的产生

（一）众多的领域信息学需要公共的理论基础

为数众多的领域信息学在理论体系的构建中，所遇到的第一个问题是领域信息的定义，它区别于一般信息定义的特殊性。第二个问题是领域信息学基本原理的表达，即它的理论的出发点或者基本预设的问题。这些问题的解决都有待于理论信息学的发展[4]。

（二）“国家信息化”需要理论信息学

20 世纪 60 年代，美国与日本等国家的学者对国民经济信息化水平提出了一种测度理论和方法，为信息化发展的定量研究奠定了基础。[5]与世界发达国家相比，我国信息化建设起步较晚。在 20 世纪 80 年代中期，才开始对信息化理论和信息化发展水平测度理论与方法进行研究。

对于一个国家的信息化建设，必须抓住它在 2 个方面的内涵：

其一是信息化的具体过程；其二是信息化的思想过程。没有关于信息化的良好思想认识的指引，就不可能有高效率信息化过程的发生。而信息化的思想过程，即观念的信息化，有待于理论信息学的发展。所以说，“国家信息化”需要理论信息学。

（三）工业社会向信息社会转型需要理论信息学

在一定意义上说，由工业社会向信息社会的转型大致分为 3 个基本阶段：经济转型、科学转型和哲学转型。经济转型和科学转型都比较容易，难的是哲学转型。从上帝创造物种的“神创论”过渡到达尔文的“进化论”，我们花了几千年的时间。目前，计算机文化成为当代人类文明的基础，信息产品和信息服务成为我们须臾不可离开的东西，计算机课程成为每一个学生的必修课，计算机语言、程序设计、算法研究成为科学研究的工具和基本内容，当代人无论何时何地大都是“言必称信息”。但是，在哲学层次上研究信息理论的却非常少。要想在哲学层次上有所收获，我们有必要研究理论信息学。如何进一步理解自然和社会，我们需要关于宇宙间各类信息现象的统一理论；如何自觉地适应由工业社会向信息社会的逐步转型，我们需要理论信息学。

（四）理论信息学的产生

从根本上说，理论信息学是整个信息科学的基础部分。自 20 世纪 20 年代以来，关于信息的知识体系迅速发展。最初称之为通信理论、信息论。关于这个知识体系的基础，最初认为是香农(Claude E. Shannon)关于通信的数学理论，所以才有一些学者致力于推广香农理论，以建立“广义信息论”甚至信息科学。后来，随着计算机科学和技术的蓬勃发展与广泛应用，人们认为计算机无所不能地处理一切信息问题，便改称计算机科学为信息科学。的确，把计算机作为计算工具和思维模型，应用于自然科学和社会科学的学科中，催生了一大批领域信息学。这时，理论计算机学科就当然是信息科学的基础。但是，在1994年提出建立统一信息理论（Unified Theory of Information，UTI）之后，学者们终于把信息现象中的共性问题和个性问题加以区别，认为信息通信、控制和计算都属于人工信息过程，显然不能涵盖自然信息现象和生命信息现象。这时，对于信息知识体系的基础研究才进入到新的水平，提升到“理论信息学”的高度。于是，理论信息学就孕育而生。

三、理论信息学的研究现状

在国内外的信息科学研究者中，绝大多数人并不认为信息科学的理论建构已经完成了。相反，一个普遍的看法：关于信息科学基础理论或理论信息学的研究才刚刚起步[6-7]。我国从未就“信息科学基础理论”专题召开过全国大会，国际上也才召开了3次小规模的会议。尽管通信信息学、计算机信息学、图书馆信息学、生物信息学、医学信息学等领域信息学，已经进步到拥有发达的信息技术、丰富的信息产品、繁荣的信息市场，可以支持一个强大的信息产业、信息经济，把人类引入信息社会，但是却居然没有一个理论信息学作为基础。

（一）国外的统一信息理论研究

在国际上，与理论信息学相应的研究有几个不同的名称：统一信息理论（UTI）、一般信息学等。其宗旨是统一各门领域信息学（如经济信息学、管理信息学、生物信息学、医学信息学、文化信息学等），建立普遍通用的信息学概念、原理和方法。国际学术界对信息科学基础感兴趣的学者，在马德里、维也纳和巴黎召开了3次专题研讨会（时间分别是1994年、1996年和2005年），还举办了2次Email笔谈（时间是2002年）。3次国际会议的目的是把那些关注信息处理且广泛分布在众多学科中的派别联合起来，展开跨学科的研究。

国际上题为信息科学（Information Science）的杂志有好几本，但是很难找到把信息科学作为学科或学科群加以讨论的论文。其中的内容基本上处在领域信息学的层次，许多就是“计算机应用”。哲学杂志上有少量关于信息的理论思考，但通常缺乏领域信息学的背景和科学依据。在领域信息学的杂志中，比如《国际医学信息学》杂志（*International Journal of Medical Informatics*），只是从医学背景看信息学。

（二）国内的信息科学基础研究

尽管我国的信息技术和产品不如西方发达国家，但是在对领域信息学的抽象概括和理论提炼方面，现在已经走在前面。因为，用来作为更高层次综合的基本材料是相同的，而我们的研究主要是沿着进化链条大跨度地综合物质和信息的进化事实，同时在应用信息学方法、理论信息学方法、信息哲学方法 3 个层次间实现跨层次的综合，能以方法创新带动科学创新。国内关于信息理论问题的讨论在 20 世纪 80 年代到 90 年代初热过一阵子，主要是介绍国外情况，加以解说和评述，真正属于“中国造”的东西不多。其中工作较多、影响较大的有周桂茹、苗东升、黎鸣、邬焜、冯国瑞等。2000 年，北京大学马蔼乃、冯国瑞和闫学杉发起并组织了一系列交叉信息科学研讨会，与会者有北京的主要高等院校的专家，还有湖北、香港、台湾等地的学者。他们编印了内部通讯《北京大学交叉信息科学研讨会纪要》13 期，影响较大，第一阶段的报告已成功结束。[8]另外，李宗荣教授在理论信息学的研究颇有成果，其博士论文《理论信息学：概念、原理与方法》已经在《医学信息》杂志上全文连载。并且他以该论文为“试用教材”分别在湖北大学、北京师范大学和华中科技大学为本科生和研究生开设了选修课。

四、现有信息理论的局限性

（一）香农通信理论的局限性

1948 年，香农的著名论文《通信的数学理论》问世。文章从通信工程角度对信道的信息容量做了理论探讨，这是有史以来对信息做出的最早、同时也是定量的系统研究。在他的通信数学模型中，他清楚地提出了信息的度量问题，他把哈特利的公式扩大到概率P_i不同的情况，得到了著名的计算信息熵H的公式：

$$H=\sum -P_i \lg P_i$$

香农的《信息论》和维纳的《控制论》一起，影响了整个 20 世纪中叶之后许多新学科的发展，而且这些影响仍在继续着。[9]其实香农通信理论是有其适用范围的。香农的通信理论没有考虑信息的内容和效用。这种情况只有在信息传输领域才存在。[10]把香农的结论推广到其他种类的信息过程基本上都不可以。把物理数学方法照搬到其他信息过程也行不通。半个世纪以来，用香农方式构造信息科学，没有大的进展，根本原因就是沿用物质科学的还原论模式。由于思想路线的错误，造成“广义信息论”与真正信息科学的概念、原理和方法格格不入。

（二）计算机科学理论的局限性

如果把计算机科学学科分为理论计算机科学和应用计算机科学 2 部分的话，那么前者就是关于人造计算工具（计算机）的理论，后者就是计算机技术及其在众多领域中的应用。关于可计算性、计算模型、计算复杂性、形式语言与自动机等是计算机科学的基础理论。没有离散化和形式化的前提，就没有计算机的发明。也正是人工计算的离散化和形式化特征使得它不能实现非离散化、非形式化的计算。而在自然界、生物界和人类社会中，非离散化、非形式化的过程大量存在，这是目前计算机还不能模拟和替代的。如果说，把一切过程都看成“计算”（或广义的计算）的话，计算机所能够“计算”的对象仍然是非常有限的。以人脑计算为例，在数字化、符号化的处理过程之外，存在大量非数字、非逻辑的信息处理过程，比如综合与归纳、直觉与灵感等。显然，理论计算机科学的成熟有赖于理论信息学的建立。因为理论信息学不仅研究人工的信息现象，同时也研究自然界、生物界和人类社会中自然的信息现象，它是更一般、更普遍的信息理论。

（三）领域信息学的学科局限性

通信和计算是 2 个比较特殊的关于人工信息现象的工具信息学。它们的理论都不能直接拿来充当理论信息学的内容，更不用说领域信息学。领域信息学是在特定的领域中起作用的知识体系。它们不可能回答关于信息现象的一般性问题，更不会去关心信息学的哲学本体论的问题。所以，必须要有一个叫做“理论信息学”的新学科，才能建立完整的信息科学知识体系。

参考文献

[1] 张顺燕．数学的源与流[M]．北京：高等教育出版社，2003.

[2] 闫学杉．关于 21 世纪信息科学发展的一些见解[J]．科技导报，1999（8）：3-6.

[3] 李宗荣．理论信息学：概念、原理与方法[J]．医学信息，2004,17(12)：783.

[4] 李宗荣，陈泽生，任公越，等．医药信息学导论[M]．武汉：武汉大学出版社，1991：4.

[5] 王爱兰．完善国家信息化水平测度指标体系的探讨[J]．理论与探索，2004（5）：484-487.

[6] Stonicr T. Information and Meaning — An Evolutionary Perspective[M]. Gateshead: Springer，1997：219

[7] 李宗荣，田爱景．关于信息科学基础研究中的几个问题：兼评《关于 21 世

纪信息科学发展的一些见解》[J]．科技导报，2002（4）：3-6.
[8] 李柯．交叉信息科学研讨会在我校举办[J].北京大学学报：自然科学版，2000（3）：439.
[9] Stonier T. Information and the Internal Structure of the Universe: An Exploration into Information Physics[M]．UK：Springer, 1997：13.
[10] 谢希仁．计算机网络[M]．北京：电子工业出版社，2003:14.

Development Status of Theoretical Informatics

Duan Zhanqi, Jin Xinzheng, Gao Hong
Medical information department, Tongji Medical College,
Huazhong University of Science and Technology

Abstract: At present, information technology is developing very rapidly. Numerous traditional disciplines have to be informationized and domain informatics derived from it. It calls for the emergence of theoretical informatics because of the need of domain informatics, “National Informatization” and the transformation of industrial society to an information society. In this paper, the author discusses the background, status and limitation of the theoretical informatics.

Key words: theoretical informatics; domain informatics; Shannon communication theory; unified information theory

通向新信息科学之路：超越传统的信息理论

李　柯　欧阳静萍
武汉大学基础医学院

摘　要： 霍夫基尔希纳提出的“通向新的信息科学”任务包含发展理论信息学、完善信息科学框架和贯彻信息科学世界观与方法论等3项内容，为此，实现对传统的信息理论的超越成为前提条件。所以，本文的重点是，从发展香农、维纳、图灵理论，泛化人类智能概念，补充物质、能量和信息的宇宙构成要素三元论，破解笛卡儿心身难题等6个方面，逐一讨论超越传统的信息理论的观念与方法。
关键词： 信息科学；理论信息学；信息科学世界观

霍夫基尔希纳提出“通向新的信息科学”的任务，是21世纪信息科学基础理论研究者的努力方向。我们认为，建立新信息科学主要包含3项基本的工作：发展理论信息学，完善信息科学框架，以及在整个信息科学知识体系中贯彻信息科学世界观和方法论。其中，建立和发展理论信息学是建立新信息科学的首要任务，因为它既是构成整个信息科学知识框架的坚实基础，又为信息科学世界观和方法论提供科学的解释。

传统的信息科学的主体是香农、维纳、图灵理论基础上的通信科学、控制科学和计算机科学，以及这3门工具信息学应用到各个信息领域中所形成的领域信息学，比如生物信息学、医学信息学、语言信息学等。由于工具信息学和领域信息学的技术、工程性质以及与产品和市场的紧密联系，许多学者认定，只有信息技术，没有信息科学。因为，把全部信息技术及其应用的内容拿走，那么所谓的信息科学就成了“皮包公司”那样的“皮包科学”。传统信息理论，特别是香农关于通信的数学理论，是传统物质科学可以接受的，符合物质的世界观和方法论。

理论信息学的建立，使得全部的应用信息学有了共同的理论基础。它为整个信息科学知识大厦的框架结构提供支撑，也为信息世界观和方法论提供了科学的解释和说明。从此，信息科学有了只有它才具有的特殊理论，于是在信息哲学的基础上，新的信息科学知识体系得以建立和完善。

一、发展香农的"通信论"

20 世纪中叶，香农发表著名论文《关于通信的数学理论》。几乎同时，维纳提出了控制理论，冯·诺伊曼在图灵计算模型的基础上提出了实用的计算机模型。但是，在随后很长的时期内，计算机和控制技术不仅待在象牙塔中，而且一直为军方所掌握。唯有通信技术和产品进入到政府、公司和百姓家庭。人们惊叹信息技术的成就，赞誉香农创立了"信息论"，误以为通信过程就是信息现象的全部。

实际上，香农本人从来没有说过，他自己创立了关于信息的整个理论。在严格的意义上说，香农的丰功伟绩（只）是在于"通信论"，并没有触及信息现象的本质。因为，信息是一种非物质的存在，是载体的含义或意义（meaning），离开了意义谈信息，就只能是物质载体的存在方式和运动过程。这和物理学研究的对象没有区别，所以可以运用数学-物理方法，容易为传统科学家所认同。真正的信息存在和过程是抽象的，要用逻辑-程序的方法进行研究。在笔者的学位论文中，笔者不仅改进了香农的学术立场和研究方法，而且发展了香农的思想路线，提出了建设信息科学知识体系，特别是关于信息科学基础研究的基本途径。

今天，我们说明香农创立的是"通信论"，而不是"信息论"，对于信息科学的发展和普及具有极其重要的现实意义。由于望文生义的解读习惯，更由于先入为主的传统偏见，许多学者以为，香农信息论（实际上是通信论）就是信息学。思维定势让他们很难接受图灵和冯·诺伊曼的计算模型，于是就误以为：信息现象的模型就只是通信模型，用了信源-信道-信宿的概念分析，就能抓住信息过程的本质。所以，关于社会信息现象的探讨就很难突破“老三论”（系统论、信息论、控制论）的框架。停留在“通信论”的层次上，不能升入信息学的层次，是人文社会科学“学科信息化”过程中遇到的一个主要的学术性障碍。

二、完善维纳的“信息”概念

半个多世纪以来，维纳的名言不胫而走，人们耳熟能详：“信息就是信息，不是物质，也不是能量；当今时代，不承认这一点的唯物主义再也不能继续下去了。”科学界和全社会逐渐地接受了物质、能量、信息“三元论”的观念。与物质、能量“二元论”相比较，这当然是一个了不起的成就，使人们的世界观和方法论向着信息时代的方向迈出了一大步。但是，现在看来，或者说发展地看，其中仍然包含着两个错误观念，需要我们努力才能克服。

其一，维纳的“信息”概念仍然局限在物理主义的理论框架。作为物质科学传统培育出来的第一代信息科学家，维纳本人自然地带着科学主义的倾向。他预见到信息技术对唯物主义的挑战，但是他的世界观远未达到“信息主义”的思想境界。于是，他的理论很难启发人们为“信息”争取与“物质”相对等的本体论地位，在认识论上也不容易超越唯物主义的反映论。

其二，“三元论”默认（或者隐含着）一个错误的假设：物理学的能量是引起信息演变和进化的原因。所以，有的专家运用三元论的观念，“精彩地”解释了宇宙万物：“物质构成事物的形体，能量提供物体运动的动力，信息起着控制的作用。”三元论的推论是：归根到底，不存在与物理学不同的能量形式。所以，在进化过程中，DNA和人类文化的产生与增长，事物信息处理能力的增加，人类智力的提升，就只能解释为物理、化学、生物能量作用的结果。这样，就抹杀了一个基本的事实：与非物质的信息一道，并行地存在着一种抽象的、逻辑的能量。从而，否决了研究信息演化动力学机制的必要性。

美国信息物理学家 T.Stonier 甚至认为，信息和物理学能量是可以相互转化的，并且给出了两者转化的公式。自 1996 年以来的十多年间，欧洲和北美的信息科学基础研究不但没有进步，反而向后倒退，对于一般信息概念和理论产生的可能性持怀疑态度的学者日渐增多。其主要原因就在于，这些学者被香农和维纳的观念和方法所局限。在一定的意义上说，香农的信息概念和维纳的信息概念是相通的，区别在于观察的视角不同，其数学表达上只差一个符号。我们应当清醒地看到，所谓“信息熵”的概念已经把信息学基础研究引进了热力学领域，在理论物理学的轨道上加速旋转，让许多的信息学研究者如堕烟雾，不得要领。

三、补充图灵的“计算模型”

图灵机模型是整个计算机科学共同体的理论纲领和方法论原则。在符号计算的领域中几乎是不能超越的。但是，图灵计算模型只是人们符号思维的抽象，它需要信号思维研究的补充。我们不要忘记：人类进行符号思维的同时，总离不开“信号思维”。动物没有任何文字符号，但是它们思维着。学前儿童的思维方式是典型的信号思维。事实上，人类只是靠着信号思维，才发明了文字和逻辑推理的规则。就是在我们倡导科学理性和逻辑思维的年代，科学家们时常感觉到，真正的原创性思维还是要靠信号思维：灵感、直觉、顿悟等。以理性思维和符号推理为基础的科学，何以能揭示创新思维的本质呢？

有专家称，人脑与电脑的区别之一在于：人脑不能像电脑那样“关机”。人脑一旦“掉电”，当今的脑科学家还没有办法让它重新启动。当我们进入甜蜜梦乡的时候，符号脑几乎完全地停止了工作，但是信号脑却仍然忙个不停。信号脑甚至因为终日受到符号脑的排挤，而强烈反弹，加倍努力。于是，科学理性和逻辑思维休息了，非理性的、不合逻辑的梦境接连不断。但是，信号脑的运转符合“信号逻辑”，还应当有一种信号思维的理性。否则，我们的信号脑何以能发明文字、符号和理性？所以，从严格的意义上说，人们在灵感和直觉中的发明和发现，也是符合事物本身的逻辑的，它不是符号逻辑，而是信号逻辑。“日有所思，夜有所梦”，可能是人们的常识所能接受的第一个信号逻辑的原理。可惜，迄今为止，人类对于信号逻辑的研究和认识，实在太少了。

有的学者泛化“计算”的概念，提出“计算主义”，主张宇宙间的一切过程都是“计算”。这当然很有道理，但是需要超越图灵计算模型，或者说要对符号计算模型加以补充。“计算主义”的计算，是广义的计算，包含符号计算和信号计算 2 种类型。即是说，它不仅仅是小学算术中的加减乘除，大学数学中的微积分计算，程序设计中的符号计算，还应当包含 DNA 的计算，动物脑的计算，以及计算机发展早期曾经流行的“模拟计算机”的计算，等等。当然，关于信号计算的机理，我们所知甚少。这对信息时代科学家无疑是一个严峻的挑战。

四、超越人类“智能”的概念

李宗荣在学位论文中提出并论述了“信息能”的概念。有的专家认为，所谓的信息能，根本不存在。有的专家则说，信息能者，信息处理的能力也；在本质上，泛化的“智能”就是信息能。人们可以说机器有“人工智能”，动物有“初等智能”，植物和细菌有“原始智能”，DNA 有分子层次的“智能”，太阳月亮有无机物的“智能”，等等。我们有了智能的概念，不需要“信息能”了。的确，美国信息物理学家 T. Stonier 提出的“宇宙智能谱”所揭示的就是宇宙间事物信息处理能力进化的链条。把无机物的智能看做是接近于“0”的水平，进化的最高水平是人，其智能水平可以定义为“1”，那么，其他物种的智能水平就分布在[0，1]的区间之内。中国学者钟义信也指出，不同的智能甚至可以构成一个几乎是连续的谱带。

如前所述，即使在物理主义的理论框架之下，也不排斥“智能”的概念。智能是一种能力，是一种特指，即人脑的信息处理能力。但是，物理学家又说：智能在本质上是生物能、化学能和物理学的能量。换言之，一切的存在都可以还原为物质的存在，一切的能量形式都可以还原为物理学的能量。在这种语言环境下，人类智能和计算机的人工智能，都只是物理学能量的一种具体的、比较高级的表现形式。因为物理学的规律已经可以给出终极性的解释，所以人们没有必要、也不可能研究智能演变、进化有什么特殊的机理和规律。所以，“智能”的概念有着先天不足，它不具有任何本体论意义上的地位，也不具备认识论意义上探求的需要和潜在的能力。

但是，李宗荣的学位论文给“信息能”以一种不同于“智能”的全新背景和氛围。首先，李宗荣说，“信息能”是一种泛指，即“信息学的能量”，或宇宙万物“信息处理的能力”。接着，他说，从最初级的信息能到人类智能，反映自然和社会进化的历史顺序，是一种“事实”（fact）；智能概念泛化是历史的回溯，只存在于人们的“反思”当中，是一种思想（idea）。历史的事实就只有一个，而学者的反思可以因人而异。然后，他从哲学上明确地给“信息”以本体论的地位，提出宇宙万物皆具有物质-信息“二重性”的假说。他指出：世界既统一于物质和物理学的能量，又统一于信息和信息学的能量。我们靠物质科学阐明物质运动规律，靠热力学第二定律解释宇宙的退化趋势；同时，我们靠信息科学论述信息演变的机理，靠信息学第二定律说明宇宙进化的规律。最后，他说：物质不灭，物理学的能量守恒；但是，信息不守恒，信息学的能量与时俱增。这样，就为信息时代的科学家提出了一批全新的研究课题：信息为什么会不守恒、怎样不守恒，信息能为什么会增长、怎样增长，等等。当然，哲学家们对此也应当多反思。

五、从宇宙构成要素的“三元论”提升到“四元论”

如果我们了解了“信息能”和“智能”2 个概念的联系和区别，承认信息能具有智能所不具有的基本素质，同时又接受“物质-信息二重性”假说，那么宇宙构成要素的三元论（物质、能量、信息）升级为四元论（物质、物理学能量、信息、信息学能量）就势在必行了。对于科学史、思想史有兴趣的读者，可以竖看历史：人类文明从宇宙构成要素一元论（物质）进入到二元论（物质、能量），是在物理学成熟时期；而进入到三元论（物质、能量、信息），可能只花了维纳命题以来的半个世纪；那么，可以预计，承认信息能概念，进入到广泛地接受四元论的时期，大概不会需要太长的时间。因为，人们在不可须臾离开手机和电脑、极大地受惠于各种机器人的时代，存在决定了他们的意识。在工业时代，电能是物理学能量的“通货”；而在信息时代，工作在信息与智能的科学、技术、生产、营销、服务等领域的劳动大军，构成信息学能量转化与增长的主导力量。

如果说，接受三元论只是受到科学领域的推动，并不一定需要哲学观念更新，那么接受四元论就不仅要求科学观念的进步和科学范式的转变，还要求接受信息哲学的新的观念体系。显然，这具有相当的难度。中国改革开放以来，我们已经看到了社会经济体系和政治生活氛围的显著进步，但是哲学观念的进步好像要慢得多。在北美和欧洲，科学主义的束缚下的信息思考更加步履艰难。过去，人们说到“科学”，便首先想到“物理学”，那是标准的科学，用实验和数学方法武装起来的科学。几个世纪以来，人文社会科学的许多专家按照物理学的模式建立自己的“硬科学”，很难说有突破性的进展。其根本原因在于，人文社会现象是信息现象，而不是物理现象。我们希望，理论信息学的建立和传播，可以为人文社会科学家提供科学的世界观与方法论支持，帮助他们赶上时代的步伐。

如果我们承认物理学只是科学的一种形式，它并不是科学的唯一形式，如果我们承认在物质科学之外还应当有关于信息现象的科学，即还有建立非物质科学的可能，那么我们就必须接受“科学范式”的转型，即信息时代科学进步的主流是信息科学的学科群。一旦信息现象的研究可以构成科学体系，那么人文社会科学的科学地位就不言而喻了。在一定的意义上说，整个人文社会科学都是关于社会信息和社会信息处理能力的知识体系，可以称之为社会信息科学。2006 年 12 月，在华中科技大学党委副书记欧阳康教授的主持下，率先成立中国第一个“社会信息科学研究中心”，这是非常具有远见卓识的。其基本信念就是：在理论信息学的基础之上，运用工程信息学的方法和工具，一定可以建立起名为“社会信息科学”的新的学科群。

六、解决笛卡儿“心身分离”难题的途径

西方思想史家 R.塔纳斯在追索现代世界观的源头时说：“一种往往成问题却又极富成效的两极分化，由此在西方世界对实在的理解中出现，这种理解乃两种截然不同的世界观的一道忠实的分界线：一方面，是效忠一种极为有序的宇宙；另一方面，是效忠一种不可预测的开放的宇宙。”按照柏拉图的说法，有序的宇宙充满特殊的事物，我们用眼睛观察(see)；而开放的宇宙充满一般的事物，我们用思想观察（think）。在特殊事物中存在着普遍事物（“相”，Form）的理论，使得科学知识成为可能，因为很明显，科学家“不去管”实际可见的特殊的东西，而是处理本质的东西或普遍的东西，即处理“规律”。然而，柏拉图却给我们留下一个令人遗憾的印象：“存在两个相互区别的世界，但是很难构想这两个世界之间的关系”。

到了笛卡儿，继承和发扬柏拉图传统，把自然界 2 种不同的实在分别称为“广延之物”和“思维之物”。它们具有不同的属性：思维之物没有广延，广延之物不能思维。人们的身体和心灵是截然不同、

完全对立和相互分离的两种实体。心灵和身体彻底地没有相互的依赖。笛卡儿认为，人的身体的作用可以完全归结到物理学，我们的肉体完全由纯粹的机械力量所推动。人的心灵的作用是感觉和想象，思维着的“我”可以怀疑、理解、肯定、否定、意愿、拒绝等，由精神的力量所推动。所以，他说，人有两条推动原则，一条是物质的，另一条是精神的。为了解释人的意志活动对人的行为所产生的影响，他说：“心灵的原则在大脑里有自己的位置”，即在松果腺中，灵魂通过它们而与肉体相互作用。然而，既然有相互作用，就必须有接触。于是，心灵也就必须有“广延”，即有体积和质量了。这就构成了所谓的“心身难题”（Mind-Body Problem）。

心身难题的实质在于：

（1）“心”是抽象的，那么它如何“存在”、如何与身体相互接触呢？

（2）完全没有形体、没有质量、不具有物理学能量的心，如何能“作用”于身体呢？

李宗荣给出的回答很简单：心理现象是一种生命信息现象，它服从一般的物质与信息的关系模型和相互作用原理：首先，没有绝对脱离物质的信息，它总是依赖物质“载体”而存在；其次，信息的载体本身具有物理学能量，即信息能以物理学的能量为“载能”而存在；第三，信息通过载体与物质接触，信息能通过载能而控制物质。心灵在具有抽象意义的同时，又以脑内血肉为载体，实在地存在于人们的神经网络之中；而它的载体的生物学能量，通过转化和逐级放大，作用于肌肉，控制身体的运动。在用理论信息学的原理解决心身难题的基础上，他进一步指出，“心”的信息处理功能包含符号和信号两个级别，我们身体的各个部分都在“思索”着。“心”与“身”，既对立，又统一。这样，就为融合关于物质和信息的不同理论、建立“统一科学”开通了道路。

参考文献

[1] Li Zongrong. Theoretical inormatics: Concept, principle, and method

(Dissertation)[M]. Wuhan: Systemetic Science institute, Huazhong University of Science and Technology, 2004.

[2] Li Zongrong. The worldview of the Informatics (Dissertation)[M]. Wuhan: Social Information Science Center, Huazhong University of Science and Technology, 2008.

[3] Stonier T. Information and the Internal Structure of the Universe: an Exploration into information physics[M]. UK: Springer, 1997:13.

[4] Wu Kun. Information philosophy—theory, system, and methods[M]. Beijing: the commercial press, 2005.

[5] Tian Aijing, Li Zongrong, Lu Shunying. On the Basis of Intelligent Science: Theoretical Informatics[C] // Proceedings of 2005 National Conference on Artificial Intelligence. 2005.

[6] Li Zongrong, Tian Aijing, Zhang Yongchuan. The Progress of the Research on Life Information Science—understanding the life without disobey the second law of thermodynamics[J]. Studies in dialectics of nature, 2004 (3): 63-66.

An approach to the newly developed informatics: exceeding the traditional information theories

Li Ke，Ouyang Jingping

Medical college, Wuhan University

Abstract: The author considered that “To the newly developed informatics” prompted by Wolfgang Hofkirchner include three tasks: developing the theoretical informatics, perfecting the framework of informatics, and implement the worldview and the methodology of informatics. And the exceeding of the traditional information theories is the priority. So, in this paper, we discuss how to exceed the traditional information theories from six aspects: improving Shannon’s communication theory, perfecting Wiener’s Concept of “Information”, supplementing Turing's "Computing Model", generalizing human "intelligence", analyzing the theory of triple factors (substance, energy and information) of the cosmic constitution, and decoding the Mind-body problem of Descartes.

Key words: information science; theoretical informatics; the worldview of informatics

学科研建：从系统生物学到理论信息学①

游　俊[1]　李宗荣[2]

1. 湖北大学学报编辑部

2. 华中科技大学社会信息科学研究中心

摘　要：本文在简要介绍理论信息学及系统生物学的发展现状及相关理论的基础上，对这两个学科进行比对分析，主要从产生背景、认识论方法、开放系统的信息能这三方面论证二者的相通或相似属性和特征，间接论述理论信息学研建的必要性、合理性、可行性及重要意义，并探讨如何借鉴、参考系统生物学的发展模式来促进理论信息学的繁荣和大发展。

关键词：理论信息学；系统生物学；发展模式；系统；涌现论；信息；信息能

一次偶然相遇寒暄的机会，本文第一作者与李宗荣教授谈论到了他所从事的理论信息学的研究，虽然只是简单的几句介绍性的说明，但已引起第一作者相当的兴趣，就找李老师要了一些资料来学习，主要是他的博士论文《理论信息学：概念、原理与方法》[1]及博士后论文《论信息科学的世界观》[2]。这两篇论文都已全文连载发表在《医学信息》各期上，第一作者也是分几次才读完的，但每次因时间和工作关系不得不要等待下次继续阅读时，总是食不香、寝不安，总有一种想看看李老师是如何来合理论证下一部分并想立即学习完全文的喜悦和激动。第一作者阅读完李老师的这两部大论

① 本文属于国家教育部“985 工程”、华中科技大学“科技进步与人文精神”国家哲学社会科学创新基地研究成果，课题编号：985-hust-0013。

文，受益匪浅。对于理论信息学的提出，真是顺应时代和学科潮流而生，意识超前、观点明确、论据充分、论证合理、逻辑严密。可能第一作者在这里使用的形容词显得多了点，但事实就是如此，一点都没有过大吹嘘，其实李老师的论文根本不需要第一作者在这极尽夸奖之词，因为他已获得国际同行专家的认可和赞誉："an outstanding contribution to the theoretical foundations of informatics but will, moreover, be a milestone in the development of a worldwide Science of Information。"第一作者只是在此真实表达她自己在粗浅学习完这两篇论文的感受，并在此真诚表达自己对这位同事加同学的李老师的敬佩之情。第一作者知道李教授为此付出了20多年的心血和汗水，也曾经遭受到不少非议及压力，但他仍按自己的理念努力坚持了下来，才有了今天这样的成就。第一作者为李老师感到由衷的高兴，并祝愿理论信息学能尽快发展壮大起来。

一直以来第一作者对信息学也很关注，第一作者的博士论文就是有关生物信息学研究的。看完李老师的关于理论信息学的论述，就不由得联想到了系统生物学这一新兴交叉学科的诞生与发展，觉得二者有许多共通之处。第一作者在与李老师进行了简单沟通之后，决定也加入到理论信息学这一国际研究团队中来，与李老师及其他国内外学者一起学习、探讨理论信息学的相关论题。在本文中，我们将尝试从系统生物学与理论信息学的比对分析中，间接论述理论信息学研建的必要性、合理性、可行性及重要意义，探讨理论信息学的基础理论、认识论方法及世界观，以期达到促进理论信息学的繁荣和发展的目的。

一、理论信息学的提出及其主要论点

关于信息的知识体系是一个庞大的学科群，包含信息科学和信息哲学2个大的类别。信息科学又可以分为2个基本层次——应用信息学和理论信息学(即领域信息学和一般信息学)。理论信息学作为整个信息科学的基础理论，它的建立和完善是信息科学知识体系发展和成熟的主要标志。理论信息学是对一切信息现象、对每一门信息学科都适用的公共理论，它通常用于解决每一个具体领域的信息问题，是整个信息科学的基础和核心。计算机在几乎所有学科中的广泛应用推动产生了一大批领域信息学。相比之下，作为众多领域信息学的公共基础，理论信息学的研究成果较少、进展缓慢。另外，各门应用信息学各自面向特定的学科，都只在某个具体的信息领域中起作用，而且主要是对相关领域信息技术的综合，较少理论上的探索与提炼，因而是不完整的。随着时代和社会的进步，自然科学和人文社会科学的发展呼唤理论信息学，社会意识形态转型和新的宇宙观的确立呼唤理论信息学。国际上与理论信息学同义的有统一信息理论(Unified Theory of Information, UTI)及信息科学基础(Foundation of Information Science, FIS)等，许多来自不同国家、不同专业领域的学者正积极参与到这一研究领域中来。

文献[1]中构造了理论信息学的基本框架，包括说明理论信息学在整个信息科学知识体系中的地位和作用，它所涉及问题的意义和性质，讨论它在世界观、方法论上的理论基础，提出它的主要概念、原理和方法，论述它的信息哲学基础，介绍它的若干理论和实际应用等。在理论信息学的研究方法上，主要是采取 2 种特殊的综合方法：展开自然、人文、社会科学“跨学科”的综合，同时进行信息应用、信息理论和信息哲学“跨层次”的综合。在综合中，力求做到宇宙信息进化纵向上历史阶段的大跨度，以及各个信息领域发展横向上学科间的大跨度。

信息是信号和符号的含义。信息的存在、运动和进化具有二重性。宇宙构成要素有四元：物质、信息、物质能与信息能。信息作为一种逻辑的存在是非物质的，具有不可直接观察的非空间特性。我们所能量化的只是信息的载体。因此，理论信息学的目标和应答域是一个反常的科学问题，与现有物理学的知识背景、科学方法论和哲学本体论是不相容的。通过揭示物理科学范式和数量化方法的局限性，指出在生命信息的进化中，物质能的作用越来越弱，而信息能的作用越来越强。当代科学的发展需要新的信息科学范式，它们既是认识信息现象的基本理论，又是设计信息过程的科学方法。在此基础上，依据生物遗传信息的进化和人类科技文化爆炸式增长的事实，比照热力学的 3 个基本定律，综合推导出信息学三定律：信息不守恒、信息能与时俱增、信息增长没有上限。其中，第二定律是理论信息学的核心。

与建构物质知识体系相似，建构信息知识体系的过程也经历了由神学、哲学到科学 3 个发展阶段。半个多世纪以来，信息科学从具体学科中观察与实验的实证思维，上升到探索“信息共性”的理论思维，进而开始寻求信息科学的本体论之根的哲学思维。文献[2]主要是在说明物质与信息的关系模型的基础上，阐明信息科学的世界观，即物质与信息对立统一的世界观。文中首先讨论信息时代新的科学标准，崇尚“符合论”与“实用论”，批判“一致论”，为信息科学的“科学性”进行辩护。然后提出物质与信息关系的“双二重性”的理论模型(世界万物具有物质与信息的二重性，同时又具有空间与时间(即静态结构与动态过程)的二重性)，论证“两个世界理论”的合理性。最后阐述信息科学的世界观(简称“信息世界观”)的 3 个显著特征和 8 个主要原则，在一定意义上，这些特征和原则与物质科学世界观的特征和原则刚好是相反的或者形成对立与互补的。

二、系统生物学的兴起及其快速发展

1990 年启动的人类基因组计划是生命科学史上第一个大科学工程，该计划是生物学发展的一个重要转折点，在人类基因组计划带动下出现的一系列组学(Omics)，逐步把分子生物学时代推向系统生物学时代，生物学由分解转向整合，由叙述科学转变为定量预测科学[3-4]。作为人类基因组计划的发起人之一，美国科学家Leroy Hood也是系统生物学的创始人之一，他认为系统生物学将是 21 世纪生物学和医学的核心驱动力。基于这一信念，Hood在 1999 年底创立了世界上第一个系统生物学研究所(Institute for Systems Biology) 。他给系统生物学赋予了这样的定义：系统生物学(Systems Biology)是研究一个生物系统中所有组成成分(基因、mRNA、蛋白质、代谢物、生物小分子等)的构成以及在特定条件下这些组分间的相互关系的学科[5-6]。

2002 年 3 月，*Science*刊载了系统生物学专集，随后其他知名期刊也相继刊出多篇学术论文探讨系统生物学。2003 年 9 月 23 日美国哈佛大学医学院成立了世界上第一个系统生物学系。随后美国加州理工学院、麻省理工学院和普林斯顿大学等纷纷成立了系统生物学研究机构。自 2000 年起，系统生物学国际会议每年举行一次，围绕不同主题，探讨系统生物学的新技术、新思路、项目开发及研究进展等。我国学者对此也非常重视，自 2003 年 12 月上海系统生物学研究所成立之后，上海交通大学“上海系统生物医学研究中心”、上海中医药大学“中医方证与系统生物学研究中心”等机构相继成立。2005 年 6 月在浙江大学举行了中英系统生物学学术会议。2005 年 10 月在上海交通大学举行了“中国上海—德国巴符州系统生物学研讨会”。2006 年 5 月在上海交通大学举行了第 2 届Sino-SMA计算系统生物学研讨会。2006 年 7 月在复旦大学举行了ICCSB—2006 首届计算系统生物学国际研讨会[7]。第四届全国生物信息学与系统生物学学术大会将于 2010 年 10 月在浙江大学召开。系统生物学不仅得到了生物学家的认同，也唤起了一大批生物学领域以外的专家的关注，同时更引起了各国政府的重视和政策、资金支持。

尽管如此，到目前为止，有关系统生物学的精确定义和理解仍不是很统一[8]，陈竺院士归纳了系统生物学应具备的几个基本特征[9]：由假设驱动的、定量化的研究，并因组学技术平台的应用而具有高通量的特征，既涵盖了纳米科学到生态系统的不同尺度，同时又具有跨学科的显著标志。系统生物学研究的最终目的是解析生命过程的复杂性，利用整体性、系统性研究手段来发现和揭示生命活动的本质规律。

系统生物学主要研究实体系统(如生物个体、器官、组织和细胞)的建模与仿真、生化代谢途径的动态分析、各种信号传导途径的相互作用、基因调控网络以及疾病机制等[10-13]。系统生物学的首要任务是对系统状态和结构进行描述，即致力于对系统的分析与模式识别，包括对系统的元素与系统所处环境的定义，以及对系统元素之间的相互作用关系和环境与系统之间的相互作用的深入分析。其次要对系统的演化进行动态分析，包括对系统的稳态特征、分岔行为、相图等的分析。另外，系统科学对生物系统状态的描述是分层次的，对不同层次进行的描述可能是完全不同的；系统科学对系统演化机制的分析更强调整体与局部的关系，要分析子系统之间的作用如何形成系统整体的表现、功能，而且对系统整体的每一行为都要找出其与微观层次的联系。

系统生物学的研究包括两方面的内容。首先是实验数据的取得，这主要包括提供生物数据的各种组学技术平台；其次是利用计算生物学建立生物模型。因此科学家把系统生物学分为“湿”的实验部分(实验室内的研究)和“干”的实验部分(计算机模拟和理论分析)。“湿”“干”实验的完美整合才是真正的系统生物学[14]。系统生物学研究整合各种生物信息的实验数据、建立数学模型，并通过实验验证、完善模型，最终预测生物系统的行为。

系统生物学不仅是生命科学理论的重大发展，而且有着极其广阔的应用前景，如在新药研发[3, 7, 15]、疾病防治[9, 16-17]、优良种质资源培育[18-22]等方面已越来越受到各国科学家的重视。系统生物学的研究，将不仅推动生命科学和生物技术的发展，而且对整个国民经济、社会和人类本身也产生重大和深远的影响。

三、理论信息学与系统生物学的比较

通过比对分析，我们发现理论信息学与系统生物学在学科的产生、发展、研究方法、理论体系等方面有许多的共通之处，可以相互印证、相互借鉴。

（一）产生背景相似，顺应时代和学科发展而为

在自然科学发展史上，常出现这种情况：当感性的经验及对某

一自然事物或现象的某些方面的知识积累到一定的程度，就会有人通观全局，进行综合总结，从而做出重大的发现和发明，建立普遍的理论或提出重要的科学假说。某种科学理论的产生或某种新技术的出现，它都有一个逐步成熟和完善的过程。当这个过程完成了时，在理论上或技术上就会出现一次大的综合和飞跃。2 000 多年来，在自然科学发展史上，已经出现过许多次的综合，其中比较大的综合就有 10 多次，如，哥白尼“太阳中心说”的建立、牛顿万有引力定律和力学三定律的建立、热力学三定律的发现、细胞学说和生物进化论的创立、相对论的创立、量子力学的建立、等等。在每一次综合和飞跃之后，都给自然科学的发展带来新的生机，并使社会经济的发展出现新局面[23]。

关于理论信息学的研究是科学发展和社会进步的迫切需要。目前，若干领域信息学已经成熟，其技术、产品和服务已经共同构成了强大的信息市场、信息产业、信息经济，推动全人类实现由工业社会向信息社会转型。尽管如此，但是信息社会居然没有自己特有的信息科学知识体系作为基础。现有的领域信息学由于研究对象特殊、思想方法局限，又受到物理学范式的束缚，不可能揭示出各类信息现象中的一般规律。现在，我们面临的任务是，从整体上，从信息现象内部的有机联系方面，去研究和把握信息，化零为整，变局部为整体，变简单为复杂，揭示和把握信息现象的根本性质和基本规律，创建理论信息学，建立完整的信息科学，为建立包容物质和信息科学的统一科学奠定基础。

20 世纪生物学经历了由表及里、由宏观到微观的发展过程，由形态、表型的描述逐步分解、细化到生物体的各种分子及其功能的研究。1953 年Watson和Crick建立的DNA双螺旋结构模型是生物学进入分子生物学时代的标志，20 世纪 70 年代出现的基因工程技术极大地加速和扩展了分子生物学的发展。但生物体是一个复杂系统，只有通过各种分子机制、途径和网络的整合才能全面、系统地阐明复杂的生物学现象。1990 年启动的人类基因组计划开始了对生物全面、系统研究的探索，使研究工作由分解转向了整合，研究的构架也由单一的生物学实验室转变为大科学工程与传统生物学实验室相结合的模式。1994 年澳大利亚Macquarie大学的Wilkins和Williams首先提出了蛋白组(Proteome)的概念。2003 年已完成了人和各种模式生物基因组的测序，第一次揭示了人类的生命密码。生物学与数学、物理、计算机科学更紧密地交叉，使生物学由描述性科学发展为定量预测的科学。人类基因组计划和随后发展的各种组学技术(主要有基因组学、转录组学、蛋白质组学、代谢组学、相互作用组学和表型组学等)逐步把分子生物学时代推向了系统生物学时代[3]。

（二）认识方法一致，从还原论到涌现论

Bertalanffy把事物的整体特性分为 2 种：累加性(加和性)和构成性(非加和性)[24]。通常，系统的物质特性是可以累加的，只需要把各个部分的特性累加起来就可以得到整体的特性；系统的结构特性或信息特性不具有累加性，整体的特性依赖于部分之间的特定关系。具有加和性的系统通常是可以还原的；而具有构成性的系统则大都不可以还原，或者说还原论方法的使用是受限制的。所以，可以把系统的累加性称为可还原性，而把构成性称为不可还原性。通常人们所说的“整体大于部分之和”就是(也只是)针对不可还原性而言的。系统的不可还原性在自然界，特别是生命、社会、思维领域中普遍存在着。诸多部分一旦按照某种方式构成系统，就会产生出系统整体具有而部分或部分总和所不具有的属性、特征、行为、功能等，一旦把整体还原为互不相干的各部分，这些属性、特征、行为、功能等，便不复存在。这种整体具有而部分不具有的东西(或性质)就叫做“涌现性”(Emergent Property)，或简称为“涌现”(Emergence)[25]。能对还原论真正起到修正和补充作用的方法，不是整体论，而是涌现论，或关于涌现的科学方法论。

信息科学达到实证目标的主要方法是涌现论，即在观察、实验、假设、推理中探讨新的性质得以涌现的模式或模型。涌现论的核心概念和观点是物质元素和信息元素构成系统的“结构模型”。这里的

结构包括硬件结构和软件结构，可以是空间结构、时间结构，还可以是逻辑结构、算法结构。在物理世界，物质的结构模型是决定系统特性的关键因素。比如，碳元素的排列方式不同，可以导致石墨、金刚石等完全不同的物质形态和特征。在信息世界，通信、控制、计算过程的成败与效率，无一例外地依靠系统元素组成整体的结构模型，其中包括硬件结构模型，但主要是软件结构模型。在某一个信息学科中，这些结构模型常常成为其全部知识的核心。关于这些结构模型的基本概念、原理和方法就成为该学科的理论基础，甚至成为共同的观念和信仰，也就是该学科的范式。整个信息科学所共有的基本范式，就叫做信息科学范式。

控制论(Cybemetics)的创始人——美国科学家维纳(Wiener)——是最早提出从系统科学的角度了解生命现象的先驱者之一，他的研究导致了生物控制论的诞生(1948 年)[26]。1969 年，Bertalanffy提出了一般系统理论(General Systems Theory)，他在文章中指出生物体是一个开放系统，对其组成及生物学功能的深入研究最终需要借助于计算机和工程学等其他分支学科才能完成[27]。由于当时开展研究的工具和时机远未成熟，因此没有被人们接受而形成规模。随着生命科学研究进入了“后基因组”时代，以基因组学为代表的各种组学研究的广泛开展，新的大科学运作方式开始出现，生物学开始与数学、工程学科相互渗透、交叉，也更是由于现代医学屡屡受挫于各种多基因复杂性疾病的严峻形势，用系统的思维来组合多种学科研究生物学问题的思路被重新点燃并很快被推至生命科学研究的前沿。

系统生物学又称为整合生物学(Integrative Biology)、预测生物学(Predictive Biology)[28]。后基因组时代生物学面临的一个重大挑战就是如何从整体层面上揭示生物系统中DNA、RNA、蛋白质和各种生物小分子通过相互作用而产生生命现象。目前科学界普遍的共识是，生命现象是不可能通过分析其组成的基本单元(基因、蛋白质和生化代谢物)而彻底解释清楚的，需要通过从组成系统基本单元的相互作用和它们的动态行为入手来进行系统性研究，才能最终回答物种形成和执行生命功能的科学问题。系统生物学就是在这种背景下诞生的。相对于传统生物学,仅分析构成生物系统的基本单元，系统生物学更强调在生物体的系统层面上开展对生命现象的研究，即以基因、蛋白质和生化反应代谢物为节点形成相互连接、具有动态特征的网络来探求和诠释各种复杂生命现象[29-32]。

事实上，系统生物学的整体性和整合性研究是极具生命力的。近代分子生物科学的迅速发展、基因个体分析等研究使科研工作者逐渐意识到，物种或生命的复杂程度与基因个体数目没有直接的关系。生命从简单到复杂、从低级到高级的进化过程中，起决定作用的不是基因个体数目，而是生命系统中基本单元的相互作用而形成的网络复杂性。因此，客观上需要研究者从整体性、合成的角度诠释生命系统。同时，各种低通量、高通量的生物实验手段使得从基因到细胞、到组织、到个体的各个层次不同侧面对生命系统进行研究成为可能，利用这些手段积累的海量数据，也为研究者在整合性的观点下系统地解释生命现象提供了客观条件[33]。用系统的方法来理解一个生物系统应当成为并正在成为生物学研究方法的主流，其目的在于从系统层次上理解生物系统，其重点着眼于 4 个方面的问题：系统结构辨识、系统行为分析、系统控制、系统设计。

（三）同为开放系统，强调信息能的作用

信息二重性理论是理论信息学的基础。信息既具有物质特性，又具有非物质特性。信息对于物质载体有绝对依赖性，所以没有脱离物质载体而存在的信息，它必然是物质的，具有物质的特性；同时，它对于特定载体具有相对独立性，所以物质仅仅是它存在的依托，信息可以变换这种依托。从根本上说，信息是非物质的，具有非物质特性。信息的物质特性只是它的形式和现象，而非物质特性才是它的内容和本质。信息的非物质特性主要表现在它的非空间特性。信息的二重性和非物质特性既是信息科学的基本观点，又是它的基本方法。信息存在的二重性决定着信息运动的二重性。信息运

动由相互关联的 2 种运动方式组成：物质载体的运动和纯粹的信息运动。它们分别由不同的能量所推动，服从不同的运动规律。从根本上说，信息运动的动力不是物质的力，而是信息的力，即“智力”。信息的度量问题不同于物理学情况，因为信息是一种非物理的抽象的逻辑存在，它不具有物理学对象的基本属性，比如大小、质量、温度、颜色、气味等，所以信息过程不可能用数学公式表达，而只能用某种语言编制的程序来描述。

如果说，维纳对事物一分为二，把信息从物质那里分离开来，指出信息不是物质，我们则对能量一分为二，把信息能从物质能那里分离开来，指出在本质上推动信息运动的力不是物理学的力，而是信息学的力。在人类社会的层面上，知识并不等于智能，各种不同类型的算法和程序才是数据处理和知识推理的引擎。如果把信息处理能力，即信息“做功”的能力，简称为信息能，那么宇宙间的能量可以分为 2 类：物质能和信息能。这样一来，宇宙构成要素的三元论(物质、能量、信息)就自然地被“四元论”(物质、物质能、信息、信息能)所取代。正如宇宙万物皆是物质和信息的统一体，信息能和物质能也是统一的。又像符号是信号的信号那样，信息能是控制物质能的能。生物信息能乃至人类文化能，本质上是逻辑的能，但在一定意义上也是物理能。物理能是初级的信息能，信息能是高级的物理能。能量的统一和进化就成为合乎逻辑的理论。宇宙的进化在表象上是物质结构和功能的进化，但在本质上是能量的构成和效用的进化。

基于把能量区分为物质能与信息能的观念，我们提出信息熵与信息负熵的概念，以便与物质熵和物质负熵相对应，从而揭示自组织的系统正是利用物质负熵和信息负熵，遏制物质熵和信息熵的增加，提高结构和功能的复杂性，实现进化，即由简单指向多样化和复杂化。进化着的能量就是减少的“信息负熵”，是系统结构和功能复杂性增长的动力。信息负熵趋于极小，就是进化的动力趋于极大。文化信息能是宇宙间能量的高级形式。热力学第二定律预言一个热寂的宇宙，信息学第二定律预言一个信息化、数字化的宇宙。至此，关于系统科学学科的发展方向也就相应地明确了：实现信息转向，即以信息科学和控制理论为基础，建立信息系统科学。

物质和能量是整个物质科学的中心概念，信息和信息能(即知识和智能)是整个信息科学的中心概念。宇宙要素四元论是人们的生活常识所能理解和接受的。在人类社会中，物质生产必须以消耗能量和原材料为先决条件，产品才能完成。但是，信息生产对物质材料和理化能源要求极少，它并不消耗信息原材料，也不消耗信息能。相反地，智能是一种增长式能源。知识的无消耗式生产和智能的不断增生是信息产品爆炸式增长的内在机理。在信息世界中，永远不会出现资源耗尽和能源短缺，更没有导致平衡的趋势，有的只是欣欣向荣，是向智能谱的高端无限制的延伸。

生物学系统在多种空间水平中展现着其复杂性。人类基因组仅有 25 000 个基因，但能制造 10 万种蛋白质(许多基因具有多种功能)。即使仅仅考虑蛋白质之间成对的相互作用，也可能产生 50 亿种化合物。组织和器官是生物学复杂性的下一层次。即使明显相似的器官，如肝脏在系统协作方式中的功能也完全有别于组成器官之细胞的单独行为(细胞本身对周围环境及其与邻近细胞之间的相互作用非常敏感)。如分离出来的肝细胞在营养液中可能存活，但很快会丧失其特有的功能。更为复杂的是整个生物体，也就是说，它不只是器官和细胞部分的总和。更高层次的生物学复杂性取决于生物群落的层次，在那里研究的主题就好像传染病的扩散、生态系统和经济学的多变一样。生物学的复杂性分割了时间和空间。在以 10^{-9}s为计量单位的分子层面，布朗运动的特性发挥着十分重要的作用，而在整个生物体的层面，系统可能会超过 10^{9}s，几乎是人的一生时间。通过自我选择形成的法则和机制，生物系统有着特别超常的自组织和聚集能力。通过组件的周转和更新，生物系统也有着强大的自我维护能力。也许最能使生物系统与其他系统区别的特性，是它们能通过改变基因表达或者更直接地通过信号传导和蛋白质的修饰来适应环境的变化(这种适应在较高等生物中达到了顶点)[34]。

生命现象是一种复杂系统，研究生命现象的系统科学应为系统生物学。作为复合体的生命，其组成成分并非简单的堆积，而是彼此间有着广泛的相互作用。生命的这些相互作用不是直线似的，而是交错编织成网络。这种广泛存在的相互作用网络引出生命现象复杂性的另一重要特征“次序和层次”。由于生命中各组成成分有着稳定的相互作用，从而形成了有序的结构，具有自组织性。生命复杂性还有一个特征是系统具有开放性，可以在过程中不断演化。生命不像简单的“自稳态”系统那样，通过负反馈的调节控制来稳定自身状态，从而适应外界的变化。生命是一种远离平衡态的开放系统，通过不断地形成新性质或新功能来适应外界的挑战或改变。

信息是系统生物学的基础,高通量检测技术产生“海量”信息，分析或挖掘这些“海量”信息，才可以进一步阐明各组分间网络调控关系以及对系统进行有规律的控制和设计。在前分子生物学时代，生物学家把生命视为具有特殊“活力”的有机体，遵循着无机界不存在的法则进行生命活动。在分子生物学时代，研究者把生命视为一架精密的机器，由基因和蛋白质根据物理和化学的规律来运转。在后基因组时代，科学家把生命视为信息的载体，一切特性都可从信息的流动中得到实现。Hood 认为，应该把生物学视为一门信息科学，这一观点包含有 3 层意思。

首先，生物学研究的核心内容基因组是数字化的(digital)。生物学与所有其他学科,如物理学、化学、地理学，是完全不一样的科学，因为生物学以外的学科都只能通过类比的方式进行分析。既然生物学研究的核心是数字化的，因此生物学可以完全被破译。从理论上说，我们对生物学的把握应该超过其他任何一门学科。

其次，生命的数字化核心表现为两大类型的信息，第一类信息是指编码蛋白质的基因，第二类信息是指控制基因行为的调控网络。显然，由一段 DNA 序列组成的基因是数字化的。值得强调的是，基因调控网络的信息从本质上说也是数字化的，因为控制基因表达的转录因子结合位点也是核苷酸序列。

生物学是信息科学的第三层意思是，生物信息是有等级层次的，而且沿着不同的层次流动。一般说来，生物信息以这样的方向进行流动：DNA→mRNA→蛋白质→蛋白质相互作用网络→细胞→器官→个体→群体。这里需要注意的是，每个层次信息都对理解生命系统的运行提供有用的视角。因此，系统生物学的重要任务就是要尽可能地获得每个层次的信息并将它们进行整合。

根据系统论的观点，构成系统的关键不是其组成的物质，而是组成部分的相互作用或部分之间的关系。这些相互作用或者关系，从本质上说就是信息。换一个角度来说，生命是远离平衡态的开放系统，为了维持其有序性，生命系统必须不断地与外界环境交换能量，以抵消其熵增过程。物理学家薛定谔早在19世纪40年代发表的著作《生命是什么?》中就早已指出，生命以“负熵流”为食，而“负熵”其实就是信息的另一种表示方法。因此，我们可以这样说，生命系统是一个信息流过程，系统生物学就是要研究并揭示这种信息的运行规律[35]。

四、理论信息学的展望

通过以上分析比对，我们不难发现，理论信息学与系统生物学在许多属性或特征方面有着惊人的相似之处，有的几乎就是完全一致的。理论信息学与系统生物学都是新兴交叉学科，是物理学、化学、数学、计算机科学、生物学、系统科学等学科的发展孕育了它们，而它们的研究成果又进一步促进了上述学科的发展。在未来的发展中，它们可以发挥各自特有的优势，共同为解决人们目前关心的重大问题——如医疗与健康、环境与资源、能源与生存等——提供思路和帮助，为我们展现一幅关于未来社会的美好画卷。

虽然理论信息学与系统生物学诞生的时期大致相同，但目前的发展状况却完全相异，系统生物学已得到学术界和社会的广泛认同，建立了许多大的国际合作研究中心并得到了诸多研究机构的基金资助。但是，理论信息学就没有这么幸运，目前还没有得到大家的完全认可。尽管学界已开始关注，但理论信息学仍是“弱势群体”。弱势学科要想得到“主流”学界的认可，必须在发展自身学科的同时寻求能够被主流学界接受并实现融合的结合点，更重要的是要做出能让主流学界认可、同时他们自己又无法做出的学科成就，使其认识到理论信息学的优越性和存在的合理性。只有得到国际主流学界的认可，即具有“合法”地位，理论信息学的学者才有机会在国际学界的舞台上“大肆”宣讲理论信息学的理论和实践方略，促进理论信息学的全方位发展。

理论信息学的发展可以借鉴、参考系统生物学的发展模式，争取国际合作及大联合，建立联合研究中心，争取项目计划及经费支持等，而且更重要的是要创立一种环境，使得来自不同领域的科学家们能协同工作去解决当今最富有挑战性的信息科学问题。这种多学科的联合计划不仅可以使得科学家们能充分理解信息系统的复杂性，而且可以让来自不同领域的科学家分享他们的研究思想。为了适应今后信息科学及领域应用的发展，还应该尽早向研究生和本科生开设一些新的理论信息学课程以储备人才。这些措施必定能把信息科学研究带到一个全新的境界。

科学是在摸索中前进的，科学理论的确立离不开假说，“只要自然科学在思维着，它的发展形式就是假说”[36]，某些大胆的、富有创意的假说是尔后的真知灼见的幼婴和雏型。当然，科学研究的根本目的不仅在于科学假说的形成，而且是通过对科学假说的检验和证明，使之通向真理的彼岸。根据科学假说所反映的事物和现象是否具有可直接观测性，即科学假说所反映的事物和现象与验证假说所观测的具体内容的关系，科学假说的验证方法可以分为直接验证法和间接验证法。直接验证法是通过科学观察或科学实验，直接地观察科学假说所反映的事物和现象，以对科学假说做出直接的证实或否定，如推断未知天体可能存在的假说，关于能量的转化与守恒的假说，等等，都是直接验证的实例。间接验证法是通过科学观察和科学实验直接观测由科学假说所引出的逻辑结论，并以科学假说的逻辑推论的直接观测的结果去间接地验证和证明科学假说。在自然科学发展中，绝大多数的科学假说是通过这种方法进行检验和证明的，如门捷列夫周期定律的验证、爱因斯坦的引力波假说的验证等[37]。

关于领域信息学学科，除了香农关于通信的数学理论，其余学科现在和以后都不大可能用直接验证的方法来检验和证明它们的假说，只有靠间接验证的方法。关于理论信息学，情况就更为特殊，因为它是对众多领域信息学的综合。关于理论信息学的发现，比如信息二重性、信息能作为宇宙第四构成要素、信息能与物质能的统一与共同进化等事实，各类信息现象所遵循的 3 个基本定律以及理论信息学框架的建立，都是以假说为先导的，都把“假说-演绎法”作为科学思维的基本方法，对它们进行合理性验证的主要方式，现在和今后都是间接的。

理论信息学作为一门新兴学科，正处于萌芽状态，其研究范畴、研究目标、研究方法和手段、应用范围都有待具体的细化，但理论信息学对科学发现和社会进步的重要性无疑使得该领域成为未来信息学中的重要发展方向。目前国内外有关理论信息学的研究不仅处在初级阶段，实际上才刚刚起步，而且学术界甚至流行一种“悲观主义”的气氛，认为它太难，以至于对它的可行性产生怀疑。但我们相信，就像信息时代对工业时代的超越那样，理论信息学的发展前途远大，有可能达到以往的物质科学理论所不曾达到的高度。一方面，形成理论信息学的科学假说需要一个认识过程；另一方面，对于这些假说的验证，尤其是通过间接方法进行验证，更是一个历史的发展过程。理论信息科学的发展任重而道远，作为探索信息奥秘的信息工作者要尽力为新生事物发展创造时势，促进学术大繁荣。追随时代潮流，在信息学领域开展深入而细致的研究，这是我们应该认真思考的问题。

参考文献

[1] 李宗荣. 理论信息学：概念、原理与方法[D]. 华中科技大学系统科学研究

所, 2004.

[2] 李宗荣. 论信息科学的世界观[D]. 华中科技大学社会信息科学研究中心, 2008.

[3] 杨胜利. 系统生物学研究进展[J]. 中国科学院院刊, 2004, 19(1): 31-34.

[4] Kitano H. Systems biology：a brief overview[J]. Science, 2002, 295: 1662- 1664.

[5] Hood L. Systems biology: integrating technology, biology, and computation[J]. Mechanisms of Ageing and Development, 2003, 124：9-16.

[6] Hood L, James R H, Michael E P, et al. Systems biology and new technologies enable predictive and preventative medicine[J]. Science, 2004, 306：640-643.

[7] 常畅. 系统生物学的研究进展[J]. 生物学通报, 2007, 42(6)：18-21.

[8] Kling J. Careers in systems biology: working the systems[J]. Science, 2006, 311：1305.

[9] 陈竺. 系统生物学——21世纪医学和生物学发展的核心驱动力[J]. 世界科学, 2005(3)：2-6.

[10] Nottale L, Auffray C. Scale relativity theory and integrative systems biology: 2 macroscopic quantum- type mechanics[J]. Prog Biophys Mol Biol, 2008, 97(1): 115-157.

[11] Rho S, You S, Kim Y, et al. From proteomics toward systems biology: integration of different types of proteomics data into network models[J]. BMB Rep, 2008, 41(3)：184-193.

[12] Geschwind D H, Konopka G. Neuroscience in the era of functional genomics and systems biology[J]. Nature, 2009, 461：908-915.

[13] Flintoft L. Systems biology：small genome, complex regulation[J]. Nat Rev Genet, 2010, 11(1)：3.

[14] 徐强，王长亮，李胜. 系统生物学——生命科学的新领域[J]. 中国医药导报, 2008, 5(26)：20-22.

[15] Nicholson J K, Connelly J, Lindon J C, et al. Metabolomics：a platform for studying drug toxicity and gene function [J]. Nat Rev Drug Discov, 2002，1(2): 153-161.

[16] 叶立国. 系统生物学范式：中西医结合路径探讨[J]. 科学技术与辩证法, 2009, 26(1)：37-42.

[17] Mani K. Systems biology and personalized medicine in cancer[J]. Current Pharmacogenomics and Personalized Medicine, 2010, 8(1)：64-72.

[18] Sindelar G, Wendisch V F. Improving lysine production by Corynebacterium glutamicum through DNA microarray-based identification of novel target genes[J]. Appl Microbiol Biotechnol, 2007, 76(3)：677-689.

[19] 李良智，咸漠，李小林，等. 系统生物学技术在微生物菌种改良中的应用[J]. 化工科技, 2009, 17(1)：46-50.

[20] Srivastava R, Varner J. Emerging technologies: systems biology[J]. Biotechnol Prog, 2007, 23(1)：24-27.

[21] Meyer V, Arentshorst M, El-Ghezal A, et al. Highly efficient gene targeting in the Aspergillus niger kusa mutant[J]. J Biotechnol, 2007, 128(4)：770-775.

[22] Park J H, Lee K H, Kim T Y, et al. Metabolic engineering of Escherichia coli for the production of *L*-valine based on transcriptome analysis and in silico gene knockout simulation[J]. PNAS, 2007, 104(19)：7797-7802.

[23] 栾玉广. 自然科学研究方法[M]. 合肥：中国科学技术大学出版社, 1986：188-189.

[24] 郭垒. 还原论、自组织理论和计算主义[J]. 自然辩证法研究, 2003, 12：83-87.

[25] 苗东升. 系统科学是关于整体涌现性的科学[M]//许国志，顾基发,车宏安. 系统科学与工程研究.2 版.上海:上海科技教育出版社, 2001：167-182.

[26] Weiner N. Cybernetics or control and communication in the animal and the machine[M]. Cambridge, Massachusetts: MIT Press, 1948：26-27.

[27] Dickson B J, Moser E I. Neurobiology of behaviour[J]. Curr Opin Neurobiol, 2007, 17(6)：672- 674.

[28] Liu E T. Systems biology, integrative biology, predictive biology[J]. Cell, 2005, 121：505 - 506.

[29] Newman J R, Weissman J S. Systems biology: many things from one[J]. Nature, 2006, 444：561-562.

[30] Bruggeman F J, Westerhoff H V. The nature of systems biology[J]. Trends in Microbiology, 2006, 15(1)：45- 50.

[31] Kirschner M W. The meaning of systems biology[J]. Cell, 2005, 121：503-504.

[32] Brazma A, Krestyaninova M, Sarkans U. Standards for systems biology[J]. Nature Rev Genet, 2006, 7：593.

[33] 陈洛南, 王勇, 费敏锐, 等. 从理工科视角探索系统生物学[J]. 科技导报, 2007, 25(10)：5-9.

[34] 雷钧, 顾鸣敏. 系统生物学：一个工程和医学的新视角——来自英国医学科学院和皇家工程院的报告[J]. 世界科学, 2007(7)：7-10.

[35] 许树成. 系统生物学[J]. 生物学杂志, 2004, 21(3)：8-11.

[36] 恩格斯. 自然辩证法[M]. 于光远,等,译编. 北京：人民出版社, 1984：117.

[37] 李建珊. 科学方法论概览[M]. 北京：科学出版社, 2002：58-61.

New Science Building and Research: From Systems Biology to Theoretical Informatics

You Jun [1], Li Zongrong[2]

1. Editorial Department of the Journal of Hubei University

2.Social Information Science Institute, Huazhong University of Science and Technology

Abstract: Briefly introduced the status and related theories foundation of Theoretical Informatics (TI) and Systems Biology (SB). These two disciplines were compared and analyzed, mainly from the background, epistemological approach, informational energy of open systems, and these three aspects can demonstrate the two disciplines be of connected or similar attributes or characteristics, to indirectly discourse the necessity, the rationality, the feasibility and the vital significance of the establishment and researches for TI, and to explore how to draw, reference SB model of development to promote the prosperity and great development of TI.

Key words: theoretical informatics; systems biology; development patterns; system; emergence theory; information; informational energy

信息学三定律

刘骏峰　金新政　高　红
华中科技大学同济医学院医药信息系

摘　要：本文对李宗荣教授提出的信息学三定律与热力学三定律进行类比研究。信息学三定律包括信息不守恒、信息能与时俱增和信息增长没有上限。本文阐述了信息学类比热力学进行研究的可行性并讨论了各个定律的内涵。

关键词：信息学；热力学；信息能；熵；负熵

一、信息学与热力学

（一）引言

在今天看来，信息研究的历史上至少有 3 种信息科学出现，它们是："计算机信息科学""图书馆信息科学"以及"概率论信息科学"。现在，每门"信息科学"都存在着，但从公理学的角度上说，都没有建立起令人信服的信息理论，这就是今日信息科学理论在全世界的现状[1]。李宗荣在他的《理论信息学：概念、原理与方法》中通过与热力学三定律的类比，首次提出了信息学三定律：信息不守恒，信息能与时俱增，信息增长没有上限[2]。信息学三定律的提出是信息科学研究的一次重要突破，当然其正确性还有待时间来验证。

（二）热力学介绍

热力学是从 18 世纪末期发展起来的理论，主要是研究功与热之间的能量转换。它作为一门基础理论学科，从物理角度描述了整个宇宙的发展和演变，并且对物质以及物质能进行了深入并且经典的探究。它是从能量转化的观点研究物质的热性质，阐明能量从一种形式转换为另一种形式时应遵循的宏观规律。热力学第一定律就是能量守恒定律。描述系统热运动能量的状态函数是内能。通过做功、传热，系统与外界交换能量，内能改变。热力学第二定律指出一切涉及热现象的宏观过程是不可逆的。它阐明了在这些过程中能量转换或传递的方向、条件和限度。相应的状态函数是熵，熵的变化指明了热力学过程进行的方向，熵的大小反映了系统所处状态的稳定性。热力学第三定律指出绝对零度是不可能达到的。上述热力学定律以及 3 个基本状态函数——温度、内能和熵——构成了完整的热力学理论体系。

（三）信息学与热力学类比

通过把未知的研究对象和已经比较熟悉的对象加以比较，容易对未知的研究对象形成一定的理性知识。这就是常用的软科学的研究方法之一：类比法。

维纳曾提出宇宙构成要素三元论，即物质、能量、信息是构成宇宙的三要素。热力学讨论了物质和能量的问题，热能演变的趋势在一定程度上反映了宇宙演变的方向，而信息学则是讨论信息和智能的问题，信息进化是整个宇宙进化的本质。因此，我们运用类比热力学的方法对信息学进行研究，希望通过这种方法的研究来敲开信息学研究的大门。

运用类比热力学来研究信息学的研究比较多，其中较著名的有香农类比热力熵得到信息熵，也称香农熵。热力学中所指的熵，是一种测量在动力学方面不能做功的能量总数，也被用于计算一个系统中的失序现象和复杂程度。熵的概念最先是在 1864 年首先由克劳修斯提出的，并应用在热力学中，后来在 1948 年由克劳德·艾尔伍德·香农第一次引入到信息论中来。在信息论中，它就是指一个事情的不确定的程度。

在接下来的论述中，笔者将对李宗荣提出的信息学三定律进行简单的论证。

二、信息学第一定律：信息不守恒

（一）信息不守恒

热力学第一定律，宇宙间的物质和能量是守恒的。根据反向思维的方式进行类比，得出信息学第一定律，信息和信息处理能力是不守恒的。

信息守恒定律之前也被提出来过，主要是延续了物理化学的“归一化条件”、总状态守恒、总秩序不灭等公理，并认为信息应该是包括“有用和无用”“有意义和无意义”“存留和消失”信息两互补方的全体[3]。对于信息守恒观点的提出，笔者认为过于机械化，没有对信息的本质进行探讨，也是对信息的含义概念混淆的结果。

信息的概念比较多，目前也还没有特别统一和被公认的定义。一个比较基本的定义：信息是客观事物状态和运动特征的一种普遍形式。虽然物质不灭，但客观的事物会消失；虽然物质转化为另一种形式依然存在，但依附于客观事物上的信息却不能继续存在。因此，笔者认为信息守恒的定律只是根据物质守恒和能量守恒推演出来的定律，无法被事实证明。而信息不守恒这个结论可以在自然界以及人类的千百万年的历史中得到验证。信息的产生、消失、增长和老化都是信息的自然特性，都是信息不守恒的表现。

（二）信息的产生和消失

物种的不断进化，生物遗传物质 DNA 中的信息的不断积累、不断增长，人类文明的不断进步，语言、文字最初的创造过程，新的工程技术的发明，新的音乐艺术的创造，等等，这都是信息从无到有的过程，即信息的产生。

古文明的灭亡使语言、文字、技术等一切信息也随之消失，动物的灭绝也使该动物的遗传信息等随之消失；从个体角度来看，一个人的死亡，虽然身体这个物质还可以存在，但思想这种信息却消失了，这些都验证了信息从有到无的过程，即信息的消失。

（三）信息的增长

美国科学家普赖斯采用定量方法，把科学知识的增长事态描绘为指数增长曲线。据联合国教科文组织“世界科学技术情报系统”的统计，发现科学知识在不同时期的增长率如下：20 世纪 50 年代为 9.5%，60 年代为 10.6%，70 年代为 12.5%，现在的增长率则更高。科技文献数量每 7~10 年翻一番；尖端科学技术，如微电子技术文献数量，每两三年就翻一番。同样的，在自然界中，从有机物的产生到细胞的出现，到多细胞生物的产生，再到动物和高等动物、人类的诞生，生命信息的增长也呈现出指数增长的方式。

（四）信息的老化

信息同生物一样具有新陈代谢，新的信息不断产生，同时，许多老的信息也在老化并最终被淘汰。1958 年，英国著名物理学家兼科学专家贝尔纳建议把原子物理学中测度放射性核素存活时间长短的指标“半衰期”移植到情报学中来，作为衡量文献老化的尺度。其含义：某学科或专业现时尚在利用的全部文献中较新的一半是在多长时间内发表的。这是衡量文献老化速度及老化程度的重要概念，也可作为衡量文献老化程度的标尺。不同的学科领域，不同的时代背景，信息老化的速度是不同的。据统计，20 世纪初，新技术、新产品老化周期为 40 年，20 世纪 50 年代约 15 年，70 年代 8~9 年，80 年代则更短。

三、信息学第二定律：信息能与时俱增

（一）信息能与时俱增

热力学第二定律，在封闭系统中熵只增不减。在热力学中存在这样一个价值判断："熵恒增 ＝ 能贬值"。即表示在任何孤立系统中，热能做功的品质在不断下降，热能守恒但热能转化的自由能不断减少。根据类比，得出信息学第二定律，在开放系统中信息负熵只减不增。在这里，信息负熵所表达的是信息的熵减，也就可以得出"熵恒减=能增值"。即表示在开放的系统中，信息能是与时俱增的。信息能是李宗荣教授在继承了维纳的三元论后独创的四元论中提出来的，他将能量一分为二，分为物质能和信息能，认为信息能是控制物质能的能，是信息"做功"的能力，也就是信息处理的能力。

信息能可以分为信息的自组织能力和自适应能力，下面分别从这 2 个方面进行论述来验证信息学第二定律。

（二）信息的自组织能力

混沌理论认为，所有的自然系统包括人类，皆为自组织系统，是开放的、自发的，主动吸收外界物质与信息并消耗能量的系统。所谓自组织是指外界只提供一定条件而不进行干预，由系统自发形成结构。

普利高津创立的"耗散结构理论"中就根据熵的交换和热力学定律揭示了物理学中的自组织现象只能发生在开放系统中[4]。在孤立系统中，系统与外界环境没有任何物质、能量交换，也没有熵交换。按照热力学第二定律即熵增原理，孤立系统内部只有熵增加。因此，孤立系统只能走向混乱和无序。熵的交换只存在于开放系统中，只有当外界输入足够的负熵进入系统时，除了抵消掉系统内部的熵增外，还能余下一部分使系统的总熵减少，系统才会走向有序。

麦克斯韦为了挑战热力学定律而设计出“麦克斯韦妖”，他假定在某一孤立系统中存在一种“妖”，能够按照某种秩序和规则把做随机热运动的微粒分配到一定的箱格里。并且这只“妖”的存在不会使孤立系统中的熵增加。为了解释这个现象并维护热力学第二定律，有人提出：“妖”需要知道分子的位置和运动信息才能完成这个工作，而要获得信息就必须获得相应的物质和能量，这就维护了热力学定律，同时也指出了信息在系统自组织中所起到的作用。钟义信在《信息科学原理》中指出：从系统的序化或自组织的需要来说，最直接的要求是要获得信息（负熵）来降低熵值[5]。要抵消孤立系统中本身不断产生的熵增，则输入的信息需要不断地增加或者信息的“做功”能力要不断增强。

（三）信息的自适应能力

生物体具有较强的自适应能力，单细胞生物对环境的自适应是它自身独立完成的。多细胞生物在单个细胞自适应的基础上形成多细胞网络整体的自适应机制。控制多细胞生物完成其自适应过程的有 2 个基本信息网络：一个是神经系统，另一个是细胞间的信息网络。

纵观生物界神经系统的发展：原生动物完全不含神经成分，它依靠原生质直接感受刺激、传导信息和做出反应。腔肠动物如水螅已分化出感觉细胞和效应细胞，在两者之间出现了神经节细胞，且这些神经节细胞通过其丝状突起彼此联合成神经网。环节动物以蚯蚓为代表，头部的咽上神经节，是脑的最初形式。脊椎动物整个身体都受神经系统控制而活动。由于动物生存环境的变迁和感觉分析功能的发展，脑的进化表现为大脑皮层的发展。大脑皮层出现了新旧两皮层，分管不同的活动。新皮层细胞数量急剧增加，将旧皮层挤到大脑半球的内部。在高等哺乳动物灵长类中，特别是到了人类，脑部神经系统的发展几乎是爆炸性的，几乎压盖了脑的其他部位。

神经系统的总的演化历程，充分显示出神经系统所经历的进化过程：从无到有，从简单到复杂，从分散到集中，再到向头部集中，皮层形成，直至功能皮层化[6]。其中，信息处理功能上的需要是进化的动力，结构上的演变是对“信息价值判断”的适应。

四、信息学第三定律：信息增长没有上限

热力学第三定律，绝对零度不能达到，即不能达到温度的下限。信息学第三定律则有，任何信息量都可以达到，即没有一个确定的信息量的上限。物理世界的复杂性，生物DNA和人类文化基因MEME的进化没有极限[7]，即不存在上限。甚至可以说，任意有限的人类知识总量都可以达到。纵观人类文明发展的历史，可以看出：信息的积累大致呈指数函数的方式在增长。关于信息的增长前文已经论述过，这里不再重复。我们可以发现，不存在任何一种自然的力量来约束信息的增长，也没有任何人为的力量能够阻止文化的进步与科学技术知识的增长，因此信息增长没有上限是完全符合事实的。

五、结束语

李宗荣教授大胆地提出了信息学三定律，虽然存在很多争议，但是他的理论引起了信息学界的重视，引起了专家学者们的积极讨论和研究。从这个角度而言，无论这个理论提出得正确与否，对于理论信息学的研究史都是具有重大作用的。理论信息学的研究还处于起步阶段，还没有任何被公认的理论体系和定律公式，因此，我们可以将这个信息学三定律作为我们研究的一个契机，通过对它的不断讨论和争辩，对理论信息学做更深的研究和剖析。

参考文献

[1] 闫学杉．关于21世纪信息科学发展的一些见解[J]．科技导报，1999（8）：3.

[2] 李宗荣．理论信息学：概念、原理与方法[J]．医学信息，2005,18（3）：161-171.

[3] 信息守恒律 [EB/OL]．http://www.channelwest.com/news/list.asp?id=82.

[4] 普利高津．从存在到演化[M]．曾庆宏，严仕健，译．上海：上海译文出版社，1987：1-25.

[5] 钟义信．信息科学原理[M]．北京：北京邮电大学出版社，1990.

[6] 萧静宁．脑科学概要[M]．武汉：武汉大学出版社，1986：19-24.

[7] W 博德默尔，R 麦凯．人之书——人类基因组计划透视[M]．上海：上海科技教育出版社，2002：53-61.

The Research on Three laws of Informatics

Liu Junfeng　Jin Xinzheng　Gao Hong

Medical information department, Tongji Medical College,

Huazhong University of Science and Technology

Abstract: This paper research the three laws of informatics proposed by Li Zongrong using the method of analogy with thermodynamics. The three laws of the informatics include the information being nonconservation, information energy increasing with time and information increasing with no upper limit. In this paper, we discuss the feasibility of the analogical research between Informatics and Thermodynamics and the content of these three laws.

Key words: informatics; thermodynamics; information energy; entropy; negentropy

从系统科学看信息科学研究

谭 璐[1] 周 亚[2] 姜 璐[2]

1. 北京广播电视大学规划与研究处

2. 北京师范大学管理学院系统科学系

摘　要：将信息看成系统的状态变量，从系统科学的角度研究信息，可以促进信息科学的发展；在系统科学的模型框架下，分析信息、物质（质量）、能量 3 个系统属性之间的关系，有利于深入理解信息概念的内涵；进一步，从理论信息学与学科信息学研究的不同范畴，我们认为现阶段加强信息科学的研究，应优先发展学科信息学；并在区别自然信息与语言、文字信息的基础上，提出理论信息学研究的一个方向。

关键字：信息；信息科学;系统;系统科学

一、研究背景介绍

随着计算机技术的发展，系统科学等很多基础学科研究的内容、方法都发生了很大变化。20 世纪 60~70 年代，由普利高津、哈肯等人提出的自组织理论[1-2]，利用微分方程讨论简单巨系统演化，已经得到很好的结果。近来人们把注意力转移到复杂系统的演化问题上，美国圣菲研究所提出利用智能体（Agent）研究复杂适应性系统[3]，钱学森等人提出利用综合集成方法研究开放的复杂巨系统[4]，都逐渐成为研究的热点。生命科学完成了人类基因图谱的绘制，对蛋白质组学的研究也正在深入展开。非线性所涉及的混沌理论、分形理论由于计算机的使用获得了巨大的发展，并已经深入到很多学科的研究中。火星探测计划、大型水利枢纽建设、人居环境改造工程等很多大型的工程项目，正在从设想、规划变成当前的工作任务。在这中间我们发现信息的作用越来越大。控制一个系统的演化主要不是依靠能量，而是依靠信息，现代社会的运行依靠信息，蛋白质的合成依靠信息，大型工程项目的实施还是要依靠信息，哪怕我们对信息目前还没有一个很清楚的认识。同时，能源消耗越来越大，人们希望能尽量少消耗能量，利用更经济的手段操纵、控制系统的演化，提高经济效益，这也使得人们更关心信息，寻找减少决策失误、增加决策科学性的办法。信息、信息科学正成为关注的热点，人们希望利用信息来增加产量、提高效率，利用信息探讨复杂系统的演化秘密，解决科学的某些基本问题。计算机技术的发展，也使得深入研究信息概念成为可能，人们只有通过对海量信息进行传递、复制、存储等处理，才有可能发现信息的普遍特点和规律。特别是只有利用信息对特大工程进行控制、对数据信息进行知识挖掘，才能了解信息的真正内涵和特点。

二、从系统科学角度研究信息

众所周知，面对统一的客观世界，不同的学科有不同的研究角度、不同的研究侧面、不同的研究方法。系统科学研究信息也将按照系统科学的方式、办法。系统科学从整体与局部的关系角度研究客观世界，形成了自己学科的特点。

系统科学是模型科学，针对客观世界，把系统按照其复杂程度分成简单系统、简单巨系统、复杂适应性系统和开放的复杂巨系统几类，每一类都是一个模型，每一个模型都有自己的特点和特定的数学解决方法。系统科学对信息的讨论，就是讨论各类模型中信息的具体定义，信息在各类模型演化过程中所起的作用。我们将把信息放到具体的模型中进行讨论。

系统科学研究的对象是系统，任何客观对象都是作为一个系统被研究的，选定系统以后，需要分析系统与环境的关系，分析在一定环境条件下系统演化的规律。系统科学研究信息也要把信息作为系统进行研究；同时由于信息的特殊性，在研究中信息多是作为控制系统演化的因素，在系统科学中也从控制的角度来研究信息，通过分析受到信息作用的系统演化的特点来了解信息的性质。

系统科学讨论整体与局部的关系，必然要把系统分成若干层次，对不同层次的系统往往要采用不同的分析方法。由于不同层次之间会涌现出新的性质，系统科学也研究层次之间的关系，研究如何出现涌现，如何控制涌现等。当前系统科学主要研究复杂适应性系统和开放的复杂巨系统这 2 类对象。在这 2 类系统中，组分之间的相互作用非常复杂，环境与系统之间的作用也非常复杂，对这样复杂的系统进行研究，人们发现组分之间、系统与环境之间能量、物质的作用已不太重要，而它们之间的信息作用、信息控制却是十分重要的。系统科学已经把对信息的研究放到很重要的位置上了。

系统科学要研究复杂系统演化，研究复杂适应性系统、开放的复杂巨系统的演化。复杂适应性系统模型中的子系统多是智能体（Agent），它要适应环境，通过学习改变自己的性质；如果从控制的角度来看，就是信息控制，环境通过信息来控制智能体，智能体之间通过信息形成协调一致的整体性质。在计算方法上，通过计算机程序，用规定的算法表示系统内以及系统与环境之间的信息传递。对于由人组成的开放的复杂巨系统，更需要利用信息来分析系统的演化行为。这类系统中人与人之间的联系与物质、能量没有太大关系（它们只是作为信息载体的作用），主要依靠信息，而且这里所谈的信息几乎全是符号信息，是用语言、文字表示的信息，离开了语言、文字，我们根本无法对人类社会的演化进行研究。

过去探索简单系统的演化规律，寻找少数变量之间的关系，可以通过实验测量、记录数据进行分析。现在要处理成百上千的变量，要研究这些变量之间的关系，已经不再是诸如正比、反比这样简单的关系，仅仅依靠人脑思考、手工列表记录根本完不成任务，必须依靠计算机建立数据库来完成。利用计算机的功能对信息进行处理，是现在很多学科研究的方法和手段。随之而来的生物信息学、医学信息学、工程信息学等新的学科分支相继出现，它们要对影响系统演化的大量因素，进行记录、存储、分类，由此形成的专门的研究内容，有人称之为计算机科学，各个学科的专家则称之为某某学科信息学。从信息科学的角度，计算机只是作为研究信息的一种工具、手段，处理信息还可以通过其他手段，而且计算机还可以进行其他方面的应用。因此，正确的说法应该是它们属于信息技术学，各门学科对信息的处理也构成了现代科学研究的一个特点。

三、从物质、能量、信息的关系了解信息

系统科学把物质（质量）、能量、信息作为三位一体的概念体系来研究，通过比较三者之间的异同来认识信息。质量、能量、信息（这里是指物理、化学等无机界的自然信息、本体论层次的信息；关于语言、文字等包含的信息及这些信息之间的关系，将在后面专门进行讨论）都是物质（研究对象）的一种属性，是我们对客观世界的一种描述。

质量是指客观对象包含物质的多少，是对象的一种性质，从量上来衡量对象的性质，通常采用质量数值、密度来定量衡量包含物质的多少。质量与对象的惯性有着紧密的联系，也把质量称为是对对象惯性的量度；质量其实可以通过 2 种渠道进行测量：惯性和引力，并把它们分别称为惯性质量与引力质量，而且通过 2 种渠道得到的 2 种质量是相等的，即

惯性质量=引力质量

通过研究还发现一个系统的质量是不会随便改变的，系统中一个部分物质减少了，另一个部分的物质必然增加，而且从量上来讲，增加的量与减少的量是相等的，称之为物质不灭定律。

能量是系统运动能力大小的量度，进一步，往往利用系统运动来为我们服务，通常称为做功，能量还被称为系统做功本领的大小。

能量也是系统的一种属性，是运动的量度。能量作为物质的属性，与质量的区别之一在于它是一类物理量的总称，它包含机械能、热能、电磁场能、原子能等。物理学的领域中各种形式的能量可以互相转化，各种形式能量的总量在转化过程中保持不变，称之为能量守恒与转换定律。进一步人们又将能量形式扩展到化学能、生物能，甚至人的智能、潜能等，把它应用到很多领域，并且认为所有这些形式的能量都遵守能量守恒与转换定律。

能量概念的提出，不仅使我们对系统的描述有了很大进步，而且被应用到对系统的分析。子系统的相互作用是系统演化的动力，对不同系统提出了各式各样的力：物理中有万有引力、电磁力、强相互作用力、弱相互作用力；化学中提到的离子键、共价键等，也是对结合成分子时原子之间的相互作用力的描述；生物学、社会科学中也大量使用力的概念。这些都可以统一看成能量概念的具体应用。

能量概念的提出，是从改造客观世界方面进行的另一个应用，从而开展了对控制论的研究。控制论是对系统输入一个较小的能量，使系统按照我们的实际需要输出较大的能量，且输出的能量满足我们的要求。由于输入的能量很小，在控制论中不太考虑控制系统的效益，而把注意力集中在如何使系统的输出尽可能地满足需要。从质量、能量、信息的角度来看控制论，可以说它们都可以对系统进行控制，在初期多采用物质控制、能量控制，这是比较简单的控制。而要进一步让系统满足我们的复杂要求，使系统演化比较复杂，就需要采用信息控制，下面将对此进行适当的分析。

信息也是系统的属性，从直觉的角度来看，系统的很多属性都可以看成信息，某些专家甚至说"系统的状态变量就是信息"[5]，"事物的运动状态及其变化就是信息"[6]，对此笔者认为是有一定道理的。系统组成成分的性质，它们之间的比例、相互位置关系、连接方式，系统的形状、结构、功能等，都可以当成信息。质量只是描述系统包含物质多少的一个物理量，能量的种类可以很多，信息包含的内容更多，信息是一大类量的总称，它甚至可以包含质量、能量，质量、能量也可以看成是信息。考虑到对系统的认识，考虑到实际的认识过程，我们强调在传递过程中不变的那些状态变量可以看成是信息，这是因为在传递过程中改变的状态变量无法进行复制，无法让我们认识该系统。[7]

在不同的学科里，面对不同的客观对象，信息的含义是不同的，其作用也是不同的。在物理学里，质量、能量在分析系统运动中起的作用更大，一些描述系统状态的变量都有各自的名称，它们的性质、作用也十分清楚，没有必要再引入信息概念（现在将信息作为一个基本、统一的概念，也需要分析在物理对象中的信息问题）。而在生物学中，特别在分析蛋白质的复制、形成生命体的过程中，就特别需要利用信息概念，通过信息来解释它们的演化过程。因此，各门学科都分门别类研究信息，形成各门学科信息学。这就为统一信息概念提供了大量的材料。但是各门学科对信息的理解、定义不完全一样，现在也需要给出一个统一的认识，以便促进各个学科信息学的发展。

从描述系统、认识系统来看，复杂系统研究看重的不是系统内子系统数量的多少，而是子系统之间的关系、系统的结构以及系统的功能；从建立和管理系统来看，更看重对系统的控制，看重如何建立系统内部的协调机制。完成上述目的都必须了解“信息”，系统的结构、功能，相互之间的关系都是系统本体论的信息。现在的系统控制不再是简单的能量控制，而是信息控制。从控制量来看，例如，已经从声强控制变成了声调控制；从被控制系统来看，它也不是考虑能量的转化和守恒，而是在于对控制量的识别、复制、保存，在于使系统按照控制量给定的结构、功能进行演化。可以把对复杂系统的控制论暂且定名为信息控制理论，它与传统控制理论不同，需要重新建立。我们认为，信息控制理论的建立可以从自组织控制中得到启发。

四、现代科学要加强信息科学研究

质量、能量、信息三者都是系统的状态变量，都对我们了解、认识系统起了很大的作用。但它们一个比一个更抽象，一个比一个包含的内容更丰富。而且随着科学研究的深入，随着研究对象复杂性的增加，信息的作用越来越重要。如果说20世纪是能量的时代，那么21世纪将是一个信息的时代。现代科学必须加强对信息、信息科学的研究。

信息包含的内容很广，在人们研究各个学科信息的同时，也需要对所有信息遵从的普遍规律进行研究，而且理论研究将会推动人们对各个学科信息的理解。但是我们还是认为现在应该优先发展各个学科的信息学。从系统科学来看，学科信息学（领域信息学）是促进信息学科发展的技术学科，各个学科的信息学，比如生物信息学、地理信息学、人体信息学、化学信息学、地质信息学，它们面对的研究对象比较具体，其信息内涵比较窄，容易进行讨论。而且这些学科研究的对象都比较复杂，从各学科对信息研究的成果来分析有一定的共性，有利于将来从中总结出有关信息的基本问题。而对理论信息的研究，要着重将所有信息统一，要对信息进行分类，讨论在各个系统中信息的共同性质。我们认为，近期不可能完成这一任务，因为对各个具体信息还没有了解清楚。

现在各个学科领域还有不少专家从事信息处理、数据挖掘等方面的工作，这些技术工作，不属于理论信息学的范围。他们的工作也非常重要，这里不是要谈对技术、经济等实际方面的重要作用，而是说对理论信息学也非常重要。信息概念的深入理解，不能只靠哲学的思辨，更要靠各个学科在对具体信息的处理过程中发现信息的基本性质。我们目前正在进行这方面的工作，也发表了文章与大家进行交流[8-9]。

宇宙信息学家提出宇宙最初是由信息组成的，讨论宇宙起点的信息，讨论信息、能量、物质之间的转化问题等非常诱人的课题[10]。我们对此有不同的看法，认为大爆炸宇宙演化理论虽然理论上可以自洽，实际上也有一些支持的例子，但终究还没有获得科学界的公认，只能说还是一个假说，在这个基础上来讨论上述基本问题当然很难得到统一的研究成果。少数人进行前瞻性的探索是可以的，更多的人、特别是一些年轻人不应该把大部分精力放在这里。更多的自然科学、人文科学、社会科学、哲学等不同领域专家应深入研究各自领域的信息问题，解决该领域有关信息的定义、性质、特点、手段等问题，同时要更加注意交流、沟通，借鉴其他领域的新成果加快本领域的研究。这次学术交流会就是为了这样一个目的。只有建立起不同学科之间的联系，最终统一概念，才有可能成功，才能建立起理论信息学。

五、要特别注意区分自然信息和“语言、文字”信息

信息是各个学科普遍使用的概念，很多人都在谈论信息，但谈论的内容却不一样；人们往往不区分信息和信息载体，不区分信息、消息、数据、知识等类似概念，有时也确实无须加以区分。这里要强调的是，仅在研究自然科学领域，信息概念在不同学科领域就有不同的内涵，各学科对信息的认识也不同：物理物质的形态是信息，化学物质的组成、结构是化学家讨论的信息，生物遗传的编码、染色体的数量、基因图谱等是生物学家关心的信息，到现在还未统一。然而，生产实践急需对具体学科信息进行深入研究，要求不断发展信息处理技术，以适应学科发展的需要。现在各门学科还未能提供足够的成果进行总结、归纳，还没有办法提出一个所有学科专家都接受的统一概念，以及所有“信息”都满足的演化规律。

在进行信息统一规范的时候，特别需要区别 2 类信息：一类是系统本身具有（或反映）的信息，它是系统本身特性的体现；另一类多是通过语言、文字反映出来的信息，通常是按一定规则进行对

应、转换了的信息（称为语言文字信息）[11]。系统本身的信息通常是对系统性质的描述，前面所说“系统的状态变量就是信息”，指的就是这类信息。不少学科虽没有采用信息的概念，也已经将其研究得比较深入了。在物理学中，声音的频率、物体的形状、颜色等都属于此列。物理学没有利用信息概念，对它们已经研究得很清楚了，这也是不少物理学家拒绝承认信息的原因。对于语言文字信息则不然，对于它们我们不再关心语言的声音频率，而关心它的内容，对文字也不关心它的图形，而是文字的内容。比如，“3”“III”“三”“three”的形状虽然不一样，但给我们的主要信息一样的，都表示数字“3”。应该说，这里的信息是人们经过学习才获得的。人们建立了规则，规定上述 4 种形式的图形表示同一种信息，并使得大家了解和认可同一种规则，才使得它们代表同一种信息。人类进行思考和交流的前提是大家要有共同的思维载体，即从语言、文字中得到的信息是一样的。小孩子学习首先就是学习对信息的了解，学习某一特定的声音、图像载体表示（荷载）什么信息。外语的翻译实际就是建立同一信息不同表述之间的联系，当外国人没有关于“阴阳”“气功”等信息时，我们就可以规定一种与中文声音是一样的发音，作为它们信息的载体。

当研究语言、文字的信息时，特别需要注意对思维科学的研究。现在有一些对信息的研究实际上是研究思维，涉及概念、推理、逻辑思维、形象思维等思维科学的概念。思维的主体是大脑，对象是信息，但思维科学与信息科学是不同的。把对信息的研究成果，即使是对语言文字信息研究的成果，自动移植到思维科学中也是不合适的，会引起混乱；对于思维科学的成果，也不能认为就是对信息的认识。作为学科信息学，对思维信息的研究，将信息与思维联系起来进行研究，分析它们之间的关系，在过去思维科学研究的基础上，从新的角度分别对思维主体——大脑，思维对象——信息，思维过程——相互关系等进行研究，分析它们的区别、联系，不仅会促进思维科学的发展，也是理论信息学研究的一个方向。

参考文献

[1] 尼科利斯 G 普利高津.非平衡系统中的自组织[M]. 徐锡申,等,译. 北京：科学出版社，1986.
[2] 哈肯. 高等协同学[M]. 郭治安，译. 北京：科学出版社，1989.
[3] 霍兰 J H. 隐秩序[M]. 周晓牧，等，译. 上海：上海科技教育出版社，2000.
[4] 王寿云，等. 开放的复杂巨系统[M]. 杭州：浙江科学技术出版社，1996.
[5] 邢修三. 动态统计信息理论[J]. 中国科学 G 辑，2005,35(4):337-368.
[6] 钟义信. 信息科学原理[M]. 3 版. 北京：科学出版社，2002.
[7] 姜璐. 信息是什么？[M]//李喜先. 21 世纪 100 个交叉学科难题. 北京：科学出版社，2005.
[8] 姜璐，范智. 信息定义的探讨[J]. 系统辨证学学报，2004（2）：28-30.
[9] 董春雨，姜璐. 从不变量看信息概念的定义[J]. 北京师范大学学报：社会科学版，2004（4）：108-112.
[10] Tom Stonier. The information and the internal structure of the universe —an exploration into information physics[M]. London: Springer, 1990.
[11] 姜璐. 符号和符号信息[J]. 系统工程理论与实践，2005（5）：135-138.

Research of Information Science as Viewed from System Science

Tan Lu[1] Zhou Ya[2] Jiang Lu[2]
1. Department of Planning and Research, Beijing Open University
2. Department of System Science, Management School of Beijing Normal University

Abstract: Making researches on information which is regarded as a state variable of system from the perspective of system science can promote the development of information science. In the model framework of system science, the analysis of relations among three system attributes which are information, matter (mass) and energy benefits understanding the connotation of information better. Furthermore, for the different range of researches of theoretical informatics and subject informatics, we hold that the priority should be given to the development of subject informatics to strengthen the research of information science at this stage. Based on the difference between natural information and language (word information), a trend of the research on theoretical informatics is proposed.

Key words：information; information science; system; system science

信息哲学在中国的创立

——邬焜教授30年信息哲学学术思想研究

李国武

西安交通大学人文社会科学学院博士生

西安石油大学

摘　要：西安交通大学邬焜教授，从事信息哲学理论研究已逾30年，他将信息概念作为哲学的最基本范畴之一引入哲学，创立了信息哲学。在信息本体论、信息认识论、社会信息论、信息生产论、信息进化论、信息价值论以及信息思维论等领域，都进行了开拓性、独创性的研究，从而第一个建立了完整的有关信息哲学的观点、理论、体系和方法。

关键词：邬焜；信息哲学；创立；理论；体系

西安交通大学邬焜教授，从1980年以来，一直致力于创立信息哲学的研究，迄今已30年，被学术界誉为“信息哲学的开拓者”“信息哲学第一人”。

30年来，邬焜教授的主要学术贡献是：将信息概念作为哲学的最基本范畴之一引入哲学,创立了信息哲学，在信息本体论、信息认识论、社会信息论、信息生产论、信息进化论、信息价值论以及信息思维论等领域，都进行了开拓性、独创性的研究，从而建立了完整的有关信息哲学的观点、理论、体系和方法。邬焜教授已出版《哲学信息论导论》(1987年)、《信息哲学——一种新的时代精神》(1989年)、《自然的逻辑》(1990年)、《信息世界的进化》(1994年)、《信息与社会发展》(1998年)、《知识与信息的经济》(2000年)、《价值哲学问题研究》(2002年)、《信息认识论》(2002年)、《哲学比附与哲学的批判》(2002年)、《信息哲学——理论、体系、方法》(2005

年)、《信息化与西部发展多维互动模式探讨》(2006 年)、《信息哲学问题论辩》(2008 年)、《古代哲学中的信息、系统、复杂性思想——希腊·中国·印度》(2010 年)等专著 13 部,公开发表与信息哲学相关的学术论文 200 余篇。邬焜教授创立信息哲学的主要标志性学术成果是其论文《哲学信息论要略》(1985 年),以及专著《哲学信息论导论》(1987 年)和《信息哲学——理论、体系、方法》(2005 年)。

为更好地廓清世人对信息哲学的模糊认识,使更多学界同仁走进信息哲学,感悟邬焜教授的所思、所论,使更多同仁更好地了解邬焜教授对信息哲学的贡献,并学习邬焜先生严谨的学术态度和高尚的学术风范与学术境界,特对邬焜教授 30 年的学术历程梳理如下。

一、信息哲学的创立期(1980—1987 年)

20 世纪下半叶以来,世界范围内的信息科技革命、信息经济、信息社会的崛起,社会的信息化、信息社会化的全面发展和进步,集中而强烈地呼唤着一种新的时代哲学——信息哲学——的诞生。

20 世纪 80 年代初开始,随着一些相关学科的引入和介绍,在中国学术界掀起了一场对信息问题进行哲学探讨的浪潮,信息哲学应时而生。在中国,邬焜教授是少数较早对信息哲学问题进行研究的学者之一。可以一直追溯到 1980 年,那时邬焜教授所关注的问题是:如何科学地说明物质和精神的关系这一哲学基本问题。按照传统哲学的解释,物质和精神是构成世界的两大基本存在领域,是一个两级二元对立统一。但仅仅是两级二元对立统一的模式是否合理?物质要转化为精神,精神要作用于物质必须有一个转化、过渡和联系的中介环节。邬焜教授认为:谁找到了这个中介,并能科学地阐明它,谁就会给哲学带来整体性的变革。正是基于这样一种认识,邬焜教授针对这个“中介”的问题开始学习和研究,并发现可以把“信息”概念作为哲学的基本概念引入哲学，充当物质和精神之间相互作用的中介。

1980 年 7 月，邬焜教授完成了他关于信息哲学的第一篇学术论文《思维是物质信息活动的高级形式》（该文发表于《兰州大学学生论文辑刊》1981 年第 1 期）。该文首次从哲学的高度把信息看成是“物质存在方式和状态的显现”[1]，提出并初步论证了信息具有自在、自为和再生 3 种基本形态，还提出了信息场、概象信息和符号信息等信息的形式，并在此基础上把从物质到精神的过程描述为以信息为中介的信息活动过程。正是这篇论文所提出的观点使信息作为哲学范畴引入哲学成为可能，从而奠定了信息本体论和信息认识论的基本前提。

1981 年春，邬焜教授写出了第二篇关于信息哲学的论文《信息在哲学中的地位和作用》（该文发表于《潜科学杂志》1981 年第 3 期）。文中明确地将信息定义为“信息是物质存在方式和状态的自身显示”[2] (这个定义，是后来邬焜教授给出的信息的标准定义“信息是标志间接存在的哲学范畴，它是物质（直接存在）存在方式和状态的自身显示”的后半句)，文章更为准确地对信息的 3 种基本形态进行了规定，并提出了关于信息的 3 个不同性质的理论，文章还纲领性地指明了信息在哲学本体论和认识论中的地位和作用。

1981 年秋，邬焜教授写出了第三篇关于信息哲学的论文《哲学信息的量度》（该文曾在兰州大学 1981 年科学论文报告会上发表），文中讨论了相对信息量和绝对信息量的不同，给出了区别于香农静态相对信息量和动态相对信息量的数学模型。

1982 年 4 月，邬焜教授完成了《哲学信息论导论》一书的初稿，并以此书作为其大学本科毕业的学士论文。1984 年第 5 期《兰州学刊》发表了该书中的一章《哲学认识论的信息中介论探讨》，1985 年第 1 期《人文杂志》以《哲学信息论要略》为题发表了该书的基本观点，1987 年 6 月，陕西人民出版社出版了《哲学信息论导论》一书。《哲学信息论导论》一书的完成及其相关成果的发表，标志着信息哲学在中国的正式创立。如果从《哲学信息论导论》一书完成的时间，及其通过学士论文并授予相应学位的时间来看，信息哲学创立的时间应该定在1982年，如果从完整的成果公开发表的时间来看，信息哲学创立的时间应该定在1985—1987年。

《哲学信息论导论》一书从存在论的意义上，在学术界第一次全面系统地提出了信息的哲学本质、哲学分类、信息的3个不同性质、绝对信息量、相对信息量、信息与相关哲学范畴的关系、哲学本体论的概念层次论、哲学认识论的信息中介论、社会的信息进化论、力的哲学与信息的哲学的异同，以及信息在哲学变革中的作用等诸多方面的问题。这些开创性的研究，比较系统地建立了一种区别于实用信息论的哲学信息论，正式宣告了一种崭新的时代哲学——信息哲学——在中国的诞生。

二、信息哲学理论体系的完善期（1985—2005年）

邬焜教授创立的信息哲学，在理论体系上包括信息本体论、信息认识论、社会信息论、信息生产论、信息进化论、信息价值论以及信息思维论等内容，邬焜教授在随后的20多年间，更加深入地进行了这些方面的研究，逐步完善和建立了完整的有关信息哲学的观点、理论、体系和方法。下面就这些研究领域的研究进程予以介绍。

（一）提出了物质和信息双重存在的理论，创立了信息本体论

1985年下半年，当邬焜教授为硕士研究生讲授“自然辩证法概论”课程时，从信息哲学的层面上开始进一步深入思考哲学本体论的问题。1987年3月，邬焜完成了一本新著《自然的逻辑》，该书于1990年5月由西北大学出版社出版。书中不仅提出了“扬弃人的认识中介”“以自然的名义表述自然”[3]的哲学本体论方法，而且还将整个自然界描述为物质和信息双重存在和双重演化的世界，并对这一双重存在和双重演化的内容、过程和机制进行了具体的规定、阐

释和讨论。这些成果标志着邬焜教授所提出的信息本体论的基本观点和理论的完善和成熟。

（二）提出物质和信息双重演化的理论，创立了信息进化论

1988 年 4 月，邬焜教授开始构思撰写《信息世界的进化》，对信息进化论理论进行研究。该书于 1993 年完成，于 1994 年由西北大学出版社出版。该书的出版标志着邬焜教授所提出的物质和信息双重演化的信息进化论理论体系的完善。

（三）提出了哲学认识论的信息中介论，创立了信息认识论

邬焜教授把他创立的信息认识论称为“认识论的信息中介论”，这一理论包括 2 个部分，一个是“认识发生的信息中介说”，另一个是“认识过程和机制的信息建构和虚拟说”。《哲学信息论导论》一书的认识论部分还只涉及这一学说的第一个方面。在之后的研究中，邬焜教授相继发表了《认识：在多级中介中相对运动着的信息建构活动》（《长沙水电师院学报》1989 年第 3 期）、《论人的认识方式》（《求是》学刊 1989 年第 3 期）、《主体信息活动的层次和层次间的相互作用》（《西北大学学报》1993 年第 3 期）、《凭差异而识辨、依中介而建构、借建构而虚拟——信息认识的一般过程和机制》（《科学·认知·意识》江西人民出版社 2004 年版）等论文，2002 年他撰写的《信息认识论》专著由中国社会科学出版社出版。这些成果标志着邬焜教授提出的信息认识论理论的完善。

（四）提出了信息生产是人类生产的本质的理论，创立了信息生产论

1994 年，邬焜教授开始更多地关注信息经济、信息社会领域的研究。在这一方向上他先后发表了近 20 篇论文，出版了 2 本学术专著——《信息与社会发展》（西南财经大学出版社 1998 年版）、《知识与信息的经济》（西北大学出版社 2000 年版）。这些成果把 20 世纪下半叶以来在世界范围内兴起的信息科学、信息技术、信息经济、信息社会，以及信息的社会化和社会的信息化的理论和实践看做是一个统一的时代之潮，并从信息哲学的视角对其进行统一而综合的研究，并提出了科学的信息科学化、信息生产和信息生产力等众多领域的新的观点和理论。在邬焜教授看来，物质守恒，不生不灭，人们在生产活动中只能改变物质的存在形式，而不能创造或消灭物质，而信息却不守恒，改变物质的存在形式正是由信息的重组和创造所造成的，所以，人类的生产只能是信息生产，人类的生产力只能是信息生产力。这些成果标志着邬焜提出的社会信息论、信息生产论理论体系的建立和完善。

（五）对人类科学范式更替和发展的历程进行了系统梳理，创立了信息思维论

1998年，邬焜教授开始接触学界提出的信息思维方面的理论，并对这一领域的问题进行了新的开拓。他系统地对人类的哲学和科学思维方式进行了考察，并对"实体思维" "能量思维"和"信息思维"进行了明确界定。2000年5月，邬焜完成了长达3万余字的《物质思维·能量思维·信息思维》的学术论文，后来发表于《学术界》(2002年第2期)。之后，邬焜教授又对复杂性与信息思维的关系，以及第三次科技革命与信息系统复杂综合的世界图景和信息思维的关系进行了探讨，提出了自己对科学革命和技术革命划分的标准和理论，并相继发表了《复杂性与科学思维方式的变革》(《自然辩证法研究》2002年第10期)、《信息思维：信息时代的全新科学思维方式》（西安交通大学学报2003年第3期）等论文。这些成果标志着邬焜教授的信息思维论理论体系的建立。

（六）从物质价值和信息价值的双重维度提出了天道价值论，创立了信息价值论

1997年，邬焜教授发表了他关于价值哲学的第一篇论文——《一般价值哲学论纲——以自然本体的名义所阐释的价值哲学》(《人文杂志》1997年第2期），之后又陆续发表了《天道价值与人道价值》（《价值与发展》陕西人民教育出版社1999年版）、《与价值哲学相关的几个问题的探讨》（《社会科学辑刊》1999年第5期）、《价值事实、价值反映与价值评价》（《学术界》2000年第6期）、《网络文化中的价值冲突》（《深圳大学学报》2001年5期）等论文。2002年，由邬焜教授做主要撰稿人，并担任主编的《价值哲学问题研究》一书由中国社会科学出版社出版。在这些成果中，邬焜教授把价值定义为："价值乃是事物（物质、信息、包括信息的主要形态——精神）通过内部和外部相互作用所实现的效应"[4]，并在物质价值和信息价值的双重坐标中对价值哲学问题进行了深入研究。他还基于信息经济、信息社会与信息网络所引出的相应经济、政治、文化、观念、生活等层面的变革，进一步探讨信息的社会价值。这些成果标志着邬焜教授的信息价值论理论体系的建立。

（七）创立宏大而系统的信息哲学理论体系

2001年10月，邬焜教授开始梳理多年的研究成果，实施综合集成宏愿，并以《信息哲学的理论、体系和方法》为题独立申报了国家社会科学基金项目。2002年6月，国家社会科学基金项目获批，加快了邬焜教授建立完整的信息哲学理论体系的步伐。2003年6月，长达70万字，包括10编，40章内容的《信息哲学——理论、体系、方法》专著完成，以此书为标志性成果的国家社会科学基金项目于2004年3月结项，2005年3月，该书由商务印书馆出版。

参加该成果鉴定的5位中国著名专家王雨田、何祚榕、庞元正、申仲英、孟宪俊对该成果都给出了"一级"评价的成果鉴定结论，并在其"鉴定结项审批书"的综合评价中写道："该成果在概括总结信息科学最新成果的基础上，构建了信息哲学的理论体系……全方位、多角度地对与信息相关的哲学问题进行了具有独到见解的探索，创建了以信息维度认识世界、解释世界、进而改造世界的一整套比较完整的哲学理论"；"该成果是一项具有原创性、开拓性、自成一体的学术巨著，该著作的学术观点之新颖、内容之丰满、逻辑之自洽、论述之简洁，均达到了很高水平”；“该成果不仅立论独到、前后贯通，而且涉及面宽、结构化程度高，确已成为一家之言”；“本成果是国内第一部信息哲学的系统之作，对学科发展具有奠基作用，具有重要的理论价值。”[5]相关书评认为：“由于该成果在元哲学（第一哲学）层面上全面建构了信息哲学，是哲学现代化的一种具体形式，所以该成果无论在发展马克思主义哲学，还是在全面批判和改造传统哲学，或是在全新建构新的时代哲学等方面都具有极高的理论创新的学术价值。”[6]

三、信息哲学的最新进展（2005年至今）

2005年之后，邬焜教授除继续深化其信息哲学领域的研究之外，开始用他所创立的信息哲学的方法对古今不同流派的哲学观念予以评价和梳理，并展开相应的比较性研究，其中包括对人类古代哲学相关思想的评价和梳理，信息哲学与马克思主义哲学的比较性研究，信息哲学与系统哲学的比较性研究，信息哲学与当代西方哲学的比较性研究[7]。近年来，在这一研究方向上，邬焜教授相继发表了系列论文，先后出版了2本学术专著《信息哲学问题论辩》（西安交通大学出版社2008年版）、《古代哲学中的信息、系统、复杂性思想——希腊·中国·印度》（商务印书馆2010年版）。2009年9月由中国社会科学杂志社、陕西省社会科学联合会和西北大学联合主办的主题为“第三届中国社会科学前沿论坛——中国学术话语体系的当代建构”的学术会议在中国西安召开，邬焜教授为会议提交了题为《哲学基本问题与哲学的根本转向》的学术论文并作会议发言。该文在内容提要中写道：“由于‘存在’范畴含义的不确定性，抽象表述的哲学基本问题‘思维和存在的关系问题’需要具体化才能被切实理解和把握。哲学基本问题具体化表述的关键在于对存在领域的具体划分。把哲学基本问题具体表述为‘物质和精神的关系问题’的依据在于把存在的范围确定为物质和精神两大领域，这是有史以来传统哲学对存在领域进行分割的一种基本模式。这一基本模式确定了传统哲学的基本论域和一般性质。哲学的根本转向在于对哲学基本问题具体表述内容的变革，其基础则是对存在领域分割模式的创新。迄今为止，人类哲学理论的发展虽然在某些研究领域中实现了研究重点和关注问题的转换，但是在其存在论和认识论的根基上却从未实现过任何根本性改变，这就是对物质和精神、主体和客体的二元对立关系的基本性承诺和具体化解读，所以，人类哲学的发展从未发生过真正意义上的根本性的理论转换。由于把信息概念作为哲学的最基本概念之一引入哲学，信息哲学阐明了一种全新的存在领域分割模式，从根本上改变了哲学基本问题的具体表述方式，所以，信息哲学实现了人类哲学的第一次根本转向，并因而导致了人类哲学的全方位的根本性变革。”

值得强调的是，邬焜教授学有专攻、治学严谨，具有高尚的学术风范和学术境界，令人敬佩。从 1980 年写出第一篇信息哲学的论文至今，他在信息哲学领域的研究工作已历 30 年之久。其中虽有这样那样的干扰和插曲，但是，邬焜教授执著于信息哲学的独创性研究一直未曾中断，可谓“衣带渐宽终不悔，为伊消得人憔悴”。在长达 30 年“众里寻他千百度”不间断的研究思考中，邬焜教授于 20 世纪 80 年代提出的关于信息哲学的基本观点和理论除了不断深化和拓展之外，并未有什么根本性的改变，体现出来的学术思想和思维路径始终保持了基本一致和统一，由此也可看出邬焜教授治学之态度是何等之认真、严谨。这一情景在中国学术界多年来普遍存在学术浮躁之风的背景下，更显得难能可贵。

参考文献

[1] 邬焜. 思维是物质信息活动的高级形式[J]. 兰州大学学生论文辑刊，1981(1)：1-10.

[2] 邬焜. 信息在哲学中的地位和作用[J]. 潜科学杂志,1981(3): 53-60.

[3] 邬焜. 自然的逻辑[M]. 西安：西北大学出版社, 1990：10-12.

[4] 邬焜. 一般价值哲学论纲——以自然本体的名义所阐释的价值哲学[J].人文杂志, 1997(2):18-21,25.

[5] 邬焜. 信息哲学——理论、体系、方法[M]. 北京：商务印书馆,2005:599-602.

[6] 张雨. 信息哲学理论的全方位展示——《信息哲学——理论、体系、方法》一书评介[N]. 科技日报, 2005-7-6.

[7] 邬焜. 信息哲学问题论辩[M]. 西安：西安交通大学出版社,2008:341.

Information Philosophy in China ——Professor Wu Kun 30 years of academic thinking in information philosophy

Li Guowu

Xi'an Jiaotong University, Doctor Student of Humanities and Social Sciences Xi'an Shiyou University

Abstract: Professor Wu Kun, from Xi'an Jiaotong University of China, has been studying in information philosophy for above 30 years. He introduces information conception to philosophy as one of the most fundamental areas, and founds information philosophy. He has done a lot of pioneering and original research in information ontology, epistemology, social information theory, information production theory, information evolution theory, information value theory and information thinking theory etc. Therefore he is the first person setting up complete views, theories, systems and methods about information philosophy.

Key words: Wu Kun; information philosophy; set up; theories; systems

作为元哲学的信息哲学何以可能

李武装

西安交通大学人文社会科学学院

摘　要：“元哲学”之谓“元哲学”，在当代来看，主要集中于对以“现代科技革命”“社会整体转型”“全球思维”为旨趣的当代世界进行一种人类全新的、含括“理论、体系、方法”三维度的哲学批判逻辑、哲学思维方式和哲学超越模式建构。在“哲学基本问题”“哲学认识论”和“哲学价值论”上，信息哲学都实现了人类视域的全新转换从而成为元哲学。信息哲学作为元哲学的现实条件及路径依赖，在于梳理和挖掘一系列关注点及其方法论启示。

关键词：元哲学；信息哲学；现实条件

端倪或肇始于 20 世纪 50 年代“人工智能与哲学关系”探究的信息哲学，在 20 世纪 80 年代开始走俏并日益成为一门国际“显学”。在已出版的公开刊物中，就笔者所见，“信息的哲学”称谓最先见诸 1984 年黎鸣先生的《力的哲学和信息的哲学》[1]一文，而“信息哲学”之名则首次出现在 1985 年邬焜教授的《哲学信息论要略》[2]一文。实际上，对信息的哲学之思最早可以追溯到邬焜教授 1982 年在兰州大学的学士毕业论文《哲学信息论导论》。可以说，邬焜[3]教授是第一个（至少在中国是第一个）提出“信息哲学”范式并进行系统研究的学者。虽然许多文献明确标示英国牛津大学哲学家弗洛里迪是“信息哲学的创始人”，但弗洛里迪是 1996 年在其著作《信息与计算导论》中首次提出“信息哲学”概念并在 2002 年《什么是信息哲学》宣言中展开系统分析的。争论姑且“悬置”。这里的问题是，信息哲学这一新生的“哲学门”究竟应该作为“元哲学”看待，还是理应视为目前流行的“领域哲学”或“部门哲学”（例如有人[4]认为信息哲学是科技哲学的新“范式”）？如果是前者，那么，作为“元哲学”的信息哲学何以可能？本文试就这一问题展开论列、述评。

一、何谓“元哲学”

对 metaphysics 一词所作的“形而上学”“后物理学”的译介，造成人们对“上”“后”和“元（meta）”的诸多误解和歧义。实际上，“上”“后”和“元”在这里并不是真正时间和空间意义上的先与后、上与下，而特指逻辑意义。或者说，“上”“后”和“元”不是发生学的考察，而是一种功能性的规定。这种逻辑意义或功能性的规定至少包含两重含义：一是超越，一是反思（包括批判）。前者相当于英文中的“transcendence，going beyond”，主要指称前提、条件和根据；后者相当于英文中的“contemplation”和德文中的“nachdenken”，主要述谓自身的自我认识。

西方近代哲学所实现的“认识论转向”业已表明或证实了这种超越和反思的基本思路。因为在从西方古代哲学到中世纪哲学关于“一般与个别”的争论中，按照阿奎那的定论，“一般”除了以下 3 种存在形式，人们再也设想不出其他关于“一般”的存在形式了：作为上帝创造世界的理念，它存在于事物之先；作为事物的形式，它存在于事物之中；作为事物的概念，它存在于事物之后。也就是说，在结构与发生学意义上的“一般”考察已走到了尽头。而对“被证明了的真的信念”的不懈追求，导致人们必须思考：作为具有普遍性、必然性和有效性品格的“一般知识”从何而来？即认识如何发生？当思考探究这一问题时，西方近代的哲人们大多自觉不自觉地采用了康德式问题，即“某某何以可能”的追问与求解路向。譬如，西方近代哲学中的“实体”概念、康德的“物自体”概念以及黑格尔的“绝对精神”范式，都是一种基于“何以可能”（对条件、限度、前提等的发问）的逻辑设定。实际上，这就是哲学式的“元理论”追问与求解方式：

对前提、根据、限度、条件的自我认识。

因循上述理论，我们必然陷入“元元哲学”的“恶无限”困境。而问题在于“元哲学”自身的特殊性。我们知道，前提预设是无限的，但其层次不然。如果预设的层次达到了循环，那就意味着已经进入了最高层次，即循环的出现或者最高层次的呈现是以预设已经“适用于说明所可能知的一切”为临界点的。这也就是当代解释学大师伽达默尔指出的，任何理解中都包含的承诺或约定。“解释学循环”的合法性就在于求得一个合理的“阿基米德点”。开创分子生物学研究领域的“超循环理论”，其真义也是“平衡”起“自组织系统”模型。“元哲学”自身的特殊性，就在于它本身就是这个“阿基米德点”；“元哲学”作为对“所可能知的一切归根到底如何的形式化思辨考察”，再也无法超越，达到了最高的层次，自主、自因且自明，即达到了对哲学最基础理论的把握。这就相当于塔斯基对真理的语义学定义：“X为真，当且仅当P”。缘于此，西安交通大学已故的刘永富教授一再强调，“元哲学”更应该被合理地称做“哲学基础理论”。而陕西师范大学的金延教授在论述哲学合法性问题时，认为哲学的功能是“考察人的认识和人的行为的逻辑基础”[5]。他抨击西方近代以来的哲学不是“物理学，警惕形而上学”，而是“哲学（形而上学），警惕物理学”。认为西方近代哲学实质是考察“科学知识的逻辑条件”；他揶揄中国哲学“安身立命”的回答方式可能把形而上学（哲学）变成一个道德问题。金教授的“逻辑基础”（“逻辑条件”）完全可以理解为哲学的“元”追问，即“元哲学”问题。

那么，“元哲学”或者“哲学基础理论”一般包含或指谓哪些内容？或者说，成为“元哲学”的参照系或标尺何在？遵从刘永富教授的论述，就是对于以下问题的解答：“哲学所特有的主题；哲学问题的本性、分类以及处理哲学问题的方法；哲学所特有的价值与目的；哲学批判与日常生活的关系；哲学与自然科学的关系；哲学能否像自然科学那样取得进步。”[6]等。也就是说，能圆满回答或者至少致力于解答这些问题的学问，一定属于“元哲学”。

从抽象的可能性着眼，运用与时俱进的话语逻辑，“元哲学”之谓“元哲学”，首先得从众所周知的“哲学基本问题”入手，致力于回答世界以及人类把握世界的一系列视点、视界、方式的“范式性革命”主题。其次，要着力考察世界“主题转化”的质态及其意义：是否在“时代性”上置换或更新了人们的视域？是否真正推进了人类把握世界的世界观面相以及方法论全面创新？再次，关注“生活世界”、现实问题从而对哲学本身进行“建设性向度”的系统重建或理解，而不是着眼于个别问题的澄明和释义。

从具体的可能性而言，“元哲学”之谓“元哲学”，判定和评价的依据，在当代来看，主要集中于对以“现代科技革命”“社会整体转型”“全球思维”为旨趣的当代世界是否进行了全面、系统的解构与重构，从而彰显和昭示一种人类全新的、含括“理论、体系、方法”三维度的哲学批判逻辑、哲学思维方式和哲学超越模式。因为哲学是时代精神的精华。

二、作为元哲学的信息哲学

（一）在本体论和“哲学基本问题”上

按照邬焜教授富有哲学意蕴的信息定义——“信息是表示间接存在的哲学范畴，它是物质（直接存在）存在方式和状态的自身显示”[7]，以及他对“存在领域的分割”论证，我们看到存在（世界）由“物质（质量和能量）和意识”的旧二分演变成“物质和信息(包括信息的最高形态——精神)”的新二分。即存在是由“直接存在”（物质）和“间接存在”（信息以及信息的最高形态——精神）构成的。在信息的世界观意义上，世界被二重化为物质世界和信息世界。相应地，“哲学基本问题”就成了物质和信息的关系问题。

姑且不论这种新二分的合理性限度和合法化根据，但至少有一点是肯定的，那就是，信息确实成为当代人类不可或缺的、最普遍的从而不能不关注的存在“样法”。进而，当我们考察“哲学基本问题”时，对“信息”的归属问题以及信息与物质、信息与意识、信息与信息、信息与人的关系的思考，本身就触及对“哲学基本问题”的重新理解和审视。这样，就有可能建立起关于“信息一般”的本体论、认识论、价值论和方法论，从而建立起全新的系统的形而上学，即“元哲学”层面的信息哲学。邬焜教授对这一理解是坚定而明确的，其论述是充分的，而其批判亦是尖锐的、有针对性的。

事实上，对信息定义的考察是信息哲学出场的前提。虽然关于信息的本质目前还是聚讼众多，但讨论本身就孕育和澄明着信息哲学因子。因此，不能像有的学者认为的那样，因为信息的定义还没达到“共识”或者对“哲学基本问题”还没给予信息视域的架构，就否认信息哲学的出场或对信息哲学产生怀疑。而且，“哲学基本问题”本身就是一个需要不断澄明的问题。恩格斯在《费尔巴哈论》中明确指出，对它的使用要有限度。

一个显见的结论是，对信息的哲学本体论反思，等于试图确证了一种关于信息的本体论观念。一般认为，“本体论承诺”有 3 种方式（二元论本质上依附或归化为一个本体）：宇宙的（或自然的）、物质的和意识的。以“间接存在”定义的信息概念，其承诺的本体论显然是属于宇宙本体或自然本体的。因而，信息的世界观意义从而之于哲学主题和存在域界的转换，足以把信息哲学定位在“元哲学”层面上。

（二）在“哲学认识论”上

人们把握、认知世界的方式，在现时代已经很少去直接体验了（虽然现象学方法目前在哲学界依然很活跃）。而事实上，越来越多的人借助于网络等现代传媒去“间接”认识我们的现存世界。传统认知的主体、客体以及主客体直接互化模式，随着计算机网络等“虚拟世界”的出现，更多地依赖于“信息中介”。“信息场”“负熵”“微观量子”等概念的出台就是最明显的例证。

实际上，作为现代认识过程基本要素或环节的信息，对认识的一次完成主要依赖于以下“发现”：“信息凝结”产生认识主体；“信息场”沟通认识主体与客体；客体被信息中介多级建构进入主体；信息中介建构和“虚拟”认识。

按照传统哲学认识论定义——认识是在实践的基础上主体对客体的能动反映，我们指出，基于“主体—客体”模式的传统认识路径在“信息时代”已完全置换为“主体—信息—客体”或者“主体—信息”模式，将来还有可能完全进化为“信息—信息”模式。即人类把握和认识世界完全成了“信息的时空对话与交流”。要指出的是，这并不否定作为终极主体之人的作用。人永远承担“分析综合”和最终驾驭信息的职能。问题是，信息时代莅临因为人类认识视域的“越界”或“移情”，确实打破了原来认知之“主体—客体”的宁静，带来了“信息革命”意义上的认识论新图式，从而滋生出认识论领域中一系列新问题，其中最为典型的就是“真理问题”，一如实在论与反实在论的争论。

基于此，可以说，信息完全改变或更新了人们的认识视域和思维模式。以信息掌握量和信息控制力为竞争力的“信息大战”从个人、民族、国家到全球，已植入我们思想的最深层。这不仅改变着我们的世界观，更形塑着我们全新的方法论和认识论，从而确证着作为“元哲学”的信息哲学。

（三）在“哲学价值论”上

哲学价值论对于价值的界定一般集中在以下3种学说：关系论、实体论和综合论。关系论主要基于主体客体的关系，包括属性说、好恶关系说、需求完成说、效应说、兴趣说和意义说等。实体论认为价值具有自身独立存在的东西（如摩尔关于“善”的不可定义论以及高清海和韩东屏的“人”论）。综合论基于层次、结构等方法来诠释（如张世英基于对张岱年的“表象分析法”和牟宗山的“实质研究法”的辨析）。但无论怎么说，价值之“自然本体”并没有得以彻底澄明，也就是说价值仍然是一种主观认识领域的东西。

信息的横空出世，打破了这一限制。以前，人们往往认为价值评价就是价值本身，而从逻辑上讲，评价过程怎么等于评价对象？作为最一般意义上的价值怎么可以忽视那个“自在世界”？这个“自在世界”难道对“人类世界”以及人类进化没有价值作用吗？等等。而按照事物（物质和信息）相互作用（包括内部和外部）所实现的效应来界定价值，则可以化解上述困惑。

首先，事物的相互作用所实现的效应可以分为直接存在变化的效应和间接存在变化的效应 2 种。这 2 种效应分别对应于物质价值和信息价值。事物（物质和信息）的存在就体现在“双重效应”的发挥中。从而，价值有了最高层级的基础和根据，即“自然本体”意义上的“价值一般”。

其次，对“是”与“应该”的困惑可以用自存事实与效应事实来化解：自存事实指忽略事物内、外相互作用关系的事物的存在事实，效应事实则反之。前者是非价值事实，后者是价值事实。价值事实执著于价值现象本身就是“是”，一种客观存在的事实。如此，可以统一“是”与“应该”，即事实世界和价值世界。从而避免陷入“是”与“价值”是否可推论以及二元论等质疑和迷茫。

第三，一个价值过程“相互作用→对象化→效应（价值）”在信息视域中可以转化为“相互作用（信息交换）→对象化（信息变换）→价值效应（信息建构）”。

第四，社会价值是物质价值、信息价值（包括精神价值）的综合。

可见，信息视域中的价值已经超越了实在论的价值预设和实证论的价值却除，完全拥有了自己“自然本体”意义，从而衍生出“一般价值哲学”。

按照刘钢研究员的论述，信息哲学“首先关心信息世界、计算和信息社会所呈现出的一阶现象的整个领域。但是，至于其自身资源的方法论批判方面，它更倾向于一种元理论的方法，也就是说，它在现象学和元理论之间保持着一种必要的张力”[8]。所谓“元理论的方法”，就是“所探讨的话题是有组织的知识体系”。简而言之，信息哲学的研究对象既是信息本身（信息科学），更是全新领域的、独立的、自主的“新领域研究”。因此，信息哲学既然“代表一个独立的研究领域”“能为传统的和新的哲学话题提供一种创新的方法”“能为信息世界和信息社会的概念基础提供系统论证”，那么，信息哲学对于前文罗列的刘永富教授关于“元哲学”成立标准的问题，都可以一一做出合理的解释，从而，作为一种“元哲学”理解的信息哲学，就得以正名。

用邬焜教授的话来说，“确立新的哲学基本问题、哲学本体论、哲学认识论、哲学价值与伦理观、哲学的经济社会观、哲学的科学技术观、哲学的演化发展观的理论前提”，“成为区别于所有传统哲学和现代哲学的一种全新的世界观、历史观、社会观、认识观、科技观和方法论”，“才能成为真正意义上的‘元哲学’”[9]。而信息哲学基于信息在本体论意义上的规定，结合上论，我们完全有理由认为它是“真正意义上的‘元哲学’”。

三、信息哲学作为元哲学的现实条件及路径依赖

信息哲学作为一种元哲学的现实条件，即是对“作为元哲学的信息哲学何以可能”的现实解答。对此问题的解答虽然目前尚乏定论，但笔者以为，在达到这一“共识”或路径依赖上，我们至少应关注以下几点。对这些关注点的挖掘、研究本身具有方法论的启示。

（一）关注信息哲学的“公共性本质”

信息本身是一个“公共性”存在。信息哲学的旨趣就是对作为“公共性”存在的信息做出最高层面的哲学透视，形成关于信息的“元理论”。而对21世纪“现代性”“全球化”以及“现代科技革命”在世界范围的渗透，我们确实处在“地球村”或者“全球邻居关系”的状态。因此，以人类“公共生活”的确立为核心的“公共性”生存理想不再是“博

物馆神话”。有学者断言：公共性已经成为后现代性之后的现代性主题[10]。对公共性的关注，就是对现代公共传媒、公共舆论、公共产品、公共需求、公共权力、公共构造等现代“公共领域”的关注。而对公共性的领悟与把握，事实上依赖于现代信息科学、现代信息技术、现代信息理论的正确发挥和恰当运用。其实，“信息时代”和“公共性生存”只是对当代世界不同的表达范式，在一个向未来敞开的世界中，其本质是相通的，都是“元”层面的考量。在这个意义上，信息哲学的建构还需要借助“公共性”研究中的许多有机养料。譬如，新兴的信息哲学可以诉诸公共哲学研究中相对比较成熟的理论等。

（二）关注哲学自身的危机，从而实现哲学的“信息转向”

哲学危机预示着哲学的“转向”。哲学已经实现了的“认识论转向”以及张再林教授所说的“现代西方哲学理论的四大转向”[11]，特别是我们耳熟能详的“语言学转向”，都是哲学每一次经历危机后的自救。当代信息技术、信息科学和信息理论在全球范围、各个层面的侵入，使哲学从“语言分析”“逻辑分析”中不得不转向对信息的关注和透视。从“意义”转向“信息”，是当代哲学义不容辞的历史境遇，也是哲学自身回应“哲学终结”从而走出“贫困”的新的范式性革命。这一点是许多论者的“共识”。正如邬焜教授所说的信息哲学本质上是“一种全新的哲学范式”。

当今世界，信息中介普遍联系着整个世界，哲学理应建构崭新的最一般、最高层次的信息反思和信息批判理论。

（三）信息哲学的“符号论”迷茫

关注信息哲学的“符号论”迷茫，积极投身于信息的有效沟通与信息符号的合理转化机制研究，这个问题是建造“巴别塔”问题，实质是信息的“语言基础”问题。如同维特根斯坦对语言“家族相似性”的指认，特别是库恩关于科学“范式”“不可通约”的理解，作为沟通、交流之另一现代普遍存在的信息同样面对此类问题。而且，较之于语言，信息更复杂，从而更难以翻译、买卖和交流：不仅需要跨时空，而且需要跨话语界限、跨学科、跨文化、跨物种甚至需要跨星球等，一如“基因转忆”“移情”等范式所指。

信息哲学要想成为“元哲学”，没有对作为现代科学语言（比如计算机语言）以及与信息相关的诸学科领域的符号、图表、公式、代码及其相互转化机制等的全面系统掌握，对于信息哲学的研究一定是肤浅的，属于“无根的浮萍”。

（四）为信息哲学提供“元理论”的建模、阐释和分析的框架

关注与信息紧密联系的计算机科学、通信工程、图书情报学、心理学、伦理学、语言学、包括新兴的生命科学等学科或专业的概念、方法和理论并进行系统梳理，致力于熔自然科学、社会科学、人文科学于一炉的“整体性思维”的锤炼，为信息哲学提供“元理论”的建模、阐释和分析的框架。

传统理性的根基是自然科学。对于理性向“合理性”的反思，使人们渐次吁求理性的本体论意蕴。因为理性不只是“reason”(理由、终极原因)，理性还是“rationality”(原理、“第一原理”、“合理性”)。并且，“理性的德性并非只是要实现人类生活的一个半圆，而是应当能支配自己给人类打开的整个生活空间，也能支配我们的一切科学能力和我们的一切行动”[12]。

人类生活的“另一个半圆”就是“精神科学”（人文科学）。因此，要理解整个信息世界，人类理性就不能囿于自然科学，更不能偏于社会科学和人文科学，而应在“大科学”视野里把握世界，一如信息之作为“一般”。譬如，如何避免“单向度”的人，如何化解信息时代的认同危机等问题也是信息哲学必须警惕和深度关切的领域。而对于信息与信仰关系等问题的思考事实上成为反信息哲学论者抛给作为元哲学的信息论者的未来问题之一。

信息时代“交叉性学科”的不断涌现，既是作为科学的“信息学”

发挥作用的契机，更是作为“元哲学”的信息哲学应该掌控的“飞地”（enclave）。飞速发展的信息以及“信息学”从而不断呈现出新的哲学问题，迫使信息哲学不断做出新的解释。因此，不断关注和了解与信息“联姻”的诸学科，信息哲学才能真正掌握“第一手资料”并成为信息时代的精华，信息哲学也才能真正成为名副其实的“第一哲学”。

最后强调，信息哲学作为元哲学理解，重在建设；走出“领域哲学”的藩篱，需要我们的共同努力。

参考文献

[1] 黎鸣. 力的哲学和信息的哲学[J]. 百科知识，1984（11）.

[2] 邬焜. 哲学信息论要略[J]. 人文杂志，1985（1）：37-43.

[3] 邬焜. 哲学信息论导论[M]. 西安：陕西人民出版社，1987.

[4] 程现昆. 信息哲学：从历史走向现实[J]. 大连理工大学学报：人文社科版，2005(3)：3.

[5] 金延. 论哲学的功能[J]. 人文杂志，1999(3):1-6.

[6] 刘永富. 元哲学自身的两个元问题:“怎么才算”与“何以可能”[J]. 学术月刊，2009(2)：38.

[7] 邬焜. 信息哲学[M].北京：商务印书馆，2005：45-46，22.

[8] 刘钢. 当代信息哲学的背景、内容与研究纲领[J]. 哲学动态，2002（9）：19.

[9] 沈湘平.公共性:后现代性之后的现代性主题[J]. 江海学刊，2008（4）：28.

[10] 张再林. 现代西方哲学理论的四大转向与当代中国马克思主义哲学的发展[J]. 教学与研究，2004（3）：47.

[11] 伽达默尔.科学时代的理性[M]. 北京：国际文化出版公司，1998：3.

[12] 邬焜. 信息哲学——一种新的时代精神[M]. 西安：陕西师范大学出版社，1989.

How is it Possible that Information Philosophy is Regarded as Meta-Philosophy?

Li Wuzhuang

College of Humanities and Social Science, Xi'an Jiaotong University

Abstract: In modern society, "meta-philosophy" should be faced with contemporary reality of "modern revolution of science and technology" "overall community transformation" and "global thinking", and it reconstructs philosophy owning newly critical logic, new way of thinking, fresh mode of transcendence to the degree of three dimensions of "theory, system and method". Information philosophy is regarded as "meta-philosophy" because great changes have occurred in the following aspects: "basic Problems of Philosophy" "epistemology" and "axiology", which brings us a fresh horizon of philosophy. As the Practice conditions and dependence outlets of meta-philosophy, information philosophy combs and digs a series of attentions and methodologies.

Key words: meta-philosophy; information philosophy; realistic conditions

从生命信息进化机理的角度重新审视进化论

高 红 金新政

华中科技大学同济医学院医药信息系

摘 要：生命信息进化论是与达尔文生物物质进化论相平行的一种进化理论，包含了化学进化、生物进化和人类社会进化中的信息进化现象。达尔文进化论基本上是关于生命物质进化的理论。我们说，生命的本质既是物质的，更是信息的。生命信息进化论是一种信息时代中推广的生物进化论版本。本文认为，在研究思路上，应该把生物物质进化论与整个宇宙生命信息进化的机理联系在一起，以帮助我们更好地揭示生命信息进化的规律。

关键词：生命信息学；进化论；智能进化；宇宙智能谱

一、生命信息学概述

（一）提出

关于生命信息学的明确概念是在一篇题为《创立生命信息学，迎接生命科学的“信息时代”》的论文中首次提出来的。该文讨论了生命信息学的概念、研究途径与方法、若干基础理论和相关研究工作的重要意义，把生命信息学研究看成是信息科学技术与医学及生物学、生命科学相结合的新阶段。生命信息学（Life Informatics）是信息科学与整个生命科学的交叉与融合，其宗旨是运用信息科学的概念、原理和方法研究关于全部生命现象的各学科中共同的信息问题。如果说，传统的生物学主要研究“活着”的物质，那么生命信息学主要研究“活着”的信息，生命信息学的基本思想就是把生命活动看成是生命信息调节与控制的过程。

（二）研究对象与范围

它的对象不仅包括生物学中主要讨论的生物大分子和细胞学 2 个层次，也包括社会科学的个体心理和社会思维 2 个层次；不仅包括人类信息，也包括动植物、细菌、病毒甚至人工生命中的信息。

生命信息科学是研究活体生物与环境进行定量信息交换的一门科学，其研究范围包括：

（1）物质信息生命科学。研究活体生物与环境进行物质信息交换，并以物质信息交换的方式来达到干预活体生物生命过程的目的。

（2）能量信息生命科学。研究活体生物与环境进行能量信息交换，并以能量信息交换的方式来达到干预活体生物质量系统及其生命过程的目的[1]。

（三）生命信息特点

主要有: ①区别于一般的物理信息，生命信息由于对准了活体的信息交换窗口，表现为信息载体的能量很小，如微瓦、毫微安、高斯量级的磁场等，即能对活体的生理、病理起重要作用；②生命信息有一定的物理属性、明确的频率范围或严格的数字序；③生命信息作用于活体时必须考虑活体作为负载的特点，一般有特制的生物元件来完成人-机耦合。

（四）生命信息进化理论

自达尔文提出进化论以来，神创论逐渐地退出了历史舞台。达尔文的理论既没有受助于近代物理科学技术，更没有得益于现代信息科学技术。其研究方式主要是观察、比较、分析、记录。其研究对象只是动植物的器官、机体及其生存环境，显然只是生命硬件的遗传和变异现象。生命进化的主导和记录是生命信息。生命信息进化论从生命进化的起点，即无机物的信息过程开始，沿着生命进化的历史顺序，逐一地考察每一个大的跃迁中信息过程的进步，直到人类文化形成、信息科学技术发展，再到以Internet为“神经网络”的全球脑(Global Brain)和地球智力圈(Noo-sphere)[2]。

考察生命信息现象，可以从历史的纵向上看，也可以从现实的横向上看。在纵向上它是一条层层相连的进化链，在横向上它有一组环环相扣的进化圈。历史的一维加上现实的三维，合成四维时空，可以称之为“宇宙信息四维模型”。宇宙信息并不守恒，而是呈增长趋势。在人类社会文化与科技层面上，生命信息正在爆炸式增长着。如果假定宇宙大爆炸时生命信息量为零，之后从无到有，从少到多，其空间形状像个漏斗。或者说随时间的演变，它像一个不断增长着的冰淇淋，我们又称之为生命信息的“冰淇淋模型”[3]。

二、生命信息进化机理

在整个生命进化现象中，信息进化是根本、是灵魂，因为生命信息进化是生命物质进化的主导和记录。从无机物几近于零智能的层次，进化到人类大脑智能最高的层次，延伸出机器的“人工智能”，属于跨越物种的智能增长。在某个物种内部，一个生物个体必须不断地“学习”，适应环境变化，其生存能力与时俱增。生命信息进化的机理是什么呢？

（一）物理、化学、生物与社会进化的层次

达尔文的杰出贡献是提出了大量进化的事实和较为合理的生物进化的机理，并且在与神创论的斗争中取得了胜利。事实上，生物进化只是宇宙进化全过程中的一个阶段。生物进化已经进化出了庞大而复杂的人类社会组织和以指数方式增长的人类科学文化知识体系。而在人类社会与文化层次上的进化机理不是自然的和随机的因素在起作用。生物的运动并不是纯粹的自然力在起作用，也不是完全的随机过程。一般地说，生物总是有求生的目的和趋利避害的生存策略，他们总能进行某种形式的“自我设计”。它们的行为不仅是

对于外界刺激做出反应，而是有目的、有意图地去了解环境、研究环境、改变环境。

如果说，在物理学领域中是盲目的力在起作用，那么在化学的层次上，就表现出起反应的分子自身的意向、识别、选择、作用。这里，不仅仅是外因和随机作用的结果。1987 年诺贝尔化学奖的得主之一——法国化学家Jean-Marie Lehn——从生物学中借用“识别”的概念，明确提出“分子识别”所需要的“化学信息”都存储在相互作用的分子的化学构造当中。在化学反应中，分子根据自身和对方提供的化学信息寻求最佳的耦合状态，从而决定了化学反应的机理和产物的组成与结构。他进一步指出，在“分子识别”的概念范畴内，化学反应便从原来的随机模式变为智能模式。所以，“我们可以把分子识别过程看成是分子间化学信息的选择性和处理过程”[4]。

（二）信息进化

传统的进化论、系统论是建立在物质基础之上的，而以信息为中心概念的信息科学不可能建立在传统的系统论、进化论的基础上。但这并不表明我们要与传统的进化论对立而为。其实一切物种在自始至终的进化过程中都已经包含着本系统内的信息进化，只不过达尔文时代的人们没有认识到这一点，结果传统进化论就少了信息的成分。[5]

信息进化的具体机制（生物的进化也循此规律）有 2 个方面：一是同化，即复制、传播、留下后代，它使信息得以延续。二是异化，即多样化，它使信息得以发展、增殖，以利于更有效的传播。[6]造成多样化的一个重要机制是引入外信息，多样化使得信息团在传播权的竞争中有更多获胜的机会。生物的有性生殖，交叉学科，洋为中用，均反映此规律。[7]

（三）生命物质进化与生命信息进化

生命的本质既是物质的，更是信息的。在一定意义上说，达尔文进化论基本上是关于生命物质进化的理论。与生物性状和物种进化的理论相平行，存在一个生命信息进化论（Life Information Evolution）。生命信息进化是生命物质进化的主导和记录。从无机物几近于零智能的层次，进化到人类大脑智能最高的层次，延伸出机器的“人工智能”，属于跨越物种的智能增长。在某个物种内部，一个生物个体必须不断地“学习”，适应环境变化，其“思维”能力与时俱增。人的心脏是物质生命的引擎，大脑则是信息生命的发动机。人类社会机构和国家，其自组织能力，包括手段与工具的水平，显然是在不断地增长着。对于 DNA 以及细胞，结论是一样的，只不过关于智能的行为方式略有不同而已。

在人类社会中，物质生产必须以消耗能量和原材料为先决条件。但是，信息生产对物质材料和理化能源要求极少，它并不消耗信息原材料，也不消耗信息能。相反地，智能是一种增长式能源。知识的无消耗式生产和智能的不断增生是信息产品爆炸式增长的内在机理。

（四）由物质生命科学走向信息生命科学

人类基因组计划的完成标志着分子层次上的信息生命科学取得了实效。伴随着 21 世纪的脚步，物质生命科学正在走向信息生命科学。从认识和实践的关系上说，物质的决定论是感知问题，是认识世界，而信息的决定论是实践的问题，是改造世界。物质生命与信息生命的关系很像计算机的硬件系统和软件系统。实现物质生命科学的“信息转向”，将直接影响我们“对人生的看法，也就是对于人类生存的目的、价值和意义的看法”。

我们物质生命体的结构组织、新陈代谢完全是信息生命力的一种表现形式。没有了符号级别上的信息活动，我们就可能成为植物人；而没有了 DNA 级别上的信息活动，我们就成了死人。整个生物界都不是物质和能量的转换装置，每一个生物个体都在不同的级别上进行信息和智能的生产与创造。在 20 世纪中叶以前，大体上自然科学就是关于物质的科学，而社会科学是关于信息的科学。通信、计算和控制科学的出现，带动了科学的学科信息化，正在把自然科学和人文社会科学连接起来。工具信息化的过程卓有成效，观念信息化的作用正在显现。生命科学的信息化需要一个“信息生命”的概念。我们需要认识和承认：人有两条生命——物质生命和信息生命。

（五）“智能” 概念的泛化

按照《现代汉语词典》的解释，“智能”是人类特有的认识世界和改造世界的能力，也就是说动物和其他生物不可以有智能，机器更不会有智能。而在美国和英国的词典中，对智能（Intelligence）的解释并不局限于“人”的能力，而是首先泛指从经验学习和理解的能力、获取和保存知识的能力，然后指出也包括人类精神的能力（mental ability）。科学的目标是揭示客观现象的规律性。

在计算机科学界，特别是在人工智能界，人们普遍地认为：所谓人类智能，不过是人类具有的一种高级的信息感知和处理的能力；高级的能力是从较低级的能力进化而来的，如果没有低等的动物智能作为基础，决不会凭空冒出人类智能来。否认进化论，就只有接受上帝造人的学说。人脑的智能不仅有生物信号处理，还有人类特有的符号处理。但是，计算机、机器人同样可以进行信号和符号的处理。在 1997 年 5 月的“人机大战”中，国际象棋世界冠军卡斯帕罗夫以 2.5/3.5 的总分败给了名为“深蓝”的计算机。童天湘教授指出：“机器战胜世界冠军，就其效果而言，与人的智能行为是同等的[8]。与别的电脑程序一样，‘深蓝’只是忠实地执行它的制造者的指令。我们说，人工智能将是信息社会中最重要的促进人类智能进化的技术手段之一。”

（六）“宇宙智能谱”

如果丢掉人类沙文主义偏见，可以认为动植物也有某种类似的智能，细菌、病毒、DNA都有“智能”，只不过智能程度更低罢了。无机物最基本的信息运动能力是人类高级智能进化的起点。如果把人的智能级别定为1的话，无机物世界中的智能级别几乎是0，动植物的智能水平在0与1之间，构成一个逐渐递增的谱带，称之为智能谱（Spectrum of Intelligence in the universe）[9]。

宇宙信息的进化可以从无机信息、生物信息到文化信息的跃迁看出来，但是更要从宇宙中信息处理能力（智能）的逐步提升进行考察。这种智能的进化的事实集中表现为：在宇宙间存在一个智能由低到高进化的谱带，即"宇宙智能谱"。这几乎已是国内外研究者的共识。中国学者钟义信指出："可以想象一个连续的智能水平空间，按照事物的相对智能水平，把人、机器、动物、植物等都安排在这个空间中的适当位置，一切事物都具有某种水平的智能，只是智能水平的高低程度不同而已：人具有最高的智能水平，无生命的事物具有最低的智能水平——无智能，其他则介于这两者之间[10]。"我们在生命信息学研究中提出宇宙信息进化的四维模型，把宇宙智能谱作为一个基本的事实和出发点。

三、讨论

如果说信息进化的本质是智能进化。那么，智能进化的机理又是什么呢？

物理学的能量同物质本身是共生的，它表现在运动和做功的过程之中。类似地，智能与信息也是分不开的，它存在于信息运动的过程当中。信息的拷贝使得智能也得到永生。如果我们把信息载体的度量作为信息度量的替代，可以直观地看到信息量的增加。用计算机的术语讲，智能是用信号语言或符号语言编制出来的"程序"能力。DNA序列就是用遗传信号编制出来的程序，人类社会中的各种认识模型、思想方法、操作规程都是用科学文化符号编制出来的程序。这些程序体现出信息主体的目的、策略、方法、技巧等。这些程序能够复制、能够修改，就是它适应环境、与时俱进的机理。在进化着的版本的接力赛中，"智能"得到永存，得到提升。这是生命信息进化的内在根据。智能进化的内在动力是人工选择。

参考文献

[1] 顾涵森，吴度民．生命信息科学概述[J]．自然杂志，1988, 11(5): 339-349.

[2] 李宗荣，周建中，王乘，等．关于生命信息学研究中的若干重要发现[J]．医学信息，2003,16(10): 538-539.

[3] 李宗荣．关于信息科学基础研究中的几个问题[J]．科技导报，2001(4)：3-6.

[4] 宋心琦，周金渭．21 世纪 100 个科学难题[M]．长春：吉林人民出版社，2000：401-412.

[5] 陈联伟．关于生命信息科学发展的一些见解[J]．医学信息，2003,16(5): 218-219.

[6] 吕乃基．论知识的演进历程[J]．科技导报，2003（7）：16-18.

[7] 高兴亚．论宇宙中生命的信息属性[J]．南京医科大学学报，2004（4）：304-306.

[8] 童天湘．从“人机大战”到人机共生[J]．自然辩证法研究，1997,13(9):1-8.

[9] 金新政，姜璐，田爱景，等．理论信息学：信息时代中“进化论”的理论基础[J]．卫生软科学，2005（12）：363-367.

[10] 钟义信．信息科学原理[M]．北京：北京邮电大学出版社，2002.

Reexamine the Theory of Evolution from the Angle of Mechanisms of Life Information Evolution

Gao Hong, Jin Xinzheng

Medical information department, Tongji Medical College,

Huazhong University of Science and Technology

Abstract: The life information evolution is a theory which runs parallel with the Darwin's theory of biological material evolution, including chemical evolution, biological evolution, and information evolution in the human evolution. The Darwinism is the theory basically about the living matter evolution. We believe that the life essence is not only the material, but also the information. The theory of life information evolution is a promoted version of the theory of biology evolution in the information age. The goal of this paper is to suggest that the theory of biological evolution should be related to the entire universal life information evolution mechanism, which is helpful for us to reveal the rule of life information evolution.

Key words: life informatics; evolutionism; intelligence evolution; intelligent spectrum in the universe

领域信息学研究进展

詹　引　金新政　刘　静

华中科技大学同济医学院医药信息系

摘　要：领域信息学是在各个基本学科的发展、对信息及信息处理的需求急剧增长的基础上，及计算机技术与网络技术飞速发展的同时，应运而生的。本文分别介绍了化学信息学、生物信息学、医学信息学、语言学等4种领域信息学的概念、研究现状和发展趋势。

关键词：领域信息学；化学信息学；生物信息学；医学信息学；语言学

一、引言

随着各个基本学科的发展，其信息量迅猛增长，使其信息的组织、管理和处理等工作面临着巨大的挑战，迫切需要提高处理信息的速度和管理水平。目前计算机技术和网络技术的飞速发展，及时为各基本学科信息的管理工作提供了必要的工具和技术手段。并且随着计算机技术在化学专业领域的各种数据分析、数学模型构建、信息查询和交互处理工作中发挥越来越大的作用，吸引了许多各学科专家和信息学家的关注和研究，逐渐形成了一门既不同于传统意义上信息学范畴、又不同于传统意义上学科范畴的十分有发展前景的边缘交叉学科——领域信息学。领域信息学是一个非常大的概念，本文着重对化学信息学、生物信息学、医学信息学、语言学等领域信息学进行介绍。

二、化学信息学

（一）化学信息学的定义

化学信息学作为一个学科名称来说是很新的，但我们很快就可以体会到，它存在于我们周围却已有了一段时期。不同的人常会给出不同的化学信息学的定义。以下我们列出了几个最早的定义：

“应用信息技术和信息处理方法已成为药物发现过程中的一个很重要部分。化学信息学实际上是一种信息源的混合体。它可将数据转换为化合物结构信息，再由结构信息转换为知识，从而使得我们在药物先导化合物的识别和组织过程的决策变得更有效。”

“化学信息学——一个老问题的新名词。”

“化学信息学是一个广义性的名词，它将包含化学信息的设计、创造、组织、处理、检索、分析、传播和使用。”

在本文中，我们想将化学信息学建立在应用信息学方法来解决化学问题的长期发展的历史之上，以此作为献给那些在几十年前就开始致力于发展这一交叉学科的科学家们的礼物。

从这一角度，我们有意地给出一个含义更为广阔的化学信息学定义：化学信息学是一门应用信息学方法来解决化学问题的学科。[1]

（二）化学信息学的研究内容

由于化学信息学的迅速发展，其研究内容不断扩大，现对其研究内容进行总结：

（1）传统方式或基于网络的化学信息的组织、管理、检索和使用。

（2）对分子结构的编码、描述、三维结构的构建等。

（3）化学信息的解析与处理：化学实验设计、实验数据处理、图谱的分辨与解析、生物分子的信息解析及多元分析与数据挖掘技术。

（4）通过网络进行化学体系中信息的交换及传递。

（5）利用计算机系统进行分子的物理化学性质预测。

（6）化学教育与教学的现代技术与远程信息资源。

（三）化学信息学的研究趋势

现在，以上所述的化学信息学的萌芽已逐渐长成大树和趋于成熟，而且它们还在不断地成长壮大。事实上，很多在20世纪60年代和70年代初期使用的方法已成为各种计算机系统而被广泛使用，并不断完善。某些早期从事这方面研究的研究小组还在积极地追求更新的发展，而且很多新的研究小组也带着他们的新思路和新系统正加入这些领域的研究工作。[2]

三、生物信息学

（一）生物信息学的定义

生物信息学作为一门新兴的学科，其广义的定义泛指任何与运用计算机及其网络和数据库进行大规模生物学数据的收集、组织管理和分析相关的研究领域，而较为狭义的定义指用计算机的手段和方法来对生物遗传的信息和数据进行管理和分析。精确地来说，计算生物学指的是将计算机系统和计算机运算法则应用于生物现象的模型研究。生物信息学以计算机技术为研究手段和工具，同时采用数学、统计学的模型、模拟研究手法来解决生物科学的问题，因而成为生物学、统计学、数学、计算机学甚至工程学等多学科之间的交叉领域。

（二）生物信息学的研究内容

生物信息学的研究内容主要有[3]：

（1）生物学数据库的建立和搜寻。生物学数据库储存生物信息学研究的原始数据，是生物信息学存在和发展的基础。

（2）DNA 和蛋白质的序列分析。在现有的序列数据库中找出与用户序列相同或相近的序列，可以提供与此序列特征和功能相关的重要信息，涉及的问题是 DNA 和蛋白质序列相似性的分析。

（3）基因结构的预测。预测一段 DNA 序列或一个物种的基因组序列中具体哪些区域代表用于编码蛋白质的功能基因，这是生物信息学研究中的另一经典问题。

（4）蛋白质结构和功能的预测。根据蛋白质的一级结构来预测其高级结构，包括预测蛋白质间的相互作用、蛋白质与受体和药物的作用等，具有很大的应用价值，但结构已知的蛋白质数目仍只占已知序列蛋白质总数的 2%不到。

（5）基因组数据的分析。

（6）比较基因组和系统发生遗传学分析。

（7）功能基因组和蛋白组学数据的分析。

（8）信号传导、代谢和基因调节途径的构建与描述。

（三）生物信息学的发展趋势

人类基因组计划的完成标志着基因组时代进入高潮和后基因组（post-genome）时代的到来。与基因组生物信息学（genome informatics）不同，后基因组生物信息学以从基因组信息获取的生物学知识来了解生命的基本原则，同时也有其在生物医学应用中的实际目的。后基因组生物信息学与功能基因组中以基因芯片和其他高通量（high throughput）技术为基础的系统实验学相连，但生物信息学无疑将在实验设计和预计中起着更为主导的作用。同时，生物信息学研究所带来的新型研究手段和成果及大量生物物种基因组序列的完成和分析使生物医学的研究方法发生了迅速的改变。最后，生物信息学研究将根据比较基因组学、功能基因组学等分支学科的研究成果，运用大规模高度复杂和智能的数学统计模型，从整体和系统的水平上对生物学的现象提出大量新的理论和学说。而对于这些学说和理论的验证将会把实验生物学推向一个新的高度，使生物学的研究进入到系统生物学（systems biology）的新时代。因此，我们有充分理由相信，生物信息学将在21世纪里继续得到迅速的发展，包括与纳米技术相结合，从而对生物医学产生深远的革命性影响[4-5]。

四、医学信息学

（一）医学信息学的定义

广义地说，整个医疗卫生领域内的信息都可以成为医学信息。根据信息载体的特性，我们把医学信息分为2大类，即自然医学信息和人工医学信息。关于人的自然信息、生物信息，比如代谢信息、遗传信息、神经刺激信息的研究，主要是生物学家和医学学科的任务。一般地说，医学信息学不研究人体自然信息的认识及其在体内的自然的处理过程，而是把研究的兴趣集中在人工医学信息的范围之内。因此，本文接下来提到的医学信息未加说明时指的就是人工医学信息。关于医学信息学的定义有多种说法，这里采用这样一种定义：医学信息学是一门以医学信息为主要研究对象，以医学信息的运动规律及其应用方法为主要研究内容，以计算机为主要研究工具，以扩展医务工作者的信息功能（特别是智力功能）为主要研究目标的新兴交叉边缘学科。[6]

（二）医学信息学的研究内容

一般地说，医学信息学研究的主要范围包括如下4个方面。

（1）研究医学信息的概念、属性、本质、表征和度量。这属于基础的理论研究，甚至包括哲学意义上的探讨。

（2）研究医学信息系统的概念、构成、功能、原理、方法和手段。在一般信息学的指导下，研究医学信息的产生、提取、检测、变换、传递、存储、处理和识别。

（3）研究利用医学信息进行控制的原理和方法。在控制论的指导下，研制各种信息化、智能化的诊疗设备。

（4）研究实现医学信息系统最佳组织的原理和方法。在系统论的指导下，运用系统工程的技术，以及硬件工程、软件工程和知识工程的方法，研制最有效的医学信息系统。

如上第（1）（2）项是关于医学信息运动规律的认识，第（3）（4）项是关于医学信息的应用。认识是基础，应用是目的。

（三）医学信息学的发展趋势

基于对细节研究，我们把医学信息学知识分为 2 部分：一部分是医学信息处理工具和方法，另一部分是医学各个领域的计算机应用系统。同时我们认为医学信息学有 4 个分支：计算机工具和技术、工程设备和技术、医学信息系统和医疗服务管理系统。未来医学信息学主要就是在这 4 方面的发展和完善，如图 1 所示。

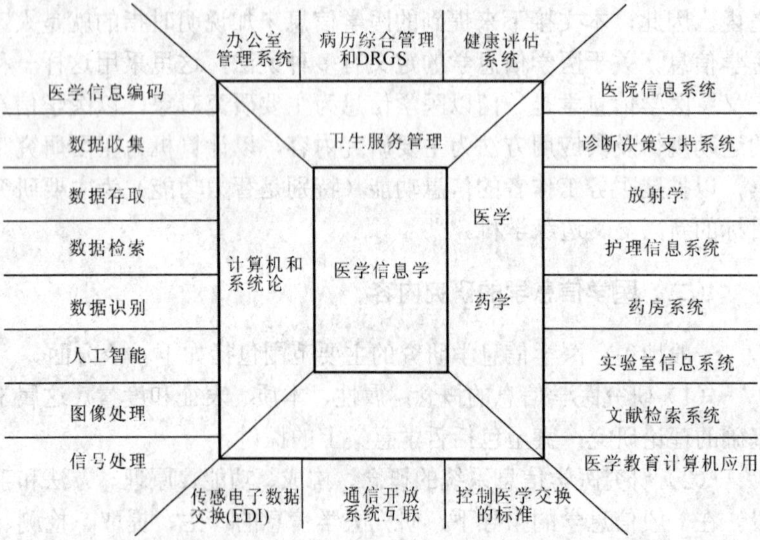

图 1　医学信息学体系的板块模型

五、语言学

在 20 世纪 60 年代，由于计算机向语言学领域的渗透，自然语言处理（Natural Language Processing， NLP）成为人工智能早期的研究领域之一。在信息化社会中，语言信息处理技术水平已经成为衡量一个国家现代化水平的重要标志之一。所以，自然语言的理解成为语言信息处理技术的一个高层次的重要方向，成为人工智能界关注的核心课题之一。[7]

当今，在“广义信息论”的研究中，不少学者借用“句法、语义、语用”这 3 个部分，提出信息定义的 3 个层次“语法、语义、语用”的概念，认为它们对应着哲学本体论、认识论、价值论 3 个层次，于是产生了语法信息、语义信息、语用信息的分类和“全信息”的概念，好像不如此就是不完整的、片面的信息，更进一步用定量的语言、数学公式把全信息给表示出来。这样一来，全信息理论就“科学化”了，而且“哲学化”了。[8-11]

把语义学说成是关于语言价值的学说，完全是一种误解。把句法、语义、语用移植过来表示信息的本体论、认识论和价值论 3 个层次，是一种误用。其后果是，把信息科学与价值论、信息哲学混为一谈，把关于信息本质的探讨引入歧途。运用“奥卡姆剃刀”法则，把信息的效用和价值问题切下来，剩下信息的载体和信息的意义（含义），问题就简化得多了。其实，在语言学中，本来语义学和语用学就都是讨论语言意义的学问，没有扯到价值论上去，现在纠正对“语用学”的误解，乃是还它的本来面目。

参考文献

[1] J 加斯泰格尔，等. 化学信息学教程[M]. 梁逸曾，徐峻，姚建华，等，译. 北京：化学工业出版社，2004：8.

[2] L M 利恩. 超分子化学——概念和展望[M]. 沈兴海，等，译. 北京：北京大

学出版社，2002：7.
[3] 李巍．生物信息学导论[M]．郑州：郑州大学出版社，2004：10.
[4] 赵国屏．生物信息学[M]．北京：科学出版社，2004：4.
[5] 郝柏林，张淑誉．生物信息学手册[M]．上海：上海科学技术出版社，2000：10.
[6] 李宗荣，等．医学信息学导论[M]．武汉：武汉大学出版社，1991：6.
[7] 石纯一，黄昌宁，王家廞．人工智能原理[M]．北京：清华大学出版社，1995：2.
[8] 何自然．语用学与英语学习[M]．上海：上海外语教育出版社，1999：1.
[9] 徐烈炯．语义学[M]．北京：语文出版社，1995：10.
[10] JN 利奇．语义学[M]．上海：上海外语教育出版社，1999：10.
[11] 高明凯，石安石．语言学概论[M]．北京：中华书局，1987：3.

Progress in the Researches on Domain Informatics

Zhan Yin　Jin Xinzheng　Liu Jing
Medical information department, Tongji Medical College, Huazhong University of Science and Technology

Abstract: With all basic subjects developing, the demands for information and information processing were growing rapidly. The rapid development of Computer technology and network technology also promoted the generation of domain informatics. In this paper, the author introduces the definition, research status and development trends of Chemical Informatics, Bioinformatics, Medical Informatics and linguistics.

Key words: domain informatics; chemical informatics; bioinformatics; medical informatics; linguistics

论信息文化的内涵与外延①

代金平

西安交通大学人文社会科学学院博士生

重庆邮电大学发展研究中心

摘　要：信息文化可定义为：以现代信息技术的广泛应用为基础，以信息产业和知识产业的崛起为支柱，以信息和知识的生产、分配、传播、交流、使用为人们普遍的活动内容，通过社会信息化过程引起人类生存方式全面变革而形成的信息时代的文化形态。广义的信息文化，是指信息社会或信息时代的文化；狭义的信息文化，是指围绕现代计算机技术、通信技术、网络技术等新技术形成的新型文化形态的总称。广义的和狭义的信息文化之间虽有区别，但又具有内在的联系。

关键词：信息文化；内涵和外延；新文化形态

信息文化是社会信息化的产物。信息化不仅仅意指人们广泛地应用现代信息技术，发展新的信息产业、改造传统产业、提升产业结构的过程，而且意味着整个社会信息基础设施的重构和技术、经济、社会范式的转型。这种转型必然导致人类的生存方式发生重大变革，由此催生新型的社会文化形态——信息文化。同时，信息文化作为人类生存的新样式，又成为影响信息时代人们生存和发展的深层次的框架，成为制约社会发展进程和方向的基本因素。开展信息文化的研究，对于构建信息时代的中国先进文化发展战略具有重要的意义。但由于信息文化的发展实际上还处于雏形阶段，而以信息网络技术为代表的新技术对人类社会影响力量之强、速度之快、

① 本文得到了西安交通大学人文社会科学学院郯焜教授的悉心指导。

范围之广又是前所未有的，因此，对于什么是信息文化，研究者众说纷纭。本文试图借鉴国内外已有的相关研究成果，对信息文化的概念作一探析，以求为廓清信息文化的基本含义提供些许建议。

一、信息文化概念的相关界说

信息技术革命对社会及其文化的影响，引起了国内外学者的广泛关注。他们从不同的视角，对信息社会及其文化做出了不同的诠释。这些界说对于我们全面深入地理解和认识信息文化，具有重要的参考价值。

（一）国外学者关于信息社会及其文化的理论

西方学者对信息社会及其文化的论述，主要有以下几类：

1．信息经济理论

1934 年，美国经济学家熊彼特提出了以创新为主要标志的《经济发展理论》，认为产品、生产工艺、市场、企业组织形式等创新是经济发展的主要力量和源泉。1961 年，乔治·斯蒂格勒发表了信息经济学的论文，提出了信息的经济学问题，开拓了新的信息经济学研究领域。1962 年，马克卢普在《美国知识的生产和分配》一书中，提出了知识产业的概念，分析了知识生产和分配的经济特征和规律，以及知识产品对社会经济发展的重要作用。马克·波拉特继承发展了马克卢普的研究成果，在《信息经济论》中，全面阐述了信息经济的含义、信息经济规模测算的理论和方法等。这类学说主要是从信息（技术）的应用、信息产业的发展和信息经济发展水平的角度讨论信息社会的，但他们在一定的意义上揭示了信息文化是经济发展到一定阶段的产物，阐明了信息社会产业结构的深刻变革和信息资源的战略地位，为信息社会及其文化的研究，奠定了牢固的基础。

2．信息社会学说

另一些西方学者立足于综合的方法，从社会文明或文化变迁的宏观视角，从社会整体结构层面上对未来信息社会做出了预测和研究。1973 年，美国社会学家丹尼尔·贝尔在《后工业社会的来临：对社会预测的一项探索》一书中，全面阐述了“后工业社会”学说，把人类社会的发展划分为“前工业社会”“工业社会”“后工业社会”3 个不同的历史阶段，并对“后工业社会”的特征做了概括。阿尔温·托夫勒在《第三次浪潮》中，明确提出，人类已经历了农业化浪潮、工业化浪潮，第三次浪潮——信息化浪潮即将到来。1982 年，美国经济学家、未来学家约翰·奈斯比特在《大趋势——改变我们生活的十个新方向》中以新型经济的支柱产业为标志，提出“信息社会”的学说。1990 年又出版了《2000 年大趋势》，指出美国社会已经从工业社会转变为信息社会。这些学说，成为信息文化理论的重要来源之一。

3．企业信息文化理论

企业信息文化理论主要研究企业采用计算机系统进行管理后，形成的新型企业文化与传统企业文化之间的区别。据我国学者董焱考证，可考的最早使用“information culture”（“信息文化”）一词的文献是Judy Labovitz和Edward Tamm的论文*Building an Information Culture：A Case Study*，该文指出：公司信息文化发展的要素包括公司的战略计划、组织哲学、利用信息及将信息和技术结合的态度等与信息相关的方面。[1]

同时，一些西方学者还从“计算机文化”“网络文化”“赛博文化”“数字化生存”等领域对信息文化进行了研究。

（二）国内学者对信息文化的界说

国内学者更直接地使用信息文化概念对信息时代的文化予以界说。主要观点包括：

1．技术文化论

技术文化论认为信息文化是信息技术向社会生活全面渗透的结果。如卢泰宏就指出：“信息文化的支撑点或生长点不是文字，不是宗教，不是建筑或艺术，也不是理念或道德，而主要是技术。是信息技术带来了革命，产生了信息文化，因此，从某种意义上也可以说信息文化是一种技术文化。”[2]

2. 电脑空间文化论

严康敏、赖茂生在《信息高速公路：面向未来的震荡》一书中提出，“信息高速公路”的出现会影响到人类各领域的活动方式和内容，特别是人类文化生活；可以把信息时代可预期产生的新文化方式和内容称为“电脑空间文化”，也就是“信息文化”。“‘信息文化’的内容并非完全确定，大致上用来表示 2 方面的含义：一是指原有的各种文化内容以及活动方式因被纳入到‘信息高速公路’系统进行制作、加工、传递和交流而发生变化，即所谓原有文化的‘电脑化’和‘信息化’；二是指随着人们越来越经常和更大规模地运用‘信息高速公路’系统从事各行各业，以及社会生活中的各种活动，这种运用方式本身势必越来越丰富多样化，进而形成一种崭新而独特的文化形态。”[3]

3. 人类文明新形态论

党跃武认为：“信息文化作为一种具有特殊内容和表现手段的文化形态，是人们在社会活动中依赖于以信息、信息资源、信息技术为支点的信息活动而创造的物质和精神财富。因此广义上的信息文化可以从 4 个方面来把握：作为物质形态的信息文化，作为社会规范的信息文化，作为行为方式的信息文化和作为精神观念的信息文化。”[4]柴庆云等基于信息文化主要是精神文化、时域文化、全球文化、科技文化的观点，提出：“信息文化是产生和发展在信息时代，以信息技术为依托和支柱，能同时表达语音、文字、图像的全球性文化。”[5]

4. 信息社会文化论

董焱认为，信息文化概念有狭义和广义之分。狭义的信息文化是指企业或团体内部在信息技术影响下所形成的新型企业文化的组成部分，是企业利用、传播信息的方式。广义的信息文化概念则是从宏观的信息社会的文化角度加以界定的。并从广义上提出："信息文化是人们借助于信息、信息资源、信息技术，从事信息活动（广义的）所形成的文化形态，它是信息社会特有的文化形态，是信息社会中人们的生活样式。"[1]

二、信息文化概念的内涵和外延

借鉴上述各种关于信息文化的论说，根据目前信息文化发展的实际，笔者以为，我们可以把信息文化概括为：信息文化是以现代信息技术的广泛应用为基础，以信息产业和知识产业的崛起为支柱，以信息和知识的生产、分配、传播、交流、使用为人们普遍的活动内容，通过社会信息化过程引起人类生存方式全面变革而形成的信息时代的文化形态。对这一定义，可以从以下几个主要方面加以界定。

信息文化是以现代电子技术、计算机技术、通信技术、网络技术和大众传播技术等的迅速扩散、应用，由此促进新的产业革命和社会技术-经济范式转型为物质文化基础的。英国学者V.基根（V.Kicon）深入地分析了促进当代网络经济产生的新技术革命的因素，认为它们是在不同的技术领域同时发生3场革命的结果：一是数字革命，即完全以重新安排1和0这2个数字组合为基础，使一切经济信息都依靠1和0这2个数字精确表达、迅速传递；二是全球电话网主干线开始使用光导纤维，使信息传输容量和传输速度发生了革命性的变化；三是计算机成本的大幅下降，使网络终端可以迅速普及到一般消费者。[6]我国科学院院士罗沛森指出，信息高速公路建设所导致的信息革命，其实质就是文化领域的产业革命，文化领域中以电子技术为立足点的新产业革命将形成一个先进的文化信息技术系统，并产生许多崭新的文化形式。[7]这些论述说明，信息文化的产生和发展，是以新的信息网络技术革命和由此产生的新的产业革命为基础的；讨论信息文化，不可能脱离它的技术革命和产业革命基础，不可能忽视现代信息网络技术的特性对信息文化的重大影响。从当代信息网络技术的应用和信息产业、知识产业的发展，构建了信息文化得以形成的信息基础设施和社会基础结构，并对信息文化具有重大影响的层面上，可以说，信息文化是一种具有浓厚技术文化特性的文化。

与信息和知识资源作为信息社会的重要战略资源相适应，信息和知识的生产、传播、分配、使用成为人们普遍的、重要的生活样式，是信息文化的总体特征和基本内容。西方信息经济理论揭示了信息社会中信息（或知识）同劳动、资本一样，已经成为社会重要的战略资源。联合国经济合作和发展组织（OECD）把未来经济定义为知识经济，指出知识经济是指建立在知识和信息的生产、扩散和应用之上的经济，知识经济的根本特征在于知识成为经济增长的驱动器。信息网络时代，由于信息和知识转变为战略性经济资源，它们作为经济增长的内生因素具有强大的传递、增殖效应，具有不断创新、永不枯竭、再生性等特性，这就打破了传统经济增长依赖于对物质生产资料消耗的瓶颈，并以信息科技革命为物质基础，形成了以信息化、网络化、全球化为特征的新的经济范式。社会战略资源的转变和社会技术-经济范式的转型，深刻地影响到人们的生存方式，使学习和运用现代信息技术、通信技术、网络技术，从事信息和知识的生产、分配、传播、交流、使用活动，成为人们普遍的、重要的活动内容和生活样式；如果缺少运用信息网络技术的机会、能力和条件，就会被排除在信息网络革命之外，在信息化、网络化浪潮中落伍。由此可见，从事信息和知识的生产、分配、传播、交流、使用活动成为人们普遍的、重要的生活样式，构成了信息时代及其文化的总体特征和基本内容，仅仅采用“计算机文化”“电脑空间文化”等概念来一般地定义信息文化，就可能限制人们考察、认识信息文化的视野，难以全面认识新技术革命和产业革命对社会文化的影响。

新的信息技术革命实质上是一场文化革命，信息文化意味着信息时代人类生存方式的变革。美国《在线》杂志执行编辑凯文·凯利在《网络经济的十种策略》一书中，深入地揭示了信息网络技术对社会经济、文化发展的深层次的意义，他指出："通信是社会的基础，是文化的基础，是人文和个人认知的基础，是一切经济系统的基础。这就是网络如此了得的原因。通信与文化及社会的关系非常密切，通信技术改革远远超越了仅仅是一个产业部门的范畴。"通信"在文化、技术和观念上震撼着我们生活的根基。"[8]现代信息网络技术的应用，不仅改变了社会的技术、产业基础，更为深远的意义在于它从根本上改变着人类的生产方式、交换方式、分配方式、消费方式、交往方式、组织方式、学习方式、思维方式等，即造就了人类在信息时代新的生存方式。我国浦东华夏社会发展研究所所长鲍宗豪教授高度评价了信息网络的文化价值，他认为，信息技术促进了文化网络系统的形成，网络为人类创造了新的文化载体，网络促进了全球的跨文化交流，网络文化语言丰富了网络文化世界；他还认为，网络带来了信息传播方式、交往方式、教育方式、消费方式、闲暇方式、社会组织方式等六大革命。[9]从当代信息网络社会、文化意义的角度审视，新的信息技术革命实质上是一场文化革命，它全面而深刻地重塑了人类的生存方式。所以，信息文化不仅具有技术特性，更具有文化特性；我们在看到信息文化具有技术文化特性的同时，又不能仅仅从技术层面上理解信息文化，更不能简单地把技术的特性等同于信息文化的特性，而应当深入地考察新技术革命、新产业革命对人的生存方式的影响，否则，就可能迷失信息文化的"文化"本意。

信息文化是信息时代特有的新的文化形态。传播学大师马歇尔·麦克卢汉认为，媒介即是信息。其意蕴是，一种新的传播媒介一旦出现，无论其传递什么样的具体内容，这种媒介本身就会给人类社会带来某种信息，对人的生存方式产生影响。[10]一方面，信息文化是工业社会向信息社会转变过程中萌生的新的文化形态，具有鲜明的时代特征。在信息文化与传统文化的关系上，信息文化的产生、存在和发展不可避免地要受到传统文化的影响和制约，却又是对传统文化的扬弃；在人们对传统文化进行"信息化""数字化""网络化"

的过程中，必然改变传统文化的存在形态。因此，研究信息文化，了解“数字化生存”的价值和影响，“最好的办法就是思考‘比特’和‘原子’的差异。”[11]另一方面，与标志人类物质生产、制度创新和精神生产积极成果的“文明”的概念有别，文化是由各种生存样式构成的错综复杂的系统。社会历史上每次科学技术的重大变革及其应用，在给人类带来重大历史机遇的同时，也几乎毫无例外地带来了新的经济、社会和文化问题。信息网络技术对人的生存方式的影响既有正面的，也有负面的；信息文化的内容既有积极的，也有消极的。因此，在较准确的意义上，不宜用“先进文化”或“新的文明”来笼统地概括信息文化，而应在肯定信息文化是社会文化发展的未来趋势的前提下，对信息文化的内容和影响做具体的分析。

从信息文化的外延上看，我国学者普遍地是从宏观的信息社会的文化层面上来研究信息文化，并借鉴人类学、文化学和社会学对文化结构的研究成果，从文化的构成上把信息文化划分为物质文化、制度文化、行为文化、精神文化 4 个子系统（或物质文化、制度文化、精神文化 3 个子系统）。这种界说，有利于从总体上揭示信息文化的各种具体形态的共性，但局限在于其研究往往是一般的、原则性的，需要同信息文化具体形态的研究结合起来。笔者认为，对信息文化的外延，可作广义的和狭义的区分。广义的信息文化，是指信息社会或信息时代的文化，它着重关注的是现代信息技术革命从总体上对社会及其文化的渗透和影响。在外延上，它涵盖了信息时代人们所有的信息化、数字化、网络化的生活样式，并可以从信息物质文化、制度文化、行为文化、精神文化 4 个层面加以考察。狭义的信息文化，是指围绕现代计算机技术、通信技术、网络技术等新技术形成的新型文化形态的总称。它们具有鲜明的新文化的特性，并构成相对独立的文化形态。如现代电视传媒文化、企业信息文化、网络文化乃至正在兴起的“手机文化”等。狭义的信息文化与广义的信息文化虽然在研究对象上有所区别，但笔者以为，由于狭义的信息文化的研究对象具有典型的信息时代的新文化特征，对其具体形态的深入研究，应当是整个信息文化研究的重要基础。

三、信息文化与各种新文化形态的关系

近年来，国内外学者从不同的领域和层面对信息文化的一些重要的具体形态做了大量的研究，其提出的与信息文化相近且影响较大的概念主要有："网络文化"（"网络文化"又叫做"网络化生存"）"赛博文化""数字化生存"等。总的看来，这些概念所涵盖的范围一般比信息文化研究的范围狭窄，但这些研究又与信息文化研究具有内在的联系。

（一）信息文化与网络文化

从广义上讲，网络文化是一种由信息技术和网络技术以及依靠这些新技术形成的全新的信息基础设施带来的人类生存方式的全面变革，进而引起社会文化发生结构性变革的新文化。狭义的网络文化则是指在计算机互联网络上进行的文化活动。这 2 个概念的联结点在于，立足于研究以 Internet 为代表的计算机互联网络对社会文化重大影响的基础上，分别侧重考察"文化的网络化"和"网络的文化化"。

从信息文化的产生和发展看，在人类社会由工业社会向信息社会的跨越和相应的文化变革过程中，信息网络技术起到了重大的驱动作用。20 世纪 40 年代以来，现代信息技术以微电子技术为基础，以计算机为核心，以光纤和卫星通信为先导，形成了一个集多方面现代技术为一体的庞大的高新技术群，并带动了以信息产业为龙头的一大批高新技术产业群。特别是到 90 年代，随着 Internet 的商务应用和急剧扩张，各国对构建"信息高速公路"（国家信息基础结构，NII）的激烈竞争，全球信息化的发展，信息网络在社会组织、企业、政府、消费者中得到普及应用，凸显出了信息网络对经济、社会、文化变革的巨大功效。而 Internet 所具有的虚拟实在性、开放性和互

动性、全球性和全时性、无中心和自治性等特性，也对人类生存方式产生了重大影响。由此，尽管网络文化是从属于信息文化的范畴，但从信息文化发展的态势看，它是其中发展最快、震撼力最大、最富有时代特征的新文化形态之一，“网络化生存”已成为人们重要的生存样式。由此，目前的信息文化研究中，研究者普遍地把网络文化作为最具典型性的研究范式，是具有现实根据的。

（二）信息文化与赛博文化

目前，在计算机技术、通信技术、网络技术、虚拟现实技术等新技术的基础上，通过人们社会交往和信息交流，从而在Internet和其他通信网络中形成了赛博空间（Cyberspace）和赛博文化（Cyberculture）。从形态上看，赛博空间是一种“虚拟实在”的空间。一方面，赛博空间具有虚拟性，它是由电子领域的实在和符号领域的实在构成的第三种“实体”，“网络空间表示一种再现的或人工的世界，一个由我们的系统所产生的信息和我们反馈到系统中的信息所构成的世界。”[12]另一方面，赛博空间又具有实在性，活动于网络空间的人，人的数字行为，思想、观点、情感的表达、体验、沟通都是现实的，并对现实的世界发生实际作用。从内涵上看，“赛博空间包括两个方面的内涵：其一，赛博空间是数字化信息流动的空间；其二，赛博空间是一种文化交往空间。”“因特网的革命意义，不仅仅在于它从技术层面上导致了赛博空间的出现，而更在于从社会文化和交往上看它促成了新型的社会空间，使得信息方式和虚拟实践成为人类的重要实践形式。”[13]

赛博文化的出现，形成了一种新型的“虚拟实在”空间和文化空间，“既改变了人们以往接受、处理和发送信息的方式，也改变了信息本身的产生和存在方式，既拓展了人们交往的空间，也重新调整了人与人、人与社会乃至人与自然之间的关系。”[13]赛博文化从根本上改变了现代社会和文化的结构，显著地体现出信息时代的文化特征，并成为信息文化中的核心文化现象。而赛博文化的研究，则从社会文化与新技术相互作用的侧面，着重探讨了信息时代文化形态的变化及其影响，是信息文化研究的重要组成部分。

（三）信息文化与“数字化生存”

“数字化生存”的概念，强调了以数字化技术为特征的现代信息网络技术的广泛应用所导致的“数字化革命”对社会生活和文化的冲击。

数字化技术就是用 0 和 1 两个数字编码来表达和传输一切信息的技术。它可以使信息以光速传输，并解决了数据压缩和纠错两大难题。现代信息网络管道中流动的就是由 0 和 1 组成的一连串的“比特”。数字网络是信息化浪潮基础设施的心脏。“我们广泛地运用信息这个词。从本质上说，任何可以被数字化——即编码成一段字节——的事物都是信息。”[14]现代信息技术不仅能够把文本、声音、图像进行数字化编码、传输，而且广播电视电影等都可以数字化，甚至“数字化城市”也在悄然兴起。

世界的信息化和信息的数字化，已经使人们的生存方式在一定程度上演变为“数字化生存”。尼葛洛庞帝指出：“计算不再只和计算机有关，它决定我们的生存。”[11]他强调，“比特”作为“信息的DNA”，正迅速取代原子而成为人类社会的基本要素，数字化技术和数字化过程重新定义了人们的生存方式：“信息高速公路的含义就是以光速在全球传输没有重量的比特。当一个个产业揽镜自问‘我在数字化世界中有什么前途’时，其实，它们的前途百分之百要看它们的产品或服务能不能转化为数字形式。”[11]埃瑟·戴森将信息时代的生活样式概括为“数字化生活”，把数字化网络看成是“所有人的潜在的家”，看成是“由上千个小家庭和社区自我营造、定义并设计的一种环境”[15]。鲍宗豪则从传统文化具体形态转型的角度，指出：“使自己数字化，这应该是任何传统文化自身为了适应变化了的社会所具有的意向性。可以断言，任何有价值的传统文化都将在网络时代找到自己的栖身之地。”[9]

可见，“数字化生存”不仅从技术的层面上，揭示出数字化技术构成了当代信息网络革命的新平台，更重要的是从文化的层面上揭示了信息时代人们随时随地与计算机、信息网络为伍的一种生活方式、生活态度。“数字化生存”是信息文化的首要标志。

参考文献

[1] 董焱．信息文化论——数字化生存状态冷思考[M]．北京：北京图书馆出版社，2003：3，46.

[2] 卢泰宏．信息文化导论：IT 会带来什么[M]．长春：吉林教育出版社，1990：前言 1-2.

[3] 严康敏，赖茂生．信息高速公路：面向未来的震荡[M]．济南：山东教育出版社，1996：123.

[4] 党跃武．信息文化简论[J]．情报资料工作，1999（5）：1.

[5] 柴庆云，等．信息文化——人类文明的新形态[M]．北京：军事科学出版社，2003：26.

[6] 赵为粮．电子商务概论[M]．重庆：西南师范大学出版社，2001：22.

[7] 柴庆云，等．信息文化——人类文明的新形态[M]．北京：军事科学出版社，2003：22.

[8] 凯文·凯利．网络经济的十种策略[M]．萧华敬，任平，译．广州：广州出版社，2000：7.

[9] 鲍宗豪．网络与当代社会文化[M]．上海：上海三联书店，2001：29,80-92.

[10] 马歇尔·麦克卢汉．理解媒介——论人的延伸[M]．何道宽，译．北京：商务印书馆，2003：33.

[11] 尼葛洛庞帝．数字化生存[M]．胡泳，范海燕,译．海口：海南出版社，1997：15,21-23.

[12] 迈克尔·海姆．从界面到网络空间——虚拟实在的形而上学[M]．金吾伦，刘钢,译．上海：上海科技教育出版社，2000：79.

[13] 曾国屏，等．赛博空间的哲学探索[M]．北京：清华大学出版社，2002：3，14.

[14] 卡尔·夏皮罗，哈尔·瓦里安．信息规则：网络经济的策略指导[M]．张帆，译．北京：中国人民大学出版社，2002：2.

[15] 埃瑟·戴森．2.0 版数字化时代的生活设计[M]．胡泳，范海燕，译．海口：海南出版社，1998：11-12.

Study on Meaning of Information Culture

Dai Jinping
Humanities and Social Science School of Xi'an Jiaotong University
Development Research Center of Chongqing University
of Post and Telecommunication

Abstract: Information culture can be defined as a kind of cultural morphology in information era which is formed through the entire revolution of human living style that is caused by social informationization process. It's based on the wide using of modern information technology, and uses information industry and knowledge industry as its backbone, and takes the production, distribution, transmission, communication and using of information and knowledge as the activities of human. The definition of information culture in its broad sense is the culture in information society or information era; while in a narrow sense, it refers to the general name of new type of cultural morphology which is formed around these new technologies as modern computer technology, telecommunication technology and network technology. Though there are differences between broad-sense information culture and narrow-sense information culture, they still contain internal relation.

Key words: information culture; connotation and extension; new cultural morphology

从“我思故我在”到“社会思故社会在”①

——兼谈社会认识论与社会信息科学的逻辑出发点

田爱景[1]　曹芝兰[1]　李宗荣[2]

1. 湖北大学数学与计算机科学学院

2. 华中科技大学社会信息科学研究中心

摘　要：本文提出和说明一个命题，“社会思故社会在”，认为它是社会认识论与社会信息科学的逻辑出发点。生命世界具有层次结构。站在人类个体的层次上观察，个人通过他的大脑在思维着；他的每一个细胞都不能思维，即使神经细胞也不能；他所身居其中的社会不能思维，因为社会本身没有类似于人脑的社会脑存在。但是，从理论信息学的角度看，社会、个人、细胞甚至DNA和生物分子具有“输入—处理—输出”（IPO）的共性，都在“思维”着，其中的区别只是思维的结构和内容不同。如果说工业时代的个体认识论的第一假设是笛卡儿的“我思故我在”，那么信息时代的社会认识论和社会信息科学的第一假设就应当是“社会思故社会在”。

关键词：思维；主体；认识论；社会信息科学

一、引言

在传统认识论者看来，并不存在社会认识论（social epistemology）这一门学科分支。就认知主体而言，存在着“个体的认识”与“社会的认识”之分。传统认识论认为，知识是自治的，只有个体或者自我才可能获得可靠的知识。无论是笛卡儿、康德还是胡

① 本文属于国家教育部“985工程”、华中科技大学“科技进步与人文精神”国家哲学社会科学创新基地研究成果，课题编号：985-hust-0013。

塞尔，都认为把握知识的主体只能是单个的自我，区别仅在于获取知识方式的差异。甚至可以说，整个近代认识论传统都是一种“个体的认识论”。社会没有“大脑”，社会本身不能思维，社会并不能实现自我把握与自我认识。[1]

从理论信息学的立场和宇宙智能谱的观点看，不仅个人有思维，任何生命体都有“思维”，一切负责传承DNA和文化的生物群体，都能够思维。其间的区别只在于信息处理过程（IPO）的内容、语言、结构和功能范围的不同，而这些有区别的思维构成一个完整的进化着的链条。[2]“个体脑”是由一个又一个不能在个体层次上思维的神经细胞（细胞脑）构成的网络，“社会脑”是由一个又一个不能在社会层次上思维的“个体脑”构成的网络。如果说工业时代的个体认识论的第一假设是笛卡儿的“我思故我在”，那么信息时代的社会认识论和社会信息科学的第一假设就应当是“社会思故社会在”。

二、笛卡儿的“我思故我在”

提出直角坐标系概念，通过方程式和几何图形的对应把“数”与“形”联系起来，开创解析几何学研究、为微积分学奠定基础的大数学家笛卡儿，试图用数学的精密性来装备哲学，解决人类理智的确定性问题，给哲学提供一个新的出发点，进而重建一切哲学，从而成为“近代哲学之父”[3]。

笛卡儿指出，在哲学中很难有确定性的解答，存在着无数的冲突，因为它没有坚实的基础。建立确定性的唯一方法是演绎的数学方法。如果哲学要成为一个演绎体系，像欧几里得几何学一样，我们就必须找到完全确定而真实的前提（公理），因为在一个演绎体系中，如果前提不确定、半对半错，结论（定理）就没有多少价值。因此，笛卡儿从数学和科学方法的演绎成分中借来的科学理想，带来了这样一个问题：我们如何才能为这种演绎的哲学体系找到绝对确定的前提？

如果能够找到逻辑上毋庸置疑的命题，我们就可以把这个命题当做演绎体系中的前提来使用。注意，这里强调的是在逻辑上命题的不可怀疑性，而不是在内容上命题本身的合理性。换言之，笛卡儿式的“怀疑”所要发现的不是“怀疑什么是合理的”，而是“怀疑什么是逻辑上可能的”。对于笛卡儿来说，他的怀疑具有确定的预设：个人，而不是（比方说）一个研究者共同体，是提出问题的单个的思维主体。因此，答案也就是终止笛卡儿的怀疑的那种确定性，就是思维着的个人的确定性。

笛卡儿说，他可以怀疑一切，但是不能怀疑他“在怀疑”这个事实本身，他自己是有意识的，他存在着。于是，他在怀疑证实了他自己的存在。他把这一点表达为一个短语：“我思，故我在”（拉丁文为 cogito, ergo sum，英文为 I think, therefore I am）。“我思故我在”证实了我的思维本身的存在。但究竟什么是“我”呢？显然“我”是一个思维之物。什么是思维之物呢？就是一个在感觉、在识别、在怀疑、在理解、在肯定、在否定、在意愿、在拒绝、在想象、在计划、在评价之物。因为，思维是一个过程、一种活动，任何思维不能够离开思维之物而存在，那么就必须有一个思维者、一个思维的东西。这个“东西”不是身体，而是思维的实体，为了它的存在不需要任何位置，它也不依赖于任何物质的东西。

需要说明的是，“我思故我在”不能理解为从一个既定的前提推导出来一个结论，也就是说，其中的“故”并不指向一个从“我思”（作为前提）到“我在”（作为结论）的逻辑推论。“我思故我在”所蕴涵的一个洞见是：“我”作为怀疑者，同时既在思考，又存在着。把思维着的个人当做认识论的出发点，是早期近代许多哲学的特点，唯理论和经验论都包括在内。[4]但是这个出发点基于一个确定的预设：“个人，而不是（比方说）一个研究者共同体，是提出问题的单个的思维主体。”如果说颠覆殴氏几何第五公设，得到了一个完整非殴几何的知识体系，那么颠覆“个人思维”这个“确定的预设”，同样地可以建立一套全新的理论体系。

现在，我们已经看到：如果颠覆“个人是思维的主体”这个确定的预设，那么不仅个人，还有团体、组织、社会就都可以思维了。事实上，笛卡儿以后，在以历史为取向的黑格尔那里，以及皮尔斯那里，他们的兴趣在于研究者的共同体和科学认识的进步。卢卡奇把马克思哲学归结为“社会存在本体论”，已经明确地提出了“社会意识”是存在关系的传播器，不是物质的作用，而是意识的作用使社会得以形成。所以，他强调，在社会的形成中，也像对于人的形成一样，意识不是孤立在外或漂浮其上的随附现象（副现象或第二性特征等），而是从一开始就积极参与其事的创造因素[5]。

在关于社会认识论和社会信息科学的研究中，我们逐渐明确地认识到：在本体论的意义上明确和强化“社会的思维”和“思维着的社会”等观念，是适时的、必要的。“社会思，故社会在”应当成为信息时代的社会认识论和社会信息科学的第一假设。如上所述，在一个演绎体系中，如果前提不确定、半对半错，结论（定理）就没有多少价值。在笛卡儿的演绎体系中，肯定“我思”与“我在”，是对的；而他断言可思之物不能是研究者共同体，实际上就拒绝了一个能思维的社会存在着这样一个事实，则是错的。他的结论是里程碑式的、伟大的；但是可以预计，它与社会认识论和社会信息科学所能够达到的高度相比，不可同日而语。

三、信息时代的“社会思故社会在”

（一）“思维”小考

据汉英双语《现代汉语词典》（2002 年版）的解释，“思”的第一个主要的意思是“思考”，英文为 think, conceive, consider, delibtate。它说，思考是“进行比较深刻、周到的思维活动”；“思维”是“在表象、概念的基础上进行分析、综合、判断、推理等认识活动的过程。思维是人类特有的一种精神活动，是从社会实践中产生的。”

美国《韦伯英语词典》（“大学版”第3版）解释，作为及物动词的 think 的第一个含义是：在心灵中制作或得到；例如，“想出好主意”。think 与 conceive（构想出主意、计划等）是同义词。（think: vt. 1 to form or have in the mind; conceive [*thinking* good thoughts]）。英国《柯林斯英语词典》（2000）将 think 解释为思考，判断或认为，给出例句“他认为我的想法不切实际”（to consider, judge, or believe: he thinks my ideas impractial）。加拿大《彭桂恩英语词典》（2004）将 think 解释为使用精神的力量；在心灵中形成或加工思想（to use mental power; to produce or work on ideas in the mind）。

在个体认识论观念的指引下，思维当然只能是个人的心灵活动，不能解释为社会的思维。在“知”与“行”相对应的意义上，人类心灵的活动和躯体的活动是相互联系和相互制约的。思维总是与“目的”和“意向”有关；思什么，不思什么，是有选择性的。这样，思的第一任务便是“目的设定”。目的设定可以指向物，也可以指向人，即去影响别人的目的设定。通过对别人的目的设定的影响，协调人与人的关系，建立起人与人的社会联系，从而实际地建立起人类社会，形成能思维的社会。

（二）“我思”与神经元之“思”

从生物学的角度看，实现“我思”功能的人体器官是大脑。它是调节人体机能的神经系统中最重要的组成部分。神经系统的基本单位是神经元（神经细胞），每一个神经细胞是独立的实体。大脑由大约140亿个细胞构成，质量约为1 400g，其皮层厚度约为2~3 mm，总面积约为2 200 cm^2。它虽然只占人体体重的2%，但耗氧量达到全身耗氧量的25%，血流量占心脏输出血量的15%，一天内流经大脑的血液为2 000 L。

思维是我们从主体的日常行为中分解出来的，具有自身特殊规定的行为。它不仅是主体生存意识主导下的行为，而且是主体思维意识指挥下发生、发展和结束的行为，是生存意识和思维意识的共同表现形式。思维是思维命令的执行，是思维意向的实现，是思维方案的落实，是生存意识和思维意识在现实生活中的自然展现。

在社会性的劳动、实践、价值创造的背景下，“我思”服从于、服务于“我需”。从理论信息学的角度看，“我思”的主体是“整体我”的信息子系统，而在“我需”中的“我”却包括“整体我”的物质子系统与信息子系统。整体和局部的需要和利益通常是一致的，但有时可以是相互抵触的，就像国家、集体、个人利益的情形那样，有时为了整体利益而牺牲局部利益，为了整体需要而忽视局部需要。在这个意义上，即使我们认为，自己的每一个神经细胞能够思维，那么它们与“整体我”的思维也不是一样的。

除成熟的红细胞外，所有细胞都有一个细胞核，细胞核是调节细胞作用的中心。神经细胞一般包含胞体、树突、轴突 3 部分。它是一种可兴奋细胞，其基本特征是，受到刺激后会产生神经冲动沿轴突传送出去。神经细胞之间通过突触相互联系。长颈鹿的神经细胞的长度可以达到 3 m 以上。大脑的神经细胞的神经冲动传递速度超过 400 km/h。有时，一个神经元有几个突触作用在上面，有的引起去极化，有的引起超极化。最后，在这个神经元的轴突上能不能形成冲动发放，要看全部突触后电位总和的结果。对于一个典型的运动神经元，容易明显地把它分为 3 个组成部分：

（1）计算，即整合全部突触的结果；

（2）通信，即冲动发放的信号迅速传导；

（3）控制，即在神经末梢的神经冲动在肌膜上引起一个动作电位，当该动作电位传播到肌纤维内部时，就引起肌肉的收缩。

这里有一个明显的形成指令、传递指令和执行指令的过程，其中在神经元级别上的“思维”，是全部过程的起点。

按照笛卡儿的身心二元论观念，具有思维特征的心灵是可以“思”的，而具有广延特征的身体肯定不能“思”。如果把心灵看成一个系统，那么思维是整个心灵的涌现论特征，该系统的任何局部并不具有整体的特征。在个人决策、社会认识和社会信息处理的层次上，个人生物机体的单个细胞，以及神经细胞都是不能思维的。如果我们把单个的细胞作为考察的对象，那么它具有十分复杂的信息现象，有着各具特色的信息输入—处理—输出过程。所以，“我思”和细胞之“思”都是成立的，只是他们发生在不同的级别上。

（三）“我思”与社会之“思”

根据笛卡儿，个体的人存在并且思维着。上一节中，我们从理论信息学的角度说：人类个体思维本质上是一种信息处理过程；在生命进化的低一级的层次上，细胞也在思维着，神经元专司信息处理的功能。按照这个思路，容易猜测到：社会也能够思维，只是采取了与细胞和个体不同的形式与内容[2]。

人类个体总是作为一个家庭、团体、组织、社会的成员而存在的。换句话说，在适应环境、追求发展的过程中，社会、组织、团体、家庭等都必须协调自身，应对竞争和挑战。如果没有这种信息处理和创新的能力，人种必然被自然和环境所淘汰。就像 DNA 把生物个体作为运载工具一样，社会文化也把人类的个体作为继承和发展的工具。我们个人的生命历程是短暂的，但是在 DNA 和文化的接力赛中，一个种族在不断地完善自身，优化生存条件。换言之，既然人类社会在发展，那么他就不仅仅思维着，而且思维创造的成就斐然。

我们可以从结构和功能 2 个方面来考察社会的思维。从结构上看，如同细胞的网络构成了思维的个人，人群的网络构成了社会思维的网络。人体网络首先是由细胞间稳定的和固定的物质联系所组成的，由物理学和生物学的规律所维持的，进而成为信息联系的前提条件。而在社会网络中，起决定作用的信息联系，人们的利益和需要决定了他们之间的关系，决定了他们之间是不是需要某种物质上的联系。从功能上看，就像其他动物物种，我们需要生存和发展，人类社会整体就必须适应环境、应对灾害，就必须具有知识和智慧，解决局部和全球所面对的困难和危机。2009 年联合国组织全球性的合作，应对金融危机和甲型流感，是非常典型的例证。

与上一节从个人看细胞的情形类似，这里一旦形成了社会思维的概念，我们再看个人思维，倒成了社会整体的一种“细胞性”的思维了。一个人从娘胎里来到世界上，不会讲话，不能认字，在家庭、学校和社会的教育中，他才不断地被“社会化”，成为共享社会文化的一个成员。然后，他才有可能按照社会提倡和允许的方式进行思维。如果他反人类、反社会，那么他就没有作为一名社会成员的资格、就要被社会除名，就没有继续思维的可能了。我们人类思维的顶尖高手、文化与科学的巨匠，一批又一批地逝去，社会思维非但没有停止，反而加快了前进的步伐。

当然，宇宙间生命进化的阶梯也许还有一个层次，它就是从地球村到“宇宙村”的进步。地球人类正在探索可能存在的其他类似于地球的行星，那里具有生命存在的条件，甚至可能具有像地球人类一样的智慧生命。当地球社会与 X 球社会、Y 球社会等联合起来，互通有无，互相促进的时候，地球上的社会思维就可能变成另外一个模样。

（四）两次跃升的比较：从细胞思维到个人思维，再到社会思维

以“我思故我在”为起点，在信息科学世界观和方法论的指引下，我们容易承认和理解细胞思维与社会思维。这 3 种思维形式发生在生命进化阶梯的不同层次上。通过比较，我们可以看到：从细胞思维到个体思维的进步是跨进了一大步，而从个体思维到社会思维只前进了一小步。换言之，在一定的意义上说，“社会思”与“我思”的“距离”，比“我思”和细胞“思”，要小得多。明确这一点，对于我们理解社会思维，是十分有益的。

1.首先，从基本组成单位的数量方面比较

根据系统论的观点，系统的组元（元素）越多，其间的关系网络越复杂，那么整个系统的复杂性越高，系统的协调与控制的难度越大。人体系统的元素是细胞，社会系统的元素是个人。一个人的

全部细胞总数约为 40~60 万亿个，当前地球村的人口为 63 亿。单个人体细胞的数目将近是人类社会成员的 10 000 倍。显然，协调和控制细胞社会思维的难度比人类社会思维要难得多。

2.从空间尺寸的比例方面比较

20 世纪 60 年代初,科学家借助于人造卫星和电子计算机,算出了地球两极直径是 12 713 884 m。1976 年，国际天文学家联合会宣布了地球赤道半径的数字,根据这个数字推算,两极直径应该是 12 713 510 m。为了计算简便，我们假设地球南北极直径为 13 000 000 m，两个人分别站在南极和北极相互联络。如果假设个人的身高为 2 m，那么地球两极之间的直线距离是个人身高的 6 500 000 倍。现在已知最小的细胞是支原体，它的直径仅约 0.1 μ m，要用电子放大镜才能看到。为了计算方便，我们仍然假定个人身高为 2 m，那么从人的头顶到脚板的距离是最小细胞直径的 20 000 000 倍。于是，个人与细胞尺寸的比值是地球与个人尺寸比值的 3 倍。

3.从新旧成员的生死交替的数目上看

在一个人体中，每分钟有 1 亿个细胞死亡。人体血液中的白细胞有的只能活几小时。肠黏膜细胞的寿命为 3 天，肝细胞寿命为 500 天，而脑与骨髓里的神经细胞的寿命有几十年，同人体寿命几乎相等。世界人口一年的死亡数目不足 1 亿个。细胞社会的成员的死亡率比人类社会的死亡率要高得多。

四、结束语

综上所述，从“我思故我在”进步到“社会思故社会在”，是由细胞社会之思到人类社会之思的进步，也是由工业社会向信息社会转变中必然发生的认识主体的跃升。社会认识论必然要确定社会为认识主体。我们在这里侧重于讨论社会思和社会在，至于社会思维的结构、内容、机制等，是社会思维前提确立之后的问题，本文没有涉及。

欧阳康教授在国内较早从事社会认识论研究，他认为目前大致存在着3种意义上的社会认识论。第一种社会认识是指“社会的认识”或者“社会性的认识”，认为人类的认识是在特定社会条件下借助于特定社会工具的、指向特定对象的认识，从认识形式、认识手段和主要内容而言，都强调认识的社会性。第二种社会认识则是区别于以个体为认识主体的认识，而专指以社会为主体的认识，他所强调的是认识主体的层次性。第三种社会认识就是以社会为对象的认识，在此基础上关于人们如何认识社会的学问就是社会认识论。[6]如果说，过去第一、三两种社会认识论发展较多，那么现在第二种社会认识论将要上升到突出的地位，获得迅速发展。

近些年来在俄美日中先后开始了关于社会信息学的研究。以2009年10月在华中科技大学召开的“首届国际社会信息与系统科学研讨会”为契机，一个国际性的研究“社会思维”的潮流即将形成。在华中科技大学社会信息科学研究中成立暨学术研讨会上，欧阳康曾经指出：“从某种意义上可以说，社会认识就是对社会信息的采集、识别、处理和传播的过程，社会认识论研究的任务就是揭示社会信息的复杂性并帮助人们更好地处置社会信息。社会认识论与社会信息学研究的具体对象和侧重点有所不同，但其目标是一致的，二者的研究甚至可以说是一个问题的两个不同侧面。它们的研究可以互相补充，相得益彰。”[7]

我们相信，由于“社会思故社会在”命题的确立和确认，社会认识论和社会信息科学研究将会获得自己的逻辑出发点和第一假设。关于“社会思维”问题研究的深入，标志着社会认识主体自身的发展和飞跃。

参考文献

[1] 潘斌. 当代西方社会认识论研究的拓展与深化[J]. 华中科技大学学报：社会科学版，2008(1)：30-34.

[2] 李宗荣. 理论信息学：概念、原理与方法[J]. 医学信息，2004(12):773-785.

[3] S E 斯通普夫，J 菲泽. 西方哲学史[M]. 中华书局，2006：333-334.

[4] G 希尔贝克， N 伊耶. 西方哲学史——从古希腊到二十一世纪[M].上海:译文出版社，2004：235-251.

[5] 陈学明. 西方马克思主义论[M].沈阳:辽宁教育出版社，1991：365-381.

[6] 欧阳康. 社会认识论导论[M]. 北京:中国社会科学出版社，1990：1-3.

[7] 欧阳康. 社会信息科学的学科定位与研究思路——在华中科技大学社会信息科学研究中心成立暨学术研讨会上的发言[J]. 华中科技大学学报：社会科学版, 2007(1):72-77.

On “Society Thinks, Therefore Society Is” ——Also on logically starting point of social epistemology and social informatics

Tian Aijing [1]　Cao Zhilan[1]　Li Zongrong [2]

1. School of Mathematic and Computer Science, Hubei University

2. Social Information Science Institute, Huazhong University of Science and Technology

Abstract: In this paper, we propose and explain a proposition, “society thinks, therefore society is”, which is the logical departure point for the social epistemology and social information science. There is a Hierarchical structure in the world of life. Standing observation of individual human level, individuals in thinking through his brain with; He can not in every cell of thinking, even if the nerve cells can not; Occupying his mind which society can not, because society itself is not similar to the human brain, there is the social brain. However, from a theoretical point of view of information science, social, personal, cells, DNA and bio-molecules or even “input - processing – output” (IPO) of common, are “thinking” with, During this period the difference is the structure and content of thinking different. If the industrial era of the first assumption is that individual epistemology of Descartes “I think therefore I am”, then the information age, social epistemology and information science community the first assumption should be “community think, therefore society.”

Key words: thought; subject; epistemology; social information science

人文信息学论纲

邓 锐[1] 李传印[2]

1.陕西师范大学历史文化学院

2.华中科技大学历史研究所

摘 要：信息科学可分为自然信息学、社会信息学和人文信息学。人文信息学有它自身特有的研究对象、规律和成果。作为一个非限定目的的信息处理，人文信息学的研究对象都是在人类社会中使用的各种符号，其实质是要理解和改变这些符号信息。人文信息学的研究对象可以区分为符号的信号信息、符号的本体论含义和符号的认识论含义3个层面。

关键词：人文信息学；信息过程；信号；符号

包括科学研究在内的人类实践的信息过程，其对象不外乎自然信息和社会信息2类。从研究对象的角度出发，信息学可以分为以自然信息为研究对象的自然信息学和以社会信息为研究对象的社会信息学。从信息载体的角度来看，自然信息是信号，而社会信息则在信号之外还包含了符号。符号相对于信号，多了人主观赋予的意义。正是由于符号和信号的这一差别，自然信息学和社会信息学的研究过程产生了重大差异。人类实践的信息过程，从对象的角度可以分为信号信息过程和符号信息过程；从对象信息本身能否判定信息过程目的是否达成的角度，可以分为限定目的信息过程和非限定目的信息过程。自然信息学的研究过程主要是信号信息过程、限定目的信息过程；而社会信息学的研究过程则不仅包含这2个过程，还包括了大量符号信息过程、非限定目的信息过程。这里的社会信息学，是相对于自然信息学而言的，实际上还可以进一步划分为狭义的社会信息学和人文信息学。前者主要研究社会信号信息和符号的信号层面信息，其研究过程在一定程度上是限定目的信息过程；而后者则主要研究符号信息，其研究过程主要是非限定性目的信息过程。人文信息学的研究对象主要是符号信息，其实质是对符号意义进行理解和转化。人文信息学的研究具有 3 个突出特点：第一，人文信息学以符号信息为研究对象，符号信息依赖于人的主观意识而存在，并随着不同认识主体而发生变化，并且由于符号在某一符号系统中才具有意义，而使得对符号的研究实际上成为对符号系统的研究。第二，人文信息学研究的规定性不仅来自于对象本身的信号信息，更主要的来自于主体认识的共同性，亦即主体间性。第三，人文信息学的研究过程中，人的主观创造性在受主体间规定性制约的同时，又在符号信息过程中推动主体间的共同认识不断变化更新。人文信息学的研究对象可以区分为符号的信号信息、符号的本体论含义和符号的认识论含义 3 个层面。

一、什么是人文信息学？

理论信息学认为，信息就是信号和符号的含义。[1]因此，我们可以认为，由信号和符号构成的物质世界，同时也就是一个信息世界。信息可以分为自然信息与社会信息，二者有巨大的差异，因此使得自然信息过程和社会信息过程也有着根本性的差别。对于现代科学，我们根据研究的信息对象和研究方法的不同，信息过程可以分为自然信息学和社会信息学。前者以自然信息为研究对象，而后者以社会信息为研究对象。自然信息学对应传统科学分类中的自然科学，而社会信息科学则对应传统科学分类中的社会科学。如果我们再进一步对社会信息和社会信息过程进行细分，就会发现，社会信息学中实际还应当有一个特殊的学科，也就是人文信息学。人文信息学从广义上来说，也是以社会信息为研究对象的，因此可以被视为社会信息学的一部分；但是人文信息学有其自身的特点，可以被单独提出来，与自然信息学和社会信息学并立。

（一）社会信息与自然信息的差异

人类社会的运动与自然界的运动一样，都是物质运动的过程，但是二者又有很大差异。从信息学的角度来看，二者的差异主要表现为信息载体的不同。信息的载体通常被分为 2 种，一种是信号，也就是“用来传递消息或命令的光、电波、声音、动作等”；另一种是符号，也就是“记号、标记”[2]。信息学进一步认为，“信号是生物共有的，符号是人类特有的。”[3]美国符号论美学家苏珊·朗格认为，一般意义上，信号有 3 个构成要素，即主体、信号和客体；而符号则包括 4 个构成要素，即主体、信号、概念和客体。可以看出，符号比信号多出了一个主观性的要素，也就是“概念”。苏珊·朗格所说的“概念”，实际上是指人赋予事物的主观含义。自然界的信息传递，主要是依靠信号；而人类社会的信息传递，不仅依靠信号，还依靠大量的符号，并且信号随时可以转化为符号。比如说，作为信号的鸟鸣声、电话铃声等，在艺术作品中就可以变成包含情感因素或者象征意义的符号。可见，人的主观性活动使得人类社会的信息过程相对于自然界的信息过程增添了很多主观性成分，并且由于符号具有可以使意义无限增殖的可能性，从而大大丰富了人类社会的信息含量，更重要的是使得符号比信号具有了更多的可能性。同时，由于人的主观性存在非确定性，社会信息相较于自然信息，也具有了极大的非确定性。

由此可见，社会信息与自然信息差异的根源在于人类的主观精神。我们从心理学的角度，把人类的主观精神分为理性和感性 2 个层面。在此，我们首先把理性限定在工具理性的层面上，把它看成是心理学角度上人类心理中关于判断、推理等活动的部分。相应的，我们把感性理解为人类心理活动中关于感知、知觉的部分。

（二）社会信息过程与自然信息过程的差异及其根源

自然信息过程遵循自然界的因果律，不以人的主观意志为转移，也就是相对于人的主观而言具有确定性。社会信息过程，不论其对象是自然信息还是社会信息，都是人类实践的信息过程，具有非确定性。社会信息过程的非确定性，根源于人类理性的有限性和人类感性的开放性。在此，我们把理性看成是心理学角度上人类心理中关于判断、推理等活动的部分。相应地，我们把感性理解为人类心理活动中关于感知、知觉的部分。

自然信息具有服从因果律的确定性，而人的主观性的参与则会使自然信息出现非确定性。首先，人类理性不能完全客观地理解、把握客观现象世界。以医学信息为例，构成自然医学信息的代谢信息、遗传信息和神经刺激信息具有确定性，不会因为人的主观理解而影响到信息过程。人类对自然医学信息通过科学手段进行模拟而产生的模拟信号，并且根据模拟信号进行研究，得出医学结论，形成人工医学信息。虽然人类希望人工医学信息保留模拟对象的确定性，但是由于人必须借助主观判断才能利用这些模拟信号，因此就导致了人工医学信息的非确定性。即使人类可以保证模拟信号准确无误地传达自然医学信息，但是人类研究模拟信号必须依靠具有非确定性的人类主观判断，所以任何模拟信号都有可能被错误地理解，也有可能被不恰当地加以联系，从而导致不能达到医疗效果的人工医学信息的产生。假设现在医生进行了一次骨科手术，并且理所当然地把医生进行手术的目的设定为治愈病患。从物质运动的角度来看，这次手术的关键步骤有 4 个：第一，医生拍摄 X 光片；第二，医生解读 X 光片；第三，医生根据对 X 光片的判断提出手术方案；第四，医生实施手术方案，进行临床手术。我们再从信息过程的角度来理解这次骨科手术的物质运动，于是手术的 4 个关键步骤就变成了 4 个信息过程：第一，人的理性把自然医学信息转化为模拟信号；第二，人的理性接受模拟信号，转化为大脑信息；第三，人的理性把关于模拟信号的大脑信息和既往关于医学知识的大脑信息结合，形成关于手术的大脑信息；第四，人的理性根据大脑信息对病患自然医学信息进行转变。因此，从信息学角度来看，这次手术的成败就取决于医生能否实现一个合目的性的信息过程。现在我们再假设这次骨科手术失败了。如果手术失败是因为医生操作失误而产生了错误的 X 光片，那么说明人类理性不能保证医学模拟信号完全准确地复制自然医学信息；如果手术失败是因为医生对 X 光片的判断失误，那么说明人类理性不能保证对确定性信息的合目的性（正确）解读；如果手术失败是因为医生未能正确制订手术方案，那么说明人的理性不能保证对信息进行合目的性的处理；如果手术失败是因为医生在临床手术中出现失误，那么说明人的理性不能保证一个合目的性信息过程的实现。正是由于人类理性的有限性，人类社会的信息以及信息过程也具有了极大的非确定性。

再者，人类感知的开放性意味着无限的可能，这就是一种极大的非确定性。让我们以《蒙娜丽莎的微笑》这样一副美术作品为例。作为物质存在的油画是确定的，其所承载的信息也是确定的。但是，油画本身的信息在观众对其欣赏的信息过程中却会被无限转化和增殖。不同的信息接受对象，会因为自身的品味、心境等一系列非确定性因素而产生对油画的不同理解——也就是不同信息。

由此可见，自然信息过程是遵循因果律的、不依赖于人的客观过程，具有确定性；而社会信息过程则因为人的主观参与，而具有来自理性有限性和感知的开放性 2 方面的非确定性。

（三）社会信息过程的分类

人类的实践活动具有 2 个基本特征。第一，人类的实践活动都是对象性的活动，也就是凭借一定的对象展开活动，从而使实践活动成为人与对象之间的信息过程。第二，就像乔治·卢卡奇曾经指出的那样，人类的实践活动是目的性与因果性的统一。这就是说，人类的实践活动，既具有主观能动性，又具有自然世界因果规律所带来的客观规定性。从信息学的角度来看，人类实践活动的目的性，即是人对信息过程目的的规定；而实践活动的因果性，则是自然信息对信息过程的规定性。

第一，从人类实践活动的对象出发，我们可以把人类实践的信息过程分为信号信息过程和符号信息过程 2 类。信号信息过程，即是以信号信息为主要对象的信息过程；符号信息过程则是以符号信息为主要对象的信息过程。比如，司机识别红绿灯的信息过程，是一个信号信息过程，因为司机的对象是红绿灯的自然光学信息，红绿灯作为一种信号存在于信息过程中。而舞蹈演员跳舞的信息过程，则是一个符号信息过程，因为舞蹈演员的对象是肢体自然信息所表达的主观情感——也就是符号信息，因此肢体动作作为一种符号而存在于信息过程中。这里，需要指出的有 2 点。首先，人类实践的信息过程，有很多既是信号信息过程，又是符号信息过程。也可以说，符号信息过程，首先是一个信号信息过程，在此基础上，才能成为一个符号信息过程。比如说钢琴家弹奏乐曲的信息过程。这个信息过程既是钢琴家传递声音信号的信号信息过程，又是钢琴家表达乐曲意义的符号信息过程。其次，同样的对象在不同的信息过程中可以具有不同的信息属性，也就是作为不同属性的信息载体。举例而言，医生对血液样本进行化验的信息过程，是一个信号信息过程。在这个信息过程中，作为对象的信息是血液的自然信息，因此血液作为信号存在于实验过程。两个人歃血为盟的信息过程，则是一个符号信息过程，因为作为对象的信息是血液所表达的主观意义，所以血液作为符号存在于实验过程。

第二，基于社会信息过程的目的性，我们可以进一步把社会信息过程分为 2 类，第一类是限定目的信息过程，第二类是非限定目的信息过程。限定目的信息过程，是人在转化对象本身信息的过程中，使信息过程指向一个或多个具有限定性目的的信息过程。反之，在一个信息过程中，如果不存在一个限定性目的，那么这个信息过程就是一个非限定目的信息过程。这里的“限定性目的”，特指信息过程的对象信息是否对信息过程的目的具有规定性。对象信息的规定性，或者体现在这一过程当中，或者体现在研究结论对对象信息的执行过程中。举例来说，医生对病患进行治疗，其目的是使病患康复。这个信息过程是一个限定目的信息过程，因为在治疗后，作为对象的病患身体信息本身就可以反映出治疗是否达到目的。如果医生提出治疗方案并执行，那么对象信息的规定性就体现在手术的进行中；如果医生仅提出一种医学理论，那么对象信息的规定性就体现在今后对医学理论的实践中。画家创作一幅作品，以完成一幅杰出艺术作品为目的。这个信息过程不是一个限定目的信息过程。在这个信息过程中，作为对象的画布和颜料等绘画工具的自然信息并不不对信息过程的目的具有限定性。因为，无论画布被画成什么样，绘画工具的自然信息本身都不能直接限定信息过程的成功与否。

（四）自然信息学与社会信息学的差异

根据研究对象的不同，信息学自然而然的有自然信息学和社会信息学的划分，虽然二者的研究过程都属于社会信息过程，但是前者以自然信息为研究对象，后者则以社会信息为研究对象，因此形成了 2 个重要差异：

第一，自然信息学的研究过程主要是信号信息过程，而社会信息学的研究过程则包含了大量符号信息过程。如前所述，自然信息的载体是信号，而社会信息的载体在信号之外还有符号。符号比信号多出了一个要素，也就是人赋予的主观含义。因此，社会信息学与自然信息学不同，需要对人的主观精神及其客观化对象进行研究。

第二，自然信息学和社会信息学的研究过程都包括信息收集过程和信息创造过程，但是自然信息学的信息创造过程主要是限定目的信息过程，而社会信息学的信息创造过程中则包含了大量非限定目的信息过程。限定目的信息过程的非确定性，主要源于人类理性的有限性，而非限定目的信息过程的非确定性，则更多源于人类感性的开放性。

（五）人文信息学与社会信息学的差异

如前所述，与自然信息学相对的广义社会信息学的研究对象既包括信号信息又包括符号信息。人们一般把哲学、文学和历史学等学科称为人文学科，而把经济学、法学和社会学等学科称为社会科学。这是人们对研究人类社会的学科所作的一种分类。从社会信息学的角度来看，传统人文学科与社会科学的差别在于前者的研究对象包含了大量符号，而后者的研究则主要是信号；并且，前者的研究过程往往是非限定目的信息过程，而后者的研究则至少在研究者的研究动机中是限定目的信息过程。这种传统的人文与社会学科划分具有一定的模糊性。我们可以从信息学的角度打破原来的划分界限，对人文与社会学科进行更加明确的区分，并据此提出，人文信息学是与社会信息学并立的一门信息学，将其界定为以符号信息为研究对象，以理解和转化符号信息为目的，研究过程主要为非限定目的信息过程的信息学科。相应的，我们把社会信息学界定为以信号信息为研究对象，以理解和应用信号信息为目的，并且其研究过程主要为限定目的信息过程的信息科学。

基于上述划分，人文信息学并不完全对应传统的人文科学，社会信息学也不完全对应传统的社会科学。比如说，历史学家对中国现代社会发展某方面的数据进行记录整理，这同社会学家统计社会数据和化学家收集化学实验数据一样，都是限定目的信息过程。又比如说，法学上的古典自然法学提出及实际应用很多学说就不是限定目的信息过程。尽管古典自然法学派的“法律面前人人平等”等理念被近代乃至现代法律体系所遵循，但种种法条及其适用本身却并不能对据以判定这些法理思想是否成功。可见，传统划分中的人文学科的研究中包含有限定目的信息过程，也就是社会信息学的内容；而传统意义上的社会科学中也包含有非限定目的信息过程，也就是人文信息学的内容。我们可以举 2 个例子。其一，历史学研究，除了部分记录整理信号信息的研究之外，大部分属于人文信息学。因为，历史学的研究要将已经不可再现的客观历史图景转化为主观历史图景，这实际上是一个赋予客观历史以当下意义的符号创造过程。虽然历史学的研究以信号信息为基础，但是很少有历史学家的研究是以纯粹记录信号信息为目的，而往往通过信号信息的分析整理赋予这些信号信息以符号意义。比如，历史学家记述王安石变法，很少不通过记述的语言、侧重点以及评论来赋予这场变法以某种主观含义。宋代不少史家把王安石变法描述成一场完全失败甚至导致北宋衰败的闹剧，而当代学者则把王安石变法描述成一次具有进步意义只是未能成功的重大变革。二者的记述都包含了对信号信息的记录，但是却得出了不同的研究结论。从信息学的角度来看，其原因就在于历史学家的研究将王安石变法的信号信息转化为了符号信息，而不同时代的研究将同样的信号信息创造转化为截然不同的符号信息，甚至影响到对信号信息本身的记述。其二，经济学研究，虽然涉及大量符号，但经济学家总是力图把作为研究对象的符号作为信号来加以记述研究，原本的符号在研究中成为信号，因此其研究往往属于社会信息学。比如商品品牌本身是一种符号，但人类学家则研究将其作为信号，研究其特点及功用，提出关于商品品牌的现象与规律。经济学家得出商品品牌可以创造经济价值的结论并提出相应的创立品牌的理论，这些经济学研究都是限定目的信息过程，因为其应用过程中，商品品牌信息本身可以反映这些研究成果是否有效，所以这些研究属于社会信息学。

二、人文信息学的特点

人文信息学与自然信息学和社会信息学在研究对象和研究过程方面存在差异，具有自身特点。第一，人文信息学以符号为研究对象，符号信息依赖于人的主观意识而存在，并随着不同认识主体而发生变化，并且由于符号在某一符号系统中才具有意义，而使得对符号的研究实际上成为对符号系统的研究。第二，自然信息学和社会信息学在研究的规定性来自于，或说按理想的方式应当来自于其作为限定目的信息过程本身，也就是研究对象本身；而人文信息学研究的规定性不仅来自于对象本身的信号信息，更主要的来自于主体认识的共同性，亦即主体间性。第三，人文信息学的研究过程中，人的主观创造性所受制约较弱，在受主体间性规定性制约的同时，在符号信息过程中推动主体间的共同认识不断变化更新。

（一）人文信息学研究对象的特点

人文信息学的研究对象是符号信息，符号信息具有其自身特点：首先，符号的含义并不是作为信号的符号本身所具有的，而是人赋予的主观意义，因此符号信息依赖于人而存在。中外文学史上一度被禁的一些文学作品能够很好的说明问题。像《查泰莱夫人的情人》等涉及性描写的小说之所以在特定时间段内被禁，正是由于人们只认识到了其“性描写”的信号信息，而未能认识到或否认在这种信号信息背后，作家所要表达的符号信息。可见，符号信息依赖于人的主观认识。

其次，由于符号信息依赖于人的认识，因此符号信息并非是绝对的，会随着认识主体而产生变化。这是由人认识事物的方式决定的。不同的个体赋予事物的主观意义会有所差别。广阔的当下社会现实对个体而言，是以“他群取向”为基础的“同时代人”之间的社会关系。每个个体不可能同所有人发生直接接触、经验同时代的一切人和行为，所以只能首先依据其个体经验形成对与此类似的社会事实的观念,通过“衍自我们自己过去的经验、直接的、我们从他人获知的，以及不管是经由会谈或阅读而认识同时代人的构成模式”[4]来建构起个人对事实所持的理解模型亦即“理想型”，然后再通过“理想型”完成对各种信息的理解。人认识事物也就是接受、理解信息的方式，具有差异性。如黑格尔所言，“具体的人作为特殊的人本身就是目的”[5]，从存在的意义上说，就是海德格尔所称的“此在”，“这个存在者为它的存在本身而存在。”[6]以自我为存在为目的的人只能以其个体的特殊的“理想型”来认识、理解符号。作为不可重复的存在者，人无法超越自身独特的主观世界来理解信息，尤其是符号信息。不同的个人经验、研究“范式”导致“有一千个读者就有一千个哈姆雷特”。人对当下事物的理解总是建立在以往经验的基础上，人总是通过对以往经验过的最相似的事物的联想来理解当下事物。不同的个人经验导致不同的当下认识。正如现象学家所揭示的那样，世界上任何一个事物都是具有多个“侧面”的“集合体”，“无论从哪个方面……都不能同时看到对象的全貌。”[7]研究主体不同的个人经验、研究“范式”决定了其总是站在一定的角度而不是所有的角度观察并得出结论。

再者，由于符号信息的特殊性质，使得人文信息学对某一符号的研究，实际上成为对某一符号系统的研究。索绪尔创立结构主义的方法研究语言，指出单个词语不具有意义，一个词语只能在自身同其他词语的差别中也就是在语言结构中表达意义。“语言潜存在一群人的头脑里，或者更确切地说，是潜存在一群人的头脑里的语法体系；因为在任何人的头脑里，语言都是不完备的，它只有在结构中才能完全地存在。”[8]后来的哲学与社会学学者尤其是结构主义者和后结构主义者，将索绪尔的这种语言学观点推广到一切符号当中，认为人类社会的一个事物都是在一定社会结构中得以显现出意义的。梅洛—庞蒂提出“所有的过程都以系统为前提的假定，”[9]罗兰·巴尔特把社会体系视作一种符号结构，认为符号学研究“必须一开始（特别是在开始时）就公然接受一种限制性原则。这个原则即相关性原则，它也是借去自语言学的。”[10]罗兰·巴尔特注意到所有的符号都与语言相类似，必须在一个符号系统中才能显现出意义，因此着重挖掘符号背后的“神话学”也就是文化特征。因此，人文信息学对符号的研究，不可能对某一符号进行孤立研究，实际上是对符号系统的研究。

（二）人文信息学研究的规定性的特点

人文信息学因为与自然信息学和社会信息学的研究对象不同，因此其研究为非限定目的信息过程，但这并不意味着其研究不具有规定性，只是其规定性具有特殊性。自然信息学和社会信息学以信号为研究对象，因此其研究的规定性主要来自于研究对象本身，从物质哲学的角度来看，也可以说是具有客观规定性。比如化学家进行化学实验，化学试剂和实验设备本身就对实验过程具有规定，如果不遵循这些客观规定性，就会导致研究的失败。又比如经济学家对货币流通规律进行研究，作为信号信息的各种经济信息本身就对研究具有规定性。人文信息学以符号为研究对象，我们可以把符号看作是被人赋予了主观含义的信号。因此，在人文信息学的研究中，其规定性一方面来自于符号的信号信息，而更重要的一方面则来自于主体认识的共同性。首先，符号的基础是信号，因此，有时符号的信号信息会对人文信息学的研究过程产生规定性。以历史学家研究秦始皇为例。“秦始皇是一位皇帝”，是“秦始皇”这个符号的信号信息，无论研究者赋予“秦始皇”以“暴君”或“明君”等何种符号信息，都必须遵循这一信号信息。信号信息对人文信息学研究的规定性，是一种客观性的规定，亦即规定研究主体的认识必须与对象信息本身具有同一性。但是，人文信息学研究的规定性，主要的并不是一种客观规定性。

实际上，人文信息学研究关注的核心是符号信息，因此其研究的规定性主要来自于主体认识的共同性，也就是主体间性。如前所述，符号的含义是人主观赋予的，不同认识主体会赋予同一符号以不同含义。因此，在人文信息学研究的规定性主要来自于不同研究主体所自觉和必须遵循的“共同认识”。关于不同主体间的共同认识何以成为可能，胡塞尔通过“主体间性（Intersubjektivitaet）”的理论予以了论证。胡塞尔论证了“我”与“他人”是可以沟通的不同主体，他人即是另一个自我，“自我与另一个自我总是必然地在本源地结对（Paarung）中被给予出来的”[11]。我们可以抛开胡塞尔理论的其余部分，把“主体间性”简单看成是不同主体间认识的同一性。我们认为，在作为限定目的信息过程的研究中，由于对象信息本身的客观规定性，主体间性对研究过程的规定性并不是主要的；而在作为非限定目的的信息过程的研究中，主体间性则上升成为对研究的主要规定性。人文信息学对某一符号的研究，一旦超越其信号信息本身，而试图赋予其某种主观含义，那么信号信息对研究的规定性立刻让位于主体间性。以历史学家探讨“秦始皇”是否是“暴君”为例。从信息学的角度来看，这个研究过程即是要探讨赋予“秦始皇”这个信号以“暴君”符号的含义是否成立。“暴君”作为一个符号，其含义是人主观赋予的，如果历史学家对“暴君”的含义达成共识，那么主体间性就自然会规定他们得出一致的结论。

主体间性对人文信息学研究的规定性有两个层面。一方面，主体间认识同一性的存在，使得规定符号意义的符号系统得以建立。如前所述，符号的意义来自于符号结构或说符号系统。一个符号系统，由于主体间形成了共同认识，从而具备了一定的符号规则，这就对符号的理解与使用产生了规定性。索绪尔指出语言作为一种结构，具有强制性，是“已经选定的东西, 不但个人即使想改变也不能丝毫有所改变, 就是大众也不能对任何一个词行使主权; 不管语言是什么样子, 大众都必须同它捆绑在一起”[8]。罗兰·巴尔特则进一步指出符号在符号结构中被规定, 因此在研究中要“把它们的位置和功能置于意义系统之内。”[10]这实际上指出符号的意义虽然存在于符号结构中，但其受到符号规则的规定，因此符号研究必须遵循符号结构中既有规则的限定，而不能无限制的扩大符号与它事物的联系。

另一方面，研究者作为社会的人，对社会认可的追求，使得主体间性成为对其形成规定性。人文信息学的研究者，其研究要面向社会公共领域，作为社会中的行动者，必然寻求使其研究成果达到社会公共认知的“普遍性”，从而进入社会公众的意识，内化为社会世界秩序的一部分。这种企图可能是一种自觉，也有可能是出于“自然态度”也就是“并未意识到自己正在从事使世界有序化的活动”[12]。但无论如何，主观历史图景在从事使世界有序化的活动这一点是确定的。因此，对于作为行动者的他们来说，必须面对这样一种境遇——“社会世界中的秩序是自然形成的，而不是他们赋予的。”[12]这样，他们就会自然地遵循主体间性的规定性来达到“普遍性”，唯有如此，他们的研究成果才能在社会世界中经受住“可受理性检验”，从而使其研究成果成为社会世界秩序的一部分。

（三）人文信息学研究的主观创造性的特点

如前所述，社会信息过程相对于自然信息过程而言，具有非确定性，这种非确定性根源于人类理性的有限性和人类感性的开放性。更进一步说，社会信息过程的非确定性之所以产生，乃是由于社会信息过程是一种人的主观创造过程，从而把人类理性的有限性和人类感性的开放性引入了信息过程。作为社会信息过程的自然信息学和社会信息学研究，人的主观创造性主要表现为尽量全面、准确的掌握信号信息，并将其进行创造性的转化。这种主观创造过程，因为是限定目的信息过程，所以人的主观创造性要受到信号信息的强力制约。人文信息学的主观创造性与此有所不同。人文信息学的研究过程是非限定目的信息过程，因此其主观创造性所受制约较弱，人的主观创造性不仅在主体间性的规定性下进行符号信息过程，而且在符号信息过程中推动主体间的共同认识不断变化更新。人文信息学的研究主要受到主体间性的制约，但是，无论是符号结构与符号规则还是社会公共认知的“普遍性”，都是动态变化的，甚至可以被人的主观创造所改变。

梅洛·庞蒂的知觉现象学指出了包括语言在内的符号及符号结构都是随着人的主观创造发生变化的。梅洛·庞蒂对“使用过的词”和“正在使用的词”进行了区分。他指出某个词在最初被发明时，人的思想就被固定在了其中，在流传过程中成为具有固定含义的“使用过的词”。当这个词在不同的生活情境中被人重新使用时，“使用过的词”又变为“正在使用的词”，其含义随之发生变化。梅洛·庞蒂所描述的“使用过的词”与“正在使用的词”的不断相互转化，表明符号的含义——实际上是符号结构，随着人的主观创造发生改变。梅洛·庞蒂进一步指出人使用既有符号的过程实际上是一次新的主观创造过程，这种主观创造过程会带来新的符号结构，他说：“任何一种知觉，任何一种以知觉为前提的行为，总之，任何一种人对身体的运用都已经是最初的表达，——不是用已知符号的意义及其使用规则代替已知符号的这种派生作用，而是首先用符号构成符号，通过符号的排列和形状的唯一表达力使被表达内容寓于符号中，把一种意义放入没有意义的东西中的最初活动，因此这种活动不但不在进行过程中逐渐衰退，而且还开辟了一个领域，建立了一种体系或一种传统……”[13]梅洛·庞蒂指出了人对既有符号的使用是“用符号构成符号”，通过主观创造而赋予一个既有符号以自身意义，虽然这个符号有其原本的意义与规则，但在被使用的过程中建立起了新的意义与规则。梅洛·庞蒂指出了符号结构与符号规则，在人主观创造性推动下必然不断变化。符号结构与符号规则的这种变化特征，使得其在对人的主观创造性产生规定性的同时，又不断受到人的主观创造性引导。可见，在符号信息过程中，人的主观创造性的作用不仅在于理解、使用既有符号，而且还在于对规定自身的主体间性发生影响。举例来说，在中国古代儒学史上，先秦儒学所创造的符号结构与符号规则，在汉代被改变。汉学不仅通过引入阴阳五行等新的符号扩大了先秦儒学的符号系统，而且在使用先秦儒学符号的过程中，彻底更新了儒学的符号结构与规则，从而使汉人关于儒学的社会公共认知的“普遍性”也随之发生改变。同样的情形又发生在宋学对汉学符号的使用过程中。

三、人文信息学研究对象的 3 个层面

人文信息学以符号信息为研究对象，其研究主要包括 3 个层面：第一个层面是符号的信号信息，第二个层面是符号的“本体论”含义，第三个层面是符号的“认识论”含义。符号的信号信息是符号信息产生的原始基础，符号不断被使用的过程，就是符号的本体论含义和认识论含义不断转化的过程，而人文信息学的研究实质上就是一个将符号本体论含义转化为认识论含义的过程。为了研究的需要，我

们有必要对人文信息学研究中符号信息的3个层面加以区分。

（一）符号的信号信息

符号首先是一个信号，在被人赋予了主观含义之后，才成为符号。人文信息学的研究，往往以研究信号信息为基础，然后才能展开对符号信息的探讨。举例来说，历史学家要研究“秦始皇”的符号信息，首先要掌握其信号信息。关于秦始皇是暴君、是明君、是昏君等等符号信息的探讨，都以“秦始皇是一位皇帝”的信号信息为基础。这里，有2个问题必须注意：

其一，符号的信号层面信息虽然是符号信息的基础，但符号信息的形成并非绝对受制于其信号层面信息，实际上，符号信息的形成往往会在不同程度上脱离其信号信息。如前所述，符号的含义是由人主观赋予的，由于人类理性的有限性和感性的开放性，所以，符号信息的形成偏离信号信息就成为一种不可避免的现象。因此，在人文信息学中，对符号的信号信息的研究，并非总是具有重要意义的。举例而言，20世纪70年代发生在英国的反主流文化运动中，不少艺术作品将当时发生在遥远中国的“文化大革命”塑造成一场实现人的自由的人类解放，有一支乐队甚至以“四人帮”命名，以此标榜以新文化摧毁当时的英国社会制度、实现人类自由。这场反主流文化运动中的“文化大革命”和“四人帮”等符号的含义已经与这2个符号的信号信息风马牛不相及，因此在对反主流文化运动中的“文化大革命”和“四人帮”等符号信息的研究中，符号的信号信息已经无足轻重。

其二，对符号的信号信息研究，仅仅是人文信息学研究的一个基础，并不能成为人文信息学研究的主要部分。人文信息学当中，对符号的信号信息的研究，所提供的只是用以加工处理的材料。以历史学为例，早在清代，史学家章学诚就意识到了这个问题。章学诚将历史著作分为“撰述”和“记注”2类，认为撰述是历史著述，其中包含有“史义”，是“知来之学”；而记注则只是一种资料汇编，是“藏往之学”。[14]章学诚进一步指出记注是一种较简单的历史编纂作品，为撰述提供了研究的基础，撰述则需“钩玄提要，达于大体”[15]，从而表达一定的思想，真正发挥历史编纂的作用。从信息学的角度来看，章学诚的这种观点实际上是说，记注只是对信号信息的记录，因此其本身不能表达思想，只能是撰述的基础。要发挥历史学的作用，就必须在记录信号信息的基础上，贯穿“史义”，也就是建立起符号信息。只有形成了符号信息的历史作品，才是撰述。这就是说，历史研究的真正价值不在于对信号信息的记录，而在于对符号信息的理解和转化。

（二）符号的“本体论”含义

如前所述，符号的含义（符号信息）在被使用的过程中不断发生更新变化，因此，人文信息学的研究就有必要对“使用过的词”与“正在使用的词”的含义加以区分。“使用过的词”代指符号的“本体论”含义，“正在使用的词”则代指符号的“认识论”含义。符号的本体论含义与认识论含义在人文信息学研究中表明了 2 种关系：首先，在对符号信息的历时性研究中，符号的本体论含义与认识论含义，可以指过去的符号含义与过去被认识的符号含义。比如说，“王安石”这个符号在宋代曾被赋予“奸臣”的含义，到了现代，“王安石”这一符号的本体论含义被转化成了“改革家”的认识论含义。其次，在人文信息学研究中，符号的本体论含义与认识论含义，可以指研究对象的符号含义和研究者赋予符号的含义。再以关于王安石的研究为例，如果有一位历史学家在研究历史上的王安石之后，将原先的“改革家”含义转化为“不称职的改革者”的含义。那么，在这个研究中，“改革家”就是王安石这一符号的本体论含义，而“不称职的改革者”则是王安石这一符号的认识论含义。虽然“符号的本体论含义与认识论含义”的转化是一个绵延不断的过程，其所体现的 2 种关系总是不断交织，但从研究的角度，我们还是有必要对二者做出明确的区分。

在人文信息学研究中，探讨符号信息，总是要从回顾以前的符号本体论含义开始。比如，文学家探讨李白的文学成就，总是先要从历史上人们赋予“李白”这一符号的含义开始。这时，历史上人们赋予“李白”的“诗人”含义就是符号的本体论含义。当文学家得出结论，赋予“李白”以“伟大的浪漫主义诗人”含义时，“伟大的浪漫主义诗人”就是符号的认识论含义。这里，对符号本体论含义的探讨，成为人文信息学研究的一个基础。

（三）符号的认识论含义

虽然符号的本体论含义是人文信息学研究的基础，但对符号的本体论含义的探讨并不是人文信息学研究的目的和结果。在研究中，符号的本体论含义最终被转化为认识论含义。实际上，人文信息学研究真正的价值就在于把符号的本体论含义转化成认识论含义，从而使作为研究对象的符号含义成为当下在场的含义。只有当下在场的符号含义，才能真正融入当下的社会世界秩序，从而发挥影响。

人文学科并不仅仅是要认识对象，更重要的是要通过自己的认识和分析形成自己的观点。从人文信息学的角度来说，就是要将作为研究对象的符号的本体论含义转化为符号的认识论含义。被建立起来的符号认识论含义一旦形成，相对于以后的符号使用，又成为本体论含义，在被使用者转化为认识论含义后发挥现实作用。

人文研究将符号的本体论含义转化为认识论含义后，这种认识论含义就可以用来指导个体赋予符号以主观意义的活动。只有在这种情况下，作为研究对象的符号含义才成为当下在场的含义。这是因为人们在选择自身行为时，依据的是自身对符号赋予认识论含义，而不是符号的本体论意义本身。因为人只能通过自身赋予符号的认识论含义来理解符号。人对无法接触的事实只能通过自身观念中的“理想型”来理解，从信息学的角度来说，这一理解的过程就是赋予理解对象以认识论含义的过程。即使在舒兹所谓“面对面”的关系中，人们也由于个体的不可重复性而不能完全理解他人。在纯粹以“他群取向”为基础的“同时代人”之间的社会关系中，人们只能通过自身赋予符号的认识论含义来把握符号含义，因而“理想型”亦即个人对事实所持的理解模型取代符号本身成为人们理解当下与既往社会的方式。所以，对社会而言，重要的是人们赋予符号的认识论含义，而不是符号的本体论含义。社会之所以成为社会，就是因为人们赋予社会符号以种种实际上只存在于人们观念之中的意义。比如，“炎黄”的信号信息与最初的符号本体论含义都是微不足道的，因为它们并不对现实发生影响。当司马迁以来的历史学家赋予了“炎黄”以“中华始祖”的认识论含义后，这种认识论含义成为新的本体论含义，并在不断被中华民族使用的过程中，以使用者赋予“炎黄”认识论含义的形式发挥现实作用。

归根到底，人文学科的研究本质上是一种将符号本体论含义转化为当下在场的符号认识论含义的过程。人文信息学应当明确这种研究的特点，从而更加合理的开展研究。基于人文信息学独特的研究对象和种种特点，我们可以认为它是一门以符号信息为研究对象，以创造和转化符号信息为目的，研究过程主要为非限定目的信息过程，而与自然信息学和社会信息学并立的信息学科。

参考文献

[1] 李宗荣，金新政. 理论信息学[M].北京：人民出版社，2006：130.

[2] 中国社会科学院语言研究所词典编辑室. 现代汉语词典[M]. 北京：商务印书馆，2002：7.

[3] 李宗荣. 社会信息学导论[M]. 北京：人民出版社，2010：70.

[4] 舒兹. 社会世界的现象学[M]. 台北：久大文化股份有限公司，桂冠图书股份有限公司，1991：208.

[5] 黑格尔. 法哲学原理[M]. 范扬, 张启泰, 译. 北京：商务印书馆，1961: 197.

[6] 马丁•海德格尔. 存在与时间[M]. 陈嘉映,王庆节,译. 上海：三联书店，1987: 15.

[7] 利科. 你们要做双重读者[A]∥杜小真，编. 利科.利科北大讲演录[C]. 北京：北京大学出版社，2000: 38.

[8] 索绪尔. 普通语言学教程[M]. 高名凯，译. 北京：商务印书馆，1980: 21, 107.

[9] 莫里斯・梅洛・庞蒂. 哲学礼赞[M]. 巴黎：格里马出版社，1953. 转引自罗兰・巴尔特. 符号学原理[M].李幼蒸,译. 上海：三联书店，1988: 124.

[10] 罗兰・巴尔特. 符号学原理[M]. 李幼蒸，译. 上海：三联书店，1988: 173.
[11] 胡塞尔. 生活世界现象学[M]. 克劳斯·黑尔德,编. 倪梁康,张廷国,译. 上海：上海译文出版社，2002: 175.
[12] 乔治・瑞泽尔. 后现代社会理论[M]. 谢立中,等,译. 北京:华夏出版社，2003: 39.
[13] 莫里斯・梅洛・庞蒂. 符号[M]. 姜志辉,译. 北京：商务印书馆，2003: 81.
[14] 章学诚. 文史通义, 卷一《书教下》[M]. 上海：上海古籍出版社，1993.
[15] 章学诚. 文史通义, 卷三《报黄大俞先生》[M]. 上海：上海古籍出版社，1993.

Outline of Humanistic Information Science

Deng Rui[1]　Li Chuanyin[2]
1.College of History and Civilization, Shanxi Normal University
2.Institute of History Study, Huazhong University of Science and Technology

Abstract: Information science can be divided into natural information science, social information science and humanistic information science. Humanistic information science has its own characteristics in objects, regulation and creation. As an information process with nonfinite aim, the objects of humanistic information science are all sorts of symbols in human society and its essence is to understand and transform the symbolic information. The objects have signal information, ontology meaning and epistemology meaning in the process of research.
Key words: humanistic information science; information process; signal; symbol

信息伦理学基本问题研究

高　珊

湖北大学数学与计算机科学学院

摘　要：本文回顾了信息伦理学的形成，对信息伦理学的发展、信息伦理学的一般本质和特殊本质作了分析研究，并对信息伦理学未来的研究趋势进行了预测。

关键词：信息伦理学；计算机伦理学；伦理本质

一、信息伦理学的形成

信息伦理学最早源于计算机伦理研究。随着信息技术的广泛应用和信息科学的深入研究，与信息领域相关的伦理研究范围逐渐的扩大，从计算机伦理到网络伦理，已经拓展为更为广泛的信息开发利用活动的伦理学研究，即信息伦理。

信息伦理学是由信息学、哲学、计算机科学、传播学、社会学和传统伦理学等学科相互交叉、融合，在信息技术和信息社会的土壤中产生的[1]。其研究内容包括了在信息产生、信息处理、信息传播和信息利用等过程中出现的各种伦理问题。

信息伦理学的兴起与发展植根于信息技术的广泛应用所引起的利益冲突和道德困境，以及建立信息社会新的道德秩序的需要。随着信息伦理学作为一门独立的新兴学科的发展与壮大，信息伦理学的研究将会对很多方面产生影响，诸如全球化、因特网的统辖与管制、用户行为、国家信息政策、信息立法、技术改进方向等。研究信息伦理学有助于这些方面所出现的问题的解决，还有利于个人、社会与技术的协调发展[2]。因此，研究信息伦理学的意义是深远的。

二、信息伦理学发展现状

（一）信息伦理的本土化

信息伦理学起源于西方，尽管西方的信息伦理可能依仗其文化的强势地位而对非西方国家的文化系统形成强烈的冲击，尽管在非西方国家中也不乏全面认同西方信息伦理的声音，但各国独特的本土文化资源的强大生命力和其对国民的根深蒂固的影响，最终不会让西方的信息伦理在全球化的信息领域中一枝独秀。恰恰相反，信息伦理基于本土化而产生的多元化趋势似乎是不可阻挡的。

（二）不同文化背景的信息伦理的整合

各国的反映本国国情的信息伦理都能够在本国内起到有效的规范作用，但它未必能为处于不同文化背景的其他国家的人们所接受。因此，如果不同文化背景中的人们在互联网上进行信息交往，而又各自依据其特殊的信息伦理判断行为的正确与错误，就可能导致信息交往中的矛盾和冲突，甚至使得这样的交往无法进行下去。由此看来，在互联网上，在全球性的信息交往活动中，必须形成对于信息交往行为的信息伦理共识。这样，就有必要整合来自不同文化背景的信息伦理，求同存异，以为不同国家的人们进行全球性的信息交往提供一种公认的伦理规范系统。

三、信息伦理的本质

（一）信息伦理的一般本质

一般本质，是指信息区别于其他事物的根本性质，是信息基本组织要素的内在联系和信息自身所包含的一系列必然性、规律性的总和[3]。在哲学界有4种观点：

(1) 信息是精神实体的特征；

(2) 信息是物体的普通属性；

(3) 信息是与物体和精神并列的第三种存在；

(4) 信息是物质载体与意识成分的特殊结合。

显然，探讨信息的一般本质，先要讨论信息的定义和含义。香农认为“信息是用来减少随机不定性的东西”，但香农的定义没有包含信息的内容和价值，没有从根本上回答信息是什么。维纳则认为,“信息是人们在适应外部世界，并且这种适应反作用于外部世界的过程中，同外部世界进行互相交换的内容的名称”。维纳的定义包含了信息的内容与价值，但因交换的模糊而使其存在局限性。因为人们在与外部世界的相互作用过程中，同时也存在着物质与能量的交换。因此，信息首先是事物相互作用的结果，相互作用的结果的表现是事物之间的内容交换；相互作用的内容交换对事物产生的作用就是消除了事物相互作用时存在的不确定性状态。由此可见，事物自身的本质与现象不是信息，信息的一般本质是事物相互作用的状态变化。

（二）信息伦理的特殊本质

特殊本质是有条件约束的次高层次，可以把它称为认识论层次。维纳曾说过：“信息是人们在适应外部世界，并且这种适应反作用于外部世界的过程中，同外部世界进行互相交换的内容的名称”，他忽视或是无意探究人们“适应外部世界”“同外部世界相互交换”的目的到底是什么。从人类认识与表达的方式看待被称之为信息的现象、材料，可以发现信息在社会生活实践中是被人用于掌握“外部世界”事物的形态、状况的，是为“适应”而达到对信源的“知”的状态。也就是说，“同外部世界相互交换”意味着人对自然、对其他个体的“知”，是由此知彼，使彼知此的相互作用；信息是以交往方式发挥出“知”的效用在人的生存实践活动实现了信息中蕴涵的人的生存利益。人类获取和使用信息的客观目的不是为了抽象地拥有，抽象地消除随机的不定性，而是为了在实实在在的残酷、激烈的生存环境中现实地存在下去并在此基础之上成长、发展。因此，应当可以把信息在实践论层次的特殊本质视作信息的伦理本质。

四、信息伦理学的未来发展

随着信息社会的不断发展，信息活动中的各种现实道德伦理问题会日益增多和突现出来。许多信息伦理的实践将极大地促进信息伦理理论的创新发展。从全球来看，信息伦理学将会呈多元发展势态。信息伦理学将呈现以下发展趋势：计算机伦理学、网络伦理学与信息伦理学的融合；基于新信息技术应用的信息伦理学新发展；综合多学科领域理论与方法的信息伦理学新发展；解决重大信息伦理课题的实证性研究；独具特色的各国信息伦理学学科体系的建立；东西方文化环境下的信息伦理学比较研究；全球信息化趋势下的全球伦理研究。

参考文献

[1] Bynum T W. Computer ethics: Its birth and its future [J]. Ethics and Information Technology, 2001(3), 109-112.

[2] Nuyen A T. Lyotard's Postmodern Ethic s and Information Technology[J]. Ethics and Information Technology, 2004, 6(3): 185-191.

[3] 刘可风.伦理学原理[M].北京:中国财政经济出版社,2003.

A Study on the Basic Problems of Information Ethics

Gao Shan

School of Mathematics and Computer Science Hubei University

Abstract: This paper reviews the formation of information ethics, studies analytically the current status of information ethics, general essence and special essence of information ethics, and predicts the future trends of information ethic.

Key words: information ethics; computer ethics; ethics essence

关于信息伦理学思维前提的思考

康兰波
空军工程大学理学院社会科学系

摘　要：传统伦理学以“人是……的动物”为思维前提，其理论虽然能为人的道德行为做出规范或论证，但从动物层面理解人终归会面临两大难题，一是将人理解为既定的存在，以致否认人有“追求成为人”的必要；二是即便承认人应当“追求成为人”，但在衡量“人”的标准上往往难于超越动物的层面。这两大难题伴随信息时代人的存在方式变革而日益突出，甚至直接影响到信息科学技术的正确研发和使用。在这种情况下，怎样理解人自己?人究竟应当以什么样的标准来“追求成为人”?类似这些问题正成为信息时代伦理学不得不探索的重大问题。而信息伦理学对这类问题的探讨，必将超越作为一门具体社会科学的传统伦理学，从而成为信息时代的哲学。

关键词：信息伦理学；信息；人；伦理学

信息科学技术使人能够快捷、方便地生产、传递、接收、储存各种信息。但这同时也给人的生产生活带来许多新的问题。伴随人们对信息科学技术的广泛开掘利用，人的整个实践活动无不受到信息和信息科学技术的全面渗透。在这种情况下，人们以往所形成的社会道德规范早已不适应当今信息社会的发展要求。如何合理开掘、利用信息和信息科学技术？如何在信息时代规范人们的信息实践活动？如何使人在开掘、利用信息科学技术中不致丧失人性？类似这些问题，正时刻困扰着信息时代的每一个人。为此，信息伦理学应运而生。然而，信息时代为信息伦理学提出的问题，也许并不仅仅局限于人的个别行为规范。因为信息、信息科学技术具有最广泛的渗透性，它们正全面地渗透于人的整个社会生活、实践状态，使得人的整个存在方式、存在面貌发生翻天覆地的变化。从这个意义上说，信息、信息科学技术，乃至信息社会、信息时代等都无不动摇着以往传统伦理学对人本身的传统理解和坚定信念。因此，可以说信息时代人们所面临的伦理困惑其实正直击到更为深层次的伦理学思维前提性问题，即伦理学，特别是信息伦理学究竟应该怎样理解人自己。

一、传统伦理学的思维前提及其问题

传统伦理学是社会科学的分支学科，它主要研究人的行为规范，对于行为规范的倡导者或执行者"人"，它是无须去做深入考察的。它只要按照人们通常对人的一般理解，结合当时的社会发展需要提出合理的行为规范，它的任务也许就完成了。

但是通常人们对自己的一般理解无非就是给人下一个比较能反映人的某方面属性的定义。像人是会制造和使用工具和符号的动物；人是具有政治性的动物；人是有理性的动物；人是有情感、意志的动物；人是文化的动物；等等。似乎在动物的前面加上某些修饰词，人和动物就被区别开来了；人因为会制造和使用工具、符号，具有政治性、理性、情感和意志，以及文化等，也就比动物更高贵。然而，按照这种"人是……的动物"的思维逻辑，不管人多么会制造和使用工具，不管他多么具有政治性或理性，不管他有多么复杂的情感、意志，也不管他具有多么奇特的文化，一句话，不管他有多么不同于其他动物的属性，他最终还是"动物"，终归不能超越"动物"的层面。

事实上，将人理解为"是……的动物"固然很符合人的日常经验。但是在动物层面理解人，却存在两大方面的问题。

（1）人被看成是某种既定的存在。这样一来，人们往往会简单地以为自己和其他动物一样，从父母那里获得了生命也就获得了一切，所以自己生而为人，无须为成为“人”而付出任何努力。可事实上人却并不是生而为人的，否则，社会学中人的社会化等理论也就成为多余的了。

（2）人既然终归是动物，那么，人即便是要去追求成为“人”，他也很有可能会按照动物的标准来理解人，并按照动物的标准来追求人的完美性。这样一来，人“做人”的标准也就被降低了。在现实生活中，一些人正是由于将“做人”的标准定得很低，将“做人”看得过于简单容易，才会做出不具人格的事情。[1]

上述两方面的问题在信息时代到来之前不但存在，而且产生了很严重的后果。像人们单纯从生存意义上来理解人和自然的关系，将对自然的索取看成是天经地义的事情，并进而以为索取的东西越多，人就越是具有人的完美性。这样的认识，其实就是按照动物求生存的标准来理解人自己及其和自然的关系的。动物求生存确实离不开一定的生存资料，人要维持生命的生存，也需要耗费一定的生活资料。但人之所以是人，却并不仅仅因为他从自然那里索取或耗费了比其他动物更多的生活资料。这种对待人自己及其和自然关系的态度，实际是将人和动物在根本性质上的差异，还原为了向自然索取或消耗物质资料的数量的差异。其最终结果便是导致人赖以生存的生态环境遭受严重破坏，而人自己也沦落为一味在数量上追求、占有更多生活资料的奴隶，直至丧失人的秉性。但不管怎样，这些严重后果在信息时代到来之前，其影响程度、作用范围、蔓延速度等在一定程度上还受到人们现实生活实在性的限制，而不至于被不实在的信息非线性地放大。因为“实在性”更多是通过人身体触觉来加以印证的直接存在性和广延性。[2]相对于人的其他感官来说，身体触觉所能感知的事物，其时空结构都相对直接和简单。但在信息时代，上述两方面的问题就会显得非常突出，其后果也很有可能会因信息的不实在而被非线性地放大。信息时代的到来，整个地改变了人的存在方式。

二、信息时代人的存在方式变革

按照马克思的观点，人自由而有意识的生命活动是人的根本存在方式。[3]离开了这样的方式，人也就不能成其为人。自由而有意识的生命活动将人从生命层面上与动物区分开来。但在不同的时代，人的这种自由而有意识的生命活动在具体内容和表现形式上却有所不同。在信息时代之前，这样的活动主要表现为物质性活动，人的精神活动在今天看来虽然具有信息的性质，但归根结底还是受着物质活动的制约的。因为，人创造自己精神生命的平台仅仅只有一个实在的物质世界。[4]在这样的物质世界中，人是以直接的状态介入生活的。人要展现其多重性、多面性、复杂性，往往受制于这个世界的实在性。特别是他那想象的自我，在具有实在性的现实生活中几乎没有独立表演的机会，如果他硬是要在物质世界展示他那想象的自我，那么他在真实的现实生活中就会面临众多误解，并给他的生活带来诸多不便。

人对自身生命有限性的超越，往往也受到物质世界实在性的制约。例如，人们对自己有限的自然生命不仅自知而且不满，于是总是试图让自己的精神生命获得永生，但这样的“永生”不仅要付出极大的努力，而且能否真正实现“永生”，还存在一定的偶然性。苏格拉底以牺牲自己的自然生命为代价，获得了精神生命的永生。[5]但他的学说和牺牲之所以能够换来他精神生命的永生，除了他以付出生命为代价之外，还在于他遇到了柏拉图等既正直又有为的好学生。否则，他的牺牲很有可能在众多人的不理解、不弘扬中被消解、遗忘。这样，他所追求的精神生命的永生也就无法实现。类似这样的情况，恐怕在历史上并不罕见。

但是这样的情况将在信息时代得到彻底改观。信息科学技术不但渗透到了人生活的方方面面，而且还为人开掘出了一个重新认识、展示自己的新平台——信息世界。[4]信息世界的开掘利用意味着人的整个存在方式发生了剧变，人自身的存在状态、人自由而有意识的生命活动等都将在他原来所习惯的物质世界和他利用信息科学技术所开掘出来的信息世界中全面展开。从人自身的存在状态来看，在信息科学技术的广泛运用中，人不仅存在于物质世界，而且也可以同时以多种面貌、多重自我、多种方式存在于信息世界。特别是人那想象的自我这时可以在信息世界中以各种面目或形态表现出来。而就人对自己有限自然生命的超越来说，人们要使自己的精神生命获得永生，再也无须像苏格拉底那样付出整个生命的沉重代价，也再也不必受到诸多外在偶然因素的制约。人们只须利用信息科学技术将自己的音容笑貌、自己的思想情怀等统统投射到信息世界，就可以在信息世界中获得精神生命的永生。因为，信息的生产、加工、传递、存储、交流、取得等在信息时代不仅不再受到物质实在性的制约，而且还都变得相当廉价和容易。这意味着只要信息科学技术在不断向前发展，每个人都能够方便、容易、廉价地获得超越自己自然生命有限性的机会和现实途径。

事实上，在信息科学技术的推动下，人自由而有意识的生命活动的展开过程也和以往完全不同。在以往单一物质世界中，人自由而有意识的生命活动受物质世界实在性的制约，其展开的时空结构相对简单，因为，人在单一物质世界中的活动，除了科学研究，其他活动像政治、经济、军事等，总的说来是在人经验可直接把握的常规速度下进行的。这样的活动展开过程相对缓慢，人们可以通过亲身体验来加以理解、操控。而从空间上看，这些活动的展开往往要受到一定的地域限制。第二次世界大战尽管是世界性的，但总有一些地域免受其难。也正是在物质世界实在性、时空结构的相对简单性作用下，人自由而有意识的生命活动的结果才相对简单、确定。人在活动中所遭遇的风险和活动后所面临的困惑等相对较小，以至于人们可以寄希望于科学技术的发展来增加对活动对象的认识，从而达到规避风险、减少困惑的目的。这也正是近代以来，人们对科学技术寄予巨大厚望的原因之一。

但在信息时代，人自由而有意识的生命活动处处都受到信息的渗透，而信息本身却不实在。在这样的情况下，借助信息手段而展开的众多活动不再简单地受到物质世界实在性的限制，而是在新的时空结构中展开。因为在信息科学技术支持下，信息不仅可以以光的速度传播，而且还可以跨越国界，即信息网络延伸到哪里，信息就可以相应传递到哪里。这使得人自由而有意识的生命活动的展开，在信息科学技术的支撑下，不仅速度极快，而且影响范围极广。从活动的过程和结果来看，由于人的这种活动处处渗透着不实在的信息，而信息之间的相互叠加，由于已丧失实在性对相互作用复杂性的制约，因而这样的叠加很有可能会产生出一些让人意想不到的新现象或新信息，因此，人活动过程中的风险性，活动结果的不确定性或反目的性等都将异常突出。在这样的情况下，单凭科学技术的深入发展，不仅不能有效规避风险、减少困惑，相反，伴随科学技术的发展，还会产生大量新的困惑、遭遇更加具有挑战意义的风险。[6]

可以说，信息科学技术并不像以往的科学技术那样只是简单地改变了人在某一方面的生活样态，而是在更高层面上对人本身、对人自由而有意识的生命活动本身产生根本性的影响，从而使人的整个面貌发生改变。这样的影响和改变意味着人只有在更高层面、更全面地理解这种科学技术，并在此基础上实现对自身的更全面认识和铸造，才能在提升自己的过程中驾驭好这样的科学技术。

三、信息伦理学的思维前提及其学科定位

信息时代人的存在方式变革，意味着人如果还是以“是……动物”的思维逻辑来理解自己，并按照动物的标准来追求自己的完美性，那么，人将很有可能在这样的完美性追求中毁灭自己。

人不是某种孤立、既定的存在，他自由而有意识的生命活动本身就意味着他要和他所处的自然环境建立最普遍的联系；他要和其他人，包括父母、兄弟姊妹、同事、朋友、上司、下属等建立最直

接的关系。只有在这些联系或关系中，他自由而有意识的生命活动才能得以维持和发展。而在他对他的这种生命活动的不断意识或反思批判中，他的生命活动得以不断调整，他自身的状态得以不断改变。同时他也可以透过他的活动成果、生活状态来确证自己、重新发现自己，并由此而进一步地规划自己。从这个意义上说，正是人自由而有意识的生命活动将人从生命层面上和动物区别开来，也正是由于这样的生命活动才使得“人”成为了一个过程，一个迫使人要为其完美性而奋斗终生的理想，即人要终身地努力“成为人”。正因如此，尼采所说“人是一个过程”[7]、海德格尔和萨特所认为的“人不可定义”、是“是其所不是”[8]才具有如此深刻的道理。

人的这种自我创造、自我追求的特性表明，人决不会因为自己对自己还不理解，甚至自己还将自己定义为“是……的动物”，而放弃对自己的创造和对自身完美性的追求。他很有可能按照动物对待自然的盲目态度，并按照动物直接求生存的标准来实现对自我的创造和对自身完美性的追求。而这样的结果势必将人引领到一个连动物都不如的生存境地。因为，动物对生存资料的占有直接就是为了生存本身，而人却不仅为了生存，而且还要通过这样的占有来证明自己的存在以及自己的完美性。为了实现这样的目标，人才不惜将自己所能开掘、利用的一切科学技术，一切经济、政治、军事等手段统统运用其中。以至于人做起恶来，连任何最凶猛的动物看到了都会自叹弗如，因为这其中处处都渗透着人的智慧。可见，人对自己的片面理解，并在这样的片面理解引领下来展开其自由而有意识的生命活动，很容易使人的智慧误入歧途。

当今，信息科学技术使人自由而有意识的生命活动可以极其方便快捷地通过信息和物质相互交融的双重复杂世界全面展开。人的存在方式由此也正发生着重大改观。但人如果不改变对自己的片面理解，仍然直观地以为自己就是有理性、会使用制造工具、善于使用符号、拥有灿烂文化的动物，仍然按照动物的方式或标准来实现自我创造和自我完善，那么，人在信息时代的困惑将更为巨大。因为，信息科学技术一方面为每个人尽情展开其自我创造的生命活动提供了新的平台和平等的机会；可另一方面，它也以不实在的信息非线性地放大着人的复杂性。人自由而有意识的生命活动使人成为了世界上最复杂的存在。在信息时代之前，人的这种复杂性仅仅透过具有实在性的物质世界展现出来，人的复杂性不时会受制于物质世界的实在性。可在信息时代，这样的复杂性却要通过物质和信息相互作用的双重复杂世界来多方面地加以表现。不仅物质世界实在性对人复杂性的制约相对减少，而且信息的不实在、信息传递的迅捷广泛，还会有效强化人的这种复杂性，使人在创造自己、追求自身完美性中显露出超大复杂性。在这样的情况下，拥有如此超大复杂性的人，如果仍然是按照动物占有生存资料的方式和标准来实现自我创造和对自身完美性的追求，那么，他就将以各种面目、各种手段将信息科学技术开掘利用到极致，而目的却是从他人、从自然那里最大限度地攫取物质财富。

信息伦理学若真是要在理论上解决人在信息时代所面临的困惑，最重要的就是突破传统伦理学理解人的直观思维逻辑。事实上，人是在自由而有意识的生命活动中不断创造着自己、规划着自己、超越着自己的现实存在。今天的信息科学技术已为人的这种自我创造、自我规划、自我超越创造了前所未有的美好条件。在这样的情况下，人如何将自我创造得更美好、将自己规划得更全面、将自我超越得更辉煌，就需要信息伦理学立足于人自由而有意识的生命活动，从人生命的层面，而不是从动物的层面来加以深入探讨。人的生命形式和动物的生命形式是完全不同的。对于动物来说，生命的生存就是它生命活动的全部，而人除了生命的生存之外，还要努力赋予自己生命以更伟大的意义。那么怎样的生命才会有更伟大的意义呢？是利用信息科学技术占有或消耗更多的物质资料，还是将信息科学技术应用于人精神生命的铸造，以便超越其肉体生命的有限性？这才是信息伦理学在信息时代最应该通过它的理论探索告诉人们的。

由此可见，信息伦理学绝不是在传统伦理学中再添加一个新的分支，而是在信息时代对整个伦理学的重建，即将对人的道德行为规范建设与人对自身的理解以及人追求自身完美性等内在地统一起来。而这样的统一同时也意味着信息伦理学不可能再像传统伦理学那样，仅仅局限在具体的社会科学层面。它对理解人自身的探索、对人追求自身完美性的规范等等，事实上已涉及信息时代人如何成为"人"的哲学信念。从这个意义上说，信息伦理学只能是信息时代的哲学。

参考文献

[1] 高清海. 哲学的奥秘[M]. 长春：吉林人民出版社，1997：144.

[2] 陈嘉映. 哲学, 科学, 常识[M]. 北京：东方出版社，2007：212.

[3] 马克思. 1844 年经济学哲学手稿[M]. 北京：人民出版社，2000：57.

[4] 邬焜. 信息哲学——理论、体系、方法[M]. 北京：商务印书馆，2005：93.

[5] 邓晓芒，赵林. 西方哲学史[M]. 北京：高等教育出版社，2005：42.

[6] 康兰波. 信息实践及其哲学意蕴[J]. 学理论, 2006(14)：51-53.

[7] 尼采. 查拉斯图拉如是说[M]. 北京：文化艺术出版社，1987：9.

[8] 塞缪尔 E 斯塔姆，詹姆斯·费舍尔. 西方哲学史：从苏格拉底到萨特及其后[M]. 北京：北京大学出版社，2006：466-467.

Thinking on the Thought-premise about Information Ethnics

Kang Lanbo

Faculty of Social Sciences, College of Science, Air Force Engineering University

Abstract: The thought-premise of traditional ethnics is that "human is … animal". This kind of concept could demonstrate the human's moral behavior, however, it would be faced with two difficulties in the end. The first is that it negates the need that human should "pursue to become real human", because it understand human as something "established being". The second is that it can't exceed the animal's layer to think on the standard of "real human", even though it is admitted by some people that human should "pursue to become real human". In the era of information, having great changes take place in the being manner of human, these two difficulties are more and more obviously, and even restrict the research and use to the technology of information exactly. Under these circumstances, how human should understand himself all rounds? Which standard should be set up for human "pursue to become real human"? Like these kinds of problems are becoming so important in the era of information that ethnics would have to search for seriously. Being searching after these kinds of problems, information ethnics would exceed the layer of traditional ethnics, and become a kind of philosophy that of in the era of information.

Key words: information ethnics; information; human; ethnics

网络传播系统的演进性

王京山
北京印刷学院

摘　要：宏观上，网络传播系统是一个不断变化和演进的自组织系统。网络传播系统的发展与演进是其自组织的主要体现。

关键词：网络传播；演进性；全球脑；自组织

一、网络传播系统演进性概说

作为一个自组织的系统，网络传播系统的自组织特性决定了网络传播运行的基本模式，并深刻影响着网络传播的发展演化。

宏观上网络传播系统可以被看做是通过TCP/IP协议和超链接无缝组织形成的一个整体系统。随着时间的变化和层次的升级，网络传播系统各要素之间相互影响、相互依赖、相互作用，网络传播系统可以向更高级的有序化发展，涌现出整体性的行为和智能。[1]

如同生物体的生长一样，网络传播系统也在不断发展演进之中。故此网络传播系统可以很容易被理解成一个向着复杂程度更高的层次演化的系统，并且这个系统由于其巨大的包容性能够适应系统内外的变化。从网络传播发生发展的外部环境看，网络传播系统总是在一定的社会环境中发展演化的，与人类社会的方方面面联系密切。因此，网络传播系统演化的基本条件是网络传播系统与其赖以存在的社会环境之间存在物质、能量和信息的交换，而基本依据则是网络传播系统内部各要素的相互作用。

正是在内外因素共同作用下，网络传播系统成为生机勃勃、不断发展演化的人类信息系统，在人类文明传承中发挥着越来越重要的作用。总体上网络传播系统的技术水平、功能越来越适应网络用户的需求，网络信息的内容质量也逐渐走向完善。同时，不仅网络的技术设施可以适应用户需求的变化，网络用户也通过与网络的互动增强了网络传播系统的适应性。

网络传播使人类传播信息的手段取得了空前的进步，无论是在媒介形式、信息发布方式、信息传递方式，还是在用户地位、用户行为等诸方面都带来了巨大变革，从而将人类带进一个新的境界，新的时代。

今天，在网络信息总量急剧膨胀增加的同时，网络信息的质量也在不断提高，更多新颖、权威的信息内容逐渐涌现。网络传播系统已经深刻地影响和作用到人们日常工作、学习、生活等的方方面面，作用和改变着社会经济、政治和意识形态。回顾以往，人类的确没有掌握如此威力巨大的信息系统，既可以影响个人的思维模式和思维状态，又能深刻地影响社会的方方面面。

二、网络传播系统演进的具体体现

网络传播系统作为人类最近掌握的信息系统，占据着人类信息系统乃至整个生命信息系统的顶端。尽管只有短短十几年的历史，但已对人类社会、人类文化和文明产生了越来越重要的不可估量的影响。它迥异于以往人类掌握利用的印刷信息系统和电子信息系统，成为人类不可或缺的重要信息系统之一。尽管历史短暂，网络传播系统已表现出以下演进特点：

（一）信息量不断增长

随着信息网络及信息技术的发展，Internet已发展成为全球最大的数据通信网络，而且还在不断增长。它目前覆盖了包括我国在内的 200 多个国家和地区，网络用户平均每月以 20%的速度增长。[2]由于网络信息量的持续增长，整个Internet的信息总容量已经难以估计。可以说，在网络时代，信息资源数量的巨大，分布的广泛，信息类型的多样以及信息传递的快速等方面，都超出了传统的信息资源管理方式和技术手段所能覆盖的范围。[1]Internet把网络技术、通信技术、多媒体技术等融为一体，广泛涉及新闻、信息、商业、技术、科研、教育、医学等各个领域，具有信息资源丰富、传递快捷、更新迅速等特点，因而在全世界范围内得到了广泛的应用。

（二）信息质量日益提高

在网络信息总量急剧膨胀增加的同时，网络信息的质量也在不断提高。网络传播系统是能够自我发展、自我提升的有机体。它能够随着时间的变化和层次的升级，通过系统各要素之间相互影响、相互依赖、相互作用，不断竞争选择出能够满足技术、应用和人类需要的成果。Java、Linux、超链接等就是网络传播系统各要素互相作用的结果。

可以确信，网络信息内容质量的逐渐提高是网络传播系统内部各要素之间互动作用的产物。正如核心网站和核心网页的产生机制揭示的那样，数以亿计杂乱无章地散布于Internet上的网页，通过成千上万超链接自发地、反复地作用之后，就会形成一些动态的有序结构，其中蕴涵着高质量的网络信息资源。在这一过程中，用户的点击选择具有无比重要的意义和价值。[3]这也就是“眼球经济”和“注意力经济”的魔力所在。

从实际来看，网络信息的质量正在不断提升，更多新颖、权威的信息内容逐渐涌现。总体上网络传播系统的技术水平、功能越来越适应网络用户的需求，网络信息的内容质量也逐渐走向完善。比如，通过网络用户的互相启发，众多新观点新创意不断在网络上浮现并修正，并且往往形成网上的时尚话题，进而与社会互动，产生或大或小的社会影响。

（三）影响越来越大

今天的网络传播系统已经深刻地影响和作用到人们日常工作、学习、生活等的方方面面，作用和改变着社会经济、政治和意识形态。[1]

网络传播系统与系统环境之间存在着复杂紧密的相互作用和相互影响。由人主导的社会系统是构成 Internet 外部环境的重要因素之一，没有人的参与，网络传播就是无源之水、无本之木。从个体微观方面看，人们从 Internet 系统上获取大量知识、信息和服务方式，并从中得到灵感、他人的经验与智慧，从而改变着人们的知识、认识、能力、思维和行为。Internet 的出现和生命力的不断增强、智能的体现正是人类信息系统进化的最新成果。从宏观角度看，人类社会系统存在巨大的差异；网络传播系统将各具特色的社会形态交汇在一起，通过彼此冲击与作用，演化出既具有本源特色又具有新色彩的信息形态。在 Internet 中，人不仅是 Internet 的使用者和服务对象，同时又是 Internet 的技术、标准、内容的设计者和服务提供者。Internet 的用户、服务、理念、速度、方式等方面发生的变化，深刻地影响和改变着人类社会的方方面面，提出了许多新的问题和挑战。网络传播系统兴起短短几十年，就改变了许多工作规条，改变了许多行业运行的基本面貌，改变了网络传播参与者的认知状况。未来的网络传播系统，无疑将具备更强大的传播交流功能，产生更大的社会影响。

三、网络传播系统的演进与“全球脑”的形成

1983 年，Peter Russell提出了“全球脑（global brain）”的概念。他认为，通过电话、传真等电信传播工具人类将会形成连接紧密的全球网络。Russell观察到许多例证，表明如果一个系统内部大量单

元相互作用，可以使系统特性实现跃迁。如生物分子内的大量原子，细胞中的大量分子，人类大脑皮层中的大量细胞，它们的群集作用会导致事物性质发生突变和飞跃。Russell指出，如果系统内部单元数量达到 100 亿，那么该系统的复杂性就将跃迁到类似人脑的水准。当时Russell认为，人类人口有可能达到 100 亿，如果 100 亿人通过通讯设施连接，“全球脑”即可形成。这个“全球脑”类似于人的大脑，会形成一个具有独立运作能力的有机体，具有记忆、思考、反馈等诸多功能。[4]限于当时的条件，Russell没有预见到网络传播的飞速发展及其重要意义。在网络传播飞速发展的今天，人们已经认识到：由世界各地的网络主机链接而形成的网络传播系统，而不是单纯由通讯设备互相连接形成的电信系统，将形成人类“全球脑”。这样，人类的大脑就将与因特网“全球脑”并行不悖，共同促进人类文明和文化的发展演进。

我们可以大胆预期，当全球有大量计算机实现联机时，将有可能达到模拟人类大脑的基本需求。我们的预测基于 2 个方面的事实：

1. 电脑功能的演进

有专家认为，就摩尔定律对芯片处理速度的推估，目前一般个人计算机的运算能力只相当于一只昆虫。但计算机功能在飞速提升中。乐观的估计，到 2020 年，一台个人电脑功能就会发展到接近一个人的大脑运算能力。到 2060 年，则一台电脑的运算能力就会发展至相当于 100 亿人（约为当时全世界人口总和）大脑运算能力的总和。未来 60 年间，科技发展速度，会远超过过去人类演化历史的总和。[4]

2. 电脑互联的发展

因特网目前仍在高速发展中。理论上因特网可使世界上每一部计算机与其他计算机全部相连相通，既能彼此传输交流信息，也可以利用它来对话和交往。这样，Internet 传播的总容量将超过目前全球邮政系统与全球电报电话系统传输的信息量总和，并且比邮政电信系统的功能还要复杂。笔者认为，以 Internet 为主体的网络传播系统将会演化成未来的全球脑，届时每个人不论是否愿意联入Internet，网络传播系统的影响都将是不容忽视的。

现在，网络传播系统正在向着全球脑方向发展。根据 Peter Russell 的构想，全球脑形成后，它将具备类似于人类大脑的功能，可以思考、记忆、牵动整个系统的运作。当联机上网范围扩展到世界各地，网络间能够实现点对点沟通，分布式网络架构逐渐形成，网络传播系统就能形成整合个体的全球性自组织信息系统，不但能集中存储人类的知识信息，还将具备学习能力，进而发展解决复杂问题并发掘知识的能力，这样更高水平的全球脑也就曙光初现。届时，若整个全球脑能够思考与记忆，其对于人类社会生活与社会发展的巨大影响可想而知。

全球脑的形成与发展将对人类社会产生巨大的影响。作为具有外在性与独立性、而又对个人具有支配力的全球脑，网络传播系统将形成一个巨大社区，逐步形成超乎个人之上的网络社会。在网络社会中，每个人不论是否使用网络传播系统，不论如何使用网络，都将受到网络社会的巨大影响。个人不但受制于传统社会的规范，更会受制于网络社会的作用。

全球脑的形成也将改变人类固有的思维模式。该思维模式除了与信息思维方式具有的一些共同特征（如整体性、中介性、动态性）外，网络思维方式还具有多元互联性。作为全球脑的网络传播系统深刻体现了世界普遍联系的普遍规律。[5]正是整个世界物质、能量、信息、事件及人类社会存在和社会意识的普遍联系，要求思维真正突破时间、空间、文化、民族等的界限，使“全球脑”“全球意识”“全球思维”成为可能。[6]与以往思维方式的整体性和系统性不同的是，网络思维方式的多元互联性突破了以往思维联系中的单向性和收敛性，而具有实时交互性和发散性特点。

笔者认为，随着全球脑的逐渐形成，终有一天，网络传播系统会成为人类演化史上重要的一环。网络传播系统将成为人类信息系统进化的新阶段，而它本身又是一个开放的不断演进的自组织系统，是一个不断发展的有机体。因此，网络传播系统的发展演变与人类未来的命运息息相关。

四、网络传播系统是不断发展演进的有机体

研究表明，网络传播系统具有与生命系统相似的运动规律。网络传播系统也存在本身的自代谢、自复制和自组织。网络传播系统的自代谢即网络传播系统与外部世界存在着大量的物质、能量和信息的交换，这是网络传播系统发展演化的前提。同样，网络传播系统也存在自复制现象，网络信息总是能够由少到多、由简单到复杂、由单一类型信息到多样化信息演进，逐渐成为不断发展的人类信息系统有机体。网络传播系统的自组织特点表明，网络传播系统是一个自我稳定、自我发展、自我提升的信息系统，它将在人类信息系统中占据越来越重要的地位。

现在已经可以预测，未来网络传播系统将会拥有越来越大的信息量。当前网络传播系统的信息越来越丰富，文献语种越来越多；但人类精神成果的精华许多还没有纳入网络传播系统的范围。网络传播系统聚集了大批的低质量信息，已成为网络传播系统发展的障碍。未来网络传播系统将形成高质量信息发布传播的重要渠道，极大地促进人类文化成果的共建共享。网络信息的巨量丰富，以及网络传播系统的自我提升，将促使网络传播系统早日成为人类文明发展的推进器。

我们还可以预见，网络传播系统的功能将会越来越强大。就网络信息形式而言，网络传播系统可以传递的信息内容的组织形式将越来越全面和多样化，从文字、图片到声音、影像，网络信息的多媒体化已成为现实。网络信息的传递功能还会继续加强，而其保存功能也会从无到有，逐步建立并成为网络传播系统固有的运行机制。网络传播系统的社会功能将会逐步发扬光大，从信息传递到环境评

估，从提供娱乐到保存遗产，网络传播系统将承担越来越重要的任务，发挥越来越大的作用。

认识到网络传播系统是人类信息系统进化的新阶段，而它本身又是一个开放的不断演进的自组织系统，对于我们从人类传播的大历史视角认识、理解网络传播系统的历史地位和作用不无裨益。人类信息系统总是在由简单到复杂、由不便使用到便于使用的过程中发展演化。从语言到文字的产生，从手工书写锲刻到印刷术的发明应用，从电报电话到广播电视，人类信息系统功能越来越强，人类信息进化呈现加速现象。网络传播系统作为人类最新开发掌握的信息系统，以其信息的海量、传递的便捷成为人类信息系统的重要一员。以计算机网络为基础，网络传播系统作为人类信息系统进化的顶端，将成为新的信息传播平台，担负起传播人类文明和文化的使命。

参考文献

[1] 戴汝为，操龙兵.一个开放的复杂巨系统[J]. 系统工程学报，2001（5）：376-381.

[2] In-Stat：全球家庭网络用户将以每年 20%以上速度递增[OL].[2009-06-16]. http://www.17pr.com/html/35/n-10735.html

[3] Isabela Granic, Lamey Alex V. The self-organization of the Internet and changing modes of thought[J]. New Ideas in Psychology，2000（18）：93-107.

[4] 翟本瑞.网路文化与虚拟生活世界[OL]. [2006-06-30].http://teens.nthu.edu.tw/iscenter/conference2002/thesis/files/2002050401041261.59.195.36.doc

[5] 翟本瑞.逃到网中：网络认同形成的心理机制研究[OL]. [2006-05-31]. http://140.109.196.10/pages/seminar/infotec4/3-2.doc

[6] 苏健华. Cyborg与全球脑对人类与社会的冲击[OL].[2006-04-04] http://teens.theweb.org.tw/iscenter/conference2001/confer_data/A5_02.doc

The Evolution of Internet Communication System

Wang Jingshan
Beijing Institute of Graphic Communication

Abstract: Macroscopically, internet communication system is a constantly changing and evolving self-organizing system. Internet communication system's development and evolution is the main expression of their self-organization.

Key words: internet communication; evolution; global brain; self-organization

网络传播自组织机制的基本特征

王京山　王丽芳
北京印刷学院

摘　要： 网络传播自组织虽然发生、发展于网络传播系统的不同层次，但具有相似的表现和运行规则。就微观层次来看，网络传播系统的各组成要素具有自发的运动机制；而从宏观层次来看，网络传播系统会涌现若干有序的结构和功能。因此，同其他系统的自组织一样，网络传播自组织机制形成了动态的行为模式，而表现出信息共享、单元自主、短程通信等基本特征。

关键词： 网络传播；自组织；机制；基本特征

一、信息共享

生命系统的自组织是非常典型的自组织现象。在生命系统中，DNA蕴含生物体的遗传信息，而DNA存在于生物体的所有细胞之中，这意味着其中的每一个细胞都共享DNA中存储的遗传信息，每一个细胞都掌握全套的“游戏规则”和行为准则[1]，不同细胞表达DNA遗传信息的一部分，总体上就会形成生物体的特定性状。

网络传播系统也具有同生命系统类似的性质。网络传播系统的微观组成细胞是一个个具体的网络用户，一台台型号不同的联网计算机，它们均大体掌握网络传播系统的连接规则，并依据相关规则参与网络传播，从而形成网络传播系统的有序结构和功能。

比如，不同的联网计算机具有不同的软硬件操作系统，但是联网协议则是统一的。即使联网计算机接入网络的形式不同，它们所属的局域网也不同，但是它们都遵循以 TCP/IP 协议为主体的网络连接协议，不同的联网计算机都遵循统一的“游戏规则”和行为准则。如果一台计算机不遵循统一的网络连接协议，则其无法参与网络传播。

网络用户方面也是如此。就具体的某一时刻来看，不同的网络用户具有不同的网络使用水平。但是，随着网络用户使用网络时间的增多，网络用户之间的互动增强，具体的网络用户对网络传播规则就会逐渐熟悉并能随心所欲地利用。如网络用户对网络语言的使用，就是网络用户之间不断互动再加上网络用户个人学习使用规则的结果。近来的一些网络语言，如“囧”“槑”“靐”等都是生僻的古字，如果没有网络用户个人的学习与模仿，则很难成为网络流行语。

网络传播系统各组成要素之间的信息共享，使网络传播系统的各组成要素具有大体一致的起点，这为各组成要素之间的平等互动奠定了基础。正是不同网络传播系统组成要素的平等互动，最终导致了网络传播系统宏观的自组织现象与行为。

二、单元自主

一个自组织系统的各组成要素具有高度的自主性，能够根据内外环境的变化改变自己的具体行为。对网络传播系统而言，各组成要素既要遵循统一的“游戏规则”，同时能够根据环境的变化自主决定自己的具体行为。

网络传播系统各组成要素是单元自主的，最突出的表现是网络用户的自主决策。网络用户既是网络传播系统的有机组成部分，又是社会系统的单元。具体的网络用户在信息发布与信息获取方面具有很大的自主权，他们的具体行为主要是自主决策的产物，宏观上就会形成网络传播系统的信息自组织、关系自组织、关联自组织和效用自组织。

假设网络用户建立了一个网站，那么网络用户可以在遵循已有规则的前提下自主决策发布信息的内容、时间和途径。比如，在遵守国家法律法规和已有的互联网管理规章的前提下，网络用户可以自主决定发布信息的内容，自主建立相关的超链接。这些网络用户行为和过程都不是步调一致的，而具有自主自发的特性。

同样，网络用户在自律的前提下也可以自主决定其获取信息的内容。网络信息资源是十分丰富的，网络用户获取网络信息的限制相对也很少，网络用户可以根据自己的文化水平、工作需要、兴趣爱好、使用习惯等决定其获取网络信息的内容和时间。不同的网络用户使用网络信息的习惯各不相同，这种差异并不是网络用户被动行为的结果，而是网络用户主动选择的结果。

由于网络传播系统是一个巨型的自组织系统，要对网络传播过程进行全面的整体控制还是比较困难的。网络传播系统各组成要素的单元自主，意味着在具体的网络传播过程中没有发挥全面控制作用的组织者，网络传播系统的宏观结构和功能是网络传播系统各组成要素平等互动的结果，是自组织的结果。

三、短程通信

在一个他组织系统中，系统各组成要素没有自主性，各要素的具体行为需要听命于系统控制中心，因此他组织系统各组成要素往往要进行长程通信：信息首先由具体的系统组成要素上传控制中心，再由系统控制中心下传到具体的系统要素，然后系统要素再根据系统控制中心的指令行动。系统各组成要素的长程通信往往耗费时间且信息传递不畅，因此不利于各要素的自主行动，所以很多时候他组织系统的运行效率相对不高，因此很多时候要减少长程通信。正如“将在外君命有所不受”的规则实际上就减少了系统内部的长程通信，赋予系统要素（将军）以更大的自主权，便于处理瞬息万变的战场信息，有利于夺取战争的胜利。

自组织系统的各组成要素一般是短程通信的。系统组成要素主要根据自己内外环境的信息做出决策，除了自身内部状态信息外，只需要获取临近各要素的状态信息，而不需要也不可能获取整体系统的状态信息。

网络传播系统各组成要素也是短程通信的。由于网络传播系统的规模十分庞大，任何一个系统要素得到的信息都不是完整的整体系统的状态信息。到目前为止，人们对网络传播系统的整体结构及其特性、网络用户获取利用信息的机制和过程等还是所知不多。具体的网站也好，网络用户也好，在采取某项行动之前获取的信息都是有限的，更不可能预见到自身行为的所有后果，所以短程通信是网络传播自组织的常态。由于是短程通信，网络传播系统各组成要素的行为具有一定的“盲目性”，但是保持了系统要素自身的灵活性和自主性，系统各要素具有相当的活力，有利于网络传播自组织演进的顺利进行。比如，某一搜索引擎推出一项新的搜索服务，往往是基于自身的技术实力再加上对网络用户需求的分析做出的决策。如果搜索引擎需要获取相当全面的信息才能决策采取行动，则往往错过了最佳时机，不利于搜索引擎的创新发展。

四、微观决策

微观决策的含义是，一个系统各组成要素的自主决策并不是对于整体系统的宏观决策，而是只与自己行为相关的微观决策。网络传播系统的自组织也遵循微观决策原则。在网络传播系统中没有哪一个要素具有天然的优势，可以完全决定其他要素的行为或过程。因为网络传播各要素是独立自主的个体，微观决策也就是必然的运行规则。

比如，一个网络用户决定开设一个自己的博客，则他何时开设博客、博客的内容主题、博客的界面风格等都是由该网络用户自主决策的。该网络用户建立自己的博客后，还可以自主决定更新的内容和频次。同时，该网络用户建立博客的行为与其他网络用户没有决定性的关系，其他网络用户可以模仿该用户建立自己的博客，也可以不建立自己的博客，这是其他网络用户自己的决策。

网络传播各组成要素的微观决策，意味着网络传播系统的整体行为是各组成要素复杂相互作用的结果。任何一个系统要素都不能单独决定系统的整体结构和功能，但都对系统整体结构和功能的自组织产生了或大或小的影响。

五、并行操作

并行操作的含义是，在一个自组织系统中，各组成要素都是平等的独立自主的行为主体，系统各组成要素的决策与行动是并行的过程，不同系统要素的决策和行为可以同时进行。没有一个控制中心对各组成要素的决策和行动进行控制，系统各要素的决策和行为的顺序并非取决于系统控制中心，彼此也不依靠外力来决定其决策和操作的先后顺序。

网络传播自组织按照并行操作原则运行，是基于各组成要素的平等互动。网络传播各组成要素因为是平等的，所以没有强加的先后顺序；因为是自主的，所以可以互动进行。随机的不同网络传播系统要素单元之间的互动，最后导致优胜劣汰，使网络传播系统产生和维持宏观的有序结构和功能。并行操作是网络传播自组织机制的重要特征，对于网络传播自组织的维持至关重要。

比如，网络传播技术往往处于永不停息的演化发展之中，在同一时刻会有不同的网络用户对同一网络传播技术进行优化开发。比如，中文输入软件具有很大的市场潜力，一开始就有多家公司和网络用户从事中文输入软件的开发，国外一些公司如微软等也在此着力不少。不同的中文输入软件各具特色，共同发展，普通用户受益良多。现在一些中文输入软件，如搜狗拼音输入法，输入速度更快，更符合中国用户的使用习惯，受到网络用户的广泛欢迎。这一过程是一个自组织的发展过程，不同的用户在改进与优化中文输入软件方面都做出了贡献。如果不是并行操作，而是由一两家公司垄断开发，中文输入软件不可能取得如此快如此大的进步。

并行操作保证了网络传播自组织的开放、平等、和谐、有序。正是由于并行操作，网络传播系统鼓励创新，任何一个系统要素单元都不具备先天优势，必须通过网络传播过程的考验，才能获得可持续发展的能力。在这一过程中，最终结果不是预先确定的，往往“在前的将要在后，在后的将要在前”，保证了网络传播系统不断向着更高级、更人性化的方向发展演进。

六、整体协调

网络传播系统的自组织过程是通过各要素协同作用形成有序结构和功能的过程，在网络传播的自组织过程中实现了整体的协调。网络传播自组织正如贝纳德对流一样，微观上看水分子的运动是随机的，但宏观上具有确定的结构和功能。微观上，网络传播各组成要素可以自主决策、独立行动，可以“各行其是”；但是，经过各组成要素之间的平等互动，系统涌现出有序的结构和功能，统一的规则和行动准则保证了系统的稳定性和一致性。[2]

整体协调是网络传播自组织机制的重要特征。比如，众多网络用户的随机选择奠定了 Google 搜索引擎的主流地位。众多网络用户使用 Google 搜索引擎来搜索获取网络信息，就具体的网络用户来看，每一个网络用户都有其使用 Google 搜索引擎的具体原因和意图，但是整体上导致 Google 搜索引擎占有了更大的市场，Google 由此具备了巨大的影响力。Google 的崛起证明网络用户的随机行为会产生巨大的影响，会形成有序的结构，这是关联自组织的一种表现形式。其他如信息自组织、关系自组织或效用自组织也是网络传播系统各组成要素整体协调的结果。

网络传播系统在保证各组成要素自主性的同时，也具备保证各要素整体协调的机制。比如，统一的网络连接协议保证了不同联网计算机之间的信息传输，是网络传播自组织的基础。在具体的网络传播方式中，也有一些统一的规则，如网络聊天中有统一的礼仪规则，网络语言中有一定的使用规则等，这些规则都来自于网络传播各要素尤其是网络用户之间的互动或约定，保证了网络传播系统的协调一致。

七、迭代趋优

网络传播系统的演进不是一蹴而就、一成不变的，而是一个永不停息的过程。网络传播系统可以多次进化，在反复迭代中不断趋于优化[3]，这就是网络传播自组织的迭代趋优。

迭代趋优是网络传播演进性的具体体现，它表明了网络传播系统不断演进的性质。我们可以很容易地发现网络传播系统的演进现象，无论是网络信息资源的增多，还是网络传播系统功能的增强，都是网络传播系统演进的具体体现。我们前面讲到的网络传播自组织的各种形式，无论是自创生、自生长，还是自适应、自复制，都是网络传播自组织演进的体现，它展现了网络传播系统自行趋优的强大能力。

总体来看，网络传播自组织机制的这些基本特征，为我们描述了网络传播自组织的宏观图景。网络传播系统的自组织，就是通过各组成要素的平等互动自发产生有序结构和功能的过程和行为，无论是信息自组织、关系自组织，还是关联自组织、效用自组织，都是网络传播自组织的重要类型，它们都通过网络传播系统各组成要素的复杂互动而演进形成。这样，网络传播自组织机制的这些基本特征，为我们深入分析网络传播自组织的机制奠定了基础。

参考文献

[1] 师汉民. 从他组织走向自组织——关于制造哲理的沉思[OL]. [2006-06-16]. http://www.360doc.com/content/07/0629/19/2311_585829.shtml

[2] 师汉民. 从他组织走向自组织——关于制造哲理的沉思[OL]. [2006-06-16].

http://www.360doc.com/content/07/0629/19/2311_585829.shtml
[3] 师汉民. 从他组织走向自组织——关于制造哲理的沉思[OL]. [2006-06-16].
http://www.360doc.com/content/07/0629/19/2311_585829.shtml

Basic Features of Self-organizing Mechanism of Internet Communication

Wang Jingshan　Wang Lifang
Beijing Institute of Graphic Communication

Abstract: Although the occurrences of self-organizing internet communication develop at different levels in internet communication systems, they have similar performance and operating rules. Microscopically, in the internet communication system, each element has a spontaneous movement mechanism; but macroscopically, internet communication system will emerge a number of ordered structure and function. Therefore, like the other systems' self-organizations, self-organizing mechanism of internet communication forms dynamic behavior, and shows information sharing, unit autonomy, short-range communications, and other basic features.

Key words: internet communication; self-organization; mechanism; basic features

网络传播自复制

王　超
北京印刷学院

摘　要：在系统科学中，自复制是指系统或子系统在没有特定外部作用下产生与自身结构系统的子代，比如生物体的繁殖就是一种自复制，因此自复制也叫做自繁殖。[1]自复制也是系统自组织的重要形式之一。自复制与自生长和自适应具有密切的关系，稍微复杂的自生长或自适应均包含某种自复制。网络传播系统中也广泛存在着自复制现象，并且网络传播系统的自生长和自适应都包含着网络传播组成要素的自复制。从这个意义上说，网络传播自复制是网络传播自组织的基础样式。

关键词：网络传播；自复制；自生长；自适应；自组织

一、网络传播自复制概说

一个自组织系统必定是一个动态演进的"活"的系统，而不会是静止、僵化的平衡系统。在自组织系统演进过程中，需要各子系统协同作用，才能维持系统的稳定并进而形成新的有序结构和功能。自复制往往是就一个自组织系统的子系统而言的。宏观的自组织系统可能保持结构和功能的相对稳定，但是具体的子系统状态则是变动不居的。每个子系统的状态都在变化，每个子系统都处于一定的生命周期中，这样子系统会有生有灭。有的子系统崩解了，但同时又有新的具有相同结构和功能的子系统产生出来。比如，在稳定的生态系统中，具体某个物种的个数具有相对的稳定性，生物个体之间的生殖繁衍具有相对稳定的特性。这样，具体的生物种群会随着时间的推移而逐渐进行新陈代谢。这种自复制现象是生态系统自组织发展的结构。同样，具体一个生物体的细胞也会进行新陈代谢，不断淘汰衰老的细胞，而同时不断产生新的细胞，这就是细胞的自复制，同时整个生物体的结构和功能保持稳定。对于一个自组织系统而言，整体上看，系统中具有某种性质的子系统个数不因个别子系统状态的改变而改变，证明其中存在子系统的自复制。这说明，自复制是一个系统自组织过程中形成的状态能够保持稳定的原因。因为存在自复制，一个自组织系统在某个时间段整体保持稳定，但是子系统会变动不息。宏观系统的稳定和微观子系统的活跃变迁和谐并存于一个自组织系统中，使其整体呈现动态演进的有序状态。

网络传播的自复制也具有类似的特点。在网络传播系统中，自复制有 2 个方面：网络传播自组织形成的时间结构，以及网络传播系统的新陈代谢。前者是相对稳定的，后者是变动不居的。二者都是网络传播自复制的体现。

网络传播自组织形成的时间结构，可以看做是网络传播系统结构和功能的自复制。在网络传播系统中，系统结构和功能在一定的时间内可以保持相对稳定，而具体的系统各组成要素则变动很大，这是很常见的现象。比如，一个网站的整体结构和用户界面保持相对不变，但是其中的具体内容则经常更新。往往是新的信息内容不停地加入网络，同时也有一些内容退下当前页面，进入网站的历史文档数据库，这证明该网站的结构存在自复制。一般网站的主页结构和内容是相对稳定的，但具体的信息内容会随时间不停地变化，这时我们就可以说该网站的信息内容和结构存在自复制的现象。

这种网络传播自组织形成的时间结构可以看成是网络传播最简单的自复制。在自组织过程中，一个网络传播系统演化呈现的有序状态，如果过一段时间后该系统的有序状态保持不变，这就是一种最简单的自复制。显然，这种自复制是非常常见的。就如一个网络用户建立了一个博客，那么随着时间的推移，该网络用户发表的帖子越来越多，但是博客页面的结构和风格是相对稳定的，新近发表的帖子会直接显示在博客首页页面上，先前发布的帖子则会退出首页页面，这说明博客网站的结构和风格具有自复制的特点。正是因为子系统具有自复制功能，网络传播系统在自组织过程中形成的有序状态才能够持续稳定存在，不至于因为子系统或组成要素的变动而失稳。

研究表明，在普通网络用户无法了解和认知的网络拓扑结构方面也存在自复制现象。在网络传播系统发展和演进过程中，网络传播的拓扑结构具有相对的稳定性，这种稳定性是通过其拓扑结构的自复制过程实现的。[2]比如，Internet节点的超链接宏观结构具有幂律特征，大多数节点只拥有几个超链接，同时少数节点拥有大量超链接。在Internet网络发展过程中，Internet的宏观结构基本保持不变，新的节点会与原来具有很多超链接的节点建立更多的超链接，呈现典型的不均匀分布的特征。这表明，网络传播系统的拓扑结构在演化过程中存在着自复制。

同样，网络传播系统中的新陈代谢也是自复制的现象。网络传播的信息内容存在自复制现象。同生命系统一样，网络传播系统中也表现出非常强烈的新陈代谢的特点。网络传播过程中信息内容的新陈代谢是其基本表现：Google 首创的“网页快照”功能证明具体的网页有生存周期；一个网络社区（BBS）的帖子会随着时间的推移而出现浮沉升降。同样，一个网站要生存，其内容需要不断更新，网站的更新速率与其生存状态息息相关。但在网络传播信息内容新陈代谢的同时，网络的宏观结构和功能保持相对稳定，证明网络传播的信息内容存在自复制现象。只有新的网络传播信息内容才能取代旧的信息内容，一个网页消失了，但同时又有一个的网页产生，取代原有网页的位置和功能。

网络传播系统的自适应和自生长都奠基于自复制。网络传播的自复制说明，在网络传播内容不断变化的背后，有着相对稳定的结构和功能，自复制是维持其结构和功能相对稳定的重要因素。

二、网络传播自复制的完善

网络传播系统可以通过各组成要素的自复制，维持系统结构和功能的基本稳定，进而实现自组织进化。网络用户则可以通过自己的努力完善网络传播自复制，实现网络传播的信息内容、结构和功能的扩展提升，使网络传播系统达到更和谐的状态。

网络传播自复制是网络传播自组织的形式之一。因此，完善网络传播自复制要遵照网络传播的自组织规律，努力开拓适应网络传播环境的运行模式。在网络传播系统具体运行过程中，网络用户完善网络传播自复制的努力方向可以有两种形式：网络传播模式或功能的实验与模拟，以及网络传播模式或功能的模仿与移植。

（一）网络传播模式或功能的实验与模拟

网络传播系统是巨型系统，任何一个网络用户都无法对网络传播系统进行宏观控制。因此，可以利用实验与模拟的手段检验一种网络信息或服务功能的适应性，在实验或模拟取得成功后，再将其正式应用到网络传播系统中，这样可以少走弯路，节约成本，为网络传播的自复制打下基础。

比如，Google 设立的“Google 实验室”就是网络传播模式实验与模拟的一种尝试。普通网络用户可以通过“Google 实验室”反映自己的具体需求，提出自己的创意与想法；同时，Google 也将自己正在研发过程中的项目通过“Google 实验室”公之于众，听取网络用户的意见和建议（见图 1）。这种网络实验室的样式，避免了盲目推出服务功能，导致一项服务功能推出后运转不良、无法持续发展的后果。一项服务功能在“Google 实验室”听取网络用户的意见并不断改进完成后，Google 即将其投入到正式应用中去。投入正式应用的过程，也是该服务功能的原理、结构和功能实现复制放大的结果，这样该服务功能也就实现了自复制。显然，Google 通过“Google 实验室”的运作，为其服务功能的自复制开辟了顺畅的发展路径。通过“Google实验室”推出的许多服务，比如音视频搜索、图书搜索等，都扩展了Google 的服务功能，为 Google 功能的跃升屡建奇功。

图 1 “Google 实验室”页面

其他类似于网络传播模式或功能的实验与模拟还有网络游戏的测试等。网络游戏完成后，一般会邀请网络游戏玩家试用网络游戏，从中发现问题并改进网络游戏功能，这也是一种实验与模拟，有利于将来网络游戏顺利投入商业运行，实现游戏功能的自复制。

（二）网络传播模式或功能的模仿与移植

网络传播模式或功能的模仿与移植，是完善网络传播自复制的重要方式。往往一种信息服务功能成功推出并顺利运行之后，很快就有一批模仿追随者。他们将复制已取得成功的网络传播模式或功能，在网络空间中重新建立类似的网络传播模式或功能，一定程度上完善了网络传播的自复制。

比如，百度搜索引擎在许多方面与Google搜索引擎相似，一般认为这是百度对Google服务功能的成功模拟。Google是最大的搜索引擎，百度是最大的中文搜索引擎，它们在搜索功能方面具有相似之处。同时，百度搜索引擎的界面与Google搜索引擎的界面有相似之处，一些服务功能也有重合的地方，比如百度的“网页快照”就直接模仿了Google搜索引擎。百度这种模仿和移植是成功的，较好地复制了Google搜索引擎的功能和运行机制。

现实网络传播中以模仿和移植为表现形式的自复制是很多的。比如，百度百科和互动百科模仿了维基百科的结构和运作模式，一些特定服务功能的网站如SNS网站往往模仿类似网站的形式，这都是十分常见的网络传播现象。

另外，网络信息的转载可以看做是一种特殊的模仿与移植，它也是网络信息的自复制形式。通过网络信息的转载，网络信息量虽没有增长，但网络发布信息的容量不断增加。

自复制作为网络传播自组织的形式，是网络传播系统发展活力的表现。网络传播系统的形成发展过程，是一个自组织过程。在网络传播系统的自组织过程中，自创生、自适应、自生长和自复制都是常见的自组织形式。每一种自组织形式都是非常复杂的自组织现象，它们从不同的层面体现了网络传播系统的复杂性。网络传播系统通过其自组织发展演进，不断提升自己的功能，并对人类社会的发展进步产生了越来越大的影响和作用。

参考文献

[1] 苗东升. 系统科学精要[M].北京：中国人民大学出版社，1998：161.

[2] 张文波. Internet宏观拓扑结构的生命特征研究[D]. 东北大学，2006：56-73.

Self-replication of Internet Communication

Wang Chao
Beijing Institute of Graphic Communication

Abstract: In the system science, self-replication means the system or subsystem in the absence of a specific external system produces offspring related to its own structural system, such as the propagation of organisms. Therefore, self-replication is also called self-reproduction. Self-replication system is an important form of system self-organization. There is close relationship between self-replication, self-growth and self-adaptation. Slightly complex self-growth or self-adaptation should contain some kind of self-replication. Phenomena of self-replication widely exist in the internet communication system. Both self-growing and self-adaptation in the internet communication system contain self-replication of internet communication elements. In this sense, self-replication of internet communication is the basic style of self-organization of internet communication.

Key words: internet communication; self-replication; self-growth; self-adaptation; self-organization

网络传播自生长

夏云峰
北京印刷学院

摘　要：按照系统科学的观点，系统通过自创生从无到有产生以后，还要逐步完善自己的结构和功能，不断向着结构更合理、功能更优良的方向发展。生物体就是如此。几乎所有生物体都会从小逐步长大，身体结构和功能逐渐完善，这是生物体自我完善的体现。大多数系统在其存续期间都具有自我完善的趋势，其中最简单的自我完善是系统规模的增长，系统的组分不断增加，系统的“体积”不断增大，而整体的性质和功能保持相对的稳定。这就是系统的自生长。网络传播系统也具有自生长的表现。我们可以很容易地发现网络传播系统的发展壮大，无论是网络用户数的增多，网络信息量的增大，网络地域的扩展，这些网络传播系统的“渐变”都是网络传播系统的自生长现象。网络传播系统通过自生长，实现了网络传播规模的扩张，网络传播系统也逐渐由弱到强，成为举足轻重的人类信息系统。
关键词：网络传播；自生长；自组织

一、网络传播系统的自生长概说

我们可以很容易发现网络传播系统的自生长现象。举例来说，网络用户数一直在飞速增长。根据国际数据公司 2001 年底的研究报告，全世界的网络用户数量已达到 5.23 亿。[1]而到了 2009 年，全世界网络用户已超过 17 亿。中国网络用户的增加也很惊人。按照CNNIC的统计数据，从 1996 年以来，中国内地的网络用户（俗称“网民”）数量一直以 200%的速度剧增，这个速度是世界平均水平的 2

倍。我国的网络用户在2008年年底已超过3亿，而且还在不断扩展之中。[2]网络用户的飞速增长，是网络传播系统自生长的表现。这些网络用户使用Internet网，基本不是基于别人的命令或组织，而是网络用户个人自主决策的结果。这是一个网络传播自组织发展演进的过程。

网络信息资源也在自生长过程中。随着互联网范围日益扩张，网站数量也随之增长。2009年初，互联网上已经拥有185 500 000个网站。到2009年4月，网站数量迅速增长到231 500 000个，短短几个月就增加了46 000 000个网站。这已大体相当于2007年一年增加的网站数量。[3]与网站增加相对应，WWW网页数目也呈现爆发式增长的态势。这可以从搜索引擎收录检索的网页数目看出一个端倪。以Google搜索引擎为例，Google是目前世界上最大的搜索引擎，虽然未将所有WWW网页都搜罗净尽，但已较好地反映了WWW网页不断增长的全貌。据统计，1998年Google数据库搜集到的可检索网页为2 600万个，2000年突破了10亿，2008年Google数据库的网页数已增加到1万亿个，而且还在不断增加中。[4]这说明，整个Internet网络的网页数仍在飞速增长中。

网络传播系统的其他要素如联网主机数、网络超链接数目乃至Internet网络传播的带宽都在不断增长，其服务功能也在逐渐增强。正是由于网络传播系统的自生长，网络传播系统的状态和结构不断优化，功能逐步完善。1994年中国连入Internet网络，当时Internet上的中文资源很少，中文网站的功能很差，随着中国网络用户的增加，中文网络资源日渐增多，比重不断提高。现在Internet中文信息资源已极为丰富。这都是中文信息资源自生长的成果。

自生长是网络传播系统的普遍规律。没有自生长，网络传播系统就不能由小到大，由弱到强，网络传播系统也就不可能从单纯的计算机网络成长为人-机结合的复杂系统。现实中，每一个人都无法从整体上认知网络传播系统的自生长，但可以从各个搜索引擎规模的扩大、服务功能的增多看到网络传播自生长的历程。比如百度搜索引擎目前已有近 50 项服务功能，可以提供 10 亿中文网页的搜索（见图 1）。

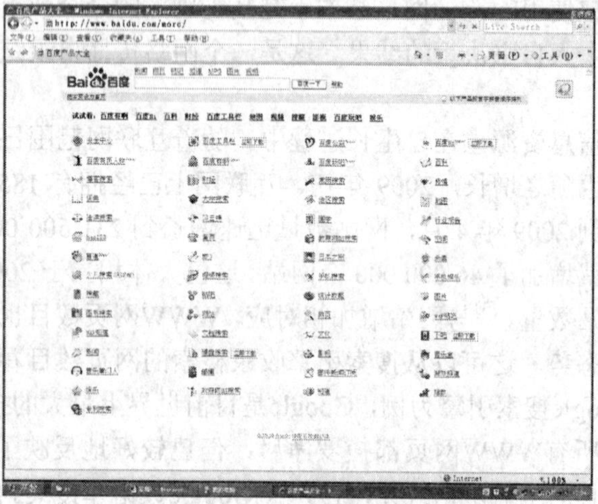

图 1　百度搜索引擎的服务汇总页面

同其他自组织系统一样，网络传播系统的自生长也要依赖于一定的外部社会环境条件。社会系统的大环境发生改变，也会对网络传播系统的自生长产生各种影响。政府对网络传播系统的扶持与管理，从不同的角度影响作用于网络传播系统的各个层次，使其自生长的方向或速度发生变化。所有的网络传播系统都在一定的社会环境中成长发展，因此受到社会系统巨大的影响，但是宏观来看网络传播系统的自生长是一个基本规律。网络传播系统的自生长是一个量变过程，但为网络传播系统从量变到质变的发展奠定了基础。一旦时机成熟，就可以实现质变，即由自生长发展到自创生，网络传播系统的结构和功能就会产生巨大的飞跃。

我们还要认识到，网络传播系统的自生长是我们从网络传播系统的整体层次角度对网络传播自组织演进的一种描述。就微观层面上看，网络信息量的增长，是许多网络用户自主上传信息的结果；

但就宏观层面上看，网络传播信息量的增长，用户数量的增加，都是网络传播自组织演进的表现。因此，要认识和把握网络传播的自生长，必须具备较为宏观的视野，从动态演进的系统整体角度来分析问题，否则容易一叶障目，不见泰山，将网络传播系统看做是静态、机械的人工系统，如此则难以把握网络传播自组织的实质。

二、网络传播自生长是网络传播自组织演进的又一表现形式

同自创生一样，网络传播系统的自生长是网络传播自组织演进的重要表现形式。二者的不同之处在于，网络传播自创生是网络传播系统及其组成要素的质变，是一种突变，它体现了网络传播系统中诸多新技术、新思想不断涌现的内在机理；而网络传播自生长是网络传播系统及其组成要素的量变，是一种渐变，它是网络传播系统各要素在保持相对稳定的前提下不断改进其结构和功能的外在表现。显然，从量变到质变是一个基本规律，网络传播系统的自生长为其自创生打下了基础，网络传播自生长和自创生一起构成了网络传播自组织演进的宏观图景。

自生长对于网络传播的自组织演进具有重要的意义。无论网络传播内容的增加，还是网络传播逐渐向全球扩展，宏观上都是网络传播自生长的具体表现。以网络传播的地理扩展为例，Internet 网络随着信息技术的发展逐步扩展成为全球最大的数据通信网络。在向全球扩展的过程中，Internet 逐渐覆盖了包括我国在内的 200 多个国家和地区，规模的增长史无前例；同时，Internet 的功能也有了长足的进步，从 web1.0 到 web2.0 再到 web3.0，网络用户被更深地卷入网络传播系统中。网络传播系统也不再是简单地进行单向信息传递的信息系统，而逐步发展为一个人-机结合的复杂网络系统，并具有社会系统的属性，成为推动人类社会发展演进的重要力量。网络传播系统自生长的过程，也是其复杂性不断增强的过程。

网络传播系统的自生长过程给予我们一个重要的启示，那就是

非常复杂的结构和功能可以由非常简单的结构和功能通过自生长而产生出来，自生长为自创生创造了条件。组成 Internet 网络的微观局域网结构和功能并不复杂，各局域网的拓扑结构不过是星型、环型、总线型和网状型等相对比较规则的结构，其功能也不复杂。Internet 网络的扩展机制也很简单，它保持了很大的开放性，只要遵守统一的互联网接入协议，就可以连入 Internet 网络。可是，这诸多局域网通过各种连接方式形成更高一层次的局域网，最终好像搭积木一样，不同层次的局域网互联连接后，形成了具有网状扁平结构的广域网 Internet。Internet 网络的结构和功能是非常复杂的，但在微观层次的局域网的结构和功能是非常简单的。在 Internet 网络中，微观的底层网络结构是规则的，但是通过 Internet 网络的自生长，Internet 网络不但规模逐渐扩展，其结构和功能也实现了自创生，新的网络结构和功能涌现出新的复杂性。这是一个自生长向自创生转化的复杂过程，由此网络传播系统不断向着具有更好的结构和功能的方向演进，呈现出更多的整体涌现性，成为一个自组织程度越来越高、复杂性越来越强的系统。

网络传播自创生和自生长都是网络传播自组织的形式，它们二者之间并非截然对立的两种形式，而是可以在一定程度上互相转化、互相促进的关系。网络传播系统的自生长为自创生提供了基础，自生长到一定程度会转化为自创生，自创生又会在新的层次和规模上为自生长搭建发展平台，网络传播系统就是在这样螺旋式上升的过程中不断优化其结构和功能，从而成为人类优秀文化成果的汇聚地，并进而成为新的网络文化的策源地，成为人类文明和文化发展的重要助推器。

参考文献

[1] 5 年后中国将成为世界第一网络大国[OL]. [2006-10-18]. http://dailynews. dayoo. com/content/2001-10/21/content_250272.htm

[2] 中国网民数达 2.98 亿 普及率首超全球平均水平[OL]. [2009-01-26].

http://tech.163.com/09/0113/14/4VHTJ5SF0009356D.html

[3] 调查显示:QQ 空间成为 09 年全球网站数量增长的第一动力[OL]. [2010-04-06]. http://www.cnbeta.com/articles/83759.htm

[4] Google 公布互联网最新索引数量:1 000 000 000 000 个网页[OL]. [2010-04-02]. http://www.cnbeta.com/articles/61059.htm

Self-growth of Internet Communication

Xia Yunfeng

Beijing Institute of Graphic Communication

Abstract: According to the viewpoint of system science, system is produced by itself, and gradually improves its structure and function towards a more rational structure, better function direction. Almost all organisms grow up from small, going with gradual improvement of body structure and function, which is a manifestation of self-improvement of organisms. Most systems have a trend of self-improvement during the existence. The simplest self-improvement is the continuous increase of the size of system, the number of system's components, the "volume" of system, while the overall nature and function remain relatively stable. This is self-growth of system. Internet communication system also has self-growth. We can easily find out the internet communication system's growth. No matter the increase is in the number of network users, or in the amount of network information, or in the expansion of network geography, all of these "gradual increase" are the self-growth of internet communication system. With self-growth, Internet communication system achieves the expansion of the scale of the network communication, gradually improves, and become more important in human information systems.

Key words: internet communication; self-growth; self-organization

数字出版时代：用碎拼构建个人的知识体系

孙东健
北京印刷学院数字出版研究基地

摘　要：碎拼原本是建筑学中的一个术语。随着数字出版时代的来临，有相当多的专家强调，为了使用的方便等原因，原有的知识需要被打碎。但是，打碎原有的知识仅仅是一种手段，而不是目的。为了构建个性化的知识体系，我们需要采取一定的措施把相关的碎片拼接起来。本文将碎拼的概念引入传播学研究，并对如何将信息碎片碎拼为完整的知识体系提出了若干原则。

关键词：数字出版；碎拼；信息碎片；个性化；知识体系

假定这是1890年的秋天。有一天，“一位身材矮胖、面色红润、头发火红的老先生”来拜访伦敦的著名私家侦探歇洛克·福尔摩斯。福尔摩斯的忠实朋友约翰·华生医生恰巧也在场。

华生对这位客人“细看一番收获并不太大”。在他看来，这位客人“除了长着一头火红色的头发、面露非常恼怒和不满的情绪外，没有什么特别的地方”。

相反，经过仔细观察，福尔摩斯做出了令人信服的推理。最重要的是，尽管目前一切看来都很平常，他确信某种极不寻常的事情将要发生。

他是正确的。

华生感到困惑：“我敢说，我这个人并不比我的朋友们愚钝，但是在我和歇洛克·福尔摩斯的交往中，我总感觉到一种压力：我自己太笨了。就拿这件事来说吧，他听到的我也都听到了，他见到的我也都见到了，但从他的谈话中可以明显地看出，他不但清楚地了解到已经发生的事情，而且还预见到将要发生的事情；而在我看来，这件事仍然是混乱和荒唐的。”[1]

在笔者看来，要想得出最终的正确结论，华生所缺少的正是一种把他听到和看到的信息碎拼起来的能力（当然，他也需要拥有与犯罪现场的各种线索相关的充足经验和知识）。

福尔摩斯说自己并不是天才，而是一个在工作中吃苦耐劳的人。他的确拥有出色的推理能力，但他必须掌握成千上万的材料，每天都要更新自己的知识体系，并在调查犯罪现场时小心谨慎。他会为任何东西建立一套档案，每天浏览各大报纸上的寻人启事栏，研究各种烟灰和泥巴的细微区别，还要研究不同的社会地位、工作经历和身份背景的人……

也就是说，福尔摩斯会收集他所需要的大量信息碎片，并将其拼接成系统的知识以充实他的头脑——用他的话说，“一个空空的小阁楼”。最终，把各不相同的系统化知识组织起来之后，福尔摩斯就得到了一个全面的知识体系，而对大多数人来说，他的知识体系简直是不可思议的。

其实，那些所谓的成功人士所面对的信息，每个人都有机会接触到，只是人们通常总是对此视而不见：因为这些信息实在是稀松平常，坚持搜集这些东西会非常枯燥乏味。

知识体系的碎拼与知识体系的整合意义相近。然而，由于数字出版时代的来临，不少专家指出这一时代的信息组织形式的一个重要特征就是将原有的知识打碎，因此，信息“碎拼”的说法就要比信息“整合”的说法显得更加合乎实际。

一、建筑学中的碎拼概念

“碎拼”一词源于建筑学，目前没有权威的定义，但从其表现形式来看，“碎拼”实际上就是人们经常说的“马赛克”（mosaic）。在我国，提到“马赛克”，人们往往只知道这是一种建筑材料或者一种影像处理技术，也就是说，大多数人只是从名词的角度去理解“马赛克”一词。但实际上，英语中的mosaic除了可以用作名词，还可以用作动词和形容词。用作名词时，mosaic的建筑学原意为“一种由彩色的小碎片（如石材或砖瓦）在某一表面上组成的图画或装饰性图案；制作此类图画或图案的过程或工艺”。作为一个动词，mosaic的意思是“用马赛克制作……；（好像）以马赛克装饰……”。作为形容词，mosaic的意思是“马赛克式的，嵌花似的；用拼花方式制成的”[2]。

在这里，“碎拼”就相当于 mosaic 的动词词义。华中科技大学的李宗荣等学者认为，从“碎拼”的概念出发，还可以生发出一个“拼碎”的概念。“拼碎”指的是 mosaic 的动词词义，而“碎拼”的内涵更加丰富，意味着“先把整体打碎，然后拼接”。而这超出了 mosaic 的基本词义，因此，李宗荣教授认为可以把 break 和 mosaic 两个词合起来创造一个新词，即 breamosaic，用来表达“碎拼”的含义。作为一种学术创举，笔者支持李宗荣教授的创新。但在该词获得学术界的广泛认可之前，本文暂且认为“碎拼”可以作为 mosaic 的动词词义。

在建筑学中，虽然不同尺寸、颜色、形状和材质的碎片乍看之下是杂乱无章的，但是经验丰富的能工巧匠却用可以这些碎片做出独特、美丽和完整的图案（见图 1）。

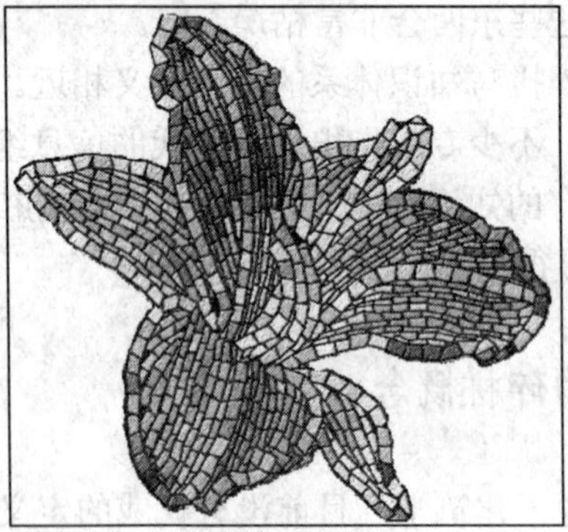

图 1　碎拼百合

二、传播学中的碎拼概念

将“碎拼”的概念引入传播学研究是极具启发意义的。

信息的来源可能在时间和信宿上有所不同，其适用性、真实性和价值也不尽相同。不同的信息组成一个信息的集合，而这可能使一些不善于处理信息的人手足无措。实际上，每个人都应该把个人面对的信息碎拼起来，构建他/她自己的知识体系。

台湾远流出版社的退休编辑周浩正先生正在写一系列的文章来讨论数字出版的时代要求编辑应该具备的能力（用他的话来说，由于互联网已经升级为Web 2.0，那么以往的编辑工作也应该升级为“编辑 2.0”。而现在，Web 3.0 也开始崭露头角了）。最近（2010 年 5 月 14 日），他在文章中提出每位编辑都应掌握一种“究通力”[3]。“究通”出自司马迁的《报任少卿书》，是其中一句话的缩略。原句为：究天人之际，通古今之变，成一家之言。

其实，“究通”就是一种处理信息碎片的过程。而在司马迁的本意中，无论是“究”还是“通”，其最终目的都是“成”。因此，究通是为了建构个人对于生活和世界的知识体系（或生存哲学和世界观），并在以后的生活中对其提供指导。因此，作为现代编辑的基本能力之一，“究通力”可被理解为通过碎拼个人面对的信息碎片从而建构个人知识体系的一种能力。

三、碎拼并非新鲜事物

在传播学研究中，碎拼或许很少得到提及，但把信息碎片碎拼起来却并非只出现在数字出版时代，而是在历史长河中存在的一种普遍现象。

在B.F.斯金纳所做的“刺激-反应”的实验中可以看到，试验用鼠发现当它按压一个杠杆时，就会出现食物。斯金纳将其命名为操作性条件反射。[4]于是，我们知道了老鼠可以通过尝试和经验，把本来不相关的信息碎片组织起来进行学习，从而达到进食的目的。

一名学生可能有很多位老师。但是，他/她总是无法记住任何一位老师所传授给他/她的所有知识。他/她可能选择记住某位老师传授的一些知识而记住另一位老师传授的另外一些知识。或者，考虑到其兴趣或背景等因素，他/她可以选择记住 A 老师所传授的更多知识，而对 B 老师传授的知识记住得少一些。不过，经过随后的信息加工，这名学生就可能把从不同老师那里学来的信息碎片组织起来，形成自己的知识体系。而一个人个性的养成，除了遗传因素和其他社会因素外，其在自己的知识体系中碎拼了什么样的信息碎片也起着极大的作用。

一篇论文可能引用上百个他人业已发表或尚未发表的研究成果。

做出战略决策时，政府、军队和企业总是希望收集多多益善的信息，用来为正确的判断提供依据……

无论何时何地，对任何个人或机构来说，将信息碎片更好地碎拼起来都是极其重要的。

四、碎拼为什么至关重要？

随着社会和科学技术的发展，信息开始了爆炸式增长。没有人可以掌握世界上的所有信息，即便是其专业领域中的一小部分信息，他/她也不一定能够全部掌握。

而且，在传播过程中，信息可能会减弱或受到干扰。最重要的是，在传播过程中，信息要经过一个被拣选的过程。

为了探索世界本原，过上更高质量的生活，构建个性化的知识体系对人们来说非常重要。实际上，在生活和工作中，人们并不一定需要所有的信息。因此，重要的是要选择应该将哪些信息碎片拼凑进某人的知识体系，以及如何将其组成一个整体。

五、如何碎拼？

碎拼个人的信息碎片之时，需要注意“一个中心，两个基本点”。

这里的“一个中心”是指创建个人的知识结构。就像工匠在开始碎拼工作前应该有一个图纸一样，准备构建个人知识体系的人应该知道他/她最终希望得到什么样的知识体系，也应知道这个知识体系将要实现哪些功能或效果。

“两个基本点”之一是探寻能够将新的知识与个人的知识结构联系起来的信息。例如，一名学生在某大学学习 3 年的心理学后，正在积极准备写一篇关于某一主题的毕业论文。不过，他需要两个新的案例来支持他的理论。后来，当他在图书馆里看书时发现某本杂志上恰巧就有两篇相关的报道。他很兴奋地在论文引用了这两篇文章，并获得了教授的好评。这个“基本点”将会深化你的知识体系。

另一个“基本点”是探寻个人的知识结构所欠缺的信息。例如，已经从大学毕业 2 年的迈克希望了解一些理财知识。他从没有接触过这类知识，但却知道他需要懂一些理财知识，因为他正在为结婚和购房做准备。后来，他的朋友约翰把他介绍给一位非常优秀的理财顾问。在理财顾问的帮助下，迈克参加了基金定投计划（AIP），6 个月后就小有收益。这个“基本点”将会拓宽你的知识体系。

随着时间的推移，如果你留心搜集信息，你的知识结构将被信息碎片所填满。最后，你的知识结构将变成一个完整的知识体系。当然，在此之后，如果你愿意，还可以继续“滚雪球”，把你的知识体系建设得更加牢固和庞大。

六、数字出版时代的个性化信息需求

在我们从印刷出版时代向数字出版时代过渡的时候，有一个基本的问题是这样的：纸质图书还有必要存在吗？

对目前的大多数纸质图书来说，笔者的回答是“否”。在一个充满了信息碎片的时代，现成的纸质图书中充满了对很多人来说基本无用的东西。是的，正因为这些书是现成的，所以才会消失。未来的读者需要的是可以不断更新的个性化信息。今后，他们所接触的所有信息都应该是“他们的”信息。

未来的读者需要的不是现成的图书，而是个性化的有用信息。

如此一来，另一个问题就是，在各式各样的信息碎片的海洋里，人们如何才能受益？为了解决这个问题，每个人就都应按照上面提到的方法来处理对自己有用的信息碎片，并将其碎拼进自己的知识体系。

七、结论

在现代社会里，碎拼显得非常重要。正如福尔摩斯所说的，“一个逻辑学家不须亲眼见到或者听说过大西洋或尼亚加拉瀑布，他就能从一滴水上推测出它有可能存在。所以，整个生活就是一条巨大的链条，只要见到其中的一环，整个链条的情况就可推想出来了。”[6]

笔者相信每个人都会受惠于信息碎拼。而在数字出版时代，碎拼应该成为人们应该具备的基本能力之一。

参考文献

[1] 柯南·道尔．福尔摩斯探案集（二）之《红发会》[M]．李家云,译．北京：群众出版社，1980: 228-248.

[2] Houghton Mifflin Company. The American Heritage Dictionary of the English Language[M]. 4th ed. Washington: Heritage College, 2000.

[3] 周浩正．究通力：洞悉“际”与“变”的策略之眼——“编辑 2.0”必备的企划能力之一[OL]．新媒体@数字出版社区，http://www.epuber.cn/space.php?uid=99&do=blog&id=1669.

[4] 李伯黍，燕国材．教育心理学[M].上海：东师范大学出版社，1993: 161-163.

[5] 柯南·道尔. 福尔摩斯探案集（一）之《血字的研究》[M]. 丁钟华, 袁棣华, 译. 北京：群众出版社，1981：18.

Digital Publishing Age: Mosaicking Your Knowledge System

Sun Dongjian
Beijing Institute of Graphic Design

Abstract: Mosaic is originally used in architecture. As the digital publishing age comes, a number of specialists emphasize that knowledge should be broken into fragments for convenient usage. However, to break up knowledge is mere a method, not a purpose. Some measures must be taken to piece all of the fragments up for individualized construction of one's own knowledge system. This paper introduces the concept of mosaic into communication study and brings forward some principles of mosaicking one's information fragment into a whole knowledge system.

Key words: digital publishing; mosaic; information fragment; individuation; knowledge system

基于 BA 无标度网络拓扑结构变化的舆论演化模型①

李小刚[1] 何敏华[1] 方频捷[2] 张端明[2]

1. 武汉工程大学

2. 华中科技大学

摘 要：本文基于BA无标度网络，构建了舆论随拓扑结构（个体之间的相互联系及影响）的改变而变化的舆论演化模型。其特点是在演化的过程中，网络结构不断变化，并且引入了演化阈值参量 ϕ_0和随机演化序参量 ϕ_j刻画演化的过程。研究发现，舆论的演化不仅受制于拓扑结构，而且也导致拓扑结构的变化：网络结构不再是初始的无标度网络；网络个体的邻居的相互联络的紧密性在增大，从而有利于舆论值的趋同效应的增加；随着演化阈值参量的增大，较大社团的总数趋于减少，较小社团的平均个数则在增加。分析表明，不仅整个网络中舆论值随着演化阈值参量的增大呈现明显的趋同化，而且随着时间的推移，舆论的演化表现出很强的趋同效应。原来初始状态的几十个舆论值，在长时间的演化后，大部分舆论值灭亡，只有少数的舆论存留，且发展壮大。这种趋向与社会上的舆论、意见、信仰的演化大体上是吻合的。

关键词：BA 无标度网络；舆论演化；随机演化序参量

---

① 本课题由国家自然科学基金资助，同时受到华中科技大学社会科学信息中心的支持。

一、引言

舆论是指社会公众意见的集合.社会舆论是社会行为的基础，能加速或阻碍社会问题的解决[1]。社会是一个开放的复杂系统，舆论是这个系统固有的特性，舆论的传播呈现纷繁复杂的形式，成为社会系统典型的复杂性问题。信息时代，传媒舆论的地位与作用日益突出，深刻影响着国际社会的政治、经济、科技和文化等各个领域。研究舆论在社会中的传播以及传播的性质规律等，进而研究如何控制、引导舆论，具有非常重要的理论价值与现实意义。

近年来定量研究舆论的演化规律成为热点[2-10]，实际上这属于自然科学和社会科学的交叉领域。其中比较著名的舆论动力学模型有：

（1）S模型(Sznajd model)[11]：描写两个有相同舆论的个体说服其邻居也采取相同的舆论；

（2）D模型(Deffuant et al model)[12]，随机选择一个和他们合作者，彼此调整自己的舆论值以趋于某共同的舆论值；

（3）KH模型(Krause-Hegselmann model)[13]，将舆论值相近的个体分为若干小集团，然后将每个小集团的平均舆论值作为其下一时刻的舆论值进一步研究。

一般来说，社会网络趋向划分成若干信念相近的小集团。有时由于人们彼此通过网络相连而变为信念相同，有时人们由于信念相同而构成网络联系[14-18]。舆论动力学模型的舆论演化机制可分为两类，一是在彼此熟悉的个体构成的网络中，每个个体的信念建立在他们邻居舆论的基础上；二是构建网络的许多小集团以信念相同来划分，而不问彼此熟悉与否。然而实际经验表明，真实世界中的舆论演化机制并非单纯某一类，而是上述两类机制的综合。Petter holme 和M.J.Newman在 2006 年提出 种新的模型[19]，其演化机制就是综合演化机制。

近年来将舆论动力学与复杂网络结合起来成为一种新的趋势，

其主要精神就是用复杂网络模拟社会网络。例如L. Donetti和M.A. Munoz研究在规则网络上的舆论演化，郭龙、蔡勖研究小世界网络的舆论动力学等[20-25]，但是也有少数的利用BA无标度网络来研究它，如无标度网络上的不可逆舆论传播[26]、无标度网络上的随机舆论动力学[27]等，他们利用了类似S模型的机制，且没有考虑网络拓扑结构和舆论的相互联系。

基于以上情况，本文以BA无标度网络为背景，采用动态演化的舆论演化机制[19]，其特点是在演化的过程中，网络结构不断变化，并且用演化阈值参量ϕ_0或随机演化序参量ϕ_j刻画演化的过程。我们得到了一系列有趣的结果。研究发现：

（1）舆论的演化影响了网络结构，网络结构不再是初始的无标度网络；

（2）网络个体的邻居的相互联络的紧密性在增大，从而有利于舆论值的趋同效应的增加；

（3）突出社团的总趋势在减少，小社团的平均个数在增加，总的来看，整个网络中舆论值呈现明显的趋同化；

（4）随着时间的推移，舆论的演化表现出很强的趋同效应。

原来初始状态的 50 个舆论值，在$\tau = 1\times10^8$时，只剩下 11 个，且有 3 个最大的社团网络，这一种情况与社会上的舆论、意见、信仰的演化大体上是一致的。文中总节点数用N表示，节点度用k 表示，τ代表舆论演化的时间步。

二、网络动态演化的舆论动力学模型

（一）关于舆论值的假设

令g_{ij}表示节点i具有舆论值j（i=1，…，N，N为节点数；

j=1，…，M；M表示舆论值的数目），本文取M=50。

（二）BA网络的构建

初始设定m_0个孤立节点。然后不断引入新的节点。每次引入一个新的节点，均连接到m个已经存在的节点上，这里的$m \leqslant m_0$。为确定起见，本文取$m=m_0=4$。

新节点和一个已经存在的节点i相连的概率$\prod_i$采用优先连接机制，满足如下关系：

$$\prod_i = \frac{k_i}{\sum_j k_j} \tag{1}$$

其中节点i的度为k_i、节点j的度为k_j，直到网络演化到N=20 000时截止。

(三)演化规则

在舆论演化的初始时刻，让网络中每个节点i随机赋予舆论值g_{ij}（j=1，…，50）。在以后的演化中，每一步我们都任意的选取一个节点i，并随机的选择与它相连的另一个节点h，如果这2个节点舆论值相同，则不做任何事情。给定演化阈值ϕ_0，ϕ_0取值为0～1的某一确定实数。然后给予网络每个节点i赋予随机演化序参量ϕ_j（ϕ_j为0～1之间的随机数）。如果2个节点的舆论值不同，则根据ϕ_j与ϕ_0之间的关系，网络有2种可能的演化：

(1)如果$\phi \leqslant \phi_0$，则将它们之间的连线去掉，移到另一个节点上

（从剩余节点中随机选的一个，要求此节点与节点i具有相同舆论g_i且此前并不相连），如图 1(a)所示。

(2)如果$\phi > \phi_0$，则将节点h的舆论值赋予节点i，如图1(b)所示。

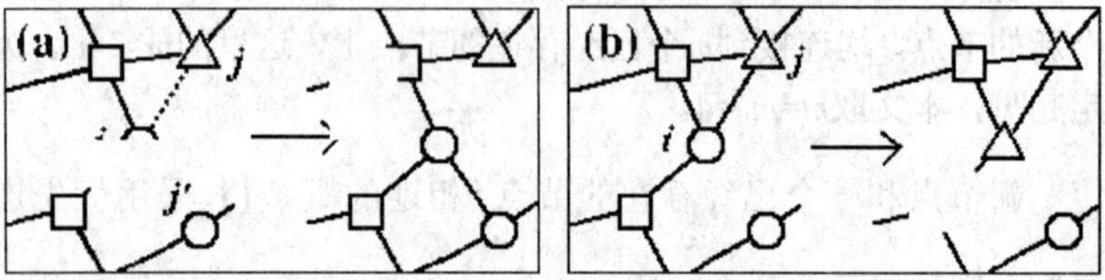

(a)　　　　(b)

图 1　BA 网络

我们根据模型的演化规则进行模拟研究，发现当演化到时间100 000步时，演化的图形度分布基本保持不变，但舆论值的分布图要达到稳态，演化时间则要长得多。

三、模拟结果与分析

下面将我们模拟的结果进行分析和讨论。

（一）度值分布

如图2所示，横坐标x轴表示度值k的对数，纵坐标y轴表示度分布$P(k)$的对数。$P(k)$的表达式为

$$P(k)=\frac{\text{度}k\text{对应的节点个数}}{\text{总节点数}N}$$

模拟中参数$m=m_0=4$。图2(a)表示网络未演化前的度分布，(b)、(c)、(d)分别表示$\phi_0=0.1$，0.5和0.9的度值分布。

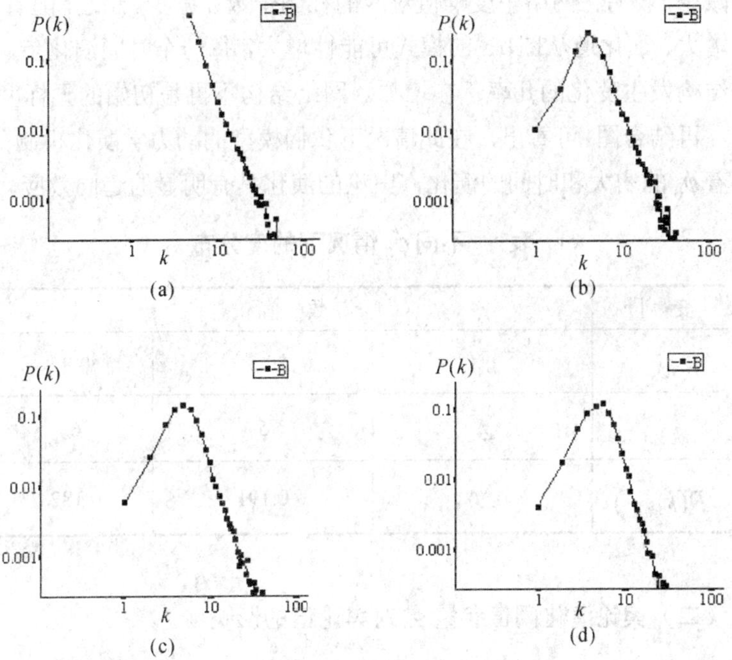

图2　度值分布

(a) N=20 000, $\tau=0$；　(b) N=20 000, $\phi_0=0.1, \tau=10^5$；

(c) N=20 000, $\phi_0=0.5$，$\tau=10^5$；　(d) N=20 000, $\phi_0=0.9$，$\tau=10^5$

从图2(a)可看出，节点度在未演化前(即$\tau=0$时)满足幂律分布，而在演化后，如图2(b)、(c)、(d)则不再满足幂律分布。但若以度峰值处为分界点，我们可看出，在度峰值的左端，即度值较小的范围内度分布不满足幂律分布；但在度峰值的右端，即度值较大的范围内度分布仍然满足幂律分布。表明舆论的演化明显地影响了网络的结构。我们还发现度分布值与舆论的演化阈值存在密切的关系：

如表1所示，随着ϕ_0的增大，度分布峰值随之增加，表明网络个体的邻居的相互联络的紧密性在增大；度峰值对应的度分布概率却在减少，表明在网络中度峰值对应的社团个数在减少。总之，随着ϕ_0的增大，演化遵从图1(a)的模式可能性增大，每一个时间演化步，网络结构发生变化的几率都在增加。网络结构不再是初始的无标度网络。再结合图1可看出，在此情况下我们模型的动力学演化机制下，随着ϕ_0的增大和时间的演化，舆论的演化具有明显的趋同效应。

表1　不同ϕ_0情况下的度分布

变　量	数　值		
ϕ_0	0.1	0.5	0.9
$k_{峰值}$	4	5	6
$P(k_{峰值})$	0.204	0.191	0.182

（二）舆论演化阈值参量ϕ_0对舆论值的影响

如图3所示，横坐标x轴表示舆论值g，纵坐标y轴表示舆论值分布$Q(g)$，$Q(g)$的表达式为

$$Q(g)=\frac{舆论值g_j对应的节点数}{总节点数N}$$

图3(a)、(b)、(c)、(d)是在时间演化到$\tau=10^5$步以后得到的舆论值分布。

把网络中具有相同舆论值的节点看成是一个社团网络。图3(a)表明当$\phi_0=0$时，存在许多大的社团网络，其中最大的社团网络舆论值分布为0.131 7，而其余的小社团舆论值分布均在0.013左右；图

3(b)表明当$\phi_0 = 0.4$时，只存在2个较大的社团网络，舆论值分布最大值为0.125 3，而其余的小社团舆论值分布在0.014左右；图3(c)表明当$\phi_0 = 0.7$时，最大的社团网络的舆论值分布为0.068，而其余的小社团舆论值分布在0.017左右；而图3(d)表明当$\phi_0 = 1$时，整个社团网络趋向平均，其舆论值分布的平均值为0.02。

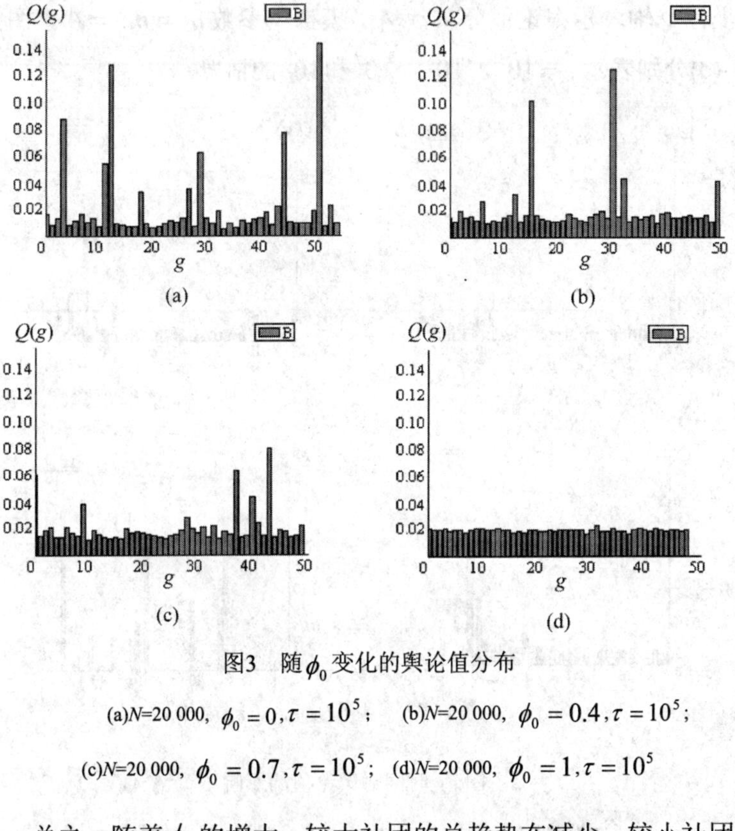

图3 随ϕ_0变化的舆论值分布

(a)N=20 000，$\phi_0 = 0, \tau = 10^5$；(b)N=20 000，$\phi_0 = 0.4, \tau = 10^5$；

(c)N=20 000，$\phi_0 = 0.7, \tau = 10^5$；(d)$N$=20 000，$\phi_0 = 1, \tau = 10^5$

总之，随着ϕ_0的增大，较大社团的总趋势在减少，较小社团的平均个数在增加，总的来看，整个网络中舆论值呈现明显的趋同化：①各个社团的个数趋于平均；②最大社团和最小社团的舆论差值在减小。这一点与(一)中对度值分布的变化规律的分析结果是一致的。

（三）时间对舆论值的影响

我们进而研究舆论值随时间的演化规律，我们发现与度分布不同，舆论值的演化很难达到稳态。图4中横坐标 x 轴表示舆论值 g，纵坐标 y 轴表示舆论值分布 $Q(g)$，模拟中参数 $m=m_0=4$。图中(a)~(d)分别表示 $\tau=10^5$，10^6，10^7 和 10^8 的情况。

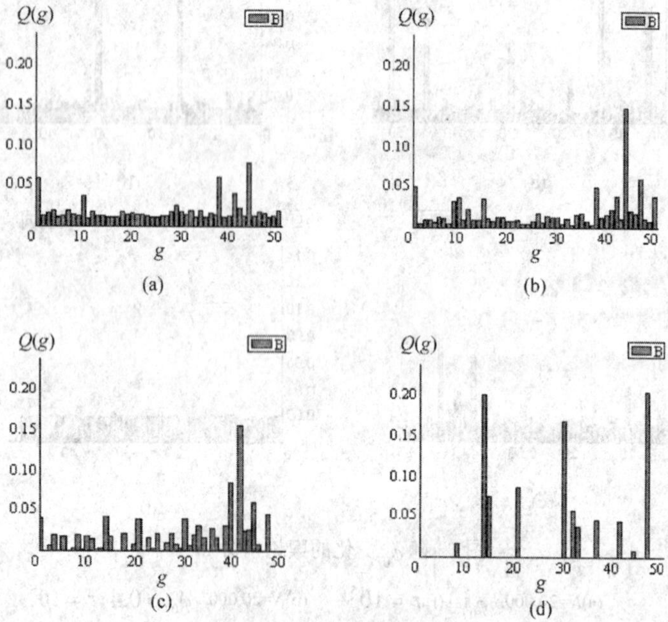

图4　时间对舆论值的影响

(a) N=20 000, $\phi_0=0.5, \tau=10^5$；(b) N=20 000, $\phi_0=0.5, \tau=10^6$；

(c) N=20 000, $\phi_0=0.5, \tau=10^7$；(d) N=20 000, $\phi_0=0.5, \tau=10^8$

图4(a)表明在$\tau = 10^5$时，所有舆论值都存在，且大部分社团的舆论值分布在0.015左右，最大社团的舆论值分布为0.08；图4(b)表明在$\tau = 10^6$时，所有舆论值仍然存在，但大部分社团的舆论值分布在0.010左右，最大社团的舆论值分布为0.151；图4(c)表明在$\tau = 10^7$时，舆论值只有39个，已有一部分社团灭亡，最大社团的舆论值分布为0.164：图4(d)表明在$\tau = 10^8$时，舆论值只剩下11个，大部分舆论值趋向灭亡，并出现3个很大的社团网络，对应的舆论值分布为0.217，0.213，0.177。

总之，图4表明，在我们的模型中，随着时间的推移，舆论的演化表现出很强的趋同效应。原来初始状态的50个舆论值，在$\tau = 10^8$时，只剩下11个，且3个最大的。这一点也与3.1对度分布的变化规律的分析结果是一致的。

实际上，真实的社会上的舆论、意见和宗教信仰的演化大体上的确如此，例如宗教信仰，原始宗教(拜物教、偶像崇拜等)在世界上数量极大，但是演化到现在，世界上现存的宗教数量已大大减少：真正世界性的宗教不过基督教、伊斯兰教和佛教而已。

四、结论

我们提出了基于BA网络的拓扑结构变化的舆论演化模型。在这个模型中，网络结构和舆论演化相互适应，是一个动态的演化过程。利用计算机模拟我们重点研究舆论演化阈值对网络结构、舆论值分布的影响，以及时间演化对舆论值分布的影响。

研究表明，舆论的演化影响了网络结构，随着舆论演化阈值的增大，网络中的度分布不再满足幂律分布，网络结构不再是初始的无标度网络。同时度峰值的分布几率在增大，说明网络个体的邻居的相互联络的紧密性在增大，从而有利于舆论值的趋同效应的增加。

对舆论值分布随舆论演化阈值变化规律的研究表明，随着舆论演化阈值的增大，突出社团的总趋势在减少，小社团的平均个数在增加，总的来看，整个网络中舆论值呈现明显的趋同效应。

从舆论值分布随时间演化的规律分析，舆论的演化表现出很强的趋同效应。原来初始状态的50个舆论值，在长时间的演化后，大部分舆论值灭亡，只有少数的舆论存留，且发展壮大。这一种情况与社会上的舆论、意见、信仰的演化大体上是吻合的。

我们的模型从本质上来说是一种自由演化模型，只考虑舆论演化与网络结构之间的联系，而没有考虑在实际生活中存在的许多外界因素(例如政府的政策、媒体的影响、甚至战争等强制手段)对于舆论的影响。深入研究外界因素对于舆论的影响，这是我们以后的工作。

参考文献

[1] 秦希德，饶德江.舆论学教程[M].武汉:武汉大学出版社，1989：89-102.

[2] Moreno Y, Gómez J B, Pacheco A F, Phys. Rev. E. 2003(68): 035103.

[3] Boguñá M, Pastor-Satorras R , Phys. Rev. E. 2002(66): 047104.

[4] Manrubia S C, Delgado J, Luque B , Euro. phys. Lett. 2001(53): 693-700.

[5] Lloyd A L, May R M. Science, 2001(292): 1316.

[6] PasterSatorras R, Vespignani A. Phys. Rev. Lett., 2001(86): 3200-3203.

[7] Dorogovtsev S N, Goltsev S V, Mendes J F F. Phys. Rev. E, 2002(66): 016104-016108.

[8] Yanping Yin, Duanming Zhang, Guijun Pan, et al, Chin. Phys. Lett.,2007(24): 2200.

[9] Scala A, Amaral L A N, Barthélémy M. Europhys. Lett., 2001(55): 594-600.

[10] Duan-Ming Zhang, Min-Hua He, et al. Phys. Scr., 2006(73): 73-78.

[11] Sznaid-Weron K, Sznaid S. Int.J.Mod.phys.C11,2000(1157).

[12] Deffuant G,.Neau D, Amblard F. et al, Adv.Complex Systems, 2000(87).

[13] Hegselmann R, Krause U. J.Arti.Soc.Social Simul.5(3)(jasss.soc.surrey.ac.uk)

(2002).

[14] Watts D J,Strogatz S H,Nature,1998(393):440-442.

[15] Sousa A O, Physica A, 2005(348):701-710.

[16] Bernardes A T,Stauffer D,Kertgsz J,Eur Phys J B, 2002(25):123.

[17] Gonzalez M C,Sousa A, Herrmann H J.Int JMod Phys C, 2004(15):45-57.

[18] RekaA,Albert L B. Rev Mod Phys, 2002(74):47-86.

[19] Petter Holme, Newman M E J. Phys.Rev.E 2006(74):056108.

[20] Krapivsky P L, Redner S. Phys. Rev. Lett. 2003(90):238701.

[21] Guo L, Cai X. Commun. Comput. Phys. 2008(5):1045.

[22] Li PingPing, Zheng DaFang, Hui P M. Phys.Rev.E 2006(73): 056128.

[23] Toral R, Tessone C J. Commun. Comput. Phys. 2007(2): 177.

[24] Chen P, Redner S. Phys. Rev. E **71**(2005)036101.

[25] Clelia M Bordogna, Ezequiel V. Albano，Phys.Rev.E 2007(76):061125.

[26] Julián Candia，Phys.Rev.E 2007(75):026110.

[27] Bartolozzi M, Leinweber D B, Thomas A W. Phys.Rev.E 2005(72):046113.

Public Opinion Evolution Model on BA Scale Free Network

Li Xiaogang[1] He Minhua[1] Fang Pinjie[2] Zhang Duanming[2]

1. Wuhan Institute of Technology

2. Huazhong University of Science & Technology

Abstract: Public opinion evolution model in which the topology structure always changes is constructed on BA scale free network. In this model we consider the influence of an evolution threshold parameter ϕ_0 and random evolution parameter ϕ_j. It is indicated that public opinion evolution and network topological structure interact with each other, and they are all influenced by the evolution threshold parameter ϕ_0 and random evolution parameter ϕ_j. It is found that the evolution of public opinion is not only controlled by the topological structure , but also induces the change of the topological structure. The network structure is no longer the initial scale-free network but Poisson distribution. With the evolution of system, there is obvious convergence effect of public opinions. Dozens of opinions in initial state evolve, most of which perish, and only a few of them remain and develop after a long time. The trend is coincident with the evolution of public opinion, views and beliefs in the society.

Key words: BA Scale free network; public opinion evolution; random evolution parameter

试论虚拟社区的耗散结构特性及其有序化途径[1]

唐建旺
西安交通大学人文社会科学学院博士生
西安电子科技大学人文学院

摘　要：本文分析了社区、虚拟社区概念的发展历程和产生的历史背景，简要分析了耗散结构理论及其 4 个特性：系统的开放性、系统远离平衡态、系统内部各要素的非线性作用及其在非线性作用下的涨落效应，并在此基础上从 4 个方面分析了虚拟社区也具有耗散结构特性：虚拟社区是一个动态、开放的网络社会系统，是一个非平衡系统，虚拟社区的非线性作用机制以及在非线性作用下的涨落效应。最后根据虚拟社区 4 个耗散结构特性提出从内生性和外部规定性 2 个维度来实现虚拟社区的有序性。

关键词：虚拟社区；耗散结构；信息社会；有序性

一、社区与虚拟社区

（一）社区的概念

社区作为社会学的基本概念，在古代汉语中，并不存在这样一个概念。社会学研究者普遍认为，社区概念最初是由德国社会思想家斐迪南·滕尼斯（Ferdinand ,Tonnis）在 1887 年他的成名作

[1] 本文系中央高校基本科研业务项目阶段性成果。

*Gemeinschaft und Gesellschaft*中提出来的。德文“Gemeinschaft”一词可以翻译为“共同体”，表示任何基于协作关系的组织形式。但是滕尼斯使用的这 2 个词在英文中并没有相应的词语与之对应，尽管英语世界现在通常将其译为“Community”和“Society”，但是大家普遍认为滕尼斯社会学的那 2 个关键概念，尚处在未翻译的状态，因为将他们翻译成“Community”和“Society”仍然带有模糊不定的意味。1940 年，当美国人C.P卢密斯第一次将滕尼斯的这部著作翻译成英文时，苦于找不到对应的词，只好将滕尼斯的这本书的标题译为“社会学的基本概念”。1955 年，在英国出版这部著作的英文版本时标题为“Community and Association”（社区和社团），一直到 1957 年芝加哥大学重版卢密斯的译本时，才将标题定为“Community and Society”。从那以后成为滕尼斯著作标题的通常译法。[1]而在汉语中，“社区”概念的出现则与费孝通先生是分不开的。在他的论文《二十年来中国社区研究》中写到，“Community”这个词介绍到中国来的时候，那时的译法是“地方社会”，而不是“社区”。当时在翻译滕尼斯的“Community”和“Society”这 2 个概念时，感觉到二者是有区别的，因此我们感到“地方社会”一词翻译得不恰当。当笔者还在燕京大学读书时，大家谈到如何找一个确切的概念。偶然间，笔者就想到了“社区”这个词，最后大家沿用了，慢慢流行，这就是“社区”一词的来历。[2]因此毫无疑问，费孝通先生是我国第一个将英文“Community”翻译成“社区”的人，不过后来他将这对概念翻译成为“礼俗社会”和“法理社会”。[3]由上述叙述可以看出，中文的“社区”一词是经历了德文的“Gemeinschaft”，到英文的“Community”，然后最后再到中文的“社区”一词。

（二）虚拟社区

滕尼斯提出的社区概念并未受到当时学术界的关注和认同。后来滕尼斯的社区概念随着社会的日益发展越来越引起学者的重视，但是这一概念在发展的过程中，人们往往根据自身的研究取向和兴趣而对概念加以取舍，同时也日益将滕尼斯的概念地域化。按照滕尼斯的观点："所有亲密的、私人的和排他性的生活，就像我们所揭示的那样，可以被理解成社区中的生活。而社会的生活是公共的，它是世界本身。"[4]如美国芝加哥学派将社区特别是城市社区作为其研究的主要关注点。我国学者陆学艺将社区解释为："社区一般是指聚集在一定地域范围内的社会群体和社会组织根据一套规范和制度结合而成的社会实体。"[5]应该说，社区概念的地域化也有其科学的合理性，但是这与滕尼斯的"社区"概念已经有比较大的差别，滕尼斯一直强调社区是具有共同归属感的社会团体，是本质意志，是生机勃勃的有机体。它的主要形式包括亲属关系、邻里关系、友谊关系等。它与"社会"概念有着本质的区别。

随着科学技术和计算机技术的迅猛发展，人类文明进入到20世纪80年代，一种新的社会变革力量——互联网（Internet）技术迅速在全球范围内崛起，并以前所未有的方式对社会的各个方面发生深刻的影响，包括人们的生活方式、思维方式、交往方式等等。据中国互联网信息中心调查，截至2009年6月30日，中国网民达到3.38亿人，仅半年时间就增长了4 000万人；全国互联网普及率25.5%，超过世界平均水平。[6]随着网络的崛起，与之伴生的就是"虚拟社区"的必然出现。虚拟社区概念的提出最初并不是在社会学家那里，而是网络技术开发商借用社会学的"社区"概念而提出并被广大的网络使用者所接受的。当然，国内外学者对虚拟社区概念的定义有很多，也各自不完全相同。他们往往根据自己的研究需要或者研究兴趣而有所侧重。笔者认为，真正的虚拟社区的概念名称来源于霍华德·莱茵戈德1993年的同名著作《虚拟社会》。[7]从信息哲学的角度来说，本文主要采用Stuart Barnes对虚拟社区的定义。他认为，"虚拟社区是一群在互联网上展开公开讨论，在类似聊天室等网上园地内相互交流并就某些共同感兴趣的问题进行富有人情味的信息交流和传递，以建立人际关系的临界群体的社会集合"。[8]笔者认为，虚拟社区除了具备滕尼斯社区概念的基本构成要素之外，还具备有与之对立的“现实社区”所不具备的特点，如虚拟性、互动性、匿名性、跨越时空性、互动的平等性等等。它既是对滕尼斯社区概念在网络信息时代的发展，也是对滕尼斯社区概念的一种回归。

二、耗散结构及其特性

（一）耗散结构

耗散结构论(与协同学、突变论统称为“新三论”,是系统科学的丰富和发展)，1969 年由比利时科学家普利高津（I.Prigogine）针对非平衡热力学和统计物理学的研究提出的一种自组织系统理论。所谓的“耗散结构”（Dissipative Structure），普利高津认为，“在远离平衡态的条件下，我们可能得到从无序、混沌到有序的转变。可能产生一些物质的新力学态，反映了给定系统与其周围环境相互作用的状态。我们把这些新的结构叫做耗散结构”。[9]它以非平衡统计物理与热力学为基本工具,着重研究远离平衡态的开放系统,如何通过不断地与外界交换物质、能量,在时间、空间和功能上从无序转变为有序。普利高津将这种在非平衡态下形成的有序结构命名为“耗散结构”，耗散结构理论就是研究它的性质及其演化规律的科学。此后，耗散结构理论并不仅仅局限于自然科学领域，而且广泛应用于自然科学、社会科学、工程技术科学等各个领域。同时为了解决热力学第二定律和达尔文的进化论分别在物理世界和生物世界两种截然相反的演化趋势所造成的矛盾，耗散结构论提出可以将各种系统分为 3 类：

（1）与外界既没有物质交换又没有能量交换的孤立系统。

（2）与外界有能量交换而没有物质交换的封闭系统。

（3）与外界进行物质与能量交换的开放系统。

（二）耗散结构的特性

实际上，耗散结构是一个开放的系统在远离平衡状态时稳定下来的巨涨落，通过涨落从无序达到有序。在系统科学中，所谓的有序是指系统内部诸要素之间有规则的联系或者变化；无序则是指系统内部诸要素之间的混乱、无规则的组合，并且在运动转化上的无规律性。自然界主要存在两种有序现象：静态有序，其所形成的结构叫做平衡结构；另外一种叫做动态有序，其所形成的结构叫做非平衡结构。因此，耗散结构理论认为系统处于动态有序必须具备以下4个特点：

（1）系统必须处于开放状态，同时还指出一个开放的系统3种可能的存在方式：①热力学平衡态；②线性非平衡态（或称近平衡态）；③非线性非平衡态（或称远离平衡态）。

（2）系统必须远离平衡态。即系统内部诸元素间的相互作用，不再处于一一对应的相互作用的线性机制影响下，而是处于多变量间相互作用的非线性机制的作用下。

（3）系统内部各要素的非线性相互作用相互影响。

（4）系统内部各要素的非线性相互作用产生的巨涨落对整个系统均有影响。

实质上，这4个条件是相互包含相互作用并不是孤立存在的。耗散结构本质就是系统本身在非平衡条件下通过物质、能量、信息的不断交换来维持其内部各个要素的非线性相互作用从而保证系统处于一个动态有序的结构状态。

三、虚拟社区的耗散结构特性

自20世纪50年代开始，一些重要的社会理论学家预见性的分析了技术发展所将带来的“勇敢的新世界”，这些预测在后来被得到惊人的验证。他们的预测在今天的信息通信技术（Information and Communication Technologies，ICT）社会变得越来越具有说服力，这个“勇敢的新世界”后来被笼统地称为“信息社会”。如果我们把耗散结构的存在特性运用到信息社会和网络时代里，我们可以发现，其实与信息社会和网络时代伴生的必然产物——虚拟社区也具有耗散结构特性。

（一）虚拟社区是一个动态开放的网络社会系统

开放是系统处于动态有序的前提，也是耗散结构形成一个基本条件。一个动态有序的系统必然是一个开放并能够与系统内部各要素以及系统外部进行物质、能量和信息交换的自组织系统。美国社会学家曼纽尔·卡斯特在其《网络社会的崛起》一书中指出，作为一种历史趋势，信息时代的主要功能和方法均是围绕网络构成的，网络构成了新的社会形态，是支配和改变我们社会的源泉。一个以网络为基础的社会结构是高度动态、开放的系统，在不影响其平衡的情况下更易于创新。[10]信息化的本质就是信息空间（他也称为“虚拟空间”“流动空间”“网络社会”）的重组。流动空间具有3个层次：电子化的互联构成了流动空间的第一个物质基础（对应技术）；节点与核心构成了流动空间的第二个层次（对应地点）；占支配地位的管理精英的空间组织构成了流动空间的第三个层次（对应人）。在虚拟社区中，所有的节点，只要他们有共同的信息编码（包括共同的价值观和共同的成就目标），就能实现互联共通。这种以网络为基础的社会结构是高度动态的、开放的社会系统。虚拟社区伴随着网络社会的出现意味着人类经验的巨大变化和人类行为、思维、交往方式的深刻变革。这种变化的特征是无时间的时间（Timeless time）和没有固定位置的空间（Placeless place）。

（二）虚拟社区是一个非平衡态的网络社会系统

耗散结构理论提出，非平衡是有序之源。非平衡，不是不平衡，也不是平衡，而是巨涨落前的远离平衡态，是处于失稳临界点附近没有超过临界点的稳态。与此相对应，失稳包括2方面，一是因平衡变为不平衡而失稳，如细胞外液pH值过高过低将导致碱中毒或酸中毒；二是不平衡趋向平衡而失稳，如细胞外液钾浓度增高，而致高血症。非平衡态是指系统内部各要素之间是有差异的，是极不平衡的。只有在动态结构下系统各要素之间的差异、分化和矛盾以及系统自身的自组织性才能保证系统的活力。而处于一个稳定平衡状态下的结构和系统，其系统内部的无序性高，构成系统的各要素之间差异性小，这种表面性的平衡最终会使系统衰退。而对于一个开放的虚拟社区而言，构成虚拟社区的基本要素——每一个网民本身就是一个极具差异性和分化的个体。他们对于社区里大家感兴趣的话题或者公共事件讨论和发表意见可能完全不一样甚至极具对立性。而这反而保证了虚拟社区的进一步发展。

（三）虚拟社区网络系统具有非线性作用机制

非线性作用机制是相对于线性作用机制而言的。线性，指量与量之间按比例、成直线的关系，在空间和时间上代表规则和光滑的运动；而非线性则指不按比例、不成直线的关系，代表不规则的运动和突变。线性关系是互不相干的独立关系，而非线性则是相互作用，而正是这种相互作用，使得整体不再是简单地等于部分之和，而可能出现不同于"线性叠加"的增益或亏损。迄今为止，对非线性的概念、非线性的性质，并没有清晰的、完整的认识，对其哲学意义也没有充分地开掘。一个确定的系统，一般都同时具有线性和非线性 2 种性质。首先，在一个给定的非线性系统中，它的非线性性质决定它的平衡构造或说稳定机制是否存在，及存在的地方。其次，系统的线性性质决定着系统关于其平衡点(稳定结构)的小振动的规律，即系统在稳定点附近的线性展开性质。非线性的一个最主要的物理机制，可以说就是相互作用。由于虚拟社区的成员完全以平等的方式参与交流和互动，各自发表自己对虚拟社区里公共事件的看法和意见。社区成员的情绪、态度、意见等多种复杂因素相互作用，这就是虚拟社区的非线性作用的最明显的体现。由于个人以前所未有的方式获取海量信息，而信息的交流也更为频繁，信息的跨国界、跨地域的传播，虚拟社区的网络讨论将会变得越来越深刻和客观。他们不是简单的叠加，而是按照从浅显到深刻，从感性到理性，从无序到有序，从情绪到客观的顺序发展的。

（四）虚拟社区存在因非线性作用引起的巨涨落效应

涨落效应通常是指系统的各个要素围绕某个“阈值”时刻处于涨落起伏不定的状态之中。涨落效应往往是导致系统有序的一个前提。系统中的任何一个元素都有可能随时发生变化，而且任一元素的微小变化都能使得整个系统中的其他元素发生变化，并最终形成一个新的相对稳定状态。在网络传播日益发达的今天，网络论坛作为一个有代表性的虚拟社区，在社会传播过程中正起着越来越大的作用。虚拟社区的涨落效应主要体现在社区里随着极具刺激性信息的输入而引起的混乱无序随着传统新闻媒体信息的介入，权威人士、政府部门的意见或者网络意见领袖的看法而重新趋于理性、客观、有序，达到一个新的动态有序状态。“意见领袖（opinion leader）”最早由拉扎斯菲尔德在 1948 年出版的《人民的选择》一书中提出，它是指在传播活动中表现活跃的一小部分人，他们对某方面的事态发展比较关心，比较了解，因此能向他们身边那些广大的公众群体提供这方面的有关信息，并对此做出相应的解释。

四、虚拟社区的有序化途径

（一）虚拟社区的原生性和内发性因素达至有序状态

通过笔者上述的论述，虚拟社区也具有耗散结构达到动态有序的 4 个特点：动态、开放性特点，非平衡态，非线性作用机制，由非线性作用引起的涨落效应。而这是保证虚拟社区处于一个动态有序状态的原生性因素，它不需要借助外部因素的强力干预，而是自身即具有这种达到动态有序的潜能。这也是虚拟社区保持有序的途径之一。近年来，与互联网的普及和自发的技术性制度发展相伴随，在学术界也形成了所谓自治模式理论，这一理论强烈反对国家政府管理电子空间，形成了具有代表性的被称之为网络无政府主义（cyberspace anarchism）理论。网络自治理论的流行与网络自身有着密切的关系。

（二）虚拟社区的外部性和管制性因素使之达到动态有序状态

虚拟社区个人身份的隐秘性使得个体在现实社会中因为言辞而导致的害怕被孤立、被羞辱、遭报复、害怕伤害别人或者被人反对、讨厌等恐惧心理而得以一定程度的减轻。帕特里夏·华莱士指出：“一旦人们相信自己的行为不会被追究到个人头上，他们就会变得不那么受社会习俗和戒律的约束”。[11]而在虚拟社区中一旦获得身份的认同形成一个网络群体，思想和感情因暗示和相互传染作用而转向一个共同的方向，以及立刻把暗示的观念转化为行动的倾向，是组成群体的个人所表现出来的主要特点。他不再是他自己，他变成了一个不再受自己支配的玩偶。进一步说，单单是他变成一个有机群体的成员这个事实，就能使他在文明的阶梯上倒退好几步。孤立的他可能是一个有教养的个人，但他在群体中却变成了野蛮人，即一个行为受本能支配的动物。[12]由于个体向群体转变所引起的复杂的心理变化以及其他外部因素，加强对互联网秩序的监管已经成为一个全球性的共识。问题是现有的法律并不能解决网络社会所凸显的问题。对互联网的管制根据各地的风俗习惯和法律特点可以分为以欧美国家为代表的弱管制、以东南亚国家和地区为代表的适度管制以及以伊斯兰国家为代表的带有宗教色彩的强管制等。通过一定的法律法规、政策的制定以实现互联网的安全使用。这也在一定程度上维护了互联网包括虚拟社区在内的安全性和有序性。

参考文献

[1] 周晓虹. 西方社会学历史与体系[M]. 上海：上海人民出版社，2006：291.
[2] 费孝通. 费孝通文集（第五卷）[M]. 北京：群言出版社，1998.
[3] 费孝通. 乡土中国·生育制度[M]. 北京：北京大学出版社，1997.
[4] Tonnises F. Community and society[M]. New Brunswick:Transaction Books, 1998: 33.
[5] 陆学艺. 社会学[M]. 北京：知识出版社，1996.转引自皮伟.虚拟社区的现实性探讨[J]. 武汉职业技术学院学报,2006, 5(5).
[6] 中国互联网络信息中心（CNNIC）. 第 24 次中国互联网络发展状况统计报告.
[7] Rheingold ,Howard. Virtual Community. Finding Connection in a Computerized World[M]. London：vintage, 1993.
[8] Koh J, Kim Y G. Knowledge Sharing in Virtual Communities:an E-Business Perspective.Expert Systems With Applications[J].2004(26)：155-166.
[9] I.普利高津,伊·斯唐热. 从混沌到有序：人与自然的新对话[M]. 曾庆宏,等,译. 上海：译文出版社，2005：14.
[10] 曼纽尔·卡斯特. 网络社会的崛起[M]. 夏铸九,等,译. 北京：社会科学文献出版社,2001. 转引自胡泳著. 众声喧哗——网络时代的个人表达和公共讨论[M].桂林：广西师范大学出版社: 11-12.
[11] Wallace,Patricia. The Psychology of the Internet[M].Cambridge:Cambridge University Press,1999: 124-125.
[12] 古斯塔夫·勒庞. 乌合之众——大众心理研究[M]. 冯克利,译. 桂林：广西师范大学出版社，2007：51.

A Brief Analysis on Dissipative Structure Characteristics of Virtual Community and Its Orderly Method

Tang Jianwang
School of Humanities of Xi'an Jiaotong University
School of Humanities of xidian University

Abstract: This paper analyzes the development of the concepts of community and virtual community, and briefly analyzes the dissipative structure theory and its four characteristics. The analysis of virtual community shows that it has the characteristic of the dissipative structure: virtual community is a dynamic and open social network system; it is a non-balanced system; it has the nonlinear mechanism and it has the effect of the fluctuations in the nonlinear effect. Finally, the author proposes to achieve orderliness of the virtual community by using endogenesis and external stipulation.

Key words: virtual communities；dissipative structure；information society；orderliness

虚拟实践本质的探索

李东东
中国延安干部学院

摘　要：当代信息科技革命催生了一种新型的实践形态——虚拟实践。它已经逐步渗透到社会的每一个角落，并深刻地改变着人类的生存方式。本文从虚拟实践的生成以及与传统实践形态的比较中，揭示虚拟实践的本质，以便人类更好地存在。
关键词：虚拟实践；信息实践；物质实践

信息时代的到来，信息科学技术的深入发展和对社会生活的全面渗透，尤其是互联网的日益普及和虚拟技术的快速发展，使人类生存空间、活动领域得到了扩展，由现实世界向网络和网络化的赛博空间扩展。与此相应，虚拟实践应运而生。虚拟实践的崛起，已成为社会发展的大趋势，并正在深刻地改变着人类的存在方式。如何从本质上把握虚拟实践，并从中开掘出新的生存智慧，已成为当前哲学不可回避的重大现实问题之一。

一、科技进步与认识深化催生了虚拟实践

在人类历史中，技术对于实践形态的更新起到了极大地推动与支撑作用。技术与实践的关系总是具体而且历史的，技术发展的诉求催生了实践形态的不断更替。信息技术的发展与进步是虚拟实践演生的重要原因。

最近 200 多年，人类技术发生了 3 次革命，对人类历史的发展起到了极大的推动作用，对人类的生活方式、思维方式、生产

方式等等方面产生了深远的影响。这3次技术革命的基础是对物质和能量两种资源的利用，相应的制造了蒸汽机、电动机等动力工具，并相继实现了生产实践的机械化、电气化和自动化。“按照技术、生产实践演化的逻辑，重视、发展信息技术，充分开发、利用信息资源，在综合利用物质、能量、信息3种资源的基础上，推动社会实践的信息化、智能化，就必然地成为当代技术和实践发展的主导趋势。”[1]

当代信息技术的革命正是按照这样的逻辑发展、变化的，相应地催生了虚拟实践这种实践新形态。“信息技术是指利用电子计算机和现代通信手段实现获取信息、传递信息、存储信息、处理信息、显示信息、分配信息等的相关技术的总称。”[2]正是在信息技术的支撑下，完成了实践手段的数字化、存在形态的虚拟化，使得信息这一间接存在，以0，1二位进制的数字符号为载体，利用它的表征能力建构、模仿了实践主体、客体、过程与实践结果，并为虚拟的主客体建构了一个逼真的三维世界——虚拟空间。这种建构、模仿不是简单地复制，而是一种“创造性的虚拟”。它“以数字化符号在虚拟空间建构对象性存在的实践方式，超越了用‘实物符号’表征显示对象的局限。”[3]正是在信息技术的支撑下，信息资源作为虚拟实践的实践客体显现出来，打破了原有物质形态的束缚，使得原本羞羞答答隐藏在物质、能量背后的信息走到了台前，呈现出其本来面目。

20世纪60年代以后，随着计算机虚拟技术的产生和发展，在感性认识和理性认识的基础上，又产生了虚拟认识这种新的认识形式。人类认识的深化导致信息载体的数字化是促使虚拟实践演生的另一重要原因。

“虚拟认识是人借助了作为人脑延伸的电脑对信息的接收、加工、处理、转换、存储的功能及虚拟技术对外部世界的三维形象的认识，是以‘0’‘1’编码的更加抽象的数码形式来反映或再现外部世界的，因而兼有感性认识的具体性和理性认识抽象性的双重特点，与理性认识相比，是一种新的、更高级的认识形式。”[4]这促使认识过程进一步深化，发展为先从感性认识开始，然后上升到理性认识，并进一步转换为虚拟认识这一新的循环过程。具体说来，首先是人在实践活动中，自在信息通过主体的感知系统，被主体所把握，自在信息上升为自为信息。同时，在物理空间中，自为信息以实物符号为中介，在人脑中形成感觉、知觉和印象等感性形象，然后通过人脑的“导向”“抑制”，自为信息转化为再生信息，并以数字化符号或是影像符号为中介将所获得的感性形象概念化，形成概念、判断、推理。随着认识的进一步深化，虚拟认识将形象化和概念化了的内容进一步数字化（即重构为以“0”和“1”组合的指代性符号形式），由电脑进行处理，在虚拟空间中生成一种可感知的三维立体数据图形。指代性符号的产生正是人认识能力进一步提升的结果。信息载体由“物料”发展成为具有指代意义 0，1 二位进制的数字符号，从而为虚拟实践的建立和发展提供了支撑。

二、虚拟实践区别于传统的实践形态

虚拟实践作为人类实践的一种全新形态，是以人-机系统为实践主体，按照一定的目的在虚拟空间使用数字化中介手段对信息资源进行的改造活动。虚拟实践区别于传统的实践形态。具体来说，

（一）实践要素

虚拟实践主体与传统实践主体相比具有明显的不同。传统的实践主体是“肉体”的人，而虚拟实践的主体是人-机系统。虚拟实践的交互性使得人-机达到了空前的融合，人机系统兼有人和机器的特点，同时在其协同运作的条件下，人和机器组成的系统又发挥了 1＋1>2 的作用。“这种人机一体的信息化结构方式向内同人的神经系统相作用，激发人的认知潜能和创新力，提高主体吸纳信息的能力；向外以符号信息、网络信息的形式，同人类文明成果发生碰撞，从而促进人类文明发展过程。”[5]虚拟实践以信息技术和信息工具为

其中介系统，与传统实践的中介相比更具智能化。虚拟实践主体借助于劳动工具的智能化、网络化，增加了生产中的知识和科技含量，为高新技术及时向现实生产力转化提供了便利条件。同时，在这一过程中形成了人机互动和人机共生的状况，并且生成了虚拟实践的客体。传统实践的客体是实践主体活动对象的集合，它的特点在于客观现实性。然而虚拟实践的客体与传统实践的客体的区别在于其虚拟性。随着计算机技术、信息技术的变革，虚拟实践能更有效、更充分地发挥社会化分工与协作蕴涵的生产力。

（二）实践领域

虚拟实践对于人类交往实践的重要变革体现在通过将计算机技术、信息技术、网络技术等新成果应用于革新交往手段，实现人类交往的数字化、虚拟化、全球化，从而创造了新的社会关系与新的交往方式。具体来说，首先，从人们交往活动的模式看，已由传统的“主体—主体”直接互动交往模式转换为“主体—中介—主体”间接互动交往模式；其次，从交往活动的空间变化来看，已由传统的面对面的，即主体的“身体在场”交往方式转变为交往主体和交往手段的符号化屏蔽了部分甚至全部的主体在现实世界里的真实身份，自由选择自己呈现给他人的面貌，这就决定着虚拟主体必须重新建构自己在虚拟社会中的角色；再次，从交往活动的手段来看，传统交往主要通过人类的言语、身体的动作等进行信息的传递、处理、交流，而虚拟主体运用计算机技术、网络技术等新成果变革了交往手段，通过网络语言重现构建自己自己身份、角色，从而使每一个主体甚至可以在全球范围内同时以多种角色与多个对象交往，这就使主体之间的关系呈现为多纬度、非中心化的状态，具有松散性、变动性和多样性的新特征；最后，从交往活动的结果看，通过传统交往实践，人类建立了“血缘”“地缘”“业缘”等社会关系，而正是在虚拟交往中，人们建立起一种新型的社会关系——网缘关系。网缘关系表面上表现为通过虚拟技术建立的符号关系，其实质是打破了原有社会关系中的种种限制，如主体的社会身份、地位、经济状况等，建立了有效的信息互换和情感交流途径，实现了自由、平等的交往。

（三）实践的时空观

传统的实践活动与时间、空间紧密联系在一起，人们通过参照实践对象在空间中的一系列标志变化，来确定相应的具体时间，使得时间空间化。“然而，在虚拟社会中，统一时间的形成使时间从空间中分离出来。传统社会的空间总是与地点和场所直接等同，它所标志的是人的社会活动空间维度的‘直接存在性’，而虚拟社会里表征三维空间的信息以光速传递，将空间从现实的地点和场所中分离出来，使社会交往活动逐渐远离了当前在场的互动之情景，地点、场所逐渐不能被清除确定。可见，在虚拟实践活动过程中，不仅时间与空间发生了相互分离，而且空间与场所也发生了分离。分离的结果虽然并没有取消时间、空间和场所的存在，但它却对时间、空间和场所等赋予了新的含义和功能。”[5]虚拟实践的时空能够使在客观对象上“不在场”的“在场”，即“不在场”的事物，通过虚拟技术等手段，带入“现场”；而使“在场”的成为“不在场”，则是使“对象”脱离客观眼下的时空，这样给我们带来了一个崭新的“世界”——虚拟世界。事物在“世界”中，不仅仅是事物的“表象-现象”，即事物的某个方面或是阶段的显现，而是事物实实在在的“本质-存在”，使我们眼前的“对象”“显现”出它作为“事物自身”过程的存在。

与传统的实践形态相比较，虚拟实践区别于不仅仅是在表现形式上的不同，而是在实践的各个方面都存在着差异。传统的实践形态总是使人触手可及，给人以直接的真实感；而虚拟实践总能让人真实地感觉到它的存在，可是摸不着它、看不透它，给人以似隐似显、若即若离的感觉。

三、虚拟实践的本质是信息实践的新发展

通过对虚拟实践演生的分析，以及与传统实践的比较，不难发现，虚拟实践的一切活动都是围绕“信息”展开的。因此，对于“信息”的认识，将是触及虚拟实践本质的关键。

关于“信息”概念的界定一直是科学家和哲学家争论的焦点之一。科学家和哲学家都从自身的学科背景、认知范式等不同层面、不同角度提出了不同的定义。其中维纳提出了“信息就是信息，不是物质也不是能量”。他的这句名言暗示着要揭示信息的本质，不仅要超越具体信息科学对信息的理解，而且更重要的是要超越哲学以“物质”“能量”理解世界的传统视野或思维方式。因此要从哲学上阐明信息本质，不仅要剔除具体科学给信息解释所带来的种种局限，实现“哲学对具体科学的批判”，而且还要使哲学“从传统哲学的旧有体系的阈限中超越出来”，实现“哲学对自身的批判”[6]。在对具体科学和传统哲学的双重批判的基础上，邬焜最终将“信息”本质概括为：“信息是标志间接存在的哲学范畴，它是物质（直接存在）存在方式和状态的自身显示。”[6]也就是说，“物质”是标志直接存在的哲学范畴，而“信息”则是标志间接存在的哲学范畴。

邬焜对信息本质的概括，实际为理解、反思人的存在方式——实践开辟了崭新路径。人是作为物质和信息的双重存在，物质存在和信息存在是人存在同一过程的两个侧面。实践作为人的存在方式，同样也具有物质性和信息性，同时存在物质实践和信息实践。其中，“物质实践”主要指实践的物质方面，即围绕事物“直接存在”而展开的实践方面，主要表现为现实而活生生的人直接为生存、发展进行物质资料生产活动。因此，在信息时代到来之前，传统的实践其实质是物质实践，是建立在物质世界的维度上，实践的一个侧面。这时，虽然人的信息活动早已存在，却由于种种原因不为人所认知、所理解、所把握，以致信息作为附庸一直依附于物质，致使实践的

信息方面长期被“物质实践”所遮蔽。

“信息实践”主要是指实践的信息方面，即围绕事物“间接存在”而展开的实践方面。信息实践作为同一个实践活动的一个侧面，是一直与物质实践形影相随的。根据马克思的观点，传统的实践形态包括物质生产、人类自身的生产、精神生产和社会交往等 4 种形态。从信息方面究其 4 种人类的生产活动的实质：物质生产是自然物的结构信息与劳动主体的目的信息相结合，转化为实物产品的结构信息；人类自身的生产是综合、发展人的遗传信息与社会文化信息；精神生产是复制、改变和创造人的观念信息；社会交往是人和人交往的“痕迹”信息。因此，就这个意义上来说，这 4 种实践形态的实质也是信息实践。

信息科学技术飞速发展推动了信息时代的到来，这时实践过程更主要地表现为人们借助信息科学技术，将自己及其实践对象加以信息化处理和传递，并在这样的处理传递基础上，展开自己的实践活动。事实上，在信息科学技术的广泛渗透下，信息实践正逐渐成为人实践活动的主导方面。因此，它所涉及的范围正在不断扩大，目前看来它主要已涉及对信息本身的开发、利用和传递，对信息科学技术的开掘、利用和传播以及对以往人类实践及其成果加以信息化审视、改造等实践方面。

由此可见，“虚拟实践”是以人-机系统为实践主体，按照一定的目的在虚拟空间使用数字化中介手段对信息资源进行的改造活动。虚拟实践的本质是信息实践，是信息实践发展的一种新形态。作为信息实践发展的一种新形态，“虚拟实践”很好地突出了信息实践的虚拟成分，是在人们不仅以计算机系统为工具、中介，而且以其为对象（“数字化”作为中介）时所存在的一种信息实践形态。同时，虚拟实践也凸显出其全新的一面。首先，从虚拟实践的主体方面看，基于人的能力，尤其是智力的能力的有限性与信息资源的无限性的矛盾，当代机器的精密度、智能化的提高，或者说是更加逼真的人格化，机器已经不仅仅是肢体的延伸，更成为人脑的延伸，使得人机成为一个真正意义上的有机体，从而有效地解决了这个矛盾，在这个意义上，人-机系统成为了虚拟实践的主体。其次，从虚拟实践的客体方面看，实践是一种对象性的活动，而虚拟实践的对象性活动就是对信息资源的传递、加工、处理，虚拟实践的客体就是信息资源。再次，从虚拟实践的工具方面看，计算机、网络等是虚拟实践活动得以进行的必要工具系统，通过这些工具系统，主体和客体的信息载体由数字、图片、实体等转换为 0，1 指代性数字符号，并赋予主体、客体数字化的身份和地位。最后，从虚拟实践的活动领域看，互联网和虚拟技术使人类活动领域由现实世界向网络和网络化的赛博空间（即"间接存在"空间）扩展，为人类营造了一个数字化的生存空间。

信息实践是虚拟实践的本质，虚拟实践的产生与发展是技术发展和人类不断实现自我超越的一种必然结果。同时，对虚拟实践本质——信息实践的探索也为人类超越"物质""能量"的束缚，打破单一的、线性物质维度视角开掘了一条崭新的路径。当代，虚拟实践正在深刻地改变着我们的生活和我们的世界。它给我们的生存、发展提供着似乎无限的机遇，同时也带来了许多挑战和问题。对于人类存在方式的这场整体性的重大变革，我们应当持审慎的批判态度。但是，我们不能否定数字化时代的存在，更不能回避或是阻止数字化时代的前进。当代虚拟实践的发展，为我们提供着对未来的自由、多样的选择，但除非我们能够真正理解时代的变化与时代的特征，把握它们的发展趋势，并抓住机遇，我们每一个人才能做出合理的选择，顺利地实现对自我的超越。

参考文献

[1] 张明仓. 虚拟实践论[M]. 昆明：云南人民出版社，2005：33.

[2] 邓凯. 现代信息技术基础教程[M]. 北京：中国水利水电出版社，2007：4.

[3] 周甄武，余洁平.论实践在虚拟性上的分化与融通[J].辽宁师范大学学报：社会科学版，2005（5）：8-10.

[4] 彭列汉.虚拟现实：认识的第三种形式[J]. 理论月刊，2003（2）：63-65.
[5] 李荫榕, 王琪. 论虚拟实践方式[J].自然辩证法研究，2006（3）：52-55.
[6] 邬焜. 信息哲学——理论、体系、方法[M]. 北京：商务印书馆，2005：44.

Exploration of the Nature of Virtual Practice

Li Dongdong
China Executive Leadership Academy, Yan'an

Abstract: Modern information technology revolution gives birth to a new kind of practical form - virtual practice. It has gradually penetrated into every corner of society, and profoundly changed the way of human life. According to the analysis of the generation of virtual practice and the comparison between virtual practice and traditional practice, the paper reveals the nature of virtual practice to improve the existence of mankind.

Key words: virtual practice; information practice; material practice

信息不平衡条件下的语言信息解码与反馈[①]

刘根辉　王正蓉
华中科技大学中文系

摘　要： 交际中的语言信息传递过程由编码→发送→传递→接收→解码→反馈6个环节组成。在这个过程中信息的不平衡是永恒的、客观存在的，而信息的平衡是相对的、局域化的，其理想状态是达到数量和质量的双重平衡。影响信息平衡状态的事件有3个：传递、融合和反馈。交际中说话人传递的语言信息可能存在各种噪声，按其性质分为原发性噪声和继发性噪声。噪声有可能导致信息传递效率的降低，但二者之间并没有必然联系。对受话人而言降低噪声的影响很有必要，其方法多种多样。

关键词： 信息不平衡；解码；融合；反馈；噪声

一、引言

交际中语言信息的不平衡实际上包含2层意思：一是信息本身不平衡，这主要体现在信息的内部结构上，二是交际中的相对人之间信息不平衡。本文主要讨论第二种信息不平衡情况。在讨论开始之前，我们要对一般意义上的信息传递过程与语言交际中的信息传递过程进行对比分析。

按照传统的信息论观点，信息传递的完整过程包括编码→发送→传递→接收→解码5个环节。这是一个单向的过程，就像一条

① 本研究受国家“985工程”Ⅱ期“科技发展与人文精神”创新基地（项目编号：985HUST-13002）和华中科技大学人文社会科学青年基金重点项目（项目编号：2008004）资助。

单行道一样，信息只是从一方到达另一方，至于信息在接收者那里的接收、解码以及信息的价值实现达到何种程度，信息发送者是不关心、不知道的。在这个过程中，发送者和接收者仍然是 2 个单独的个体，具有独立性，并没有任何东西将他们连接在一起。虽然发送者发出了信息，但只是单方面的。在实际的语言交际中，这种单方面的交际是存在的，但并不普遍。交际的一方没有对另一方发出的信息做出反应的话，表明他缺少交际的意愿，这是一种不成功的交际，交际过程因为一方的拒绝合作而中断，交际中的双方也因此无法建立联系。

现实生活中成功的交际显然更多。之所以说是成功的交际，尤为重要的一点是交际的一方对另一方发出的信息有相应的回应或者说反馈。“所谓发出信息，在信息系统已经确定的情况下，对信源本身（物体或系统）来讲，只是发生某种变化而已，这种变化被另一个物体或系统接受并感应时，才算是发出信息。此时，才构成一个信息系统”[1]。因此，在实际的语言交际中，上述信息传递过程中缺少了重要的一环——信息的反馈。交际中语言信息的传递并不是单向的、平面的，作为一个信息系统，一次信息传递过程是由编码→发送→传递→接收→解码→反馈 6 个环节组成。这个过程包含了信息传递的 3 个主要因素——说话人、受话人以及信息。

二、信息平衡的限定条件及其理想状态

从哲学意义上来讲，信息的不平衡是永恒的[2]，也就没有办法消除。但这并不是说人们在同一条信息面前没有任何一刻可以达到信息相对平衡的状态。对此我们有以下 3 点说明：

第一，信息平衡是一种局域化的平衡，只能就事论事，就该信息论该信息。也就是说，信息平衡是就某一条具体信息而言，交际双方可以达到信息平衡，我们不能把这种平衡扩大到双方的整个信息环境下。

第二，交际中人们对语言信息的解码大致可以分为 2 个阶段：初处理阶段和后台处理阶段。所谓的初处理是指对说话人所传递的信息进行破译。它由 2 个层次组成，第一层是对该信息的载体——语言——进行破译，第二层是理解该信息的内容，弄清它所传达的意思。我们每一个人、每一个个体实际上都是一个信息库。后台处理就是利用已经拥有的信息库对经过初处理的信息进行融合，为信息的反馈、运用做好准备，以便实现信息的价值。

在解码的时候，人们可以在某一刻达到信息的相对平衡状态就是指在初处理阶段。尽管交际双方的信息可以在这一阶段达到相对平衡状态，但并不意味着双方对该信息的掌握是完全相同的。因为说话人传递给受话人的信息只是说话人原有信息的一种投影，并不是说话人原有信息的移位或复制，说话人会对其原有信息进行再编码。并且，受话人对信息的解码破译过程并不是一个无损性的过程，它会伴随着不同程度的失真。信息不失真只是一种理想模式，只要交际双方掌握的相似信息的主要要素完全相同，那么，该信息的其他要素在一定范围内失真是允许的，因为它不足以影响人们对该信息的接收、融合、判断、反馈和应用等，即不影响后台处理。这样，我们可以视为接收同一条信息的几个相对人在这一层面上是处于信息平衡状态的。但是，由于每个人已经拥有的信息库是不一样的，一旦进入后台处理阶段，人们对同一条信息的融合程度、反馈、运用就会不一样，在短期或长期范围内，信息的价值实现程度也就随之有所不同，人们就再次回到信息不平衡的状态。

第三，信息平衡不仅是信息数量上的平衡，更重要的是信息质量上的平衡。所谓信息数量的平衡，是指交际中的相对人所掌握的内容相似的信息其条数相同。比如，关于明天的天气 A 有 3 条信息，B 有 1 条与 A 相同的信息，A 给 B 2 条他所没有的信息，那么，此时 A 与 B 所拥有的关于明天天气的信息条数相同。

而信息质量的平衡包括 2 方面。一方面，从信息的角度来看，交际中的相对人所拥有的相似信息其主要要素相同。所谓的主要要素是指能够影响信息准确度进而影响受话人的理解、判断的要素。比如时间、地点、人物以及一些限定性的东西等等。举例来说，A 拥有一条关于明天会议的信息，即“明天上午八点开会”，他将其传递给 B 的时候说“明天上午开会”，显然这条信息的一个关键因素——具体的时间点——没能给出来，从 A 所拥有的原信息来看，这是一条准确度大打折扣的信息，双方虽然对于明天的会议拥有相同的信息条数——1 条，也拥有 2 个相同的信息点——时间（明天上午）、事件（开会），但由于内容相似信息的主要要素不完全相同，所以 A 与 B 就不是处于信息平衡状态。

另一方面，从受话人角度看，信息质量的高低主要是通过受话人对该信息的反馈体现出来。我们假定说话人都能准确理解其所掌握的信息，并且采用的信息编码方式也是准确的，那么，如果受话人做出的是正反馈，即反馈回来的信息符合说话人的真实意图或者有利于受话人在下一轮信息交流中更接近于说话人在上一轮信息传递中的真实，那么该信息在受话人那里就完成了它的交际使命，信息的价值实现程度就比较高，对于受话人而言该信息的质量也就相应的较高。如果是负反馈（即反馈回来的信息与说话人想要表达的真实意图相悖）或是零反馈（不对说话人发出的信息做任何评价或发表任何观点，仅仅是做礼节性的回答或者转移话题），那么该信息在受话人那里的价值实现程度就相对较低，对于受话人而言其质量也就较低。一条信息于受话人而言质量的高低是与其价值实现程度密切相关的。信息质量上的平衡就是要在信息本身和受话人的反馈 2 个层面都实现平衡。

数量上的平衡只能说交际中的各方平等地接收了关于某一事物的相同条数的相似信息，但是信息传递过程中最关键的部分——解码和反馈却体现出了不同的受话人在处理同一条信息时水平上的差异，同一条信息在不同受话人中的质量也就因此而不同。说话人发出的一条信息作用于受话人以后，要让拥有该信息的交际中人真正达到信息平衡状态，解码和反馈是 2 个应予以考虑的重要环节。因为信息平衡的理想状态实际上是让交际中的相对人能够拥有同等数量和同等质量的信息，也就是达到信息数量和质量的双重平衡，使信息价值的实现程度保持在一个相对平衡、均等的状态。

三、影响信息平衡状态的事件分析

任何事物都是处于某种状态，状态的改变需要有事件的触发[3]。对于某个具体的语言信息系统[4]而言，它是封闭的，有着平衡与不平衡 2 种有限的状态，而触发这 2 种状态的事件也是有限的。大致说来，主要包括 3 种事件：传递、融合、反馈。下面我们在理想环境下（即交际的双方语言相通，有交际的愿望[5]，并且双方没有利益冲突，这样，双方就可以进行完全的信息交流，而不用刻意隐瞒信息的某些主要要素，也就是说双方可以实现信息的完全共享）来对这 3 种事件进行探讨。

（一）信息传递

信息不平衡是交际的动力[6]。通过信息的交换来弥补自己信息的缺陷，取人之长，补己之短。信息传递事件的发生正是为了改变交际中的相对人关于某一信息在数量上的不平衡分布，使信息数量由不平衡状态达到平衡状态。当说话人把经过编码的信息发送出去，传递给受话人的时候，双方在信息的数量上实现了平衡。并且在理想状态下说话人一方掌握的信息将完整地到达受话人一方，等待受话人的融合与反馈。此时信息在双方的分布是无差别的，或者说即使有差别也是可以忽略的。这样，说话人和受话人不仅在信息数量上达到了平衡状态，而且从信息本身的质量来说，双方也实现了相对平衡。信息到达受话人一方以后，受话人要对接收到的信息进行融合。

（二）信息融合

每个人的信息都是不完备的。人的时间、精力有限，对于世间万事万物，人们不可能去一一掌握它们、理解它们，获得它们的信息，而都只是对自己所熟悉的领域、熟悉的事物有相关的知识和信息，对于其他范围内的事物我们可能一无所知。所以，我们每个人都是处于一种信息相对封闭的状态，只对自己熟悉的事物信手拈来，也就是说每个人已有信息库中的信息结构是不平衡的，有些人的信息库中可能有较多的科学信息，有些则可能有较多的人文信息等等。

因此，如果在受话人之间进行比较，说话人发出的一条信息，对于不同的受话人或者说不同的信息库而言，其兼容程度是有区别的。假定说话人发出一条信息："汽油涨价了。"这对于有车一族来说其兼容性就很强，因为他的信息库中本来就有关于油价、汽车方面的较多信息，这条信息与他原有的信息库具有很强的兼容性，可以为他所用，帮助他做出判断、反馈等，这样，该信息的价值实现程度也会比较大。但是，如果将这条信息传递给生活中没有接触过汽油的人，那么这条信息的兼容性可能就不是很强，因为在他原有的信息库中，本身就没有或少有这方面的信息，这条信息对他而言可能就没什么用，其价值实现程度也就比较低。

如果在说话人和受话人之间比较，说话人发出的信息在受话人信息库中融合的时候，也会造成新的信息不平衡。一方面是因为双方的信息库不一样，对同一条信息的融合程度也就不一样。另一方面更重要的是，信息只能在流动的过程中寻找平衡点[7]，一旦它融合到受话人的信息库中，该信息就暂时处于封闭状态，也就无法在说话人和受话人之间寻找平衡点。于是，通过触发这样一个融合事件，说话人在信息传递后形成的相对平衡状态就被打破了，造成了新的信息不平衡。如果我们从说话人传递的这条信息出发来看的话，这个新的不平衡有可能维持原有的倾斜方向，即说话人仍然占据该信息的优势方；也有可能导致信息的倾斜方向发生变化：该信息在受话人信息库中的兼容性大于该信息在说话人信息库中的兼容性，受话人通过与自己信息库中已有信息的整合，给该信息赋予更大的价值，使自己占有信息高地，成为信息的优势方。

但是从说话人的角度来看又会产生另一种不平衡关系。在正常的交际中说话人发出一条信息后，总是期待受话人做出相应的回应，即期待受话人的反馈，这个期待的过程就是信息在受话人一方进行融合的过程。即使说话人给出的信息与受话人的信息库完全不兼容，他还是期待受话人能对这条信息进行反馈，不管是正反馈、负反馈还是零反馈，以完成一次信息的交流。但是此时说话人并不确知受话人对自己传递的这条信息的融合程度如何、将要做出何种反馈，这样受话人对该信息的态度或者说将要做出的反馈——我们称之为第二信息（说话人传递的信息在一次信息传递过程中为第一信息）——就成了说话人的未知信息。在这条第二信息上，双方始终处于不平衡状态，说话人处于劣势地位。

（三）信息反馈

受话人融合该信息后，要对该信息进行反馈，这样才算一次信息传递过程的完结。反馈是一个新的触发机制，一个新的事件。在理想环境下，反馈的目的是为了使在融合事件中造成的不平衡状态改变，以达到新的信息平衡状态。反馈可能造成 2 种平衡：

首先是第二信息的平衡。受话人针对说话人发出的信息做出反馈，满足了说话人的期待，改变了说话人在第二信息上的劣势地位，使双方实现第二信息的平衡，这种平衡在一次成功的语言信息交际中是必然的。

其次是在说话人所传递的这条信息上（即第一信息上），双方有可能实现信息的平衡，但这种平衡并不具有必然性。若受话人的反馈正是说话人所期待的，那么，在本次信息交流过程中，双方在该信息上达到信息的平衡状态，并且是数量和质量的双重平衡。若受话人在融合事件中处于信息优势方，那么反馈可以使信息的分布实现另一种平衡。这里的平衡也是一种双重平衡，但不完全等同于前一种双重平衡。它一方面是指在说话人提供的这条信息上（第一信息上），说话人和受话人在信息数量和信息质量上都达到了平衡状态；另一方面，由于受话人在融合事件中占据信息的优势地位，他的反馈中包含有说话人不知道的新信息，通过反馈将这一信息传递给说话人，使双方在信息数量上再次平衡。但是如果在融合事件中受话人处于信息劣势方，他的反馈不会造成信息分布的平衡。处于信息劣势方的受话人，尤其是新信息与原有信息库完全不兼容的受话人，在短期内，说话人与受话人是很难达到信息的平衡状态的，受话人可能丧失对该信息的兴趣，仅仅做一个礼貌性的反馈。比如，针对上面关于油价的信息，他可能说："这样啊""是吗"等之类的礼节性答语。受话人也可能在一个有限的区间内，通过可数的几次传递、融合及反馈的循环，与说话人实现该信息的平衡，它适合说话人传递的新信息与受话人原有的信息库有兼容性，但兼容性弱于说话人原有的信息库对该信息的兼容性的情况。

四、解码时的噪声分析

（一）噪声的分类

上面的分析我们是把说话人所传递的信息中的每一部分都当做有用信息来处理的，但实际上说话人发出的信息到达受话人的时候，并非都是单纯的。就像并非所有的水都是纯净水一样，有些水会掺杂有杂质，有些信息也会有噪声。解码的时候必须注意对噪声进行辨别。

噪声是对目标信息以外的其他信息的总称。按照噪声的不同性质，可以将交际中语言信息的噪声分为 2 类，一类是原发性噪声，一类是继发性噪声。原发性噪声是说话人有意而为之的，它发生在编码的时候，说话人不直接传达信息，而是有意采用一种迂回的编码方式，具有主观故意性。继发性噪声不是说话人有意而为之，它可能是说话人在编码时不经意间产生的，或者是受话人在解码的时候受自己已有信息库的影响而对新信息产生的噪声，具有随机性。

（二）噪声与信息传递效率

噪声有可能降低信息的传递效率。比如，说话人带有受话人听不懂的方言口音；

例（1）“唔该晒你。”（邓少君 张欣《新编实用粤语教程》，2006年）

这是一句粤语，对于不熟悉粤语的受话人来说，就不太容易准确理解它所要传达的信息是什么，那么这种方言口音就成了噪声。而懂得粤语的人则能很轻松地知道这是一条表示感谢的信息，即“非常感谢你”。又比如，

例（2）“每天喝 8 盎司牛奶的人比每周仅喝不到 2 玻璃杯奶的人发生结肠癌的机会少 15%。”(《癌症康复》2005 年第 1 期）

这条信息中的“盎司”对于不熟悉英制重量单位的受话人来说就是噪声。

再比如，据说北宋雍熙年间，有位自称“诗伯”的人曾写过一首题为《宿山房即事》的诗：

例（3）“一个孤僧独自归，关门闭户掩柴扉。半夜三更子时分，杜鹃谢豹啼子规。”（见：明·冯梦龙《古今谭概》）

这是一首典型的啰唆诗，诗人在每一句中都用了同义词来重复一个意思。这些重复的内容对于诗人实际要传达的信息——“孤僧归，掩柴扉。半夜时，杜鹃啼”来说就是噪声。

在这 3 个例子中，前 2 个例子中的噪声已经造成了受话人接收和理解的困难，形成了干扰。第 3 个例子仅仅就是噪声而已，并不影响人们对信息的接收和解码。信息中可能存在着噪声，但不一定有干扰。对于一条信息中的某些成分是不是噪声或是否构成干扰，拥有不同信息库的受话人对此有不同看法。因为个人信息库规模的

差异，其抗干扰容限或者说抗扰度也不一样。因此，噪声和干扰在不同受话人之中不具有普遍性，而具有针对性。

噪声有可能导致信息传递效率的降低，但二者之间并没有必然联系。编码的目的是要在保证一定信息质量的前提下，将其尽快传递给受话人。编码的时候融入原发性噪声，有时候正是为了保证信息质量，使信息安全、有效地到达特定受话人那里而采用的一种迂回的编码方式。藏头诗就是其中的一个典型例子。比如，庐剧《无双缘》中，无双与表哥的婚事遭到刘父反对后，无双写给表哥王仙客一首藏头诗："早妆未罢暗凝眉，迎户愁看紫燕飞，无力回天春已老，双栖画栋不如归"。这样，既能避开父亲的责问，又能向心上人传达自己的心意——"早迎无双"。

（三）如何降低噪声对受话人的影响

从受话人的角度来看，如何降低噪声对其解码时的影响，以便能够从说话人传递的信息中抽取核心信息，提高信息的质量，最大限度地实现信息的价值，这是一个值得探讨的问题。从源头上来说，扩大受话人信息库的规模来增强受话人的抗扰度是最根本的办法，但也是成本最高、速度最慢的一种方法。还有一些简单易行的方法可以帮助受话人在语言信息交流过程中最大限度地捕捉有用信息，增加信息的价值量。我们列举其中的 2 种方法：

1. 有选择性地提取信息

受话人对说话人传递的信息并不需要全盘接收，因为说话人传递的信息可能并不是每一部分都对受话人有用。不同的人对同一信息的兴趣点（即最想从该信息中了解到的内容）不一样，受话人只需要根据自己的兴趣点来提取信息，其他的信息都可以当做噪声忽略掉。比如，丁晓明放学回家后对哥哥说了这样一段话：

例（4）"哥哥，今天我们班里发生了一件令人痛心的事情。明天我们班和二班举行篮球赛，刘伟不能上场，我们班的实力就会受到影响。我的同桌刘伟是我们班的班长，学习可棒了，每次考试都是全班第一名。他还是我们班篮球队的队长，是组织前半场进攻的主力。运动会上，他是全校的百米赛跑冠军，跑起来像飞的一样，我怎么也跑不过他。今天第三节体育课，老师进行百米测试，6 个人一组，每组跑 2 次，选一次最快的成绩作为考试成绩。我和刘伟分在一组，第一次赛跑，刘伟比我快 0.3 s，第二次他又跑在最前面，可是最后冲刺时，他摔了一跤，脚扭伤了，肿得老高，结果我跑了第一。本来有把握赢球，现在看来胜负难分，大家都很担心。"（中学语文教案 徐一波《说话要有中心，有条理》教学设计，见 http://www.teachercn.com/Jxal/Zxyw_Zhja/ 2006-2/8/20060108220436916.html）

丁晓明传达的这条信息条理不清楚，中心不突出。但是，对于哥哥来说，他却可以有选择性地接收：如果他想了解弟弟班里发生了一件什么痛心的事，或是刘伟的情况，又或是丁晓明的百米测试成绩等，都只需要关注说话人丁晓明给出的信息中与自己的兴趣点有关的部分即可，其他信息都可以过滤掉。

另外，处于不同理解级别的受话人对同一信息的理解深度和应用水平也不一样。所谓的理解级别就是指受话人对说话人传递的信息所能理解到的层次，是表层、浅层还是深层，它与受话人信息库的规模、智力水平等有密切关系。不管说话人传递的信息需要什么样的理解级别，受话人只需要根据自己的水平来提取对自己有用的信息，让提取的信息与已有的信息库实现最大程度的兼容，让该信息发挥在当前信息库背景和理解水平下的最大价值。以例(2)来说，受话人即使不知道 8 盎司是多少，不知道结肠癌是什么病，也能理解到这句话的浅层信息，即每天喝点儿牛奶是有好处的。

2．利用反馈来辨别噪声

受话人可以利用自己对说话人传递的信息已经理解了的部分来进行反馈，得到说话人对该信息的更多解释、说明，然后再来对这条信息进行进一步的甄别、破解，这样就能剔除更多的噪声和干扰，逼近自己想得到的信息。我们还是以例（2）为例：

A：每天喝 8 盎司牛奶的人比每周仅喝不到 2 玻璃杯奶的人发生结肠癌的机会少 15%。

B：盎司是什么啊？

A: 盎司是英制重量单位。

B：盎司和克之间的换算是怎样的？

A：1 盎司=28.350 克。

B：明白了，就是每天要喝 200 多克牛奶。

这里 B 通过 2 次发问从 A 那里得到关于这条信息的更多解释，以便消除影响自己理解的噪声，将不熟悉的英制重量单位“盎司”换算成自己熟悉的质量单位“克”，这样就能比较容易接收并理解 A 所传递的信息，方便与 A 在该信息上实现数量与质量的双重平衡。

五、结语

信息的平衡性问题在许多领域都进行过热烈讨论，而在语言学领域，关于语言信息传递过程中的平衡性问题则少有学者关注，其中有很多问题有待进一步深入探讨。本文对信息不平衡条件下的信息解码与反馈中的相关问题进行了初步探讨，希望能对信息不平衡背景下的语言信息传递的研究起到抛砖引玉的作用。

参考文献

[1] 朱志康. 论信息的本质定义[J]. 浙江万里学院学报, 2001(3)：43-44.

[2] 韩庆玲. 言语交际中非对称信息的转换[J]. 临沂师专学报, 1998(2)：4-6.

[3] 高琳琦，李怀祖，孙林岩. 基于事件触发机制的 EDI 事务处理模型[J]. 系统工程理论方法应用, 1998(3)：54-59.

[4] 倪鹏云. 信息·系统·网络[J]. 系统辩证学学报, 2000(4)：10-14.

[5] William J Baker. 从“信息结构”的观点来看语言[J]. 陈平,译. 国外语言学, 1985(2)：4-10.

[6] 王清智. 信息不对称对语言交流的影响[J]. 郑州航空工业管理学院学报：社会科学版，2005(2)：43-45.

[7] 邬焜．信息科学纲领与自组织演化的复杂性[J]．中国人民大学学报，2004(5)：10-16.

The decoding and feedback of the language message under the information asymmetry

Liu Genhui　Wang Zhengrong
The Department of Chinese Language and Literature
Huazhong University of Science & Technology

Abstract: The transmission of language message in the communication is composed of six steps including coding, sending, transmitting, receiving, decoding and replying the message. In this procedure, the information asymmetry is permanent and the information balance is relative. To achieve the balance in the quantity and quality is the perfect state. There are three factors that have effects on the information symmetry: transmitting, blending and feedback. There might be some noises existing in the linguistic message sent by the speakers. The noises can be divided into two types: the primary noise and the secondary noise. The noise might but not be certain to decrease the efficiency of the transmission. It is absolutely necessary for the listener to reduce the inconvenience that the noise caused, and the method is various.

Key words: information asymmetry；code；blend；feedback；noise

两种中文句式的形式语义分析与编程实现

赵 川 王园园 卢 尧 刘 雨 涂德志

成都理工大学信息工程学院

摘 要：以动词为驱动的自然语言理解系统实现了范畴概念用于逻辑驱动的语义分析，本文采用λ-转换理论的思想对汉语中“被”字句和“把”字句进行了分析。蒋严和潘海华的基于类型和范畴的形式语义，对中文进行层次化的语义分析和表达，将基于类型和范畴思想表达为算法，把自然语言形式化为逻辑表达式，并且编程实现。用范畴分析语义，把范畴概念转化为语料库之中的字段，以控制分析过程的流向，实现语义分析的逻辑驱动。

关键词：范畴；“把”字句；“被”字句；λ-演算；逻辑驱动

一、引言

语言是思维的载体，是人际交流和信息交换的工具。自然语言理解以计算语言学为基础，通过建立形式化的数学模型来分析、处理自然语言，这是理解不同语言的一个基本理论工具。我们采用形式语义学和计算语言学的思想编程实现以机器来模拟自然语言。形式语义分析对汉语的文本处理直接从词法分析层面上升到语义分析层面，在理论上给传统的自然语言处理理论提出了新思路；在应用上形式语义分析是中文自然语言理解和搜索引擎等最基本的部分，为建立更完善的汉语文本处理系统奠定基础。计算语言学帮助我们理解并比较不同的语言。

二、形式语义学理论和技术

（一）预期知识

首先我们给出上面提到的 2 种汉语句型的定义：

定义 1：（“把”字句）用介词“把”构成的句子。其结构模式如规则 1：

规则 1: N 把 N V.

规则 2: N V N.

英语中主动句的结构模式如规则 2。宾语一般位于动词之后。与之相比，“把”字句就能把宾语提置于动词之前，以强调行为结果或行为方式。这种句式在语义上可视为宾语前置，在结构上则是介词结构作状语，表达主动含义。有时汉语主动句也遵从规则 2。“把”字句是这个意义的直观表达。当然它应该有一些新信息在里面，这里我们不做比较。

定义 2：（“被”字句）用介词“被”构成的表示被动意义的句子。其结构模式如规则 3：

规则 3: N 被 N V.

规则 4: N is V-ed by N.

英语中被动句的表达结构如规则 4。与英语不同的是，“被”字句中主语和宾语都在动词前面，但是两者都表达被动含义。

（二）语法分析层面的短语结构

1957 年美国语言学家乔姆斯基（Chomsky）在《句法结构》中提出短语结构语法，被广泛运用于自然语言处理中。他提出了结合上下文无关的短语结构语法和另一种转换方法的转换语法框架，该转换方法详细分析了一个给定形式的树怎么以系统方式转换成其他树的。在这个框架中，一个句子的谓词-论元关系不由表面树中节点的安排决定，而由表面树派生的深层结构的结点组态决定。主动-被动和其他系统的意译就可以表达。例如，下面的转换就是一个英语被动规则的粗糙版本。

规则 5: NP　V→NP 3 be 2+pastpart by 1 [6]

　　1　2　3

（三）范畴语法

范畴语法是一种用数学方法构造的、描写自然语言的句法理论，它是从生成的角度来对句子的形成进行的一种“数学运算”，范畴语法也是生成语法的一种。它是通过建立句子中词语相对应的“句法类型”或“范畴”，来实现对整个句法结构的“演算”的。范畴语法中的 2 个基本范畴式S（sentence）和N(noun)，S相当于句子，N相当于名词，句子中的句法成分都可以根据它的句法功能由S和N（再加上范畴构造符“/”“\”，分别表示“左缺”“右缺”）以不同的方式组合起来表示自身的“句法类型”或“范畴”，“/”和“\”分别代表“左缺”和“右缺”。这在蒋严和潘海华的《形式语义学引论》中有详细描述[3]。类型和范畴的定义是根据汉语的具体语义模式给出的，它们是句法语义运算过程中执行运算和指导的基本因子，也是本系统的基础组成部分。

1. 类型论

类型论提供了设计分析类型系统的基础。语句 S(sentence)的 2 个关键成分是谓词和论元。较简单语句的谓词仅含单个动词或形容词，论元 NP 由专有名词 NN 充当。从外延的角度看，专有名词指谓个体(individual entity，记作 e)，语句指谓真值(truth-value，记作 t)，谓词指谓个体的集合(set of entities)。

定义 3:a. e（个体）和 t（真值）为基本类型。

b.如果A,B各为类型，则（A→B）为类型[3]。

初级类型论定义如定义 3。其中的 A,B 可以是基本类型，也可以是复杂类型。据定义 3 可以递归地组合成无限复合类型。

2. 范畴论

由语义类型生成语句，缺乏对句子成份的位置的规定。如一个二元动词要从右边先与宾语结合，再与左边的主语结合。解决办法是引入范畴语法，范畴的定义如定义4。

定义 4: 范畴定义:

a. /为正斜线(forward slash) 意为向右边搜寻可用论元。

b. \逆斜线(back slash)意为向左边搜寻可用论元。

c. 位于斜线下方的范畴为输入范畴，上方的范畴为输出范畴。

d. B/A 为如在右边提供 A，则 B。

e. A\B 为如在左边提供 A，则 B。

f. S，N 为基本句法范畴，其逻辑语义类型分别为 t 和 e。

g. 如 A,B 为句法范畴，则 A/B,B\A 亦为句法范畴。

在语义类型的基础上设计语型范畴(category)以及一系列对范畴的操作运算规则。语法范畴是语法意义的类，由词的变化形式所表示的意义方面的聚合，语法意义具有更高抽象度的意义，是从各种具体词语的意义和用法中进一步抽象出来的。

三、我们的工作

我们这个小组是从2003年开始研究自然语言理解的，并且建立了一个系统。它可以进行分词和一些语义句法分析。本文提到的2009年的工作是进行语义分析实现。系统先对输入文本自动分词，再进行句法分析和语义分析，同时检测和消解大部分歧义。针对汉语中部分特殊句型——“被”和“把”进行了分析和实现，已达到预期目标。

运用范畴语法和组合规则的方法分析句子，最低层的句子被拆成词项，配上各自的类型，经组合生成最高层的句子，且增加了意义表达的逻辑式，引入类型推导使词汇组合能顺利进行进而形成结构。逻辑式的建立使得句子结构的分析过程也是语义表达的过程。经泛函贴合运算得出的逻辑语义表达式为

(谓词(宾语))(主语)

若有定语和状语，则表达式为

(修饰句子的状语){修饰动词的状语(谓词[(定语)(宾语)])}(主语)

这就是组合性原则。

（一）λ-演算

类型论中每个词项都被赋予相应的句法范畴和语义类型。动词的句法范畴规定了相关的论元出现的左右位置,作为大前提的动词就会朝某个方向去搜寻论元并与之合并。汉语中的“被”字句和“把”字句，论元没有出现在规定的方向，却出现在相反的方向，动词就寻觅不到所需的论元，正因为动词无法与论元合并，整个句子中便出现了一个额外的不能用的论元，组合机制因此陷于停顿，句子便无从生成，

（二）λ-抽象与 λ-还原

处理“被”字句和“把”字句时须用 λ-演算中的 2 个技术：λ-抽象(λ-abstraction)和 λ-还原(λ-reduction)。

设有及物动词 V 在其右边找不到可用论元，就在右边提供一个自由变量 x，让它先与 V 合并，得 V(x)，即 VP，再对 x 作一定形式的抽象，使其形同虚设，虽占据论元位置，却无实质内容，VP 继续与其他句法范畴合并，一旦遇到真正的可用论元如逻辑宾语，就将宾语代入抽象了的变量位置。

1. λ-抽象

λ 算子作用于命题函项如(a)中的自由变量 x，对其进行抽象得到抽象式(b)。其中：(a) P(x)。(b) λx[P(x)]。这个抽象过程叫做 λ 抽象。

设 ϕ 为t类[S范畴]表达式，ϕ 含有自由变量x且x为e类[N范畴]表达式，则λx[ϕ]为e→t类[S/N范畴]的合法表达式[3]。以(a)为例，该式的语义类型为t，其句法范畴为S。对(a)运用λ-抽象得到(b)，此时(b)中的论元x既被抽象，便失去了实质内容，所以(b)的语义类型可以被

理解为从原来的命题函项的类型t中减去一个论元e之后得到的类型，即（t—e）。倘若对该式再提供一个e，则它又会还原为t。因此(t—e)可以表达为（e→t），也就是(b)的语义类型。

2. λ-还原

用论域中的一个个体代入被λ-约束的变量x，并消去λ-算子，这个过程叫做λ-还原。在还原过程中，代入λ-抽象式的个体必须同时替换所有相同的变量。形式语义学上也叫做β变换。

设$\lambda\alpha[\phi]$为A→B类[B/A 范畴]的合法表达式，ϕ含有变量α，且T为A类[A范畴]表达式，则$\lambda\alpha[\phi](T)$为B类[B范畴]表达式[3]。$\lambda\alpha[\phi](T)$与将T代入ϕ中所有α的位置而得出的式子在类型[范畴]和真值条件上都等同。从类型及范畴的角度看，$\lambda\alpha[\phi](T)$的类型A→B加A，合并后必然为B类，而其范畴B|A加A，结果也必然为B范畴。这与T代入ϕ表达式后得出的类型及范畴完全一样。

3. “被”字句型和“把”字句型

(1)“被”字句：汉语的被动语义可以由“被”字句表示。

如：《西游记》/被/张三/买/了。

该句的语法主语是逻辑宾语，是动词向右搜寻不到的论元，在逻辑表达上，被动句的语法主语(即逻辑宾语)应该与动词先合并，再与名词组合并。但与动词毗邻的论元是逻辑主语,若让动词与逻辑主语先行合并，就会违反组合性原则。

(2)“把”字句：汉语“把”字的宾语有些可以被视为V的宾语。

如：三毛/把/苹果/吃/了。

V同样无法在右边找到可用论元，尽管宾语与它相邻。我们可以将“把”看成是一种算子，它与右边的论元合并，得出新的宾语论元。

（三）算法及流程图

如图1所示，汉语语句分析的λ-演算算法为:

(1)分词后将词和属性装入预定的数组中，并且按顺序对应；

(2)对介词部分进行判断，是否含有“把”和“被”等特征词；

(3)如果有特征词，进行 λ-抽象，用未知变量替代所缺位置，抽取出影响正常语义顺序的词组；

(4)按正常语义进行结合；

(5)进行 λ-还原，将抽取出的词组带入未知变量所在位置，完成语义分析。

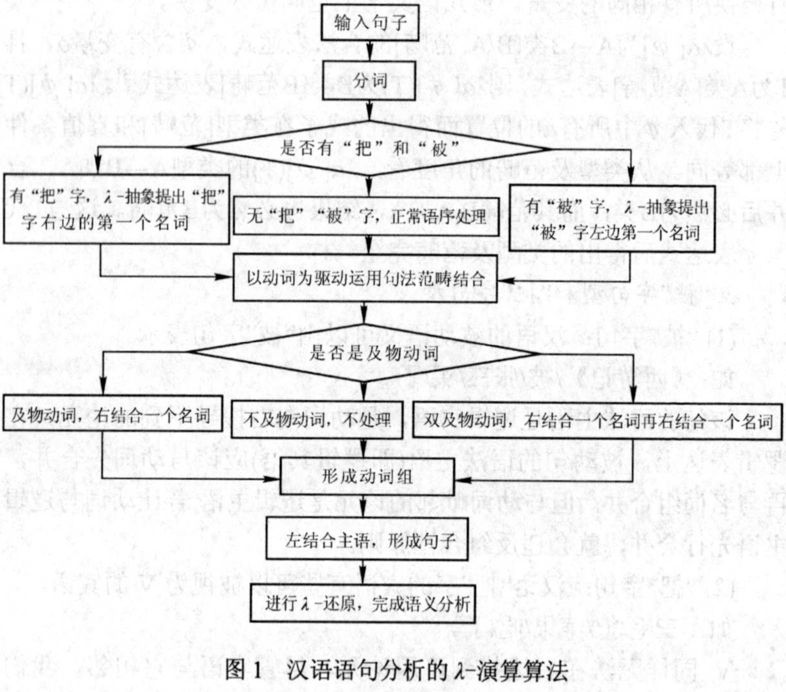

图 1　汉语语句分析的 λ-演算算法

在句中出现“把”和“被”类结构中填入自由变量，对它们作抽象，得出所需的结构，遇到此类结构共享的论元时，再用它代替有关变量，既得出全句分析又满足组合性原则。

比较一般逻辑演算与 λ-演算，λ-演算引入自由变量以组合成真值类的命题函项，就像引入一个额外假设，又以 λ-抽象将自由变量消除，将有关逻辑式中的自由变量抽象成受λ-算子约束的变量，这也是一个消除额外假设的过程。当λ-抽象应用于语句的逻辑式时可以同时应用于语型范畴和语义类型，把抽象了的语言单位所属的范畴/类型放回到范畴式/类型式中去。

四、实验结果

（一）伪代码实现

```
for (i = 0; i < j; i++)
{
    int x = i;
    if ((poss[x] == "p") && (word[x] == "被"))    //被字句的判断
    {
        tempword = word[x - 1];
        tempposs = poss[x - 1];
        while (x<j)
        {
            word[x] = word[x+1];
            poss[x] = poss[x+1];
            x++;
        }
        x--;
        word[x] = tempword;
        poss[x] = tempposs;
        break;
    }
}
```

当处理这种特殊现象时，我们采用的是占位的思想把它转换为正常语序来实现句子的分析。比如“被”字句，我们先用一个临时变量占住“被”前面的位置，然后依次顺移“被”后面的词，最后再把临时变量里面的值代入指定位置即可。“把”字句同理可得。

（二）运行结果

“被”字句分析结果如图 2 所示。

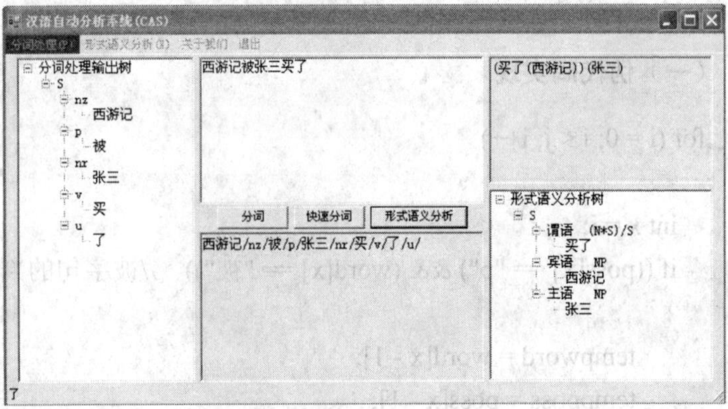

图 2　“被”字句分析结果

五、结语

本文主要论述了基于 HNC 理论和形式语义学类型论语法的句法语义分析系统，实现了对部分汉语典型进行句法语义分析的目的。对汉语中的“被”和“把”2 种句型，进行 λ-抽象用变量占位的思想与动词先行结合，再按正常语义进行分析，既使动词和主语先行结合，又满足了组合性原则。形式语义分析系统以动词为逻辑驱动运用 λ-演算进行语义分析，较基于规则的限于句法的分析更适合对汉语操作，范畴和类型的定义完全从汉语语法出发,可以实现对现代汉语的部分句型的句法语义分析。语义分析是自然语言理解研究从语法层进入语义层面的基石和突破口。

陈寅恪在 80 年前说过："今日印欧语系化之文法，即马氏文通'格义'式之文法，既不宜施之于不同语系之中国语文，而与汉语同系之语言比较研究，又在草昧时期，中国语文真正文法，尚未能成立，此其所以甚难也。夫所谓某语言之文法者，其中一小部分，符于世界语言之公律，除此之外，其大部分皆由研究此种语言之特殊现象，归纳为若干通则，成立一有独立个性之系统学说，定为此特种语言之规律，并非根据某一特种语言之规律，即能推之概括万族，放诸四海而准者也。"我们的工作正是在践行这个重要的观点。计算语言学使其理解并和深入掌握一种实际语言成为可能，并能清晰地比较各种语言。

这个研究过程使我们能深入地抽象理解汉语，创造新方式来教人们说其他语言。人类可以对语言有更详细、更完好的全景，可以帮助说不同语言的人们理解得更好，进而创造出新的更高的文明。

参考文献

[1] Daniel Jurafsky James H Martin. 自然语言处理综论[M].北京：电子工业出版社,2005.

[2] 孙红举. 范畴语法及其在汉语中的应用[J].现代语文.2008(6)：9-10.

[3] 蒋严，潘海华. 形式语义学引论[M].北京：中国社会科学，1998.

[4] 蔡自兴,徐光佑. 人工智能及其应用[M].北京：清华大学出版社，2004.

[5] 缪锦安.汉语的语义结构和补语形式[M].上海：上海外语教育出版社.1990：11.

[6] Ruslan Mitkov. 牛津计算语言学手册[M].北京：外语教学与研究出版社,2002.

[7] 姚天顺，朱婧波，张琍，等.自然语言理解[M].北京：清华大学出版社.2002：10.

[8] 刘颖. 计算语言学[M].北京：清华大学出版社，2003.

[9] 陆钟万. 面向计算机科学的数理逻辑[M].北京：科学出版社，1996.

[10] 苏新春, 等.汉语词汇计量研究[M].厦门：厦门大学出版社, 2002：7.

[11] 黄曾阳.HNC 理论[M].北京：清华大学出版社, 1998.

The Formal Semantic Analysis on Two Types of Chinese Sentences and Programming Realization

Zhao Chuan　Wang Yuanyuan　Lu Yao　Liu Yu　Tu Dezhi
Department of Computer Engineer of Information
and Engineering college,
Cheng Du University of Technology

Abstract: The Verb-driven Chinese natural language understanding system realizes logic-driven semantic analysis. There are two types of Chinese sentences –把(ba)- sentence and 被(bei)- sentence. In this paper we use λ-transformation to analyze them. Jiang Yan and Pan Haihua put out formal semantics theory based on the concepts of type and category, hierarchically realize semantic level analysis and expression, put the idea into algorithm, and formalize natural language to logical expressions. According to category theory we analyse semantics and transform the concept of category to the "field" in corpus. Finally we program to control the flow of analysis process and realize the logic-driven semantic analysis system.

Key words: category; 把-sentence; 被-sentence; λ-transformation; logic-driven

界壳表征函数及其应用①

曹鸿兴[1] 夏长虹[2] 蔡秀华[1] 封国林[3]

1. 中国气象科学研究院

2. 丰台职工大学

3. 国家气候中心

摘　要：界壳论要进一步发展和广泛应用，界壳概念的量化描述是必要条件。界壳的基本结构要素是界壁和界门，分别负责系统的卫护和交换。设界元 u 的卫护量为 $\mu(u)$、交换量为 $\nu(u)$，则每一界元 u 都有一对值 $\mu, \nu\in[0, 1]$，$\mu+\nu\leqslant 1$。界壳表征函数(简称界征函数)是 $W(\mu(u), \nu(u))$，其中 μ, ν 是一对互为消长的变量。μ, ν 可以根据专业知识事先给定，如同模糊集合中的隶属函，也可用量测数据来计算。有了 μ, ν 就可对界壳的总卫护量和总交换量进行对比分析、对不同界壳作定量比较、进一步分析界壳功能的演化、建立数学模型及对未来做出预报。本文以城墙和进出口贸易为例进行了计算和分析。界征变量及其函数的提出，是界壳论走向定量化研究迈出的重要一步。

关键词：系统周界；界壳；定量化；表征函数

一、引言

界壳论研究的是种种具体或抽象的界壳现象，如国界、生物膜、大气层、蛋壳、衣服、牛圈、羊栏、防火墙及各种抽象概念的外延等。界壳论并不专门研究某个具体的界壳，而是从一般意义上研究

① 本研究得到国家自然科学基金项目(40875040 和 40930952)和公益性行业(气象)科研专项基金(GYHY200806005)的资助。

所有界壳的结构、功能和行为。所以说，界壳论是关于系统周界的一般理论，它探索所有界壳共同遵循的各种规律，建立具有普适性意义的概念、原理和方法。界壳论是跨越自然科学和人文科学的一门横断性学科[1-2]。

界壳论的一个基本学术思想是，任何一个系统通过其界门与外界环境进行的能量、物质、信息的输入和输出必受其周界的控制，系统的内部状态与周界之间是相互制约的，周界对系统的生存和发展起着至关重要的作用。界壳论从一个全新观点来讨论诸如系统平衡、物种生存、种族冲突、安全保障等不同学科中的问题。自1988年提出界壳论以来，该理论已在多个领域，例如，在物理、气象、水文、经济、管理乃至法律、体育等方面得到了广泛的应用[3-4]。

界壳被定义为处在系统外围能卫护系统且与环境进行交换的中介体，它是系统的一部分，又和环境相毗邻。若一个系统的周界具有：

（1）卫护系统本身；

（2）在系统与环境间起交换作用；

则称为界壳。例如中国的城墙、西方的城堡、乌龟的甲壳、细胞膜、保安警卫、安全密码等都是界壳，而一般的物品外包装就不是界壳。界壳是一个杜撰的词，界表示系统都有个边界、界面；壳表示系统为了其自身的生存、自身的安全，都有一个壳围着。

界壳的基本结构要素为界壁和界门或通道，它以其界壁来卫护系统，以界门来为系统进行内外交换，故界壳的基本功能要素是卫护和交换。

界壳论若要进一步发展并获得广泛应用，界壳的量化描述是必须要做的。若不做量化，对界壳问题的研究只能停留在定性探讨阶段。现在提出表征界壳功能的变量及其函数，为界壳定量描述迈出了重要一步，无疑是个重要的成果。

二、界壳表征函数

设论域 U，定义在 U 上的界壳集合 A，每个界壳集元素 $u\in U$ 具有一对属性：卫护和交换，记卫护量为 μ，交换量为 ν，记为 $(\mu,\nu)|u$，且

$$\mu,\nu\in[0,1],\quad \mu+\nu\leqslant 1 \tag{1}$$

这里规定 μ,ν 只能在 0，1 之间取值，且同一个界元的卫护和交换作用是此消彼长的，故限定 $\mu+\nu\leqslant 1$。

需要说明的是我们对每一个界壳集元素都给定了双量化值，相比于模糊集中元素仅有一个隶属度值[5-6]、可拓集中元素仅有一个关联度值[7]。这是界壳论定量化描述的一个特色。

我们把 μ,ν 统称为界元表征值，μ,ν 是界元 u 的函数，定义界元比值函数是卫护量与交换量之比，表示两者的相对比例关系。其表达式为

$$B(u)=\frac{\mu(u)}{\nu(u)},\quad \nu(u)\neq 0 \tag{2}$$

且满足

$$\left.\begin{array}{l}\text{当 }\mu(u)>\nu(u)\text{ 时，}1<B(u)<\infty\\ \text{当 }\mu(u)=\nu(u)\text{ 时，}B(u)=1\\ \text{当 }\mu(u)<\nu(u)\text{ 时，}0\leqslant B(u)<1\\ B(u)\in[0,\infty)\end{array}\right\} \tag{3}$$

定义界元差值函数是卫护量与交换量之差，即比较两者中哪个更大。其表达式为

$$D(u)=\mu(u)-\nu(u) \tag{4}$$

且满足

$$\left.\begin{array}{l}\text{当 }\mu(u)>\nu(u)\text{ 时，}0<D(u)\leqslant 1\\ \text{当 }\mu(u)=\nu(u)\text{ 时，}D(u)=0\\ \text{当 }\mu(u)<\nu(u)\text{ 时，}-1\leqslant D(u)<0\\ D(u)\in[-1,1]\end{array}\right\} \tag{5}$$

进一步定义界壳表征函数为

$$W(\mu(u),\nu(u)) \tag{6}$$

简称界征函数，它是一个含互为消长的变量 μ，ν 的函数，$B(u)$，$D(u)$ 即为界征函数。另外可定义

$$L(u)=\frac{|\mu(u)-\nu(u)|}{\mu(u)+\nu(u)} \tag{7}$$

$L(u)$ 是卫护量与交换量差值绝对值与两者和值之比，相当于兰氏距离[5]。

三、保安度和维生度

（一）定义和方法

设界壳集 A 有 n 个元素，可表达为

$$A=(\mu_1,\nu_1)/u_1+(\mu_2,\nu_2)/u_2+\cdots+(\mu_n,\nu_n)/u_n \tag{8}$$

+表示右边还有，不表示加。对连续型界壳而言，当元素无限时，则可以表示为

$$A=\oint_U(\mu,\nu)/u \tag{9}$$

这里 $\oint$ 并非表示积分，是对连续型界壳的界元表征值的一种表达。

界壳的总卫护量为

$$d=\Sigma_i\mu_i \tag{10}$$

界壳的总交换量为

$$e=\Sigma_i\nu_i \tag{11}$$

由映射

$$k:\{X(\mu,\nu)_u|u\in U\}\to[0,1] \tag{12}$$

构造界壳集 A 的保安度

$$k=1/2+(d^*-\lambda e^*)/2,\quad k\in[0,1] \tag{13}$$

式中$d^*=d/(d+e)$, $e^*=e/(d+e)$，$d^*+e^*=1$，$\lambda\in[0,1]$，λ为与E，I，μ，v有关的参数。E为环境，I为系统，保安度是扣除了交换量的界壳卫护能力。仿照中医理论和中国传统哲学概念，推广地说，可视卫护为任一系统的正阳，交换为任一系统的负阴；阴阳相长、相消，保持界壳功能的平衡，维护系统的生存。在推广意义下，人们能把这里提出的概念和方法应用到更多的领域。

若取$\lambda=1$, $d^*=0$，$e^*=1$, 则$k=0$；若$d^*=1$，$e^*=0$, 则$k=1$；若$d^*=e^*$, 则$k=1/2$。

定义界壳集 A 的维生度为

$$\varphi=\frac{1}{1+\left[\left|\dfrac{d^*}{\lambda e^*}\right|\right]^q} \tag{14}$$

式中 q 为参数，取正整数。维生度是一个相对交换量，即交换量与卫护量的比值。

（二）应用实例

1. 量化值的确定

怎样来确定量化值呢？就像在模糊集合论中所做的那样，一种是据所探讨的问题凭专业知识经验地给定；另一种是依据量测数据采用一定计算公式来确定。考虑到对 μ, v 数值的限定，用所谓极差规格化把量测数据变换为量化值是合适的，即

$$z'_i=\frac{z_i-z_{\min}}{z_{\max}-z_{\min}} \tag{15}$$

式中$z_{\min}$是量测数据序列z_i（$i=1$，2，…，m）中的最小值，$z_{\max}$是序列z_i中的最大值；m是数据序列的长度。

2. 城墙

设某个小县城，东南西北各有城墙，在城墙中间各开有东南西北4个城门。城墙按东南西北分别记为x_i，城门按东南西北分别记为y_i，i=1，2，3，4。设城墙完好，城门日夜开放，故简单地给定

$$\mu_{x1}=\mu_{x2}=\mu_{x3}=\mu_{x4}=1$$

$$v_{x1}=v_{x2}=v_{x3}=v_{x4}=0$$

$$\mu_{y1}=\mu_{y2}=\mu_{y3}=\mu_{y4}=0$$

$$v_{y1}=v_{y2}=v_{y3}=v_{y4}=1$$

即城墙卫护量μ取1，交换量v取0。而城门则反之。于是有

$$C_1=(1,0)/u_{x1}+(0,1)/u_{y1}+(1,0)/u_{x2}+(0,1)/u_{y2}+$$
$$(1,0)/u_{x3}+(0,1)/u_{y3}+(1,0)/u_{x4}+(0,1)/u_{y4}$$

$$d_1=1+0+1+0+1+0+1+0=4$$

$$e_1=0+1+0+1+0+1+0+1=4$$

$$d^*_1=4/(4+4)=1/2$$

$$e^*_1=4/(4+4)=1/2$$

取$\lambda=1$，则$k_1=0.5$；取$q=2$，则$\varphi_1=0.5$。

后遭受夏季豪雨，南城墙和北城墙部分坍塌。北城墙坍塌严重，以致可以翻墙而过了。同时东西城门限定只在白天开放，晚上关闭。则有

$$C_2=(1,0)/u_{x1}+(0,0.5)/u_{y1}+(0.8,0)/u_{x2}+(0,1)/u_{y2}+(1,0)/u_{x3}+$$
$$(0,0.5)/u_{y3}+(0.3,0.5)/u_{x4}+(0,1)/u_{y4}$$

经计算得

$$d_2=3.1$$

$$e_2=3.5$$

$$d^*_2=0.470$$

$$e^*_2=0.530$$

取$\lambda=1$，则$k_2=0.47$；取$q=2$，则$\varphi_2=0.56$。

可见，城墙的保安度 k 下降了，而维生度 φ 提高了。因为这时交换总量 e 虽减小了 0.5，但卫护总量 d 下降了 0.9，故相较而言，维生度反而升了。从这个实例计算中可以看出，通过对界壳元素的量化，我们可以定量地来描述一个界壳。通过计算，可以清晰地考察界壳的变化。

3. 进出口贸易

关是一个国家的界门，一个国家对外的重要的交换是进出口贸易。我们研究过进出口贸易与国民生产的关系[8]，在此就进出口贸易作进一步探讨。把出口贸易视为正阳量，进口贸易视为负阴量。用式（15）把进出口贸易统计数据变换为μ，ν值，就可计算保安度k和维生度φ。

某地区年进出口贸易计有初级产品：A 食品，B 饮料和烟类，C 非食用原料，D 矿物、燃料和润滑油，E 动植物、油脂和腊以及工业制成品，F 化学品，G 轻纺、橡胶及矿冶产品，H 机械及运输设备，I 杂项制品，J 其他商品。相应地经变换得到其 μ，ν 值（见表 1）。

表 1　进出口贸易的 μ，ν 值

	A	B	C	D	E	F	G	H	I	J
M(出口)	0.21	0.11	0.52	0.83	0.35	0.74	0.15	0.26	0.41	0.00
N(进口)	0.75	0.61	0.22	0.13	0.64	0.21	0.63	0.50	0.52	0.90

用表 1 中 μ，ν 数据，经计算得

$$d_1=3.58$$

$$e_1=5.11$$

$$d^*_1=0.412$$

$$e^*_2=0.588$$

取$\lambda=1$，则$k_1=0.41$；取$q=2$, $\varphi_1=0.67$。

其后该地区爆发了战争，改变了进出口贸易量。经计算得

$$k_2=0.34, \quad \varphi_2=0.49$$

这表明该地区的保安度和维生度都降低了。由此可见，因做了界壳的量化，人们有可能来定量地获知界壳的状态。

四、界壳的比较

（一）标准界壳

定义

$$\left.\begin{array}{l} B=(1,0)/u_1+(0,1)/u_2+\cdots+(0,1)/u_n,\ n\text{为偶数} \\ B=(1,0)/u_1+(0,1)/u_2+\cdots+(1,0)/u_n,\ n\text{为奇数} \end{array}\right\} \qquad (16)$$

为标准界壳。

可以设想有一个栅栏，用宽 h 的木桩打入地下，两个木桩间的空隔间距也是 h，共打了 $n/2$ 个木桩，留了 $n/2$ 个空隔。对每个木桩设定卫护量为 1，交换量为 0；而空隔的卫护量为 0，交换量为 1，这就构成了一个具体的标准界壳。经计算得

总卫护量为

$$\begin{cases} S_\mu=\sum_{i=1}^{n}\mu_i=n/2,\ n\text{为偶数} \\ S_\mu=(n+1)/2,\ n\text{为奇数} \end{cases}$$

总交换量为

$$\begin{cases} S_\nu=\sum_{i=1}^{n}\nu_i=n/2,\ n\text{为偶数} \\ S_\nu=\sum_{i=1}^{n}\nu_i=(n-1)/2,\ n\text{为奇数} \end{cases}$$

可见，标准界壳是一个总卫护量取中值、总交换量取中值的界壳。

（二）离标度

定义离标度为

$$\left.\begin{aligned}\sigma_{\mu}&=[\frac{1}{n}\sum_{i=1}^{n}(\mu_{\mathrm{A}i}-\mu_{\mathrm{B}i})^{2}]^{1/2}\\ \sigma_{\nu}&=[\frac{1}{n}\sum_{i=1}^{n}(\nu_{\mathrm{A}i}-\nu_{\mathrm{B}i})^{2}]^{1/2}\end{aligned}\right\}\quad(17)$$

式中$\mu_{\mathrm{A}i},\mu_{\mathrm{B}i}$分别为界壳A和标准界壳B的卫护量，$\nu_{\mathrm{A}i},\nu_{\mathrm{B}i}$分别为界壳A和标准界壳B的交换量。离标度表示一个界壳的卫护度偏大(偏小)的程度以及交换度偏大(偏小)的程度。对识别某界壳的优劣程度是一个参考指标。进而，可以计算任一界壳A的离标度。对前文节中的城墙例子，经计算对C_1有

$$\sigma_{\mu}=0,\quad \sigma_{\nu}=0$$

C_1恰好是一个标准界壳，其离标度为 0。

对C_2有

$$\sigma_{\mu}=0.09,\quad \sigma_{\nu}=0.11$$

可见界壳C_2对C_1而言，离标度增加了。

（三）相近度

有 2 个县城的城墙，都是矩形，东南西北各有一个城门，城墙的大小也差别不大，我们会说这 2 个城墙很相近。显然它们跟一个大城市的城墙（如西安的城墙）就很不相近了。这表示需要比较 2 个界壳相近与否的指标。设被比较的界壳 A 和界壳 B，定义 A 和 B 的相近度为

$$N=(w_1N_{\mu}+w_2N_{\nu})/(w_1+w_2)\quad(18)$$

式中w_1，w_2 为权重，可视实际问题来选取。当取等权重时，界壳A和界壳B的平均相近度为

$$N=(N_\mu+N_\nu)/2$$

式中N_μ定义为

$$N_\mu=1-d_\mu$$

其中 $$d_\mu=[\frac{1}{n}\sum_{i=1}^{n}(\mu_{Ai}-\mu_{Bi})^p]^{1/p}$$

N_ν定义为

$$N_\nu=1-d_\nu$$

其中 $$d_\nu=[\frac{1}{n}\sum_{i=1}^{n}(\nu_{Ai}-\nu_{Bi})^p]^{1/p}$$

p 取正整数，d 为闵可夫斯基距离，当 p=2 时 d 为欧氏距离，当 p=1 时 d 为海明距离。

海明距离为

$$d_H=\frac{1}{n}\sum_{i=1}^{n}|x_{Ai}-x_{Bi}|$$

如果采用海明距离，经计算，C_1和C_2的平均相近度为

$$N=(0.89+0.81)/2=0.85$$

五、结语

界壳论若要进一步发展并获得广泛应用，界壳的量化是必须要做的，现在走出了这一步，无疑是个很重要的成果。若不做量化，对界壳问题的研究只能停留在定性探讨阶段[9-10]。当然，界壳的量化不必限于本文所述，应该有更大的探索空间和更好的方法。需要指出，即使不是界壳论问题，在研究的问题中如有两列数据y_{1i}，y_{2i}，i=1, 2,…, m，若能将其变换为满足式(1)，就可以应用本文所提出的方法，所得结果要用专业知识来解释。当我们研究量化数据序列时，可以单独对保安度或维生度作一维时间序列处理，更好的则是构建

二维时间序列模型，从而对界壳作模拟和预测。文中所述实例均为理想化例子，而实际例子是可以按本文的公式进行计算的，希望在今后的实践中进一步完善量化方法，创建新理论。

参考文献

[1] 曹鸿兴.系统周界的一般理论——界壳论[M].北京:气象出版社，1997.

[2] Cao Hongxing.Modeling of a system boundary[J]. Kybernetes, 1995, 24(6): 44-49.

[3] Zhang Juan，He Zhongxiong. Simulation of set pair-*jieke* in a complex open system[J]. J. Communication and Computer,2006,3(6)：39-42.

[4] 张永红，葛徽衍，贾金海.从界壳理论看设施农业专业预报的地位和作用[J].气象，2002,28(10)：57-58.

[5] 曹鸿兴，陈国范.模糊集方法及其在气象中的应用[M]. 北京:气象出版社，1988.

[6] 陈守煜.可变模糊集理论与模型及其应用[M].大连：大连理工大学出版社,2009.

[7] 杨春燕，蔡文.可拓工程[M]. 北京:科学出版社, 2007.

[8] 曹鸿兴，魏凤英，封国林．经济、开发与界壳理论[M]//集对分析与界壳论的研究与应用．北京：气象出版社，2002：96-99.

[9] 严广乐，王浣尘．边界沉思[J]．管理科学学报，2000，3(1)：79-85.

[10] 吴宗臻，贺仲雄．中国首创五大新兴智能基础学科的交叉应用与展望[J]. J. Communication and Computer，2007，4（4）：36-40.

Representative Function of Periphery（*jieke*）and Its Applications

Cao Hongxing[1] Xia Changhong[2] Cai Xiuhua[1] Feng Guolin[3]

1. Chinese Academy of Meteorological Sciences, Beijing

2. Fengtai University for Employee

3. National Center for Climate

Abstract: The quantitative description of periphery(*jieke*)'s definition is necessary condition for further development and wider application of periphery(*jieke*)'s theory. The basic structure of a periphery(*jieke*) is composed of both a wall, which defends itself, and a gate (or passage), through which the exchange between the *jieke* and its environment is proceeded. Suppose an element of the *jieke* is u， its defense degree $\mu(u)$ and its exchange degree $v(u)$ are given, $\mu(u)$, $v(u)\in[0,1]$, $\mu(u)+v(u)\leq 1$. Further, a representative function of periphery(*jieke*), $W(\mu(u),v(u))$, abbreviated as RFJ, is defined. μ, v is determined previously according to the specialistic knowledge, as a membership is given in fuzzy sets theory; it is also determined by calculating on the basis of observations. A comparative analysis can be made for the total defenses and the exchanges of the *jiekes*. A quantitative study of various *jiekes* can be conducted as well. Further, a mathematical model of the *jieke* will be established, when the time evolution of the *jieke* is analyzed. Besides, the forecast for the *jieke* is possibly carried out. Two computational examples of both the city wall and the export and import trades are given. It is necessary to quantify the *jieke*, if the *jieke* theory is developed further and applied more widely. The suggestion of the variables and their functions, representing the *jieke* behaviors, is vital result for *jieke* theory development.

Key words:system boundary; periphery (*jieke* in Chinese);quantification; representative function

关于连续统假设的评论

吕陈君
中央党校哲学教研部

摘　要：本文对连续统假设独立性结果的哲学探讨进行了总结，提出了一种解决连续统假设的构造性方法，并对有关问题作了相应说明。
关键词：康托；哥德尔；柯恩；连续统假设的否定性证明

一、连续统假设的来源及其历史演变

连续统假设（简称 CH），是康托在创立集合论时提出的一个问题，要了解这个问题，就必须了解康托是怎样建立集合论的。

康托采用了 2 种方法来构造越来越大的无穷集合。[1]

第一种方法是利用幂集合，他证明了一个集合总比其幂集合要小，而且自然数集 **N** 的幂集合 $P(\mathbf{N})$与实数集 **R** 等势（即元素个数相等）。这样，从自然数集 **N** 开始，利用幂集合方法，就可以形成一系列越来越大的无穷幂集合

$$\mathbf{N}, P(\mathbf{N}), P(P(\mathbf{N}))\cdots$$

第二种方法是利用超穷数，康托提出了生成超穷序数的 3 条原则：第一原则，从 1 开始，任何序数 α 加 1 后仍是一个序数。这样，从 1 开始，就可以形成一个无穷序数序列：

$$1, 2, 3, \cdots, n, \cdots$$

在这个无穷序数序列中没有最大序数存在。第二原则，如果一个无穷序数序列中没有最大序数，那么必然存在一个极限序数 ω，这是一个新的序数。这样，从 ω 丌始反复加 1，又可以得到一系列无穷极限序数

$$\omega,\ \cdots,2\omega,\ \cdots,\omega^2,\cdots,\omega^n,\cdots$$

但这些极限序数都是等势的。第三原则，康托认为，这个极限序数序列中也没有最大序数，所以必然存在一个更大的超穷序数ω_1，它比上述序列中任何一个极限序数的势都要大。这样，反复利用这 3 条原则，就可以形成一系列越来越大的无穷极限序数（又被称为超穷基数）

$$\omega_1,\ \cdots,\omega_2,\ \cdots,\omega_n,\ \cdots$$

康托自然就提出这样一个问题：实数集**R**的基数 2^ω到底和上述哪个超穷基数等势呢？他认为 2^ω等于ω_1，这就意味着在**N**和**R**之间不存在其他无穷集合。但康托不能给出证明，这一问题就被称为连续统假设。后来人们把CH进行了推广，认为对于任何一个超穷基数ω_n,都有 $2^{\omega_n}=\omega_{n+1}$成立，这就是广义连续统假设GCH。

但不久人们就在康托的集合论中发现了悖论，为了消除这些悖论，就开始对集合论进行公理化处理，并先后建立了几个集合论公理系统，这些系统被证明都是等价的。人们通常使用的是蔡梅罗和弗兰克尔建立的系统 ZFC。进行公理化后，基本上都能消除悖论。

但是，接着又出现了新的问题。哥德尔和柯恩一起证明了：CH 在 ZFC 中是不可判定的。这一结果立即引起了人们对数学基础问题的极大争论。其中哥德尔和柯恩两人的看法是具有代表性的，这有点像量子力学解释中的争论，柯恩相当于波尔，哥德尔相当于爱因斯坦。

柯恩是个形式主义者，他认为CH问题“是没有内在的意义的”[2]，在他看来，CH在集合论中的地位，就类似于平行公理在几何学中的地位，它可能成立也可能不成立，因此就存在不同的集合论公理系统，就好像存在不同的几何学一样，他还把CH不成立的集合论称为非康托集论[3]。柯恩的看法赢得了大多数数学家的赞同，这是主流的观点。一些极端的形式主义者甚至认为 2^ω可以等于任何一个ω_n，每一种可能都描述了连续统上一种不同的流形结构[4]。从这种意义上来说，CH问题已经得到了解决。

但哥德尔恐怕很难同意上述意见，他是个客观主义者也可以说是柏拉图主义者，他认为像CH这样一个命题是完全可以作出判定的，而CH在ZFC中的不可判定性，“只能意味着这些公理没有包括那个实在（指连续统）的完备的描述”[5]。这种语气就很像爱因斯坦了。说得更直观一点，像“在自然数集**N**和实数集**R**之间究竟还有没有另一个无穷集合”这样的问题，似乎是应该有一个明确结论的。从这种意义上来说，CH问题还没有得到解决。

但究竟怎样来解决CH问题，两人的意见是一致的，那就是必须重新考察集合论基础。哥德尔认为：“这些问题的完全解决，只有通过对在它们中出现的词项（如‘集合’、‘一一对应’，等等）和支配这些词项的使用的公理进行（比通常所作的）更深入的分析，才能得到。”[5]柯恩也认为，如果要来“发展我们的哪些公理应当被接受”，那“我们必须整个地放弃科学的计划并且返回差不多是本能的水平，即与人们最初开始思考数学问题时的精神状态多少相似的状态。”[2]而且两人都猜测，CH很有可能是不成立的。对此柯恩说得很明白：“由构造幂集提供的连续统，不是用以替换公理为基础从较低的基数出发构造较高的基数的任何过程可以达到的。这样，2^{ω}将被认为大于ω_1，ω_2，ω_n的基数。”[2]也就是说，2^{ω}要大于任何超穷基数。而这正是我所证明的结果。

二、关于连续统假设的否定性证明简介

1995—2004 年，笔者差不多花了 10 年时间来钻研 CH 问题。我的证明思想是非常直观和简洁的，但整个证明的展开却非常复杂和精致。如果不是感受到证明中的美，笔者是不会花这么大的精力和这么长的时间来投入其中的，这种感受也只有亲身经历过的人才能懂得。

笔者的出发点很简单：就是要把**N**的子集合来排成一个良序集。弗兰克尔曾经指出过，由子集合公理和选择公理产生的子集合可能

与幂集合公理产生的子集合有很大差别，弗兰克尔曾明确指出：“Cantor认为，S的子集合就是S的一部分，子集合公理和选择公理产生的子集合可能与Cantor的子集合概念有很大区别。在没有弄清楚子集合的确切含义之前，不可能确定子集合的数目。”[6]而这也正是柯恩的猜测。根据选择公理，我们可以将**N**的子集合排成一个良序集。选择公理的直观含义是指：对于任何一个无穷集合，我们都可以从中取出一个“代表元素”来，也就是说，我们可以从无穷集合中取出它的任何一个元素来组成一个新的集合。[7]这样，按照自然数的顺序依次取出1，2，3，…，n，…来作为“代表元素”，就可以把N的子集合排成如下一个良序集：

$$\{1\},\{1, 2\},\{1, 3\},\{1, 2, 3\},\{1, 4\},\cdots$$

$$\{2\},\{2, 3\},\{2, 4\},\{2, 3, 4\},\{2, 5\},\cdots$$

$$\cdots\cdots$$

$$\{n\},\{n, n+1\},\{n, n+2\},\{n, n+1, n+2\},\{n+3\},\cdots$$

$$\cdots\cdots$$

这个良序集的排列顺序与康托的超穷序数序列是严格对应的。我们把这个良序集记做$P^{\infty}(\mathbf{N})$,称为“**N**的超幂集合”。需要注意的是，$P^{\infty}(\mathbf{N})$并不一定等于$P(\mathbf{N})$。也就是说，幂集合公理并不一定成立。这是我解决CH问题的一个关键性思想。

这样，从**N**开始，就可以形成一系列的无穷超幂集合

$$P^{\infty}(\mathbf{N}), P^{\infty}(P^{\infty}(\mathbf{N})), P^{\infty}(P^{\infty}(P^{\infty}(\mathbf{N}))), \cdots$$

通过重新考察集合论基础，笔者发展出一种非常精致的方法来描述超幂集合序结构的逻辑性质，但这里就不展开讨论了，并最后证明了2个定理：

定理1　超幂集合$P^{\infty}(\mathbf{N})$, $P^{\infty}(P^{\infty}(\mathbf{N}))$, $P^{\infty}(P^{\infty}(P^{\infty}(\mathbf{N})))$,…的基数是逐次增大的。

定理2　所有$P^{\infty}(\mathbf{N})$, $P^{\infty}(P^{\infty}(\mathbf{N}))$, $P^{\infty}(P^{\infty}(P^{\infty}(\mathbf{N})))$,…的基数都小于$2^{\omega}$。

我的证明中还包含了许多重要的内容，其中有2个定理相当于

2 个较强的哥德尔不完备性定理，有一个定理相当于勒文海姆-斯科伦定理，这就说明它决不是孤立的，与原来的集合论之间肯定存在着某种内在的联系。

三、判定连续统假设对数学的重大意义

数学基础中最主要的问题就是如何处理自然数和实数的关系，即如何用离散的方法来构造连续统。自从古希腊人发现这个难题以来，至今它仍未得到完全解决。利用戴德金分割并不能得到所有的实数，它最多只能得到所有的代数数，而绝大多数超越数是不可构造的，甚至不可知的。直觉主义数学家海廷曾经评价过，戴德金分割“这个算法仍然没有给我们提供任何途径来判定一个有理数A究竟位于C的左边或右边或者刚好等于C”，因此“我们将不能保证欧拉常数C是一个实数。”[8]非标准分析也给我们提供了这样一种印象，直线上的点其实是无限可分的。这就说明，我们对连续统还所知甚少。数学归纳法是数学的基本方法，它是建立在自然数基础上的，对连续统假设的否定性证明正好说明：人们可以用这种方法去无限逼近连续统，但却永远也不能达到其尽头。正如帕斯卡尔比喻的那样：人只是漂浮在无限和虚无这两个无底深渊之间的一叶扁舟，我们总想要追求某种确定性，但却永远也抓不住，一不小心我们的整个基础就会分崩离析，而下面就是那无底深渊。在数学上，人永远只是探索者，没有“终结者”。

参考文献

[1] 格奥尔格·康托. 超穷数理论基础文稿[M]. 呼和浩特:内蒙古大学出版社出版社, 1995: 43-46.

[2] P J 柯恩. 关于集合论基础的评论[M]//中国社会科学院哲学研究所逻辑研究室数理哲学译文集. 北京：商务印书馆,1988：134,137-138.

[3] P J 柯恩. 非康托尔集论[M]//张锦文,阎金童.集合论发展史[M]. 桂林:广

西师范大学出版社, 1993.
[4] P J 柯恩. 连续统假设的独立性Ⅱ[M]∥张锦文,阎金童.集合论发展史. 桂林：广西师范大学出版社, 1993.
[5] K 哥德尔. 什么是康托的连续统问题？[M]∥中国社会科学院哲学研究所逻辑研究室. 数理哲学译文集.北京:商务印书馆, 1988: 145.
[6] 弗兰克尔. 集合论的公理化发展[M]∥张锦文,阎金童.集合论发展史.桂林:广西师范大学出版社, 1993: 86.
[7] 罗素. 数理哲学导论[M].北京:商务印书馆, 1982: 117.
[8] 阿伦特·海廷. 数学的直觉主义基础[M]∥保罗·贝纳塞拉夫,希拉里·普特南.数学哲学.北京:商务印书馆,2003: 62.

Comments On the Negative Continuum Hypothesis

Lū Chenjun
Philosophical Department of Party School of the
CPC Central Committee

Abstract: This article summarizes the independence of the continuum hypothesis from the philosophical point of view, brings forward a constructive method for solving the continuum hypothesis, and further illustrates some concerned issues.

Key words: Cantor; Gödel; Cohen; the negation for the continuum hypothesis

关于数学基础的评论

吕陈君
中央党校哲学教研部

摘　要：本文提出了 2 个数学原则，任何形式系统的无矛盾性与完全性都可递归地构造出来，并利用这个结果，对贝尔不等式做出了合理的逻辑解释。

关键词：哥德尔定理；无矛盾性；完全性；信念

一、逻辑系统的无矛盾性与完全性问题

亚里士多德形式逻辑的基础是同一律、矛盾律、排中律以及三段论。首先，在一个命题系统 Q 中，任何一个命题 q 的真假有以下 4 种情形：

（1）q 是真命题；

（2）q 是假命题；

（3）q 是矛盾命题，即 q 既真又假；

（4）q 是不可证命题，即 q 既不真又不假。

显然，矛盾命题违反了矛盾律，不可证命题违反了排中律，在形式逻辑中必须避免出现这 2 种情况，因此必然要求一个命题系统 Q 是无矛盾性（也称协调性或一致性）和完全性的：

（1）Q 是无矛盾性的，当且仅当，Q 中不存在矛盾命题。

（2）Q 是完全性的，当且仅当，Q 中不存在不可证命题。

形式逻辑系统要求对任何命题都能作出判断（或真或假），并从一组原始的真命题出发，利用三段论的格式，可推出所有的真命题来。人们相信任何数学系统必然都是无矛盾性和完全性的。

但在哥德尔提出不完全性定理之后，这种信念就被彻底动摇了。哥德尔构造了一个包含数论的形式语句系统 Q，并证明了 2 个重要定理：

（1）如果 Q 是无矛盾性的，则 Q 必定是不完全性的。

（2）如果 Q 是无矛盾性的，则 Q 不可能证明其自身的无矛盾性。

这就意味着：首先，在 Q 中存在不可证命题，即排中律失效；其次，在 Q 中存不存在矛盾命题是不能自明的，即矛盾律的有效性在系统内不能得到证明。哥德尔 2 个不完全性定理就颠覆了整个数学的逻辑基础：数学系统的无矛盾性如果得不到证明，那么任何命题都有可能是真命题，则逻辑推理就没有任何意义了；再者，即使它的无矛盾性得到证明，那它也是不完全性的，因此在证明过程中就不能使用反证法（即排中律不成立）——而数学中如果不能使用反证法，那绝大多数定理就无法证明了。

然而，对任何数理系统 Q 而言，其无矛盾性必须首先得到证明，一般方法就是：把 Q 扩充为一个高阶系统 Q'，在 Q'中可证明 Q 的无矛盾性，甚至还可同时证明 Q 的完全性，但 Q'的无矛盾性必须构造一个更高阶的系统 Q''才能证明。在形式上，在系统 Q 内再增加一个“状态算子”t，就可扩充为一个高阶系统 Q'。这种方法，就是克里普克（Kripke）的“可能世界语义学”。说明如下。如果命题 q 在 Q 中是个矛盾命题，则可处理为 q 是“更深层次地”处在 Q 的不同状态 t 上，q 在任一状态 t 上或真或假，这样就把算子 Q（q）变成了一个高阶的状态算子 $Q(q,t)$。t 表示 Q 的一个“状态”，也称一个“可能世界”，一般来说，Q 可有无穷多个状态；不同状态之间存在着“可达”关系 R，tRt'即意味着可从状态 t“到达”状态 t'，关系 R 可具有自反性、传递性与对称性。引入状态算子 t 后，就可消除 Q 中的任一矛盾命题 q，表示如下：

（1）如 q 在 Q 中是一矛盾命题。

（2）q 在 Q 的某一状态 t 上为真，而在另一状态 t'上为假。

（3）q 在 Q 的任一状态上都或真或假。

这样就证明了系统 Q 在其“状态系统”Q'中的无矛盾性。克里普克的“可能世界语义学”可为大多数非经典逻辑演算系统——如多值逻辑、模态逻辑、概率逻辑、相干逻辑、非单调逻辑等——提供自洽的解释模型。

所以，严格来说，在任何逻辑系统中绝不允许任何违反矛盾律的命题存在，当出现矛盾命题时，原则上均可增加新的状态算子来予以消除。这是一切科学演绎系统赖以建立的逻辑基础。现在许多人都在讨论辩证逻辑，认为矛盾律可以不成立，这种观点无疑是错误的，任何矛盾律不成立的“逻辑”都不是真正的逻辑推理，它可能就是别的什么思维方式了。R.斯穆里安指出，“哥德尔第二不完全性定理有时会被误解为，一个人永远不可能知道数学是协调的”，因为“怀疑一个系统的协调性只是由于它不能证明它自身的协调性也是没有道理的。一个协调的系统不能证明它自身的协调性这个事实并不造成系统本身是否是协调的疑问，一个给定系统的协调性证明必定依赖其他的论证理由。”[1]至于系统的不完全性，一般也可由证明构造的高阶系统的无矛盾性来予以消除。[2]所以，通过不断构造更高阶的系统，可以证明所有已知数学系统的无矛盾性和完全性。这是我们仍对整个数学怀有信心的根本保证。

二、逻辑-数学系统的无矛盾性与完全性问题

任何科学研究都是从观察开始的，数学也起源于测量。科学研究的基础是分类，即首先要把观察到的对象分成不同的类，并用不同的名称去指谓这个类；科学理论的构建就是从逻辑分类开始的。同一律、矛盾律与排中律就是逻辑分类遵循的基本原则：首先，属于一个类与不属于此类的对象要截然区分开来；其次，不同的类的蕴涵关系是完全确定的。一个理想的分类模型就是 Venn 图表示的那样，不同的类的对象集合（即外延）是完全确定的，像这样的一

个逻辑模型显然是无矛盾性和完全性的。

但事实上，逻辑分类很难做到这种理想的或绝对的无矛盾性和完全性。在科学研究中，我们把由观察到的对象 q 所形成的初始类 Q 称为实象类，即可观察的类，如果观察时出现了反例，即 q 有时是 Q 有时又不是 Q，通过增加一个新的状态算子 t（即增加辅助条件或假设），即可消除掉上述矛盾，这时系统就内生了一个高阶类 Q'，它可能是个实象类，也可能是个抽象类，即不可观察的类，譬如像多重宇宙之类的假设。一旦科学理论的实象类逻辑模型建立起来，那么类的关系推演与新类的生成构造就与观察无关了，即它只"在语言中盘旋"，与其指称的客观对象就无关了。

通过不断构造高阶类，我们可以相对可靠地保证逻辑分类的无矛盾性，但最终的无矛盾性是无法保证的。利用这种方法，我们也可以相对可靠地保证逻辑分类的完全性，一般来说：如果能把类Q扩充为一个高阶类Q'，Q为Q'的一个子类且Q'是无矛盾性的，则Q就是完全性的。所谓完全性，就是指必须判断所有的对象x要么是A要么不是A。伯尔奈斯指出："当我们能在所采用的系统里推导出一个公式'对任何x，$A(x)$'，我们也并不能因之知道$A(x)$是否真地对所有的x都成立，除非这个系统的一致性证明已经给出。"[3]但这个假设同样也无法得到最终证明。所以，整个逻辑学是建立在如下一个信念之上的：

（1）通过不断构造高阶类，逻辑分类系统的无矛盾性和完全性是可以得到保证的。

科学理论的逻辑模型建立起来后，下一步就是建立数学模型，也就是把不同的类再加以数量化，进而确定它们之间的数量关系。与逻辑推演一样，数学演算也是独立的，即与观察无关。当我们说到某个数时，其实是指某个类的数，譬如多大的位移量、时间量、质量、电量、磁量、自旋量等，这些基本物理概念有些是实象类，有些则是抽象类。数的概念可由类的概念推导出来，弗雷格的定义是：如果 2 个类的对象之间是一一对应的，那么这 2 个类就是"等数的”[4]。罗素说的更简单：“所谓数就是某一个类的数。”[5]也就是说，把类再加以抽象化，就得到了数的概念。而整个数学其实是建立在两条公理之上的，其一，是数学归纳原理，其二，是极限原理，即任一无穷数列都趋于某一极限。这样，人们相信，从自然数系开始就可逐渐构造出实数系来，即实数系是完全性的。

但实际上，绝大多数的超越数无法由自然数系逐渐构造出来。譬如，利用戴德金分割，我们只能构造出像满足代数方程$\alpha^2=2$这样的代数数α，但超越数不是任何代数方程的实数解，因此戴德金分割不能构造超越数。海廷就曾指出过，戴德金分割“这个算法仍然没有给我们提供任何途径来判定一个有理数A究竟位于C的左边或右边或者刚好等于C”，因此“我们将不能保证欧拉常数C是一个实数。”[6]但我们仍然相信实数系是完全性的，这其实也只是一种信念，即

（2）自然数系的无矛盾性和实数系的完全性必须无条件得到保证。

由（1）、（2）这2个信念，就可以推出其他所有的逻辑与数学公理，但它们本身是不可证明的。从这种意义上来说，所谓科学理论，都只是一种现代的巫术。

一个科学理论，除了要满足逻辑与数学公理之外，还必须满足一些特殊公设，譬如物理学中的能量守恒、动量守恒、相对性原理、光速不变、对称性、定域性等，这些公设有些是逻辑性的，有的则是数学性的，并分别融摄进逻辑模型与数学模型的建构当中。这样，我们从观察开始，经过逻辑推演及数学演算，最终必然要推导出一个可观察的结果来，否则该理论就无法证实。整个认知图式如下：

观察对象→逻辑分类→数量演算→观察结果

在物理学中，最终推导出来的结果必然是个可观测的物理量，如果它被实验证实，就说明该理论是成功的，否则就是失败的，那一定就是在逻辑分类与数量演算这2个环节上出了问题。需要再次强调

的是：逻辑分类、数量演算和观察对象、观察结果是彼此隔绝的两个认知过程。因此，在一个科学理论中，任何公理与公设都不是实在的东西，它们都只是心智的构造。

三、一个应用：量子力学的逻辑解释

根据上述对科学理论的数理结构的描述，我们可以对贝尔不等式的实验检测结果作出一种逻辑解释，从而避免它在物理解释上的困难。

设有两个相关粒子 p，q，从自旋为 0 的状态裂变开来，朝着相反的方向自由运动，实际上贝尔不等式的推导引入了两条公设：

（1）对称性：如果沿x轴测量p的自旋值为正，记作$+p_x$，那么沿x轴测量q的自旋值必为负，记作$-q_x$，且$+p_x-q_x=0$，反之亦然。

（2）定域性：p，q 分开后就不再相关，对 p 的测量绝不会影响到对 q 的测量，反之亦然。

我们指出，对称性其实就是宇称守恒。如果该体系（p，q）同时满足对称性与定域性，那么贝尔不等式必然成立。但实验的检测结果是贝尔不等式不成立，人们就设想可能是定域性这个假设错了，但这样就必须假设p，q分开后依然存在着某种超距离作用的神秘联系，这显然又违反了相对论，[7]因此迄今也无法做出令人满意的物理解释。如果人们换一种思路，假设定域性成立而对称性不成立，同样也能推导出贝尔不等式不成立。而微观量子体系的宇称不守恒（即非对称性），已被实验所证实，这样就为贝尔不等式的检测结果提供了一种合理解释。

下面我们再来进一步解释，这种非对称性究竟是什么。显然，根据我们的观点，对称性和定域性都只是一种数理假设。对任何数理系统 Q 而言，如果 Q 是无矛盾性的（这是必须保证的），那在逻辑上只有 2 种可能情况，Q 或是完全性的或是不完全性的。对量子体系（p，q）而言，其非对称性就是其不完全性。简单证明如下：

（1）实际上，p_x或q_x的自旋值可取＋、－、0 这 3 种情况。

（2）逻辑上，（p，q）的对称性可定义为：$+p_x \equiv$必然$-q_x$且$-p_x \equiv$必然$+q_x$；（p，q）的非对称性可定义为：$+p_x \equiv -q_x$但并非必然$-q_x$且$-p_x \equiv +q_x$但并非必然$+q_x$。

（3）逻辑上，（p，q）的完全性可定义为：p_x或q_x的自旋值只能取＋或者－；（p，q）的不完全性可定义为：p_x或q_x的自旋值只能取＋或 0，或者－或 0。

（4）证明——（p，q）是非对称性的，当$+p_x$时，即当每次检测到$+p_x$时，根据非对称性，即可检测到$-q_x$但并非每次都是$-q_x$；根据模态推理，并非必然$-q_x \equiv$可能非$-q_x$，若假设（p，q）是完全性的（即排中律成立），非$-q_x \equiv +q_x$，则就有可能$+q_x$。这时就有两种情况：其一，必然$+q_x$，即每次都检测到$+q_x$，这与可检测到$-q_x$矛盾；其二，$+q_x$但并非必然$+q_x$，根据非对称性，则就有$-p_x$，这就与已知$+p_x$矛盾。所以假设不成立，即（p，q）是不完全性的。同理可证（p，q）的对称性就是其完全性。

（5）推论——根据我们的解释，若（p，q）是非对称性的，当$+p_x$时，每次检测到q_x的自旋值都为－或 0。这可由实验来验证。

所以，量子体系（p，q）的非对称性就只是一种逻辑相关性，它无需假设在p，q之间存在超距离作用，这与非定域性要求的那种物理相关性不同。这样，我们就消除了量子体系（p，q）中那种神秘的关联性，无须再为量子力学与相对论之间的矛盾而忧心忡忡了。可见，量子力学的数学体系是不完全性的，这就证实了爱因斯坦对它的评价，即“由波动函数所提供的关于实在的量子力学的描述是不完备的”[8]。但不完全性的科学理论是普遍存在的，不完全性在科学研究中是可以默许的；事实上，没有几个科学理论能被严格证明是完全性的，只有当出现重大反例原理论被证伪时，我们才会来考虑构造新的理论。

参考文献

[1] R 斯穆里安. 哥德尔的不完全性定理[M]//罗·格勃尔.哲学逻辑.北京:中国人民大学出版社, 2008: 94-95.

[2] 吕陈君.关于连续统假设的否定性证明[OL].http://www.mathchina.com/cgi-bin/topic.cgi?forum=5&topic=4045.

[3] P 伯尔奈斯. 集合论中的一些最新成果给我们提出了些什么？[M]//中国社会科学院哲学研究所逻辑研究室数理哲学译文集.北京:商务印书馆, 1988: 126.

[4] G 弗雷格. 算术基础[M].北京:商务印书馆, 1998: 85.

[5] 罗素. 数理哲学导论[M].北京:商务印书馆, 1982: 23.

[6] 阿伦特•海廷. 数学的直觉主义基础[M]//保罗·贝纳塞拉夫，希拉里·普特南.数学哲学.北京:商务印书馆, 2003: 62.

[7] 曹志平, 古祖雪. 没有完结的论争——关于量子力学解释的历史与哲学[M].长沙:湖南科学技术出版社, 1999: 191.

[8] 许良英,等. 爱因斯坦文集（第一卷）[M].北京:商务印书馆, 1976: 331.

Comments On the Foundations of Mathematics

Lü Chenjun

Philosophical Department of Party School of the CPC Central Committee

Abstract: This article brings forward two mathematic principles: consistency and completeness in any form of any system can be recursively constructed, thereby gaining logical explanations for Bell inequality.

Key words: Gödel theorem; consistency; completeness; faith

宇称云计算智能机与全息 Agent代理软件开发①

朱颢东[1] 刘祥燕[2] 邹秋滢[3] 黄红梅[4] 蔡 谱[5] 赵济民[6]

1. 郑州轻工业学院计算机与通信工程学院

2. 武汉科技学院机电工程学院

3. 沈阳农业大学信息与电气工程学院

4. 陕西西安武警工程学院通信系

5. 广州市同和南方医科大学生物医学工程学院

6. 河南省许昌市文峰北路 2378 号

摘　要：宇称云计算智能计算机是适应宇称云规范按需计算的模式感知识别、协同自选择谱敏分析的图像视频理解、自组高性能集成服务的思维形象仿真和辩证可代理虚拟现实的软件在线服务，基于自动机优化设计的迂直博弈、中间件可拓仿真的镜像调制、数据库调度传承的逻辑集成和多媒体可视操作的按需计算，为实现可谱云计算逻辑处理、可视仿全息普适分析、可控多媒体按需计算和可调和目的代理创新，而创建的多核处理器硬件并行中国文化高性能机器思维仿真机。宇称云计算智能计算机通过多媒体普适仿真协议（触景生情基4变域分析奇偶映射）的图像专家组窗口、云规范按需代理规则（诗情画意坐标原点位移时空反演）的魔方自动机流型、跨平台公理容错环境（推陈出新锁相编辑操作迂直博弈）的网格中间件镜像和类基因自主克隆机制（抛砖引玉共享理想结构集成服务）的神经智能体矩阵，用三棱镜光谱分色晶振频分的彩虹全息配准、万

① 本研究得到沈阳农业大学青年基金的资助，项目编号：20070222。

花筒代理调度镜相变换的谱场全息传承、傅里叶频谱成像混频分析的量子全息涌现和云规范纠缠融合普适计算的激光全息干涉，来实现彩虹全息配准仿生调制、谱场全息容错自主仿真、量子全息涌现图像理解和激光全息照排神经预期的Agent代理软件开发。

关键词：宇称云计算；仿生意识；神经网格和迂直谋略

一、宇称云计算智能机是宇称神经网格 Agent 服务的全息集群系统

宇称云计算智能机是基于宇称云计算网格的复眼镜像中间件、辩证傅里叶变换的晶振频分专家组、全息多普勒效应的迂直谋略自动机和自组类基因标注的位像图谱数据库，在电子云代理虚拟的脑智仿真环境、智能体嵌入复用的集群运筹框架、数据库调度传承的魔方流型坐标和自动机组合创新的专家对策系统中，通过神经网格智能体、遗传解析专家组、小波镜像中间件和免疫优化决策树的云计算自动机优化设计，把宇称云计算网格的软件在线服务、形象思维仿真、硬件按需计算和教育科学创新,融合嵌入在三棱镜光谱分色的调和分析、万花筒代理调度的虚拟仿真、傅里叶频谱成像的镶嵌配准和云规范纠缠融合的晶振频分中，为创智逻辑中间件的硬件代理计算、仿生意识智能体的思维形象创意、魔方坐标自动机的决策专家支持和知识网格数据库的软件在线服务，创建的宇称云计算普适按需服务全息集群系统。

宇称云计算智能机也是适应资源普适共享、按需代理计算、迂直谋略决策和容错自主创新的统计分析云计算付费商业服务模式，基于以迂为直谋略的知识传承创新、整体优化运筹的硬件代理计算、相关普适仿生的思维形象创意和核心关键可拓的软件在线服务，通过神经网格智能体、复眼镜像中间件、逻辑集成数据库和晶振频分专家组的集成调度操作，把创新质疑发现（复眼镜像聚焦自动归纳）

的中间件集成优化、创意潜能激发（晶振频分衍射自动演绎）的智能体嵌入复用、创造策划重组（波谱混频仿真自动综合）的数据库共享生成和创智灵悟仿真（坐标原点位移自动分析）的多媒体可视操作，用像寓敏感结构、色示衍射规律、影表虚象性质和形赋边缘秩序的全息光学属性，逻辑公理网格化在集群辅助创新的自动机优化设计、公理镜像调制的中间件可拓仿真、逻辑集成处理的数据库调度传承和坐标原点位移的多媒体可视操作中，通过全息运筹调度、自组仿生优化、辩证按需代理和协同容错恢复的宇称可拓虚拟，为实现可谱云计算的辩证形象思维、可视仿全息的协同普适分析、可控多媒体的自组视频仿真和可调和目的的全息虚拟现实，而创建的多核处理器硬件并行中国文化高性能机器思维仿真机。

二、宇称统一场性的全息可普适云计算原理

“宇称”原是传承爱因斯坦为实现理论物理学统一场论未完成的课题，以描写微观粒子运动在空间反演下不变的波函整体规范为基础，而引入的一个量子数(+1 或－1)。它同逻辑集成处理、公理镜像变换、以迂为直谋略和对数计算原理一样，有如下作用。

（1）宇称可在科学统一场论的波函概率解释、几何时间参照的量子纠缠涌现、数字神经网格的奇偶运动示性和专家对策支持的脑智仿生容错中，基于仿生自组建模复眼网格的中间件容错递归、谱敏全息检测谱场合成的电子云虚拟现实、普适协同代理频分重建的数据库共享生成和自然辩证参照迂直创新的自动机可视操作，通过信息可富集数字编码、控制可随机集成伺服、思维可联想形象虚拟和知识可创新逻辑运算的时空格式化代理创新，以谱、模、域、形拟时自动规整的全息表示理论，序、位、相、格标注自动提示的辩证认知模型，链、键、路、树示性自动选择的自组运算流程和赋、博、谋、仿共振自动调谐的协同自主仿真，客观反映一种自然辩证哲学（世界统一图景相对论性）的天人合一观念、动态全息仿真（科

学美学基础量子场论）的阴阳和谐规律、仿生自组容错（竞争普适原理自动对应）的物竞天择思想和变馈协同伺服（可拓创新机制群集涌现）的按需运筹谋略，是一个阴阳文化“道可道，非常道。名可名，非常名”潜谋于无形的自主创新科学概念。

（2）宇称还可在提供大规模可计算资源接口的 Eucalyptus（Eucalyptus 是加利福尼亚大学的 Daniel Nurmi 等人实现的，是一个用于实现云计算的开源软件基础设施。）云计算软件框架平台中，基于天人合一哲学、四象五行逻辑、形象朴实思维和阴阳和谐思想的中国文化，通过合成谱场（分类可谱写规整）的共享谋略策划、合成孔径（分时可记忆解析）的共轭普适博弈、合成格局（分形可测度运算）的共系混频仿真和合成阵列（分域可伺服控制）的共模代理创新，按欲擒故纵创新质疑发现、触类旁通创意潜能激发、无中生有创造可拓运筹和迂直博弈创智谋略整合的不同需要，把表征多媒体数据调谐训练、云规范网格集成服务、跨平台组件容错代理和三棱镜光谱分色调和的量子数，用孙子兵法与三十六计中“塞翁失马焉知非福”“知己知彼百战不殆”“明修栈道暗渡陈仓”和“他山之石可以攻玉”的“先知迂直之计者胜”的原理，扩充为原子稳定结构量子全息、镜像自动机制谱场全息、位错混色效应彩虹全息和波粒二象简并激光全息的数时形域代码 4 值（+1—历史，椭圆，宏观；−1—未来，双曲，微观；0—现在，矩阵，直观；±i—实时，涡旋，可观）通过数、位、形、序（网格神经矩阵按需计算）的中间件代理创新，群、环、域、格（公理镜像谱场普适优化）的数据库共享生成，谱、模、场、态（逻辑集成模型迂直谋划）的智能体嵌入复用和链、键、路、树（魔方流型坐标可视操作）的多媒体容错仿真，与宇称量子数（+1，−1，±i，0）、DNA 代码（A，C，G，T）、彩电全信号（F—色度、A—消隐、Y—亮度、S—脉冲）和光谱色信号（+1—红；−1—绿；±—蓝；0—无）之间的自然辩证对应关系，为云规范模式感知的软件在线服务、多功能谱敏分析的硬件按需计算、高性能实时运筹的专家决策支持和类基因染色标注的形象思维创意，创建一种数字混频仿真算法创新、公理镜像变换自动对应、逻辑集成优化迂直博弈和坐标原点位移调度传承的全息云规范数字化基 4 变值逻辑（抽象 2 值、具体 3 值、模糊 4 值和清晰 5 值）可计算关系。

（3）宇称使电子云统计分析逻辑集成的信息普适计算、数据库调度传承对数原理的知识组合创新、自动机虚拟现实自主仿真的机器辅助思维和智能体专家支持迂直谋略的软件在线服务，能通过复眼镜像聚焦（中间件集成优化）的公理化自动归纳、晶振频分重建（智能体嵌入复用）的逻辑化自动演绎、光谱混色效应（数据库共享生成）的可视化自动综合和魔方坐标参照（锁相环容错操作）的网格化自动分析来实现。

（4）有如下 4 个前提。

a.神经网络是仿生学习普适运筹仿真的辩证虚拟形式；

b.遗传算法是生物演化基因传递不变的自组富集机制；

c.网格中继是按需计算共享集成可拓的全息容错环境；

d.专家系统是迂直谋略实时自主创新的协同代理工具。

宇称可基于以上 4 个前提，把知识数据库网格的软件在线服务、逻辑中间件模块的硬件按需计算、普适智能体软件的专家决策支持和魔方自动机平台的教育科学创新，集成调制在共时合成孔径复眼镜像、共系合成格局神经网格、共享合成谱场逻辑集成和共模合成阵列迂直决策的宇称魔方坐标自动机操作平台上，使全息虚拟现实彩虹配准的模式感知识别、自组视频仿真容错标定的图像视频理解、协同可拓涌现频分重建的软件拆分整合和辩证镶嵌克隆谱敏示性的形象思维创新，能同混频自组仿真色示规律的基因染色标注、位像协同编辑参照显示的粒子云雾踪迹、谱表辩证示性镜像衍射的阿贝显微成像和场分全息虚拟基频谱系的地图 4 色定理一样，通过以迂为直谋略（电子云虚拟现实可谱写规整）的知识传承创新、整体优化运筹（智能体嵌入复用可记忆储存）的硬件代理计算、相关普适仿生（数据库集成调度可逻辑分析）的思维形象创意和核心关键可拓（自动机组合仿真可镶嵌操作）的软件在线服务来实现。

三、宇称的运动奇偶示性是协同迂直谋略自组创新的科学幽灵

“宇称”（parity）英文翻译为奇偶性，其实“宇称”同优选法 0.618 的黄金分割、图论中著名的柯尼斯堡七桥问题以及欧拉示性一笔画一样，都具有如下特点：

（1）它们都呈现了一种尼尔斯·波尔（Niels Henrik David Bohr, 1885—1962）自动对应准则的量子纠缠（一种物质波粒二重二象性的量子海市蜃楼现象）自然现象和并协原理，是一个天人合一观念、阴阳和谐规律、物竞天择原理和普适仿生方法的自组创新科学幽灵。

（2）它们都能基于孙子兵法（动态规划“走为上”）的军事迂直谋略、“田忌赛马”（知己知彼预则立）的整体优化运筹、“触类旁通”（容错集成场规范）的相关按需仿生和“擒贼擒王”（统计分析云计算）的核心关键可拓，把知识数据库网格（“天人合一”思想集成共享）的软件在线服务、逻辑中间件模块（阴阳太极文化组合优化）的硬件按需计算、普适智能体软件（“以迂为直”谋略嵌入复用）的专家决策支持和魔方自动机平台（对数计算原理思维创意）的教育科学创新，集成调制融合在奇偶映射变换（“以迂为直”谋略云规范镜像演绎）的知识可调度计算、坐标原点位移（整体优化运筹框结构按需创新）的硬件可代理仿真、排列拟序递归（相关普适仿生合目的虚拟现实）的思维可形象创意和谱场混频合成（核心关键可拓多任务可视操作）的软件可拆分整合中，使神经网格智能体（资源全息共享按需虚拟）的仿生意识创意、遗传解析专家组（技术自组集成普适创新）的创智逻辑仿真、小波镜像中间件（自主协同运筹干涉可拓）的软件在线服务和免疫优化自动机（容错辩证示性迂直谋略）的硬件代理计算，能通过“以迂为直”谋略（知识传承创新可谱写规整）的数据库集成调度、相关普适仿生（思维形象创意可预期共享）的专家组谱敏分析、整体优化运筹（硬件按

需计算可自主代理）的自动机组合仿真和核心关键可拓（软件在线服务可容错操作）的电子云虚拟现实来实现。即通过“欲擒故纵”（全息谱敏示性普适共享）的创新质疑发现、“移花接木”（自组仿生虚拟集成代理）的创意潜能激发、“围魏救赵”（辩证可拓发现迁直决策）的创造策划重组和“审时度势”（协同谋略预期自主仿真）的创智灵悟优化，用谱场全息传承的图像视频理解、彩虹全息配准的模式感知识别、量子全息涌现的思维形象创意和激光全息照排的软件代理开发，把“触类旁通”云规范按需计算的辩证形象思维、“移花接木”自选择谱敏分析的协同图形理解、“审时度势”高性能集成服务的自组视频仿真和“诗情画意”可代理辅助创新的全息虚拟现实，统一融合调制在复眼镜像聚焦相对相容、晶振频分重建相关相减（图样识别的相似程度，在数学上称为“相关”；同一事物图样随时间的变化，在数学上称为“相减”）、位像网格编码相位相同和数字混频仿真相序相干的宇称魔方坐标可视化操作平台上，使创新迁直博弈（云规范按需计算）的中间件集成服务、创意潜能激发（自选择代理复用）的智能体嵌入仿真、创造可拓重组（类基因容错共享）的数据库谱敏分析和创智谋略整合（可自主普适运筹）的自动机虚拟现实。

（3）宇称也能同逻辑中间件集成服务的全息虚拟现实、软件智能体嵌入复用的自组视频仿真、动态数据库共享生成的协同可拓涌现和集群自动机普适计算的辩证配准克隆一样，基于任何参照系中，自然规律都有相同数学形式的广义相对论原理，通过跨平台可视化数字信号和图像应用开发工具 IDL（Interactive Data Language，IDL）与运动图像专家组格式 MPEG（Moving Picture Expert Group，MPEG），把创智逻辑中间件（电子云虚拟现实可谱写规整）的知识传承创新、魔方坐标参照系（智能体嵌入复用可自主代理）的硬件按需计算、网格图谱专家组（数据库集成调度可预期共享）的思维形象创意和迁直谋略决策树（自动机组合仿真可容错操作）的软件在线服务，用统一建模语言 UML（Unified Modeling Language，

UML）与模式感知识别资源共享、图像视频理解普适涌现、思维形象仿真按需计算和晶振频分重建容错代理的神经网格 Agent（智能代理或智能体），集成融合在多媒体普适仿真协议的图像专家组窗口、云规范按需代理规则的魔方自动机流型、跨平台公理容错环境的网格中间件镜像和类基因自主克隆机制的神经智能体矩阵中，使不同辩证形象思维云规范的按需计算、协同图形理解自组织的普适分析、自组视频仿真高性能的代理服务和全息虚拟现实跨平台的迁直决策，同知识数据库网格统计识别的排列拟序递归、逻辑中间件模块可拓创新的公理镜像变换、普适智能体软件应急决策的数字混频仿真和魔方自动机平台迁直博弈的晶振频分重建一样，具有创新辩证预期可拓发现、创意全息敏示潜能激发、创造自组博弈策划重组和创智协同运筹灵悟优化相同的宇称拓扑规律。

（4）宇称可基于“欲擒故纵”（复眼镜像调谐波函分布）的全息谱敏示性、“移花接木”（动态参照代理网格分割）的自组仿生虚拟、“围魏救赵”（坐标容错变换小波分析）的辩证可拓发现和“无中生有”（神经反演谋略数字分度）的协同迁直预期，使相同的普适智能体软件嵌入复用、逻辑中间件模块集成处理、图谱数据库网格按需生成和魔方自动机平台可视操作，在奇偶映射变换仿生分析、坐标原点位移运筹调度、排列拟序递归普适计算和网格锁相拓扑虚拟现实的宇称魔方坐标数字可视化仿真操作计算中，产生“触景生情”模式感知识别、“诗情画意”图像视频理解、“审时度势”思维形象仿真和“树上开花”决策谋略策划不同的自动模数编码变换创新功能。

（5）宇称可使相同的彩虹全息配准模式感知、谱场全息容错图像理解、量子全息涌现形象虚拟和激光全息照排软件开发，同三棱镜光谱分色纹理比对、多普勒波谱差频参照检测、类基因仿生虚拟混频分析和傅里叶频谱成像涌现显示一样，在逻辑中间件集成优化（复眼镜像聚焦自动归纳）的硬件代理计算、软件智能体嵌入复用（晶振频分衍射自动演绎）的思维形象创意、图像专家组普适仿真

（波谱混频叠加自动综合）的决策专家支持和谋略数据库按需调谐（坐标原点位移自动分析）的教育在线服务中，具有以迂为直、以患为利不同的自组仿生学习、全息容错记忆、辩证按需计算和协同可拓预期功能。

这样我们就可以在布巴基结构思想（伽罗华群域预解量子跃迁）的数字混频窗口、类基因染色标注（仿粒子云雾踪迹大象无形）的小波神经矩阵、多普勒普适效应（傅里叶频谱成像晶振频分）的复眼合成谱场和三棱镜光谱分色（万花筒镜像反演逻辑变换）的网格坐标系统中，通过网格图像专家组（复眼自动测度缺陷敏感）的思维形象创意、创智逻辑中间件（镜像自动对应时空反演）的硬件代理计算、迂直谋略决策树（共振自动调谐晶体频分）的软件在线服务和仿生意识数据库（运筹自动适应奇偶示性）的机器自主仿真，用代理协同专家组（自组仿生学习按需计算）的全息动态分析、镜像辩证决策树（协同谋略博弈迂直创新）的自组神经预期、容错自组自动机（全息运筹调度自主敏示）的辩证普适共享和数字全息数据库（辩证可拓虚拟集成参照）的协同中继支持，为创新辩证预期迂直代理的全息云计算知识传承、创意全息敏示潜能激发的辩证场规范思维仿真、创造自组运筹谋略虚拟的协同可镶嵌硬件设计和创智协同优化普适共享的自组跨平台软件开发，创建一种“欲擒故纵”辩证可拓发现、“无中生有”全息虚拟现实、“围魏救赵”协同自主创新和“移花接木”自组迂直博弈的人工智能仿生意识。

（6）宇称可基于协同谋略智能体（孙子兵法军事“以迂为直”系统集成）的可谱公理化逻辑处理、辩证思维专家组（“田忌赛马”整体优化运筹潜能激发）的可视自动化普适分析、自组谱场数据库（“触类旁通”相关按需仿生调度传承）的可控网格化自主仿真和全息虚拟自动机（“擒贼擒王”核心关键可拓容错代理）的可调数字化辅助创新，在软件在线服务（云规范模式感知可拆分整合）的中间件图形建模、形象思维创意（类基因染色标注可自主仿真）的三棱镜调和分析、专家决策支持（高性能实时运筹可迂直博弈）的数据库虚拟现实和硬件按需计算（多功能谱敏示性可镶嵌配准）的自动机组合创新中，为彩虹全息配准（模式感知识别谱敏示性）的中间件集成服务、谱场全息容错（图像视频理解虚拟现实）的数据库共享生成、量子全息涌现（思维形象创意自主分析）的智能体嵌入复用和激光全息照排（软件创新开发奇偶变换）的自动机普适仿真，创建一个迂直博弈创新、谋略按需演绎、普适整体优化和实时应急决策的宇称网格集群服务器优化方案。

（7）宇称可通过仿生意识智能体（共时分形排列按需集成）的脑智谋略环境、数字图像专家组（共系混频仿真嵌入复用）的虚拟现实空间、创智逻辑中间件（共享可拓资源普适合成）的硬件代理框架和魔方坐标自动机（共模容错计算自主创新）的专家对策系统，用“曹冲称象”（云规范按需计算“触类旁通”）的软件可拆分整合、“打草惊蛇”（自选择谱敏分析“前车之鉴”）的思维可虚拟演示、“围魏救赵”（预解析模式感知“诗情画意”）的动漫可辅助设计和“田忌赛马”（高性能集成服务审时度势）的创意可迂直仿真，为神经网格智能体（云计算联想虚拟调度传承）的仿生意识创意、遗传解析专家组（可代理灵悟激发容错共享）的创智逻辑仿真、小波镜像中间件（场规范时空反演可拓运筹）的软件在线服务和免疫优化自动机（类基因迂直谋略自主创新）的硬件代理计算，开拓一条电子云虚拟现实可谱写规整、智能体嵌入复用可自主代理、数据库集成调度可预期共享和自动机组合仿真可容错操作的普适创新之路。

四、宇称云计算与全息 Agent 代理软件开发

宇称云计算与全息 Agent 代理软件创新开发，建模于代理协同简并集成处理、小波全息仿真普适虚拟、免疫自组策划迂直决策和网格辩证计算自主创新的布巴基（Bourbaki）结构思想。即赋予集合一个适合一定条件的运算或变换，使它成为结构。这样就可以在

结构中，通过结构内在联系的清晰图景，进行数学问题的研究。

类似地，我们希望也能在布巴基结构思想感知识别的数字混频窗口、类基因染色标注视频理解的网格神经矩阵、多普勒普适效应思维创意的复眼合成谱场和三棱镜光谱分色自主创新的魔方流型坐标中，基于智能体集群辅助创新（位、序、相、格宇称网格重组迂直博弈）的自动机优化设计、专家组公理镜像调制（波、粒、场、态全息纠缠虚拟谋略伺服）的中间件可拓仿真、电子云统计分析（正、悖、介、协自组模型变换奇偶映射）的数据库调度传承和有限元坐标原点位移（性、质、量、形辩证按需计算嵌入复用）的多媒体可视操作，通过以迂为直谋略（数字混频仿真可谱写规整）的电子云虚拟现实、整体优化运筹（晶振频分重建可记忆储存）的智能体嵌入复用、相关普适仿生（公理镜像变换可系统集成）的数据库调度传承和核心关键可拓（坐标原点位移可代理计算）的自动机组合创新，把神经网格智能体（云计算联想虚拟调度传承）的场规范按需计算、复眼镜像中间件（可代理灵悟激发容错共享）的自选择普适分析、逻辑集成数据库（预解析自主仿真在线服务）的树分类可拓运筹和晶振频分专家组（类基因免疫优化迂直谋略）的可操作组合创新，用全息多普勒效应（普适理想格局神经网格）的中间件代理仿真、协同伽罗华预解（容错拓扑空间晶振频分）的智能体嵌入复用、辩证傅里叶变换（共享示性谱场容错虚拟）的数据库按需生成和自组布巴基结构（创新逻辑框架谋略测度）的三棱镜光谱分色，推广应用到多普勒波谱差频模式感知的彩虹全息配准、傅里叶频谱成像图像理解的谱场全息传承、三棱镜光谱分色频分重建的量子全息虚拟和万花筒调和衍生软件开发的激光全息照排中，使仿生意识智能体（“触景生情”云规范普适集成）的教育在线服务、数字图像专家组（“诗情画意”多功能自主仿真）的思维形象创意、创智逻辑中间件（“审时度势”可代理网格环境）的硬件按需计算和魔方坐标自动机（“推陈出新”类基因实时运筹）的迂直谋略决策，同中华阴阳文化（群、环、域、格“移花接木”云规范按需计算）

的中间件集成服务、“天人合一”哲学（正、悖、介、协“李代桃僵”自选择代理复用）的智能体嵌入仿真、“物竞天择”思想（链、键、路、树“拾遗补缺”类基因容错共享）的数据库谱敏分析和创智迂直谋略（谱、模、场、态“诗情画意”可自主普适运筹）的自动机虚拟现实一样，既不用考虑“上屋抽梯”（结构风险最小化“欲擒故纵”）的可拓迂直博弈、“假道伐虢”（普适整体最优化“移花接木”）的仿生统计分析、“反客为主”（满意预期最大化“围魏救赵”）的运筹自主创新和“将计就计”（谋略后悔最少化“无中生有”）的实时应急决策，也不用考虑复杂耗散系统（复眼镜像网格凝聚归纳）的统计模式识别、“白马非马”悖论（晶振频分重建“大象无形”）的灰色聚类传承、仿生普适优化（时空反演预期奇偶映射）的谱敏混沌策划和蝴蝶突变效应（零和矩阵博弈以迂为直）的仿生容错测控，只须在宇称云规范按需计算（“田忌赛马”复眼镜像中间件硬件代理）的信息科学革命、协同自选择谱敏分析（“触类旁通”晶振频分专家组教育在线）的知识工程创新、自组高性能集成服务（孙子兵法迂直谋略自动机决策支持）的形象思维创意和辩证可代理虚拟现实（“擒贼擒王”位像图谱数据库自主仿真）的人工智能发展中，基于全息数字混频（模式感知识别场规范系统集成）的谱场虚拟现实、协同晶振频分（图像视频理解云计算普适复用）的坐标原点位移、辩证逻辑推理（思维形象创意可代理迂直谋略）的奇偶镜像映射和自组镶嵌仿真（软件创新开发类基因容错共享）的排列拟序递归，通过“欲擒故纵”（全息谱敏示性共享协议）的创新质疑发现、“移花接木”（自组仿生虚拟代理规则）的创意潜能激发、“围魏救赵”（辩证可拓发现容错环境）的创造策划重组和运筹帷幄（协同谋略预期反演机制）的创智灵悟优化，以彩虹全息配准（测度分割规范感知识别）的万花筒代理调度、谱场全息传承（解析标定规划视频理解）的傅里叶可拓变换、量子全息虚拟（测控传感规则思维创意）的类基因仿生分析和激光全息照排（谱敏仿真规律自主创新）的多普勒普适调和，实现宇称云计算全息 Agent 代理创新的激光照排软件开发。

Parity Cloud Computing Machine with the Agent Intelligence and Agent Software Development

Zhu Haodong[1] Liu Xiangyan[2] Zou Qiuying[3]
Huang Hongmei[4] Cai Pu[5] Zhao Jimin[6]

1. Zhengzhou University of light Industry, Zhengzhou
2. Wuhan Textile University, Wuhan
3. Shenyang Agricultural University, Shenyang
4. Xi'an Institute of Armed Police, Xi'an
5. Guangzhou Tonghe South Medical University, Guangzhou
6. Wenfeng North Road, Xuchang

Abstract: Cloud computing parity intelligent computer is to adapt to cloud computing parity model on-demand computing pattern perception identification, collaborative self-selection sensitivity analysis of spectral images of video understanding. Thinking image simulation of the self-organization and high-performance integrated services and dialectic can be agents virtual reality software online services, optimize design of automatic machine based on game frontal attack and flanking attack, middleware extension mirror-phase modulation simulation, databases scheduling transmission of the logic of integration and multi-media visual operation of on-demand computing. For achieving spectral cloud computing logic processing, visual imitation holographic universal analysis, controlled multi-media on-demand computing and adjustable-purpose Agent innovation, we created a parallel multi-core processors, hardware, and high-performance machines thinking in Chinese culture simulator. Cloud computing parity intelligence computer by the simulation of multi-media universal agreement (affection variable-domain analysis of odd-even mapping) in the window Picture Experts Group, standardized on-demand cloud Agent Rules (spatial and temporal displacement of poetic inversion coordinate origin) Rubik's cube automata flow pattern, axiom of fault-tolerant cross-platform environment (introduce new lock-in editing the frontal attack and flanking attack game) and grid middleware mirror phase and cloning of genes independent mechanism (attract valuable comments from the ideal structure of integrated shared services) matrix of the nerve agent with a dichroic prism crystal frequency spectrum points rainbow hologram registration, Kaleidoscope agent scheduling mirror spectral holography Phase-change memory, Fourier spectrum analysis of the quantum holographic imaging mixing and cloud standards have emerged to lend a ubiquitous computing laser holographic, To achieve the rainbow holography with quasi-bionic modulation, spectral holography fault-tolerant self-simulation, the emergence of quantum holographic image understanding and laser holographic Phototypesetting Nerve Agent proxy the expected software development.

Key words: cloud computing parity; biomimetic consciousness; neural network and the frontal attack and flanking attack strategy